28206
21

CHEFS-D'ŒUVRE

DE LA

LITTÉRATURE

FRANÇAISE

21

ŒUVRES

COMPLÈTES

DE J. RACINE

—

TOME DEUXIÈME

ŒUVRES
COMPLÈTES
DE J. RACINE

AVEC UNE VIE DE L'AUTEUR

ET

UN EXAMEN DE CHACUN DE SES OUVRAGES

PAR

M. SAINT-MARC GIRARDIN

DE L'ACADÉMIE FRANÇAISE

TOME DEUXIÈME

PARIS

GARNIER FRÈRES, LIBRAIRES-ÉDITEURS

6, RUE DES SAINTS-PÈRES

M DCCC LXX

AVERTISSEMENT.

J'ai partagé la Vie de Racine en trois parties :

1° Sa famille, son enfance, ses études à Port-Royal, son séjour à Uzès, son retour à Paris, *les Frères ennemis,* 1664 ;

2° Sa vie d'homme de lettres et de poëte tragique, à Paris, de 1664 jusqu'à 1677, c'est-à-dire jusqu'à *Phèdre* et jusqu'à la rupture de Racine avec le théâtre ;

3° Enfin, sa vie d'homme de cour et de père de famille, car Racine a mené ensemble les deux genres de vie, — *Esther* et *Athalie,* — sa mort en 1699.

La première partie de cette Vie est dans le premier volume de cette édition.

Je place la deuxième partie dans ce volume, après

AVERTISSEMENT.

les *Plaideurs*, c'est l'instant où Racine est dans l'essor le plus vif de son génie dramatique.

La troisième partie de sa vie viendra après *Phèdre*.

Je ne veux pas ici justifier cette division. J'ai voulu seulement que chaque partie de la vie de Racine accompagnât ainsi de plus près chaque partie de ses ouvrages.

ANDROMAQUE

TRAGEDIE

1667

NOTICE PRÉLIMINAIRE.

Les critiques du xviiie siècle connaissaient peu les poëtes contemporains de Corneille et de Racine, et ils étaient disposés à croire que nos grands poëtes avaient tout créé et tout inventé du premier coup. La critique de nos jours est plus réservée, et comme elle recherche soigneusement les précédents historiques et littéraires, elle arrive aisément à penser que rien ne naît à l'improviste, pas même les œuvres du génie de Corneille et de Racine. Nos grands poëtes ont moins créé qu'on ne le suppose, à moins qu'on n'entende le mot créer comme il faut l'entendre dans les arts, et qu'on ne veuille dire qu'ils ont donné aux passions dramatiques la forme la plus belle et la meilleure qu'elles pouvaient avoir. Dans les arts, il n'y a presque pas de brevets d'invention; il n'y a que des brevets de perfectionnement; mais là, perfectionner, c'est créer.

L'examen des précédents d'*Andromaque* peut donner quelques preuves nouvelles à l'appui de cette vérité d'histoire littéraire.

J'ai dit dans le discours préliminaire que les deux traits caractéristiques de la réforme littéraire faite par Racine et par Boileau étaient, d'un côté, l'imitation habile et presque originale des anciens, et, de l'autre, la peinture sensible de l'amour. Nulle part Racine n'a mieux montré que dans *Andromaque* les deux traits caractéristiques de la nouvelle école. La tragédie d'*Andromaque* est partout pleine des souvenirs de l'antiquité grecque et latine. Homère et Virgile s'y sentent à chaque instant. Mais les inspirations de la poésie antique y sont habilement ramenées aux mœurs de la société moderne et française, afin que l'antiquité n'y prenne pas un air de singularité. L'amour aussi y est peint sous sa forme la plus vive et la plus sensible dans Hermione. Car la jalousie n'est pas autre chose que l'amour souffrant et désespéré.

Les tragédies dont le sujet est emprunté à l'antiquité sont nombreuses dans notre ancien théâtre : l'*Hippolyte* de Garnier en 1573, sa *Troade* en 1579, son *Antigone* en 1580, la *Didon* de Hardy en 1603, son *Méléagre* en 1604, *Alceste* en 1606, la *Mort d'Achille* en 1607, le théâtre de Rotrou, montrent combien les héros antiques étaient, avant Racine, accrédités sur notre théâtre. Mais il faut examiner, pour bien comprendre ce qu'il y avait de nouveau dans les inspirations que Racine demandait à l'antiquité, comment Garnier, comment Hardy, comment les prédécesseurs immédiats de Racine imitaient l'antiquité, comment ils en altéraient le génie et les mœurs, et comment Racine a su, dès *Andromaque*, en reproduire la grandeur et la grâce, sans tomber jamais dans l'affectation archéologique. La recherche des précédents de l'imitation antique, tel sera le sujet de la première partie de cette notice préliminaire; dans la seconde, je rechercherai les précédents de la jalousie, telle qu'elle est exprimée dans le personnage d'Hermione.

Si nous laissons de côté les mystères, les moralités et les farces, qui font un théâtre à part, notre ancien théâtre procède tout à fait de la Renaissance et de l'école de Ronsard; il appartient plutôt à la rhétorique qu'à l'art dramatique, et se rattache à l'art déclamatoire de Sénèque le tragique. La *Troade* de Garnier est, comme presque toutes ses autres tragédies, une suite de grands discours et de dialogues coupés en petites sentences opposées l'une à l'autre. Il y a peu d'action, peu de passions et point de caractères. La ruine de Troie représentée et personnifiée, pour ainsi dire, par les malheurs et les douleurs d'Hécube qui se voit enlever tour à tour tous ses enfants, Cassandre pour aller servir et mourir chez Agamemnon, Astyanax son petit-fils précipité du haut d'une tour, Polyxène immolée sur le tombeau d'Achille, Polydore assassiné par le roi de Thrace Polymnestor, voilà quel est le sujet de la

Troade de Garnier, emprunté à la fois à Euripide et à Sénèque, mais surtout à Sénèque, qui est évidemment le modèle préféré des poëtes tragiques du xvɪᵉ siècle.

Le personnage d'Andromaque est celui qui dans Garnier doit le plus nous intéresser, puisque nous voulons le comparer avec l'Andromaque de Racine. Mais l'Andromaque de Garnier ressemble bien peu à l'autre : elle n'a rien d'Homère et de Virgile; elle est toute de Sénèque. Dans Garnier, sans doute, comme dans Sénèque, Andromaque est toujours mère. La tradition des caractères est, chez les anciens, une règle dont aucun poëte n'ose s'écarter, et Sénèque qui, dans ses tragédies, prête hardiment ses opinions philosophiques à ses héros, qui fait réfuter par un chœur de Troyennes l'idée que l'ombre d'Achille soit apparue pour demander le sang de Polyxène, parce que, dit ce chœur de femmes philosophes, rien de l'homme ne survit à l'homme,[1] Sénèque même n'a pas osé changer le caractère consacré d'Andromaque; c'est une veuve et une mère qui ne vit que pour son fils.

Dès qu'Andromaque, dans Sénèque et dans Garnier, apprend que la vie d'Astyanax est menacée par les Grecs, elle cherche où elle pourra le cacher; mais de tant de monuments qui faisaient la gloire de Troie,

> Seulement il ne reste où cacher un enfant;[2]

pensée touchante, mais qui nous fait plus songer à la catastrophe de Troie qu'à la terreur maternelle d'Andromaque.

Cependant elle cache son fils dans le tombeau d'Hector, et bientôt Ulysse arrive, demandant qu'Astyanax lui soit livré. Ici je dois faire remarquer avec plaisir que Garnier a corrigé Sénèque

---

1. Post mortem nihil est, ipsaque mors nihil.
(SÉNÈQUE, *Troas*, acte II.)

2. La pensée est de Sénèque :
Strata sunt flamma omnia,
Superestque vasta ex urbe ne tantum quidem
Quo lateat infans.

Pradon, dans sa *Troade* (1679), a traduit aussi ces vers :

Et d'un empire enfin si beau, si triomphant,
Il ne reste pas même où cacher un enfant.
(Acte III, scène Iʳᵉ.)

d'une manière heureuse, et qu'il a prêté à son Andromaque quelques sentiments vrais et touchants qui la rapprochent de celle de Racine. Dans Sénèque, Ulysse fait un exorde pour s'excuser auprès d'Andromaque du chagrin qu'il va lui causer en lui enlevant son fils pour le conduire à la mort. Dans Garnier, Andromaque, qui, à l'aspect d'Ulysse, soupçonne aussitôt le malheur qu'il apporte, multiplie les questions qu'elle adresse, afin de retarder autant qu'elle le peut l'horrible nouvelle qu'elle attend.

ULYSSE.
Nos vaisseaux sont tout prêts de laisser le rivage;
Mais un seul point retient des Grecs le navigage.
ANDROMAQUE.
Le vent ne souffle à gré?
ULYSSE.
La mer est calme assez.
ANDROMAQUE.
Les soldats épandus ne sont tous ramassés?
ULYSSE.
Ils sont dedans les naux,[1] prêts de mouvoir les rames.
ANDROMAQUE.
Que ne laissez-vous donc ces rivages infâmes?
ULYSSE.
Nous craignons...
ANDROMAQUE.
Las! et quoi? que craignez-vous encor?
Sont-ce les os de Troie ou les cendres d'Hector?

Andromaque a beau chercher à retarder par ses questions réitérées la fatale déclaration, Ulysse annonce qu'il vient au nom des Grecs chercher le fils d'Hector :

Tandis qu'Hector vivra dans le sang de son fils,
Nous recraindrons toujours les Troyens déconfits.
. . . .
ANDROMAQUE.
Est-ce votre Calchas qui ces frayeurs vous donne?
ULYSSE.
Quand il n'en diroit rien, un chacun le raisonne.
ANDROMAQUE.
Redouter un enfant!

1. Navires.

ULYSSE.
Un enfant héritier
Du sceptre et des vertus d'un prince si guerrier.
ANDROMAQUE.
En un âge si tendre !
ULYSSE.
Il est tendre à cette heure,
Mais toujours en son âge un enfant ne demeure.[1]

Quelques-uns de ces vers font penser à l'Andromaque de Racine, défendant son fils auprès de Pyrrhus, et ce rapprochement est le plus bel éloge de Garnier.

La scène continue, et Ulysse presse Andromaque de lui livrer son fils. Elle refuse ; elle ne sait pas où est son fils ; elle le croit mort ; il a péri dans le sac de Troie. Ulysse ne se laisse pas tromper par ces excuses, et il menace Andromaque de cruelles tortures, de la mort même, si elle ne parle pas.

ANDROMAQUE.
La mort est mon désir ; si me voulez contraindre,
Venez-moi menacer de chose plus à craindre ;
Proposez-moi la vie !

L'auteur d'une *Troade* dont nous dirons un mot tout à l'heure, Sallebray, en 1640, traduisait d'une manière plus vive et plus énergique cette pensée qui est de Sénèque :

Si vis, Ulysse, cogere Andromachen metu,
Vitam minare! nam mori votum est mihi.[2]

Menacez-moi de vivre, et non pas de mourir !

Si je voulais récompenser Sallebray du bon vers qu'il a trouvé, peut-être devrais-je me borner à cette citation. Mais comme je veux comparer la manière dont les prédécesseurs de Racine imitaient l'antiquité avec la manière dont Racine l'a imitée à partir d'*Andromaque,* je dois parler de la *Troade* de Sallebray.

La *Troade* de Sallebray marque une phase de cette imitation. Le tort de Garnier dans sa *Troade* est de s'être borné à l'imitation de Sénèque le tragique et d'avoir négligé l'anti-

1. GARNIER, *Troade,* acte II.
2. SÉNÈQUE, *Troas,* acte III.

quité grecque, c'est-à-dire Homère, Euripide et même Virgile, qui est presque Grec par le sujet et par le génie dans les six premiers livres de l'*Énéide*. Sallebray, en 1640, ne s'est pas plus inspiré des Grecs que n'avait fait Garnier ; mais il a mêlé à l'imitation de Sénèque les procédés de la tragédie romanesque. Dans Garnier, les douleurs accumulées d'Hécube font l'intérêt et l'unité de la tragédie. Le pathétique y est déclamatoire et un peu monotone, mais il n'est pas faux. L'école de Ronsard ou de la Renaissance avait, à côté de ses défauts, le mérite de ne pas mêler l'amour romanesque aux sentiments tragiques. L'*Astrée* n'avait pas encore entraîné les esprits du côté du roman, et l'*Amadis*,[1] quoique fort lu et fort goûté au XVIe siècle, n'avait pas suffi pour faire la révolution que fit l'*Astrée*, il l'avait seulement préparée. Avec l'*Astrée*, et grâce à son influence, le roman entra dans la tragédie. Ce n'était encore que demi-mal quand la tragédie était tout entière d'invention romanesque ; mais quand l'amour romanesque entrait dans quelque sujet antique, c'était alors une étrange confusion. Sallebray, dans sa *Troade*, n'a pas échappé à ce mélange ; il l'a même cherché comme un mérite. Il a aussi introduit dans sa tragédie les maximes de la politique machiavélique qui, sous Richelieu, avaient fait école dans la littérature. La mort d'Astyanax, qu'Ulysse conseille à Ménélas est, selon lui, un coup d'État nécessaire.

On ne peut,
dit-il,
S'établir jamais trop sûrement,
Et souvent on périt pour être trop clément.[2]

Je retrouve surtout les habitudes d'esprit de l'école romanesque dans l'amour d'Agamemnon pour Cassandre. Quelques critiques ont pensé que, dans l'*Andromaque* de Racine, Pyrrhus, pour un Grec des temps homériques, était un amant bien civilisé et bien respectueux auprès de sa captive. Agamemnon auprès de Cassandre est tout à fait un cavalier de l'hôtel de Rambouillet.

Je ne puis pas résister au désir de faire connaître à mes lec-

1. Le premier volume de la traduction de l'*Amadis* est de 1537.
2. *La Troade* de Sallebray, acte Ier, scène Ire.

teurs quelques vers de la principale scène d'amour entre Agamemnon et Cassandre. Ils y verront comment l'école romanesque pratiquait l'imitation de l'antiquité, et ils jugeront si j'ai tort d'invoquer ici le souvenir des précieuses.

AGAMEMNON.

Vous vous étonnerez, objet rare et charmant,
De l'indigne façon dont agit un amant;
Et je confesse aussi que cette procédure
Vous doit sembler étrange et de mauvais augure.
Je sais bien qu'un vassal doit aller à son roi,
Lui vouer à genoux son service et sa foi,
Que dans quelque haut rang qu'il se fasse connoître,
C'est affaire au captif d'aller trouver son maître,
Et que, sans consulter son courage et son cœur,
Le vaincu doit toujours rechercher son vainqueur.
Mais dans le triste état où le destin me brave,
Je procède en malade et non pas en esclave,
Et le trait de vos yeux qui m'a percé le sein
M'oblige à vous traiter comme mon médecin.
Je vous ai découvert quelle étoit ma blessure ;
Donnez quelque remède aux peines que j'endure...

CASSANDRE.

Si le ciel m'a privé[1] du rang de ma naissance,
Il ne m'a pas encore ôté la connoissance,
Et je vois bien, seigneur, que ce beau compliment
Ne va qu'à déguiser votre commandement.
. . . .
Mais dessous quelques fleurs que le serpent se glisse,
Quelques charmants appâts qui cachent mon supplice,

---

1. La règle de l'accord du participe passé avec le régime qui le précède était déjà adoptée au temps de Marot; il y a donc ici une faute qui se retrouve encore dans quelques auteurs du commencement du XVIIe siècle et dans ces deux vers de *Cinna* :

Là, par un long récit de toutes les misères
Que durant notre enfance ont enduré nos pères.

La note de Voltaire sur ces deux vers de *Cinna* est curieuse :

« *Durant* et *enduré* dans le même vers ne sont qu'une inadvertance; il était aisé de mettre *pendant notre enfance*. Mais *ont enduré* paraît une faute aux grammairiens; ils voudraient *les misères qu'ont endurées nos pères*. Je ne suis point du tout de leur avis; il serait ridicule de dire *les misères qu'ont souffertes nos pères*, quoiqu'il faille dire *les misères que nos pères ont souffertes*. S'il n'est pas permis à un poëte de se servir en ce cas du participe absolu, il faut renoncer à faire des vers. » Je ne sais pas trop ce que c'est que ce participe absolu qu'invoque Voltaire; mais la faute est de Corneille, et la justification est de Voltaire. Cela abolit presque la règle.

Il est aisé de voir à quoi vous aspirez,
Et je connois les fers, encor qu'ils soient dorés.

. . . .

Agamemnon se récrie sur les mauvaises intentions que Cassandre lui attribue, et déclare

Que le feu dont il brûle est un feu légitime.

— Que parlez-vous d'un feu légitime, quand déjà vous êtes engagé dans les liens du mariage? — Alors Agamemnon raconte à Cassandre sa triste aventure, c'est-à-dire comment Clytemnestre a trahi la foi conjugale.

Que je fus imprudent de quitter ma maison,
Sans donner à ma femme une honnête prison!
Le trop de liberté, son humeur, mon absence,
Lui furent trop d'appâts à prendre une licence...
. . . .
Mais, sans continuer ces discours superflus,
Lisez ce que mon fils me mande là-dessus;
Mon déplaisir s'accroît et mon âme s'irrite
En voyant le papier où ma honte est écrite.

Il fait lire alors à Cassandre cette lettre d'Oreste :

Ma main refuse son office
Au discours que je vous écris;
Je suis tout à la fois et bon et mauvais fils ;
Mais l'honneur après tout l'emporte sur le vice;
Laissez les Troyens en repos ;
Préférez-vous à votre frère.
Ma mère avec Égisthe... ah! jugez de ces mots
Ce que je n'ose dire et que je ne puis taire.

Que dites-vous de ce récit qui siérait à peine à quelque bourgeois des comédies de Molière racontant au parterre ses mésaventures? Voilà comment la tragédie romanesque traitait l'antiquité. C'est le même procédé dans le *Grand Cyrus* et dans la *Clélie;* mais Mlle de Scudéry ne prétendait pas dans ses récits représenter fidèlement l'antiquité. Elle faisait des romans qui ne visaient pas à être historiques, en dépit des noms que prenaient les personnages. Dans sa *Troade*, Sallebray prétend nous représenter les héros et les récits homériques, et Dieu sait de quelle étrange manière il les défigure! Je cherche à grand'peine dans cette tragédie dont les personnages s'appellent Hécube, Agamemnon, Polyxène, Pyrrhus, Ulysse, Andromaque, Astyanax, je cherche quelques traits qui me rappellent les grandes et touchantes figures de la poésie antique. C'est tout au plus si dans Hécube et dans Andromaque s'apprenant mutuellement, l'une que Polyxène est traînée à la mort, l'autre qu'Astyanax va être précipité du haut d'une tour, je trouve quelques vers dignes de la situation et du nom des personnages.

ANDROMAQUE.
Ah! madame, pleurez!
. . . .
Mon fils est au pouvoir d'une troupe inhumaine.
HÉCUBE.
Et l'on vient d'entraîner à mes yeux Polyxène.
ANDROMAQUE.
Ulysse en est le chef, à sa perte animé.
HÉCUBE.
Et c'est le bras de Pyrrhe au meurtre accoutumé.
ANDROMAQUE.
Il le veut voir lancer des tours de notre ville.
HÉCUBE.
Il la veut immoler sur le tombeau d'Achille.[1]

Ce triste et funèbre dialogue convient à la *Troade*, c'est-à-dire au tableau des malheurs de Troie. Le dénoûment nous ramène, après tant d'horreurs, aux mœurs bourgeoises et plates que nous avons déjà vues. Le héraut Thaltybius vient poliment avertir Agamemnon et *ces dames* qu'on est prêt à partir.

Sire, les princes grecs, ne voyant plus de flammes,
N'attendent pour partir qu'après vous et ces dames.

Ces dames, c'est Hécube, qui a vu périr misérablement son mari, tous ses enfants et sa dernière fille, Polyxène; c'est Cassandre, qui suit, comme esclave, Agamemnon à Argos; c'est Andromaque enfin, qui vient d'assister au meurtre d'Astyanax.

Quand, au sortir de cette antiquité défigurée et rapetissée,

---

1. Acte IV, scène II.

nous abordons l'antiquité telle que la voit et la montre Racine, il nous semble que nous passons dans un autre climat, et des brumes de Paris aux splendeurs de la lumière orientale.

Largior hic campos æther et lumine vestit
Purpureo.[1]

Tout change, tout se transforme. Les choses et les personnes reprennent leur clarté en reprenant leur vérité. Dans la *Troade* de Sallebray, Hécube, Cassandre, Andromaque, sont des bourgeoises du Marais ou de la rue Saint-Denis, affublées pour un instant de noms héroïques; la personne perce le nom et le dément. Dans Racine, le masque tombe, et le personnage antique reparaît dès les premières scènes.

> Oui, seigneur, lorsqu'au pied des murs fumants de Troie
> Les vainqueurs tout sanglants partagèrent leur proie,
> Le sort, dont les arrêts furent alors suivis,
> Fit tomber dans mes mains Andromaque et son fils;
> Hécube près d'Ulysse acheva sa misère;
> Cassandre dans Argos a suivi votre père.

Voilà bien Troie avec ses murs fumants et ses vainqueurs sanglants; voilà bien les lois dures et farouches de la guerre : le partage des captives; Hécube et sa misère, Andromaque et son esclavage; Cassandre et la mort qui l'attend à Argos; voilà comme Pyrrhus voit et montre Troie et les Troyennes. Que sera-ce quand Andromaque invoquera *les murs sacrés*

> Que n'a pu conserver son Hector,

ou bien quand elle rappellera les dernières journées de Troie :

> Dois-je oublier Hector privé de funérailles,
> Et traîné sans honneur autour de nos murailles?
> Dois-je oublier son père à mes pieds renversé,
> Ensanglantant l'autel qu'il tenoit embrassé?
> Songe, songe, Céphise, à cette nuit cruelle
> Qui fut pour tout un peuple une nuit éternelle;
> Figure-toi Pyrrhus, les yeux étincelants,
> Entrant à la lueur de nos palais brûlants,

---

1. Virgile, *Énéide*, liv. VI.

> Sur tous mes frères morts se faisant un passage,
> Et, de sang tout couvert, échauffant le carnage;
> Songe aux cris des vainqueurs, songe aux cris des mourants,
> Dans la flamme étouffés, sous le fer expirants.

Ah! je ne puis douter que celles qui peignent ainsi les horreurs de la ruine de Troie ne les aient vues et ne les aient senties, tandis que, avec *ces dames* de la *Troade* de Sallebray, je me demande si ce sont vraiment là les tristes et misérables survivantes de leur famille et de leur patrie. On sait qu'un Athénien vint un jour trouver Démosthène et le prier de plaider pour lui contre quelqu'un qui l'avait battu. « Non, lui répondit Démosthène, tu n'as point été battu. — Comment! dit l'autre, s'emportant et gesticulant, comment! je n'ai point été battu! — Ah! oui, maintenant, à voir comme tu parles, je crois que vraiment tu as été battu. » Pour nous, il n'y a vraiment aussi de captives et d'esclaves que celles qui parlent comme l'Andromaque de Racine, quoique Racine ait singulièrement adouci la rudesse des mœurs homériques; mais il en a du moins conservé les sentiments, et c'est par là qu'il reproduit l'antiquité.

Quel effet fit sur l'esprit des contemporains d'*Andromaque* cette résurrection de l'antiquité et de la vérité? Le vrai, en se montrant, éclipsa-t-il le faux, et vint-il le discréditer pour toujours? Non! *Andromaque* eut un grand succès, mais elle réussit plus par la manière dont elle représentait l'amour que par l'inspiration de l'antiquité. Le public, accoutumé à cette antiquité de convention qui défrayait le théâtre et les romans, ne sentit point la différence qu'il y avait entre les décorations grotesques qu'on lui montrait sur le théâtre et le tableau noble et fidèle qu'avait peint Racine. Il continua à applaudir le faux, en applaudissant en même temps le vrai, et il laissa à la postérité le soin de faire un discernement qui contrariait ses habitudes.

La meilleure manière de faire comprendre cette erreur ou cette indifférence des contemporains de Racine, est de citer quelques-unes des tragédies faites après lui sur des sujets empruntés à l'antiquité, et où le caractère de l'antiquité est défiguré aussi maladroitement que si Racine n'avait pas montré comment il fallait la traduire ou l'imiter. Jamais leçon ne fut moins écoutée; jamais exemple ne fut moins suivi; non point que je m'étonne que les poëtes contemporains de Racine, et qui se croyaient ses rivaux, n'aient pas voulu se faire ses disciples. Ce qui me surprend seulement, c'est que le public n'ait pas compris plus vite qu'un nouvel art venait d'être trouvé, ou plutôt une nouvelle manière de reproduire l'art ancien, et qu'il fallait s'attacher à cette manière si belle et si vraie.

Pradon, par exemple, dans sa *Troade* qui est de 1679, c'est-à-dire douze ans après *Andromaque,* reprend la tradition de l'antiquité fausse et romanesque qu'avaient suivie Sallebray et les devanciers de Racine. Le public accepte complaisamment ces fausses images de l'antiquité, et ne se souvient pas qu'il en a vu de plus vives et de plus ressemblantes. La *Troade* de Pradon parle de Troie, de Priam, d'Hector, d'Astyanax, après Racine; elle met en scène Andromaque et Pyrrhus après Racine, et nous ne voyons pas que le public ait compris la différence entre les deux antiquités qu'on lui représentait. Je ne veux pas dire assurément que la *Troade* de Pradon ait eu le même succès qu'*Andromaque;* mais n'oublions pas que ce qui a fait le succès de la tragédie de Racine, c'est la tendresse maternelle d'Andromaque, c'est l'amour de Pyrrhus, c'est la jalousie d'Hermione. *Andromaque* l'a emporté par la passion sur les pièces du temps, et non par son imitation plus fidèle et plus heureuse de l'antiquité.

A prendre la première scène de la *Troade* de Pradon, on serait tenté de croire que les malheurs de Troie y exciteront seuls notre pitié, et que la pièce, de ce côté, se rapprochera de la *Troade* de Sénèque et de Garnier. Ce n'est point ainsi que procède l'école romanesque, dont Pradon était un des héritiers. Pour cette école, quel que soit le sujet, et quels que soient les noms des spectateurs, une tragédie est avant tout une histoire amoureuse, plus ou moins compliquée. Dès qu'un héros rencontre une princesse, qu'il soit Grec ou Romain, qu'elle soit Persane ou Turque, il doit l'aimer et lui faire la cour, sans s'inquiéter s'ils sont amis ou ennemis. Pradon n'a pas manqué à cette règle fondamentale de l'école romanesque. Polyxène est aimée par Ulysse, et Andromaque par Pyrrhus :

    Oui,

dit à Hécube Hésione, sa confidente,

> Oui, les yeux d'Andromaque et ceux de Polyxène
> Rallument chez les Grecs le feu des yeux d'Hélène ;
> Oui, madame, et j'ai vu le farouche Pyrrhus
> Souvent près d'Andromaque interdit et confus ;
> J'ai vu même, j'ai vu, malgré son artifice,
> Les pleurs de Polyxène en arracher d'Ulysse,
> Et, malgré les dehors de son inimitié,
> Lui faire ressentir plus que de la pitié.[1]

Ainsi, nous sommes bien avertis que ce ne sont pas les malheurs de Troie et des Troyennes qui vont exciter notre pitié; l'amour d'Ulysse pour Polyxène et de Pyrrhus pour Andromaque va devenir le sujet de la *Troade*. Mais pour que cette partie carrée soit un peu compliquée et digne de l'école romanesque, le sort a fait tomber Polyxène aux mains de Pyrrhus, et Andromaque et son fils aux mains d'Ulysse. Que faire donc et comment réparer cette maladresse du sort? D'abord s'en plaindre et conter à ses confidents, Ulysse, l'histoire de son amour pour Polyxène, Pyrrhus, l'histoire aussi de son amour pour Andromaque. Quant à Pyrrhus, nous l'avons déjà vu, dans Racine, amoureux d'Andromaque; je soupçonne Pradon d'avoir voulu critiquer, par la bouche de son Pyrrhus, le Pyrrhus de Racine, comme trop amoureux et trop livré aux agitations de la passion. Du même coup Pyrrhus critique aussi l'Andromaque, comme étant une mère trop sensible et trop larmoyante :

> Les vulgaires amants adorent la beauté,

dit Pyrrhus à son confident Lycus,

> Mais Pyrrhus d'Andromaque adore la fierté ;
> Cette veuve d'Hector n'eut jamais de foiblesse ;
> A nos yeux, dans les fers, elle est toujours princesse.

Quand l'Andromaque de Pradon parle d'elle-même, elle me paraît aussi très-préoccupée du soin de ne pas ressembler à l'Andromaque de Racine.

> J'ai,

dit-elle,

> J'ai pour Astyanax des tendresses de mère,
> Mais si mon fils m'est cher, ma gloire m'est plus chère.

---

[1]. Acte Ier, scène Ire.

> Et si du fier Pyrrhus je demandois l'appui,
> Hector désavoueroit Andromaque aujourd'hui.

Pyrrhus, de son côté, dit à Lycus qu'il ne faut pas s'attendre

> Que le cœur de Pyrrhus
> Aille exposer sa gloire à d'indignes refus;
> Non, Lycus, tu sais trop que la gloire m'est chère,
> Tu trouveras Pyrrhus plus semblable à son père;
> Tu trouveras Pyrrhus toujours maître de soi,
> Tel que parut Achille, et tel que je le doi.

Évidemment, ce que veulent surtout l'Achille et l'Andromaque de Pradon, c'est de ne point ressembler à l'Achille et à l'Andromaque de Racine. Nous leur donnons très-volontiers le certificat de différence qu'ils sollicitent, et nous passons au récit de l'amour d'Ulysse pour Polyxène.

J'étais plus curieux de l'amour d'Ulysse pour Polyxène que de celui de tout autre héros; car enfin Ulysse n'a point le renom d'un héros amoureux, non que, dans ses longs voyages, Ulysse ait toujours payé la fidélité de Pénélope d'une fidélité égale : il s'est laissé aimer par Circé et par Calypso; mais dans ses aventures amoureuses de l'*Odyssée,* il est loin d'être un Amadis ou un Céladon. Il a attendu, pour prendre ce rôle, la *Troade* de Pradon. Celui-ci a pensé sans doute que moins le héros se prête à l'amour par sa renommée dans l'histoire, plus il faut, dans le roman ou dans le drame, le rendre amoureux et tendre, afin de dépayser complétement le lecteur ou le spectateur. Écoutons donc les confidences d'Ulysse à Thrasile :

> Te souvient-il, Thrasile,
> Quand Polyxène vint dans la tente d'Achille,
> Qu'avec le vieux Priam, tombant à ses genoux,
> Ses yeux et son abord nous désarmèrent tous?...
> . . . .
> Achille en fut ému; les yeux de Polyxène
> Contre les Phrygiens affoiblirent sa haine,
> Et je vis à mon tour que ses charmants attraits
> Nous déclaroient la guerre en demandant la paix.[1]

Le madrigal est déjà assez bien tourné; il l'est mieux encore

---

1. Acte II, scène 1re.

quand Ulysse déclare son amour à Polyxène, qui vient lui demander un asile contre Pyrrhus, prêt à l'immoler sur le tombeau d'Achille.

Vous venez,

dit Ulysse à Polyxène,

> Vous venez près de moi demander un asile;
> Surpris, confus, je vois ce que vous prétendez,
> Et j'apprête les fers que vous me demandez.
> Mais quand je trouve Ulysse auprès de Polyxène,
> Je ne sais qui des deux va porter une chaîne;
> Mes sens auprès de vous demeurent étonnés;
> Vous demandez des fers, lorsque vous en donnez.[1]

Entre ces deux amants mal servis par le sort, Ulysse qui aime Polyxène appartenant à Pyrrhus, et Pyrrhus qui aime Andromaque appartenant à Ulysse, il y aurait un moyen très-simple de s'entendre, ce serait d'échanger leurs captives. Qui pourrait les en empêcher, puisqu'elles leur appartiennent? Mais alors, d'une part, la tragédie finirait trop tôt ou n'aurait pas commencé; d'autre part, il y aurait là un tableau trop dur des lois de la captivité antique, et qui répugnerait à la galanterie de l'école romanesque. Autre inconvénient : si la tragédie n'a plus pour sujet les souffrances amoureuses de Pyrrhus et d'Ulysse, avec quoi remplir la scène? Avec les malheurs de Troie et des Troyennes, comme a fait Euripide, ou avec des sentences philosophiques, comme a fait Sénèque? Que diront les petits-maîtres? On peut bien, dans une tragédie de l'école romanesque, admettre la déclamation de Sénèque, mais à condition d'y mêler la galanterie de l'*Astrée* ou du *Grand Cyrus*. Je ne vois donc nulle part, dans la *Troade* de Pradon, l'idée de l'échange des captives. Elle est exclue comme trop simple et trop antique. Au lieu de cela, Ulysse et Pyrrhus, qui sont ennemis l'un de l'autre, cherchent à s'effrayer mutuellement, l'un en menaçant de tuer Polyxène sur la tombe d'Achille, afin qu'Ulysse lui promette de sauver Andromaque et son fils; l'autre, de tuer le fils d'Andromaque, afin que

---

1. Acte II, scène II.

Pyrrhus épargne Polyxène ; politique embrouillée et maladroite qui ne fait qu'augmenter le péril des captives, si bien qu'au moment où Pyrrhus et Ulysse, faisant à la fin ce qu'ils auraient dû faire dès le commencement, veulent s'entendre pour sauver ce qu'ils aiment,[1] il n'est plus temps. L'armée, à qui on a promis la mort d'Astyanax et de Polyxène, la demande à grands cris avec les féroces instincts de la foule. Ulysse, qui s'embarrasse et se perd dans ses ruses, avait pensé que l'armée, en voyant conduire au supplice un enfant et une jeune fille, serait prise de pitié :

> Je l'avoue à regret, mes funestes discours
> N'avoient que trop armé les Grecs contre leurs jours ;
> Pour les fléchir, usant d'un nouvel artifice,
> Feignant de les mener l'un et l'autre au supplice,
> J'ai feint de consentir à la mort du Troyen
> Et leur accorde tout pour ne leur céder rien.
> . . . .
> Feignons donc d'accomplir la volonté du sort ;
> Pour leur sauver le jour, menons-les à la mort.

Combinaison industrieuse, mais dangereuse, et qui échoue d'une part contre l'instinct sanguinaire de la multitude, et d'autre part contre le courage impatient des deux victimes. La grandeur d'âme outrée et le dédain excessif de la vie sont des qualités que l'école romanesque ne manque jamais de prêter à ses héros. Astyanax, dès qu'il a été conduit au haut de la tour d'où on doit le précipiter, ne sachant pas que son péril n'est qu'un rôle à jouer devant les Grecs, se jette lui-même hardiment dans l'abîme ; il a grand tort : les Grecs allaient s'émouvoir de pitié. Polyxène n'est pas moins courageuse qu'Astyanax ; elle prend tout à coup l'épée de Pyrrhus et se tue elle-même. C'est ainsi que manque la représentation préparée par Ulysse, qui n'avait pas pris la précaution d'avertir de leur rôle Polyxène et Astyanax.

Voilà la *Troade* de Pradon ; voilà l'étrange parodie de l'antiquité qui se jouait sur le théâtre, en 1679, après *Andromaque* et après *Iphigénie,* sans que personne fût choqué de cet Ulysse

---

1. Seigneur, à notre amour immolons notre haine ;
Je sauve Astyanax ; conservez Polyxène.
(Acte V, scène II.)

changé en Céladon, de ses ruses mal conçues et mal conduites, de ces lamentables aventures de Troie et des Troyens, tournées en scènes d'amour et de galanterie.[1] A quoi donc avaient servi les exemples de Racine et les leçons de Boileau?

J'ai cru devoir, à propos d'*Andromaque*, c'est-à-dire de la première pièce où Racine a montré de quelle manière il fallait imiter l'antiquité, rechercher, dans le théâtre de ses devanciers et de ses contemporains, de quelle façon fausse et ridicule l'antiquité y était représentée. Je veux voir maintenant comment, avant *Hermione*, l'amour jaloux était exprimé sur le théâtre. La recherche de ces précédents dramatiques nous fera mieux comprendre le point de départ de Racine et l'expression nouvelle et originale qu'il a donnée aux passions du cœur humain. Il n'est pas, encore un coup, le premier à les mettre sur le théâtre; l'amour et la jalousie y avaient paru avant lui, mais il est le premier à les y représenter avec cette puissance de vie et de vérité. Je ne veux pas faire ici l'histoire de la jalousie, telle que l'a exprimée le théâtre chez les anciens et chez les modernes[2]. Je me borne à chercher, dans les devanciers immédiats de Racine, les traits plus ou moins expressifs de cette passion, et ceux surtout que Racine semble avoir repris plus tard, en leur donnant plus de relief et de mouvement.

Parmi ces anciens poëtes du XVIIe siècle, Rotrou est celui qui, avant Racine, a le mieux exprimé la jalousie, et c'est par lui que je veux commencer mes recherches.

Rotrou ne semblait guère disposé à représenter dans ses pièces l'amour amer et douloureux qui fait le fond de la jalousie, Comme beaucoup de nos poëtes, tantôt il peignait l'amour affecté et prétentieux; tantôt, revenant au penchant naturel de l'esprit français, il louait l'amour inconstant et frivole, il se moquait de

---

1. *La Troade,* tragédie nouvelle de M. Pradon, a paru depuis quinze jours sur le théâtre de l'hôtel de Bourgogne. Leurs Altesses Royales en ont honoré une représentation de leur présence. C'est un avantage que s'attirent ordinairement les pièces qui ont du bruit. (*Mercure Galant,* janvier 1679, p. 330.)

2. Voir les cinquième et sixième volumes de mon *Cours de Littérature dramatique* fou de l'usage des passions dans le drame.

la passion des amants et de la fidélité des époux. Voyez comme Félidan, dans la *Pèlerine amoureuse*,[1] raille Lucidor qui loue les époux et les amants fidèles :

> Ces discours étoient bons au siècle d'Oriane :[2]
> Aimer en lieux divers c'étoit être profane;
> Les plus doux changements étoient lors inconnus,
> Et le bon Amadis eût rebuté Vénus.
> Mais ses lois aujourd'hui passent pour rêverie,
> De même que son ordre et sa chevalerie.
> La résolution de ne changer jamais
> N'est plus que la vertu des hommes imparfaits.

Ailleurs, dans la *Diane*,[3] il enseigne aux dames à ne pas croire aux grands mots des amants :

> Pour être cru fidèle, est-ce assez qu'une dame

dit Célibée,

> Vous entende parler de soupirs et de flamme?
> Ces discours sont communs à tous les amoureux;
> Le plus indifférent est toujours malheureux.
> Le plus sain, s'il dit vrai, sent un cruel martyre;
> Le plus libre est esclave, et le plus froid soupire.

Voilà des sentiments qui n'annoncent guère un des peintres les plus expressifs de la jalousie. Ne nous étonnons point de ces singularités. Molière s'est beaucoup moqué de la jalousie, aussi bien que des jaloux : personne ne l'a mieux exprimée et plus ressentie.

Dans le *Venceslas* de Rotrou, Ladislas est ardent, effréné dans son amour; la jalousie le pousse aisément au crime. Ce n'est pas cependant dans cette pièce que Rotrou a su peindre la jalousie expressive et touchante. Il a peint dans Ladislas les emportements de l'amour plutôt que les tourments et les fureurs de la jalousie. Ladislas agit en rival désespéré plutôt qu'en jaloux. Il apprend que Cassandre, la princesse qu'il aime, va épouser le

---

[1]. Acte II, scène II.
[2]. Oriane est la dame d'Amadis.
[3]. Acte IV, scène v.

duc, c'est-à-dire son rival : Alors, dit-il, racontant le meurtre qu'il vient de commettre,

> . . . . Succombant à ce coup qui m'accable,
> De tout raisonnement je deviens incapable.
> . . . .
> Et ne prends plus avis que de mon désespoir.
> Au nom du duc enfin j'entends ouvrir la porte,
> Et suivant, à ce nom, la fureur qui m'emporte,
> Cours, éteins la lumière, et d'un aveugle effort
> De trois coups de poignard blesse le duc à mort.

C'est là l'égarement de la colère; et Ladislas, en racontant son crime, semble en ressentir encore l'emportement. Même trouble et même égarement quand il essaye de répondre à son père qui l'interroge :

> VENCESLAS.
> . . . . Répondez-moi, mon fils;
> Quel fatal accident...
> LADISLAS, qui n'a pas encore répondu une seule parole à son père.
> Seigneur, je vous le dis...
> J'allois... j'étois... l'amour a sur moi tant d'empire...
> Je me confonds, seigneur, et ne puis rien vous dire.

Voilà le trouble où l'a laissé son crime; voilà, si l'on veut, le désordre de pensée où l'a poussé la fureur de l'amour; tout cela admirablement peint par le poëte; mais rien dans cette peinture n'appartient à la jalousie. Les fureurs de la jalousie sont plus concentrées et plus profondes que celles de l'amour que ressent Ladislas. Les crimes qu'elle inspire sont aussi grands, mais ils sont plus prémédités et pèsent plus longtemps sur l'âme.

Cherchons donc ailleurs dans Rotrou l'expression de la jalousie. Il l'a peinte sous diverses formes, tantôt terrible et cruelle dans l'*Heureux Naufrage* (1634), tantôt piquante et vive, touchant presque à la comédie, dans les *Occasions perdues* (1631), tantôt enfin douloureuse, agitée et vraiment touchante, dans *Laure persécutée* (1637).

Les *Occasions perdues*, que Rotrou intitule une tragi-comédie, touchent à la fois, il est vrai, à la tragédie et à la comédie. Clorimand, jeune chevalier, est envoyé à la cour de Naples par le roi de Sicile, Alphonse; mais cette ambassade est un piége.

Les gentilshommes qui accompagnent Clorimand doivent, avant d'arriver à Naples, décacheter une lettre que le roi Alphonse leur a remise, et, dans cette lettre, ils lisent l'ordre de tuer Clorimand. Ils s'arment donc contre lui; il se défend, et la reine de Naples, qui traversait par hasard la forêt où s'est engagé le combat, voyant qu'un seul homme est attaqué par trois, envoie ses officiers à son secours, et le sauve de la mort. Clorimand est un jeune et brillant cavalier, auquel la reine s'intéresse bientôt plus qu'en libératrice. Elle aime. Mais comment une reine pourrait-elle avouer son amour pour un simple chevalier? Elle demande donc à Isabelle de servir de confidente à son amour : qu'elle feigne d'aimer elle-même Clorimand; la reine, de cette façon, verra s'il est sensible à l'amour, et, selon les circonstances, elle montrera sa tendresse ou la contiendra. Isabelle hésite d'abord un peu; elle est aimée d'Adraste, et elle, craint, dit-elle, de perdre son amant.

Simple...

lui répond la reine,

> Qui ne sait pas qu'à la fille avisée
> Abuser tous les cœurs est une chose aisée.
> Telle en trahit un cent et se fait aimer d'eux,
> Et tu n'espères pas en pouvoir tromper deux!

Ces conseils décident Isabelle, qui se met à conter à la reine toutes les coquetteries qu'elle va employer pour attirer Clorimand, toutes les manœuvres amoureuses dont elle va se servir :

> Je parlerai toujours de soupirs et de flamme
> A ce jeune étranger qui vous a ravi l'âme.
> Je n'épargnerai point les pas de cent valets,
> Et mille cœurs navrés empliront mes poulets.
> . . . .
> Ce ne seront qu'amours, que soupirs et que vœux;
> Je les cachetterai de mes propres cheveux;
> Je verserai des pleurs; il me verra malade,
> Si quelque autre en obtient seulement une œillade.
>   LA REINE.
> Ma mignonne, tout beau, c'est trop bien m'obéir,
> Et, pensant m'obliger, tu pourrois me trahir.

> J'entends que tu feindras de te sentir atteinte,
> Mais non pas de passer les bornes de la feinte.

Cette conversation n'est-elle pas naturelle et piquante? La reine veut qu'Isabelle feigne d'aimer Clorimand; mais, dès que celle-ci, prenant son rôle au sérieux, exprime, dans le jargon amoureux du siècle, ce qu'elle fera pour se faire aimer de Clorimand, la jalousie de la reine commence à percer. C'est là le sujet de la pièce, bien digne, par son sujet même, que Marivaux l'ait imitée dans le *Prince travesti*.[1] Il est dangereux pour une femme de faire jouer son rôle d'amoureuse par une autre femme. Il n'y a point de confidente fidèle en amour, et la feinte en cette matière touche de trop près à la vérité. Isabelle et la reine l'éprouvent. Isabelle finit par aimer Clorimand pour son compte, et la reine se voit trompée par sa confidente. Elle assiste à un des entretiens d'Isabelle et de Clorimand, et, ne pouvant plus douter, aux témoignages qu'Isabelle donne de son amour à Clorimand, que celle-ci parle et agit pour elle-même, elle s'avance vers Isabelle, dès que Clorimand est sorti, et lui reproche sa perfidie. En vain Isabelle veut s'excuser en disant que tout ce qu'elle fait, elle le fait au nom de la reine :

> Je ne donne qu'à vous ce qu'il croit recevoir,
> Et je crois faire moins l'amour que mon devoir.
>
> LA REINE.
>
> Vous vous acquittez bien de ce qu'on vous commande ;
> Je n'en désire point une preuve plus grande.
> Je vous veux accorder le repos désormais :
> Pour loyer de vos soins ne me voyez jamais.
> Sachez que faire trop et ne pas assez faire,
> C'étoit à mon amour également déplaire.

Puis la reine, quand elle est seule, s'accusant elle-même du désappointement qu'elle vient d'éprouver :

> Nulle ne peut si bien me servir que moi-même.
> Il a des qualités trop promptes à charmer;
> Je le dois seule voir, le voulant seule aimer.[2]

---

1. *Le Prince travesti*, de Marivaux, 1724.
2. Acte IV, scène VI.

Je ne m'étonne pas que la reine, qui conserve assez de bon sens, malgré son amour, pour reconnaître l'imprudence qu'elle a faite avec Isabelle, finisse par étouffer sa passion pour Clorimand et épouse le roi de Sicile, Alphonse, faisant un mariage de politique, au lieu de faire un mariage d'amour. Par son bon sens et par le dénoûment qu'il lui inspire, la reine se contient dans la comédie; mais combien de fois, dans son amour et dans sa jalousie, elle s'est approchée de la tragédie! que de fois j'ai vu le moment où Isabelle allait devenir l'Atalide de *Bajazet,* et la reine devenir Roxane! Cette scène, où la reine chasse Isabelle de sa cour en lui disant avec colère :

> Adieu! n'exercez plus cette charge fatale,
> Et ne m'obligez point à revoir ma rivale!

cette scène, où il ne s'agit encore que d'une disgrâce, va, si nous poussons un peu plus loin les passions des personnages, se confondre avec la terrible scène où Roxane, convaincue qu'Atalide est sa rivale, s'écrie :

> Allez, conduisez-la dans la chambre prochaine!
> Mais au moins observez ses regards, ses discours,
> Tout ce qui convaincra leurs perfides amours.

Dans les *Occasions perdues,* la jalousie que peint Rotrou appartient donc encore à la comédie, quoique près d'en sortir. Dans l'*Heureux Naufrage,* nous entrons dans la tragédie.

Il s'agit encore d'un de ces jeunes aventuriers qui remplissent les romans de chevalerie, et que le roman prêtait volontiers au théâtre. Cléandre a été jeté par un naufrage sur les côtes de Dalmatie. La reine de ce pays, Salmacis, l'ayant trouvé à demi mort sur le rivage, l'a fait soigner, puis s'est éprise de lui. Mais elle a une rivale : c'est sa sœur Céphalie, qui adore aussi le jeune étranger. Elles lui font toutes deux la cour et ne parviennent pas à toucher le cœur de Cléandre, qui aime Floronde, fille du roi d'Épire. Il croit, il est vrai, que Floronde a péri dans le même naufrage dont il a failli être victime; mais il l'aime, toute morte qu'elle est. La tendresse qu'il a inspirée à la reine Salmacis et à sa sœur Céphalie lui a attiré bien des jaloux, qui le font attaquer par des assassins : il les tue tous. La reine, le trouvant toujours insensible, passe de l'amour à la haine, le fait accuser de meurtre et condamner à mort. Ce qui pousse surtout la reine contre Cléandre, c'est qu'elle croit qu'il aime sa sœur Céphalie. Tant qu'elle l'a cru insensible, tant qu'elle a pensé qu'il ne songeait qu'à celle qu'il a perdue, c'est-à-dire à Floronde, elle lui a pardonné de se refuser à son amour. Mais elle l'entend qui semble accepter les vœux de Céphalie : il peut donc oublier Floronde, il peut donc aimer! et ce n'est pas elle qu'il aime!

> O mépris trop aveugle! ô honte! ô désespoir!

Voilà le sentiment qui plus tard causera les transports jaloux de Phèdre. Phèdre excusait aussi Hippolyte, tant qu'elle le croyait insensible; mais quand elle apprend qu'il aime Aricie et qu'il n'est insensible que pour elle, quelle colère! quelle douleur! La Salmacis de Rotrou précède Phèdre dans sa douleur et dans ses emportements; mais qu'elle est loin d'y atteindre! Rotrou ne sait point tirer d'une situation dramatique tout ce qu'elle contient de passion et d'émotion. Il fait l'esquisse : Racine saura créer le tableau.

Autre esquisse encore d'une grande scène tragique. Salmacis furieuse a condamné Cléandre à mort et l'a fait monter sur l'échafaud. Il va périr malgré les supplications de Céphalie, et peut-être même à cause de ces supplications, puisque l'amour de Céphalie fait le crime de Cléandre aux yeux de Salmacis. Cependant la reine ne peut pas se décider à frapper celui qu'elle aime, et elle envoie un page avec un billet qui fait grâce à Cléandre, s'il veut l'épouser. Cléandre refuse, non par amour pour Céphalie, mais pour Floronde, qui n'est point morte, et qu'il a retrouvée déguisée en homme sous le nom de Lissanor. Rien ne peut donc plus sauver Cléandre, et le bourreau va frapper, quand Salmacis elle-même, désespérée, accourt s'écriant :

> Arrêtez, inhumains! Il n'est donc pas possible
> De sauver un barbare à soi-même insensible?

La tragédie reprendra plusieurs fois cette situation, et la poussera, dans le *Duc d'Essex* de Thomas Corneille, jusqu'à l'emportement d'une reine qui, comme l'Hermione de Racine, fait périr celui qu'elle aime, et périt ou veut périr après lui. La scène pourra être plus dramatique et plus terrible que celle de l'*Heureux Naufrage;* mais Rotrou a le mérite d'avoir, un des premiers, inventé la situation et trouvé quelques beaux vers pour en exprimer l'émotion :

> Il t'est doux de mourir, parce que tu m'affliges,

dit Salmacis à Cléandre. Que faut-il qu'elle fasse pour toucher Cléandre et pour s'acquérir son amour? Faut-il qu'elle quitte le trône?

> La qualité de roi peut-être t'importune,
> Et tu crains les grands soins d'une grande fortune :
> Eh bien ! pour être tienne et pour suivre tes pas
> Faut-il fouler aux pieds ce qui ne te plaît pas?
> Faut-il sacrifier à cet amour extrême
> Titres, possessions, et sceptre et diadème?
> . . . .
> Je suis prête à te suivre en quelque solitude
> Où ton superbe cœur souffre ma servitude,
> Où j'ose dire enfin : Il a reçu ma foi,
> J'appartiens à Cléandre, et Cléandre est à moi!

N'est-ce pas là le langage de la passion? Je ne comprends pas bien pourquoi Salmacis croit que Cléandre aimerait mieux habiter une chaumière qu'un palais; mais il me suffit, pour être touché de son amour, qu'elle préfère elle-même une solitude avec lui à la splendeur du trône sans lui. En face de cette tendresse sincère, Cléandre ne veut plus se servir de subterfuge : il avoue à Salmacis que Floronde est vivante, qu'il l'a retrouvée sous le nom de Lissanor, que c'est elle seule qu'il aime. Lissanor paraît alors. Au milieu même des emportements de sa passion, Salmacis disait à Cléandre :

> Si le ciel à Floronde eût conservé la vie,
> J'aurois imprudemment traversé ton envie;
> Tes soupirs étoient dus à sa fidélité;
> Avant que d'être grand, mon feu fût avorté.

Ce retour de Floronde éteint donc sa passion, et, comme l'amour qu'elle supposait à Cléandre pour Céphalie était ce qui la blessait le plus, et qu'elle était, pour ainsi dire, plus jalouse qu'amoureuse, elle consent à l'union des deux amants. Elle épouse elle-même le roi d'Épire; la pauvre Céphalie reste seule abandonnée; mais, comme Cléandre veut lui faire quelques excuses, elle l'interrompt avec dignité et avec tendresse par ce vers :

> C'est trop! Puisque tu vis, j'obtiens ce que je veux.

J'ai trouvé jusqu'ici dans Rotrou des esquisses que développeront ses successeurs, plutôt que de véritables peintures de la jalousie. Une de ses pièces, fort oubliée aujourd'hui, *Laure persécutée,* présente, selon moi, un tableau expressif et touchant des effets de cette passion. Le jaloux, dans *Laure persécutée,* n'arrive pas encore au meurtre comme dans *Othello,* dans *Zaïre* ou *Adélaïde Duguesclin.* L'amour, plus fort que la jalousie, empêche qu'Orantée, l'amant de Laure, veuille, même quand il se croit trahi par sa maîtresse, se venger comme font les terribles jaloux du théâtre espagnol. Il a les agitations et les souffrances de la jalousie et de l'amour, plutôt qu'il n'en a les cruautés. Je ne connais aucune scène, dans tout notre théâtre, où soient mieux peints ces brusques passages de la colère à l'amour, de l'emportement à la tendresse. Il est malheureux seulement que le héros et l'action de la pièce n'inspirent pas plus d'intérêt.

Le sujet cependant aurait de quoi nous toucher, s'il était mieux traité : car c'est presque trait pour trait le sujet d'*Inès de Castro,* moins la catastrophe. Le prince Orantée, fils du roi de Hongrie, aime Laure, fille d'un simple gentilhomme, et veut l'épouser. Le roi de Hongrie, pour empêcher ce mariage, fait arrêter son fils; et c'est cette arrestation qui fait d'une manière vive et dramatique l'introduction et l'exposition de la pièce.

LE COMTE.
Seigneur, au nom du roi, j'arrête Votre Altesse.
ORANTÉE.
Raillez-vous?
LE COMTE.
J'obéis, et j'en ai charge expresse.
ORANTÉE.
Comte!
LE COMTE
Seigneur!

ORANTÉE.
Craignez que de semblables jeux
Ne soient à leur auteur des plaisirs hasardeux!
Songez à votre tête.

Bientôt, convaincu que le comte ne fait qu'exécuter l'ordre du roi son père, le prince se soumet, et il apprend que son emprisonnement n'a d'autre cause que l'amour qu'il a pour Laure et le projet qu'il a annoncé de l'épouser. Loin de le détourner de sa résolution, les persécutions de son père ne font que l'y affermir. Le roi alors emploie la ruse, et fait croire à Orantée que Laure le trahit. A ce moment commence cette belle scène de jalousie et d'amour, vraiment digne de l'auteur de *Venceslas*, de *Cosroës*[1] et de *Saint Genest*.

Octave, confident du prince, mais qui le trompe et qui a préparé la ruse, l'aborde au moment où il vient d'apprendre la fausse trahison de sa maîtresse :

OCTAVE.
. . Qu'avez-vous, seigneur? Quel trouble vous possède?
ORANTÉE.
Une peine, une rage, un tourment sans remède.
OCTAVE.
Et quel?
ORANTÉE.
De tous les maux qu'on souffre sous les cieux
Le plus insupportable et le plus furieux.
. . . .
OCTAVE.
Quel donc?
ORANTÉE.
La jalousie.
OCTAVE.
Et de qui?
ORANTÉE.
Tu le sais.

Puis, restant seul et exprimant les mouvements divers dont il est agité :

Puis-je, l'ayant aimée à l'égal de moi-même,
D'un extrême si tôt passer à l'autre extrême?

---

1. Voir pour le *Cosroës* de Rotrou le premier volume de mon *Cours de Littérature dramatique*.

Non, sortez de mon sein, vains projets que je fais :
Je l'aime au plus haut point que je l'aimai jamais.
Je sais que ma constance, après un tel outrage,
Est bien moins un excès qu'un défaut de courage,
Et que le souvenir de sa déloyauté
Est un honteux reproche à mon honnêteté.
. . . .
O ridicule amour! cœur lâche! cœur infâme,
Qui ne peux t'échapper des liens d'une femme!
Être si peu touché d'un si sensible affront!
. . . .
Elle ne peut souffrir ni moi ni ma fortune;
Un des miens la rejette, et moi je l'importune.
Ah! cède, mon amour, à ce juste transport :
Oui, je hais cette infâme à l'égal de la mort.
Mais, quoi! ne la voir plus!...
. . . .
Hélas! que résoudrai-je en cette peine extrême?
A peine je la hais, que je sens que je l'aime.[1]

Comme ce dernier vers est à la fois charmant et tragique! Comme il exprime bien d'un mot les angoisses de ce cœur incertain et désespéré! Ce n'est pas là pourtant où j'admire le plus le talent de Rotrou à peindre les transports de la jalousie et de l'amour. Ce poëte, qui se contente ordinairement d'esquisser les situations et les caractères, a su, cette fois, approfondir la passion qu'il représentait, en varier l'expression, inventer des traits pour la renouveler, trouver des circonstances pour multiplier l'émotion sans l'affaiblir, être vraiment enfin un grand poëte dramatique, et l'être, si j'ose le dire, par un genre de mérite rare sur notre théâtre, par l'imagination poétique. J'appelle imagination poétique dans le drame, celle qui donne à la passion un relief tout nouveau, celle qui, au lieu de l'exprimer par des idées générales, trouve, pour la représenter, une forme originale et vraie, singulière et naturelle. C'est ce genre d'imagination qui éclate dans Shakspeare. Ses personnages n'ont rien de romanesque; ils représentent fidèlement les passions et les mœurs de l'humanité; seulement, ils les représentent avec une forme et des traits que son imagination poétique découvre dans la nature

---

1. Acte III, scène IX.

morale, comme les grands peintres découvrent aussi dans la figure humaine une beauté ou une force que nous ne savions pas y voir, et qu'ils nous y montrent. Une fois découverts, ces traits expressifs de nos passions et de nos caractères s'ajoutent, pour ainsi dire, à l'humanité et se personnifient dans quelques noms. L'hypocrisie est Tartuffe, la calomnie est Iago, l'honneur est le Cid, la jalousie de la femme est Hermione, l'ambition est Macbeth. Orantée mériterait d'être le type de la jalousie des jeunes amants ; il ne l'est que pour une scène ou deux. Or, pour prendre rang parmi ces grandes personnifications de l'imagination dramatique, il faut plus que l'émotion d'un moment, il faut l'ensemble d'une passion ou d'un caractère ; de même que, pour figurer d'une manière durable dans l'histoire, il faut plus d'un jour d'éclat ou de grandeur, il faut une vie tout entière.

Voyons le tableau vraiment expressif que Rotrou a su faire de la jalousie de son héros. Orantée a accablé Laure de reproches ; il a rompu avec elle. Mais à peine, comme il l'a dit, *à peine la hait-il qu'il sent qu'il l'aime*, et il revient à sa porte. C'est là qu'il veille seul, la nuit, l'épée à la main. Pourquoi ? que veut-il ? Le sait-il lui-même ? Octave, craignant toujours que le stratagème qu'il a inventé contre Laure ne se découvre, revient trouver le prince à cette porte, où il sait bien qu'il doit le rencontrer. Il demande à Orantée ce qu'il fait là,

> Et si tard et sans suite ?

Que j'aime la réponse d'Orantée ! Quelle vérité ! quelle passion !

> Que veux-tu ? Sans dessein, sans conseil, sans conduite,
> Mon cœur, sollicité d'un invincible effort,
> Se laisse aveuglément attirer à son tort.
> . . . .
> Qu'un favorable soin t'amène sur mes pas !
> Saisi, troublé, confus, je ne me connois pas ;
> Et ta seule présence, en ce besoin offerte,
> Arrête mon esprit sur le point de sa perte.

En vain Octave lui représente que, puisqu'il a rompu avec Laure, il ne faut pas la revoir ; que, s'il la revoit, il oubliera l'infidélité de sa maîtresse et ne songera plus qu'à l'amour qu'il a eu pour elle.

ORANTÉE.

> Je l'avoue à toi seul, oui, je l'avoue, Octave,
> En cessant d'être amant je deviens moins qu'esclave;
> Et, si je la voyois, je crois qu'à son aspect
> Je me verrois mourir de crainte et de respect.
> Je ne sais par quel sort ou quelle frénésie
> Mon amour peut durer avec ma jalousie;
> Mais je sens en effet que, malgré cet affront,
> Dont la marque si fraîche est encor sur mon front,
> Le dépit ne sauroit l'emporter sur ma flamme,
> Et toute mon amour est encore en mon âme.

Ainsi donc, dit Octave, Laure va obtenir son pardon, malgré sa faute, malgré votre colère!

ORANTÉE.

> Moi! que je souffre Laure et lui parle jamais!
> Que jamais je m'arrête et jamais je me montre
> Où Laure doit aller, où Laure se rencontre!
> . . . .
> Que Laure puisse encor me donner de l'amour!
> . . . .

OCTAVE.

> Mais si, pour vous toucher, elle n'a plus de charmes,
> Pourquoi donc baignez-vous sa porte de vos larmes?
> Quand l'esclave échappé rapproche la maison,
> Il ne hait pas son maître, et craint peu sa prison.

ORANTÉE.

> . . . .
> Vivant comme tu fais, exempt de tout souci,
> Tu crois qu'il m'est aisé d'en être exempt aussi.
> Mais, las! si de nos cœurs nous pouvions faire échange,
> Combien tu trouverois ce changement étrange!
> Que tu croirois ton mal loin de sa guérison,
> Et que tu serois sourd aux lois de la raison!
> Ce lieu te plairoit tant que peut-être l'aurore,
> En ramenant le jour, t'y trouveroit encore!

OCTAVE.

> On souffre volontiers pour un bien qu'on poursuit:
> Mais, quand de sa poursuite on n'attend point de fruit!...
> . . . .

ORANTÉE.

> Qu'on m'a fait un plaisir et triste et déplaisant,

Et qu'on m'a mis en peine en me désabusant !
Qu'on a blessé mon cœur en guérissant ma vue !
Car enfin mon erreur me plaisoit inconnue ;
D'aucun trouble d'esprit je n'étois agité,
Et l'abus me servoit plus que la vérité.
Moi ! que du choix de Laure enfin je me repente
Que jamais à mes yeux Laure ne se présente !
Que de Laure mon cœur ne m'ose entretenir !
. . . .
Frappe, je veux la voir.

OCTAVE.
Seigneur !
ORANTÉE.
Frappe, te dis-je.
OCTAVE.
Mais songez-vous à quoi votre transport m'oblige ?
ORANTÉE.
Ne me conteste point.
OCTAVE.
Quel est votre dessein ?
ORANTÉE, tirant son poignard.
Fais tôt, ou je te mets ce poignard dans le sein.
OCTAVE.
Eh bien, je vais heurter.
ORANTÉE.
Non, n'en fais rien, arrête :
Mon honneur me retient quand mon amour est prête.
. . . .
OCTAVE.
L'honneur assurément vous conseille le mieux :
Retirons-nous.
ORANTÉE.
Attends que ce transport se passe.
Approche cependant, sieds-toi, prends cette place,
Et, pour me divertir, cherche en ton souvenir
Quelque histoire d'amour de quoi m'entretenir.
OCTAVE, assis.
Écoutez donc : Un jour...
ORANTÉE.
Un jour cette infidèle
M'a vu l'aimer au point d'oublier tout pour elle ;
Un jour j'ai cru son cœur répondre à mon amour ;
J'ai cru qu'un chaste hymen nous uniroit un jour ;
Un jour je me suis vu comblé d'aise et de gloire ;
Mais ce jour-là n'est plus. Achève ton histoire.
OCTAVE.
Un jour donc, en un bal, un seigneur...

ORANTÉE.
                    C'étoit moi !
Car ce fut en un bal qu'elle reçut ma foi ;
Que mes yeux, éblouis de sa première vue,
Adorèrent d'abord cette belle inconnue,
Qu'ils livrèrent mon cœur à l'empire des siens,
Et que j'offris mes bras à mes premiers liens.
Mais quelle tyrannie ai-je enfin éprouvée !
Octave, c'est assez : l'histoire est achevée.
            OCTAVE.
Je la commence à peine.
            ORANTÉE.
                Il suffit : je ne puis
Avoir plus longue trêve avecque mes ennuis.
Quelque lumière encore éclaire sa fenêtre :
Crois-tu qu'un peu de bruit l'obligeât d'y paroître ?
            OCTAVE.
Sans doute, et c'est, seigneur, l'histoire qu'il vous faut.
            ORANTÉE.
Fais donc.
            OCTAVE.
        L'appellerai-je ?
            ORANTÉE.
            Oui.
            OCTAVE.
                Laure !
            ORANTÉE.
                    Un peu plus haut.
            OCTAVE.
Laure, un mot !
            ORANTÉE.
            Tout mon sang en mes veines se trouble ;
Je veux sortir de peine, et ma peine redouble.

Voilà cette scène que j'ai plusieurs fois lue à mon auditoire en Sorbonne, et qui a toujours produit son effet, malgré la diversité des générations qui se sont souvent renouvelées sous mes yeux pendant un enseignement de plus de trente ans. Je comparais même cette scène à quelques-unes des scènes de jalousie dans Voltaire, parce que Voltaire est, parmi nos auteurs tragiques, un de ceux qui ont le mieux peint la jalousie des hommes, dans Orosmane, dans Vendôme, dans Gengis-khan. Rotrou résistait à ces comparaisons, et j'étais tenté, avec mon auditoire, de préférer

Orantée à Orosmane. Il est curieux, quand les sentiments des deux personnages se rapprochent de plus près, de comparer l'expression différente des mêmes émotions. Ainsi, lorsque Orosmane croit que Zaïre le trahit et qu'elle aime Nérestan, il est aussi troublé qu'Orantée, plus irrité peut-être et plus capable de violence. Que faire? que vouloir? Et, comme son confident Corasmin s'apprête à lui donner un conseil, Orosmane l'interrompt presque avant qu'il ait ouvert la bouche :

> Oui, je veux la voir et lui parler;
> Allez, volez, esclave, et m'amenez Zaïre.
> CORASMIN.
> Hélas! en cet état que pourrez-vous lui dire?
> OROSMANE.
> Je ne sais, cher ami; mais je prétends la voir.
> CORASMIN.
> Ah! seigneur, vous allez, dans votre désespoir,
> Vous plaindre, menacer, faire couler ses larmes;
> Vos bontés contre vous lui donneront des armes;
> Et votre cœur séduit, malgré tous vos soupçons,
> Pour la justifier cherchera des raisons.

Voilà ce désir de revoir l'objet aimé, ne fût-ce que pour le maudire, naturel à tout cœur amoureux, quoique jaloux. Orosmane veut revoir Zaïre, comme Orantée veut revoir Laure. Mais, pour représenter aux yeux des spectateurs le trouble et l'agitation de cette jalousie mêlée d'amour, où sont ces traits imprévus et expressifs que sait trouver l'imagination de Rotrou? où sont ces mouvements et ces sursauts de passion qui peignent le tumulte intérieur de cette âme tourmentée?

J'ai montré dans Rotrou quelques-uns des plus heureux efforts faits par l'ancien théâtre pour atteindre à l'expression de l'amour jaloux. Je ne dois pas, à ce propos, oublier, dans cette recherche que je fais de la jalousie tragique avant Racine, une esquisse de l'Hermione d'*Andromaque*, grossière encore, visible cependant déjà, que je trouve dans la *Quixaire*, tragédie de Gillet, jouée en 1640.[1]

---

[1]. Gillet, né en 1620, a fait beaucoup de pièces de théâtre dont j'ai lu quelques-unes : — *L'Art de régner*, 1645. — *Sigismond, duc de Varsovie*, 1646. — *Francion*,

Quixaire est une princesse des îles Moluques qui aime Dias, général des Portugais. Elle est aimée par Pixère, autre général portugais, qui lui fait croire, pour se débarrasser de son rival, que Dias aime Roxelane. Furieuse alors de l'infidélité de Dias, Quixaire veut qu'il meure :

> Et quiconque voudra que je sois sa conquête,
> Qu'il apporte à mes pieds et son cœur et sa tête.
> Par là je connoîtrai son amour et sa foi!
> Par là je serai sienne!

Et plus loin parlant à Salame, un autre de ses prétendants :

> Oui, si vous désirez m'acquérir et me plaire,
> Éteignez dans son sang mes feux et ma colère.
> Punissez un ingrat qui voulut m'outrager.
> Puisque je suis à vous, songez à me venger.

Pixère tue Dias; mais il est tué à son tour par Salame, et lorsque Quixaire apprend la mort de Dias, elle regrette cette mort qu'elle a souhaitée et ordonnée, comme Hermione regrette Pyrrhus :

> Je regrette aujourd'hui ce que j'ai souhaité,

dit-elle en vers faibles et communs qui gâtent la situation par l'expression :

> La haine que j'avois se change en amitié,
> Et ma colère enfin dégénère en pitié.

Bientôt même cette colère tourne au profit de Salame, qu'elle épouse pour le récompenser d'avoir tué Pixère, le meurtrier de Dias. C'est ainsi que le grand trait du caractère d'Hermione ou de l'amour jaloux, c'est-à-dire le désespoir de voir accompli le meurtre même qu'elle a commandé, disparaît dans la confusion des événements. C'était l'erreur de la tragédie romanesque de

---

comédie, 1642, faite d'après le roman de ce nom. — *Policrite, ou la Mort du grand Promédon*, 1648. Il y a là un beau vers :

> Tout homme a mal vécu, qui ne sait pas mourir!

— Le *Déniaisé*, comédie, 1648. Enfin la *Quixaire*, 1640, qui m'a récompensé de toute cette longue lecture en m'offrant une esquisse d'Hermione.

croire que plus il y avait d'événements entassés l'un sur l'autre, plus il y avait d'intérêt dramatique : on ne comprenait pas que les passions et les caractères, qui sont le vrai fond du drame, sont étouffés par la multiplicité des événements.

Ce désespoir jaloux, que Gillet n'a pas su mettre en action dans sa *Quixaire,* trouve dans notre théâtre, avant Racine, une expression déjà plus vive et plus ferme, sous la plume de Quinault, dans sa tragédie d'*Amalasonte.* Il est curieux de voir l'esquisse imparfaite s'approcher du tableau, grâce à un pinceau plus habile, sans pourtant y arriver encore. Il y a dans l'Amalasonte de Quinault beaucoup de l'Hermione de Racine et beaucoup aussi de sa Roxane.[1] Ce n'est point encore l'aspect de ces grandes figures du drame que nous connaissons mieux que celles mêmes de l'histoire; c'en est, pour ainsi dire, une des premières pensées ou des premières images. C'est l'ombre qui doit avec le temps devenir une personne, comme les ombres des Champs Élysées dans l'*Énéide.*

> O pater, anne aliquas ad cœlum hinc ire putandum est
> Sublimes animas?[2]

Amalasonte n'est point Hermione ni Roxane, mais c'en est le fantôme précurseur.

Il ne faut point demander à Quinault la couleur locale, ni s'attendre à retrouver dans *Amalasonte* la cour barbare des Ostrogoths. Dans les romans et dans les tragédies de l'école romanesque, les personnages sont tous de fantaisie et d'invention. Ils prennent seulement leurs noms dans l'histoire, sans se soucier le moins du monde de conformer leurs caractères et leurs sentiments à leurs noms, sans être Romains, quoiqu'ils s'appellent Clélie ou Horatius Coclès, sans être Ostrogoths, quoiqu'ils s'appellent Amalasonte et Théodat.

La reine des Ostrogoths, Amalasonte, aime le prince Théodat, et le prince Théodat aime aussi la reine Amalasonte. Mais, comme ce sont des amants délicats et réservés, ils ignorent l'amour

---

1. *Amalasonte* est de 1657; *Andromaque,* de 1667; *Bajazet,* de 1672.
2. *Énéide,* liv. VI. « Y a-t-il quelques-unes de ces âmes qui doivent s'élever à la lumière? »

NOTICE PRÉLIMINAIRE.

qu'ils ont l'un pour l'autre. Il y a plus : la reine croit que Théodat conspire contre elle, et elle le fait arrêter. Cette arrestation est assez dramatique. Théodat était entouré de courtisans qui le flattaient à l'envi. Arrive Theudion, chargé de l'arrêter :

THEUDION, à Théodat.
Quel sentiment, seigneur, avez-vous d'un sujet
Qui des soins de la reine ayant été l'objet,
Loin qu'avec ses bontés il fit croître son zèle,
Ne seroit animé qu'à conspirer contre elle ?
THÉODAT.
Quiconque envers la reine a pu manquer de foi
Doit n'attendre qu'horreur et que haine de moi.
. . . .
THEUDION.
Mais à quel châtiment condamnez-vous ce traître ?
. . . .
THÉODAT.
On partage un forfait qu'on ne condamne pas.
Un traître, quel qu'il soit, est digne du trépas ;
En détournant sa perte on devient son complice,
Et qui l'ose épargner mérite son supplice.
THEUDION.
Pour montrer à quel point j'approuve vos avis,
Dès ce même moment vous les verrez suivis ;
Votre attente par moi ne sera pas trompée,
Et, pour vous le prouver, donnez-moi votre épée.
THÉODAT.
Mon épée !
THEUDION.
Oui, donnez !

Théodat alors, restant prisonnier au milieu des courtisans, ne peut pas s'empêcher de se plaindre et de demander à ceux qui le flattaient tout à l'heure :

. . . Que pensez-vous de ce malheur extrême ?
ARSAMON.
Ma réponse, seigneur, sera la vôtre même.
Quiconque pour la reine a pu manquer de foi
Doit n'attendre qu'horreur et que haine de moi.
(Il se retire.)
THÉODAT.
Il insulte au malheur, mais j'ai quelque espérance
Que pour moi Clodesile aura plus d'indulgence.

CLODESILE.
On partage un forfait qu'on ne condamne pas;
Un traître, quel qu'il soit, est digne du trépas.
En détournant sa perte on devient son complice,
Et qui l'ose épargner mérite son supplice.
Ce sont vos propres mots, si je m'en souviens bien;
Ce sentiment est juste, et c'est aussi le mien.[1]

J'ai cité ce passage pour montrer une fois de plus que la tragédie, dans la première moitié du xviie siècle, n'avait rien de la sévérité classique dont elle s'arma plus tard. Le mélange du tragique et du comique s'y faisait sans scrupule.

Théodat, arrêté et accusé, écrit à la reine pour se justifier. Emporté par la passion, il avoue son amour à Amalasonte; il oublie seulement dans cette lettre de nommer Amalasonte et d'y mettre lui-même l'adresse. Il charge la princesse Amalfrède de remettre cette lettre à la reine. Amalfrède, qui aime aussi Théodat, prend la lettre pour elle-même et se l'applique. Nous reconnaissons à ce trait les complications de la tragédie romanesque.

Amalasonte, cependant, veut voir Théodat avant de le condamner, et, dès qu'elle le voit, elle ne le condamne plus. Les deux amants, qui se méconnaissaient, s'avouent leur amour, et Théodat, qui était entré accusé, sort roi de cette entrevue. Ces péripéties, qui sont propres à la tragédie romanesque, ont cependant déjà l'avantage, dans *Amalasonte*, de procéder du mouvement naturel de la passion, au lieu de procéder du hasard des événements et de la fantaisie du poëte ou du romancier. Une seconde péripétie vient renverser celle-là, et elle est du même genre. Amalfrède, désespérée de voir Théodat épouser la reine, livre à Amalasonte la lettre de Théodat qu'elle s'est appropriée et attribuée.

L'aimez-vous,

dit à Amalfrède Amalasonte furieuse.

L'aimez-vous?
AMALFRÈDE.
Moi, madame! Ah! Votre Majesté

[1] Acte Ier, scènes iii et iv.

Fait un tort bien sensible à ma fidélité !
J'aimerois un ingrat qui trahit ma princesse !
                    AMALASONTE.
Mais vous souffrez ses soins.
                    AMALFRÈDE.
                            Oui, mais j'y suis forcée.
De son crédit sur vous l'ingrat m'a menacée.
. . . .
                    AMALASONTE.
D'un tel secret plus tôt vous me deviez instruire.
                    AMALFRÈDE.
De tels secrets souvent sont dangereux à dire.
Théodat est à craindre ; il s'est toujours vanté
Qu'il peut tout sur l'esprit de Votre Majesté...
                    AMALASONTE.
O ciel ! que j'ai d'horreur pour cette trahison !
Que je hais cet ingrat !
                    AMALFRÈDE.
                        C'est avecque raison.
    (Voyant arriver Théodat. — A part.)
Il vient ! Mon mal redouble : à son abord je tremble.
                    AMALASONTE.
Il vous regarde fort, le traître !
                    AMALFRÈDE.
                            Il me le semble.
Mais si vous m'en croyez, gardez de l'écouter !
                    AMALASONTE.
Comme un monstre à présent je le veux éviter.
Le perfide ! il l'aborde.
                THÉODAT, à Amalfrède.
                        Avez-vous pris la peine ?...
                AMALFRÈDE, en se retirant.
Oui, j'ai parlé de vous fort longtemps à la reine.
                THÉODAT, à Amalasonte.
Le Conseil assemblé n'attend plus désormais...
                    AMALASONTE.
Qu'il se sépare ! et vous, ne me voyez jamais ![1]

Non-seulement Amalasonte a banni Théodat de sa présence elle veut qu'il meure pour le punir de ne la point aimer.

    Oui,

dit-elle,

1. Acte II, scènes VI et VII.

> Oui, j'ai conclu sa mort, et qui veut m'obliger
> Doit accroître en mon cœur l'ardeur de me venger.

Quand Amalasonte parle ainsi et qu'elle veut être vengée de Théodat, elle ne sait pas qu'elle l'est déjà. Le rival de Théodat, Clodesile, qui craint en lui le roi futur bien plus que l'amant de la reine, et qui est plus ambitieux qu'amoureux, Clodesile a poignardé Théodat. Comme il voit que la reine demande la mort de cet amant qu'elle croit infidèle,

> S'il suffit,

dit-il,

> De sa mort pour vous rendre contente,
> Une main favorable a rempli votre attente.
> Théodat ne vit plus.
>   AMALASONTE.
>   Dieu! que me dites-vous?
>   CLODESILE.
> Qu'il est tombé sans vie et tout couvert de coups,
> Et que son meurtrier...
>   AMALASONTE.
>   Il en mourra, le traître!
> Eh bien, son meurtrier?...
>   CLODESILE.
>   Ne s'est pas fait connoître.[1]

Quel entassement de coups de théâtre! Cette mort de Théodat qu'Amalasonte demandait à tout le monde, et qu'elle veut venger dès qu'elle la sait accomplie; le meurtrier qui allait se faire gloire de son crime et qui s'arrête, dès qu'il voit que ce crime est un danger pour lui : que de péripéties redoublées! et comme on reconnaît bien à ces traits la tragédie romanesque! L'un de ces coups de théâtre, celui d'Amalasonte ou d'Hermione détestant le meurtrier qu'elle poussait elle-même au meurtre, est le mouvement même de la passion; l'autre, celui de Clodesile, qui allait s'enorgueillir de son crime, et qui s'arrête à temps, n'est qu'une habileté théâtrale de l'auteur. Il est naturel, je l'avoue, que Clodesile ne se vante plus d'un meurtre qui va le mettre en péril de mort. Mais ces surprises redoublées, qui excitent la curiosité, n'excitent pas la pitié

---

1. Acte III, scène v.

dramatique, celle que nous devons avoir pour Amalasonte, celle que nous aurons plus tard pour Hermione dont la passion désespérée nous touchera mille fois plus, parce qu'elle fera seule la péripétie, et qu'elle ne sera pas compliquée par les combinaisons industrieuses du roman ou de la scène. Quinault, qui savait déjà l'effet que les passions humaines font au théâtre quand elles sont bien peintes, semblait pourtant s'en défier encore. Il voulait les fortifier ou les aviver, en les mettant au milieu d'incidents singuliers qu'il préparait avec art. Il voulait inspirer à la fois aux spectateurs la curiosité et la pitié, ne sachant pas qu'il refroidissait l'une par l'autre. Que me font toutes ces surprises accumulées? J'aime mieux Amalasonte, à travers tous ces coups de théâtre, s'abandonnant à sa passion, l'avouant sans réserve et l'exprimant en vers qui font songer au vers d'Hermione :

> Ah ! falloit-il en croire une amante insensée ? [1]

Quoi ! dit Clodesile à Amalasonte,

> Quoi ! plaignez-vous l'ingrat qui vous a su trahir?
> AMALASONTE.
> Hélas ! je me flattois quand j'ai cru le haïr !
> Quand j'ai dit que pour lui ma haine étoit extrême,
> Je vous trompois tous deux, et me trompois moi-même.
> Je parlois de sa mort, mais sans y consentir ;
> Mon cœur ne souhaitoit de lui qu'un repentir.
> Sa mort impunément ne sera pas soufferte,
> Et si je vis encor, c'est pour venger sa perte.

Quinault, avec ces vers, est sur la route de la vraie tragédie, sur la route de Racine. Pourquoi s'arrête-t-il en chemin pour revenir à la tragédie romanesque et aux coups de théâtre accumulés? Théodat n'était pas mort ; Clodesile s'est trompé, a tué Arsamon pour lui, et c'est Théodat qu'on accuse de ce meurtre. Il y a plus : Amalfrède, en escamotant adroitement l'épée de Théodat, fait croire à Amalasonte que Théodat a encore voulu la tuer. Mais enfin, au cinquième acte, la perfide Amalfrède, pensant que Théodat est mort empoisonné, s'empoisonne elle-même, avoue ses crimes et justifie Théodat qui, tantôt poignardé et tan-

---

1. *Andromaque*, acte. V.

tôt empoisonné, jamais mort, finit par épouser Amalasonte. Au milieu des plis et des replis de cette intrigue, que devient la jalousie d'Amalasonte? que devient cette passion dont Quinault a su trouver et peindre quelques traits, et qui méritait de défrayer seule la tragédie? Nous l'oublions, comme le poëte l'oublie lui-même.

Parmi les précédents de l'*Andromaque*, il en est un que Voltaire a indiqué, et que je ne dois point omettre dans cette étude, quoique j'attache peu d'importance à la ressemblance signalée par Voltaire : c'est le *Pertharite* de Corneille, joué sans succès en 1653, et par conséquent, quatorze ans avant *Andromaque*.[1]

Voltaire, dans la préface qu'il a mise à *Pertharite* dans son *Commentaire sur Corneille*, dit que « ce serait à regret qu'il imprimerait la pièce de *Pertharite*, s'il ne croyait y avoir découvert le germe de la tragédie d'*Andromaque*.[2] Serait-il possible que ce *Pertharite* fût en quelque sorte le père de la tragédie pathétique, élégante et forte d'*Andromaque*, pièce admirable, à quelques scènes de coquetterie près, dont le vice même est déguisé par le charme d'une poésie parfaite et par l'usage le plus heureux qu'on ait jamais fait de la langue française? . . . Le lecteur trouvera dans *Pertharite* toute la disposition de la tragédie d'*Andromaque* et même la plupart des sentiments que Racine a mis en œuvre avec tant de supériorité ; il verra comment d'un sujet manqué, et qui paraît très-mauvais, on peut tirer les plus grandes beautés, quand on sait les mettre à leur place. »

Voltaire, qui tenait beaucoup à la découverte qu'il croyait avoir faite, paraît croire que Racine s'est servi de *Pertharite*, et en a tiré la disposition de sa tragédie. J'avoue que, malgré la ressemblance de quelques événements et de quelques sentiments, je ne pense pas que Racine ait rien emprunté à *Pertharite*. Il y a, il est vrai, dans *Pertharite*, une rivalité entre Rodelinde et Edwige aimées toutes deux par Grimoald, Rodelinde qui rejette cet amour par fidélité pour la mémoire de Pertharite son mari, Edwige qui

---

1. Je ne sais pas pourquoi Voltaire, dans son commentaire sur *Pertharite*, dit que la pièce fut jouée en 1659. Les frères Parfait, dans leur *Histoire du théâtre français*, disent que *Pertharite* fut joué en 1653, et ne fut joué que deux fois.

2. L'abbé Desfontaines avait, dès 1736, dans le IVe volume de ses *Observations sur les écrits modernes*, indiqué la ressemblance entre *Pertharite* et *Andromaque*.

regrette cet amour qu'elle a eu, qu'elle a perdu et qu'elle voudrait retrouver, surtout pour l'enlever à Rodelinde. Mais il y a déjà dans Euripide une rivalité entre Hermione et Andromaque ; Pyrrhus a quitté Hermione pour Andromaque, et Racine n'a pas eu besoin de trouver dans Corneille la rivalité de ses deux héroïnes, l'ayant déjà trouvée dans Euripide et dans son sujet même. Il y a dans *Pertharite* un fils de Rodelinde que Grimoald menace quelquefois de tuer pour effrayer sa mère et fléchir sa rigueur ; mais il y a aussi dans Euripide un fils d'Andromaque que sa mère défend de la mort. Tous les événements comme tous les personnages viennent donc à Racine de l'antiquité ; et les sentiments, l'amour maternel d'Andromaque, la passion de Pyrrhus, la jalousie et le désespoir d'Hermione, ont la même origine. Les malheurs et les passions des princesses et des princes lombards n'y sont pour rien.

Il est possible assurément que Racine ait lu *Pertharite*, soit avant, soit pendant *Andromaque*, et qu'il ait senti quelque ressemblance entre la tragédie qu'il concevait et celle de *Pertharite* ; mais il n'y a certes pas pris la disposition de sa pièce ; il ne s'est pas inspiré des sentiments qu'il y trouvait ; il s'en est éloigné à dessein pour se rapprocher de la vérité et de la nature. Je dirais volontiers que, loin d'avoir pu se servir de *Pertharite* comme d'un germe à féconder, Racine n'a pu s'en servir que comme d'un exemple à éviter.

Prenons rapidement les divers personnages de *Pertharite* que Voltaire croit semblables à ceux d'*Andromaque*, et notons brièvement les ressemblances et les différences. On verra combien les différences l'emportent, même dans les situations analogues.

Dans Racine, la tragédie roule sur la rivalité d'Andromaque et d'Hermione : quelles rivales différentes ! l'une, qui est malgré soi la rivale d'Hermione, et qui ne songe qu'à sauver son fils ; l'autre, qui aime Pyrrhus, et s'irrite de se voir méprisée de lui. Racine n'a rapproché qu'une seule fois Andromaque d'Hermione, quand elle vient la supplier de demander à Pyrrhus d'épargner Astyanax. Il n'a pas voulu faire éclater entre elles une rivalité que la veuve d'Hector n'accepte que malgré elle. Corneille, au contraire, semble avoir voulu montrer les éclats de cette rivalité, mais il l'a rapetissée du même coup aux proportions d'une querelle entre deux femmes coquettes. Edwige vient d'un air railleur conter à Rodelinde qu'on dit partout que Pertharite, son mari, n'est pas mort, et qu'il va reparaître. « La nouvelle vous fâche, madame, dit-elle, et gêne vos sentiments pour Grimoald. » Rodelinde répond « qu'elle ne trouve pour elle aucune gloire aux feux de Grimoald, non qu'elle ne lui rende justice ;

> Il est vaillant ; il règne, et comme il faut régner ;
> Mais toutes ses vertus me le font dédaigner.
> Je hais dans sa valeur l'effort qui le couronne ;
> Je hais dans sa bonté les cœurs qu'elle lui donne ;
> Je hais dans sa prudence un grand peuple charmé ;
> Je hais dans sa justice un tyran trop aimé...

Voilà, dit Edwige, une haine bien ingénieuse à voir le mérite des gens qu'elle déteste. » Et la scène continue à travers ces picoteries sans intérêt et sans agrément.

Les critiques du xviii⁰ siècle, et Voltaire tout le premier dans son *Commentaire sur Corneille*, ont souvent reproché au grand poëte un mélange de comique et de tragique que le théâtre du xviii⁰ siècle n'admettait et ne comprenait plus. La rivalité et même la querelle de Rodelinde et d'Edwige, se disputant un amant qui est roi, pourrait nous intéresser, si la pièce elle-même était de nature à nous émouvoir ; la rancune féminine trouverait sa place à travers des intérêts d'ambition et de dynastie qu'elle viendrait aigrir et passionner. Mais Edwige et Rodelinde n'ont rien qui nous touche ou qui nous plaise. Elles ont beau se quereller comme Célimène et Arsinoé dans le *Misanthrope*, elles ne nous amusent pas et ne nous intéressent point. Tous les sentiments de Rodelinde sont guindés ; elle vise au grand, et aboutit presque toujours au faux. Elle veut rester fidèle à la mémoire de Pertharite qu'elle croit mort, mais elle n'est pas fâchée que Grimoald la préfère à Edwige ; et elle en tire vanité. Elle n'est donc pas la veuve de Pertharite comme Andromaque est partout et toujours la veuve d'Hector. Elle est encore moins mère qu'elle n'est veuve, car, dans son goût pour l'extraordinaire, et il faut dire ici pour le monstrueux, elle propose à Grimoald de tuer le fils qu'elle a de Pertharite, et, s'il hésite, elle l'aidera elle-même à l'immoler, tout cela parce qu'elle veut qu'étant un tyran, c'est-à-dire un usurpateur, il fasse un acte tyrannique, et

> Que toute sa vertu meure en un grand forfait.[1]

Ainsi, dans Rodelinde, soit comme veuve, soit comme mère, tout est étrange, insensé, monstrueux, au lieu d'être grand.

Edwige ressemble un peu plus à Hermione que Rodelinde à Andromaque : elle accuse Grimoald de l'avoir abandonnée. Hermione dit à Pyrrhus :

> Est-il juste après tout qu'un conquérant s'abaisse
> Sous la servile loi de garder sa promesse?[2]

Edwige dit à Grimoald :

> Qui ravit un État peut ravir une femme.
> L'adultère et le rapt sont du droit des tyrans.[3]

Hermione dit à Pyrrhus :

> Porte au pied des autels ce cœur qui m'abandonne;
> Va, cours, mais crains encor d'y trouver Hermione![4]

Edwige dit à Grimoald :

> Crains-moi, crains-moi partout; et Pavie et Milan,
> Tout lieu, tout bras est propre à punir un tyran;
> Et tu n'as point de forts où vivre en assurance,
> Si de ton sang versé je suis la récompense.[5]

Edwige veut, comme Hermione encore, décider un de ses amants, Garibalde, à tuer Grimoald.

> Pour gagner mon amour,

lui dit-elle,

> Il faut servir ma haine;
> A ce prix est le sceptre, à ce prix une reine;

---

1. Acte III, scène III.
2. *Andromaque*, acte IV, scène V.
3. Acte Ier, scène IV.
4. *Andromaque*, acte IV, scène V.
5. Acte Ier, scène IV.

Et Grimoald puni rendra digne de moi
Quiconque ose m'aimer et se veut faire roi.[1]

Hermione n'a point de peine à persuader Oreste qui l'aime; il tuera Pyrrhus. Mais les héros de Corneille n'ont pas les aveuglements amoureux propres à la passion. Ils raisonnent ou ils dissertent: témoin Garibalde, plus ambitieux qu'amoureux, qui ne veut pas tuer Grimoald uniquement pour plaire à Edwige.

Je t'aime,

dit-il en parlantd'elle dans un monologue,

Je t'aime; mais enfin je m'aime plus que toi.[2]

De plus, il comprend bien qu'Edwige, qui en ce moment demande la mort de Grimoald, le regrettera dès qu'il sera mort, et voudra le venger.

Grimoald inconstant,

dit-il à Edwige,

N'a plus pour vous de charmes;
Mais Grimoald puni vous coûteroit des larmes.[3]

Edwige alors se réduit à vouloir que Garibalde tâche d'enlever Rodelinde à Grimoald. — Mais quoi? répond Garibalde, toujours meilleur raisonneur qu'amant, si j'ôte Rodelinde à Grimoald, celui-ci vous reviendra, et je vous perds. — Non! je n'accepterai pas les vœux qu'il me rendra.

Je veux qu'il se repente et se repente en vain!
. . . . Et pour le punir mieux,
Je veux même à mon tour vous aimer à ses yeux.[4]

Ici viennent quelques vers ingénieux et élégants, que Quinault ou même Racine pourraient envier au grand Corneille :

Le pourrez-vous, madame? et savez-vous vos forces?
Savez-vous de l'amour quelles sont les amorces?

---

1. Acte II, scène 1re.
2. Acte II, scène 11.
3. Acte II, scène 1re.
4. *Ibid.*

> Savez-vous ce qu'il peut, et qu'un visage aimé
> Est toujours trop aimable à ce qu'il a charmé?
> Si vous ne m'abusez, votre cœur vous abuse.
> L'inconstance jamais n'a de mauvaise excuse,
> Et comme l'amour seul fait le ressentiment,
> Le moindre repentir obtient grâce à l'amant.[1]

Oreste dit presque à Hermione ce que dit ici Garibalde à Edwige :

> Et vous le haïssez! Avouez-le, madame,
> L'amour n'est pas un feu qu'on renferme en une âme;
> Tout nous trahit, la voix, le silence, les yeux;
> Et les feux mal couverts n'en éclatent que mieux.[2]

C'est donc dans le rôle d'Edwige que se trouvent les rapprochements à faire entre *Pertharite* et *Andromaque*, entre Edwige et Hermione ; mais ici nous ne devons point oublier que nous avons déjà rencontré dans notre ancien théâtre des précédents d'Hermione. L'Edwige de *Pertharite* n'est qu'un précédent de plus. Quant aux autres rapprochements que Voltaire signale, il m'est bien difficile de ne pas les trouver tout à fait accidentels. Quel rapprochement, par exemple, à faire entre le fils d'Hector, Astyanax, dont le nom et le péril remplissent la tragédie d'*Andromaque*, et le fils de Pertharite, dont Corneille ne nous dit même pas le nom, et dont nous ne savons pas bien quel est le péril ou la fortune? Être roi ou ne l'être pas, selon que sa mère sera reine ou ne le sera pas, voilà, après tout, le seul péril du fils de Pertharite, et ce n'est pas là un danger qui puisse nous émouvoir comme celui d'Astyanax. Le discours de Rodelinde à Grimoald quand elle plaide pour la restauration de son fils ressemble, selon Voltaire, aux discours d'Andromaque plaidant pour la vie d'Astyanax. Je veux bien qu'il y ait quelque ressemblance de paroles; mais quelle différence de fond et par conséquent de sentiments! Écoutons d'abord Rodelinde :

> La vertu doit régner dans un si grand projet,

dit-elle à Grimoald,

---

1. *Pertharite*, acte II, scène 1re.
2. *Andromaque*, acte II, scène II.

En être seule cause, et l'honneur seul objet,
Et depuis qu'on le souille ou d'espoir de salaire,
Ou de chagrin d'amour, ou de souci de plaire,
Il part indignement d'un courage abattu,
Où la passion règne, et non pas la vertu.
. . . .
On publieroit de toi que les yeux d'une femme
Plus que ta propre gloire auroient touché ton âme;
On diroit qu'un héros si grand, si renommé,
Ne seroit qu'un tyran, s'il n'avoit point aimé.
. . . .
A ces conditions rendre un sceptre conquis,
C'est asservir la mère en couronnant le fils,
Et, pour en bien parler, ce n'est pas tant le rendre
Qu'au prix de mon honneur indignement le vendre.[1]
. . . .

Écoutons maintenant Andromaque :

Seigneur,

dit-elle à Pyrrhus,

Seigneur, que faites-vous, et que dira la Grèce?
Faut-il qu'un si grand cœur montre tant de foiblesse,
Et qu'un dessein si beau, si grand, si généreux,
Passe pour le transport d'un esprit amoureux?
Non, non! d'un ennemi respecter la misère,
Sauver des malheureux, rendre un fils à sa mère,
De cent peuples pour lui combattre la rigueur,
Sans me faire payer son salut de mon cœur,
Malgré moi, s'il le faut, lui donner un asile;
Seigneur, voilà des soins dignes du fils d'Achille.[2]

La différence du sujet et de la situation efface la ressemblance des arguments. Je sais bien que Grimoald, se voyant refusé par Rodelinde, semble la menacer de la mort de son fils.

Qui ne craint point la mort,

dit Rodelinde,

Craint peu, quoi qu'on ordonne.
GRIMOALD.
Vous la craindrez peut-être en quelque autre personne.[3]

1. *Pertharite*, acte II, scène v.
2. *Andromaque*, acte Ier, scène iv.
3. Acte II, scène v.

NOTICE PRÉLIMINAIRE.

Nous voici, dira Voltaire, arrivés au péril d'Astyanax. Non. Nous pouvons trembler pour Astyanax, quand Pyrrhus dit à Andromaque :

> Songez-y bien : il faut désormais que mon cœur,
> S'il n'aime avec transport, haïsse avec fureur.
> Je n'épargnerai rien dans ma juste colère ;
> Le fils me répondra des mépris de la mère ;
> La Grèce le demande, et je ne prétends pas
> Mettre toujours ma gloire à sauver des ingrats.[1]

Pyrrhus est un amant passionné et capable de tout. Grimoald est un amant plus doux et plus timide ; et à peine vient-il de menacer Rodelinde dans son fils, qu'il dit à ses deux confidents, restant seul avec eux :

> Voilà tous les efforts qu'enfin j'ai pu me faire.
> Tout ingrate qu'elle est, je tremble à lui déplaire.[2]

Un des confidents de Grimoald, Garibalde, est chargé à son tour de menacer Rodelinde au nom du roi :

> GARIBALDE.
> Ce n'est plus seulement l'offre d'un diadème
> Que vous fait pour un fils un prince qui vous aime...
> . . . .
> Il y va de sa vie, et la juste colère
> Où jettent cet amant les mépris de la mère
> Veut punir sur le sang de ce fils innocent
> La dureté d'un cœur si peu reconnoissant.
> C'est à vous d'y penser ; tout le choix qu'on vous donne
> C'est d'accepter pour lui la mort ou la couronne.
> Son sort est en vos mains ; aimer ou dédaigner
> Va le faire périr ou le faire régner.[3]

« Ces vers, dit Voltaire, forment absolument la même situation que celle d'Andromaque. » Oui, si nous pouvions croire au péril du fils de Rodelinde comme nous croyons à celui d'Astya-

---

1. *Andromaque*, acte Ier, scène IV.
2. Acte II, scène VI.
3. Acte III, scène Ire.

nax; oui, si cette alternative romanesque entre la mort et la couronne était un grand danger qui pût nous effrayer.

Je ne crois pas, on le voit, que Racine ait taillé son *Andromaque* dans le marbre informe de *Pertharite,* comme Voltaire le dit en finissant son commentaire sur le *Pertharite* de Corneille ; mais je n'ai pas dû omettre les ressemblances qu'il a signalées, quoique je ne les regarde pas comme importantes.

A MADAME.[1]

Madame,

Ce n'est pas sans sujet que je mets votre illustre nom à la tête de cet ouvrage. Et de quel autre nom pourrois-je éblouir les yeux de mes lecteurs, que de celui dont mes spectateurs ont été si heureusement éblouis? On savoit que Votre Altesse Royale avoit daigné prendre soin de la conduite de ma tragédie; on savoit que vous m'aviez prêté quelques-unes de vos lumières pour y ajouter de nouveaux ornements; on savoit enfin que vous l'aviez honorée de quelques larmes dès la première lecture que je vous en fis. Pardonnez-moi, Madame, si j'ose me vanter de cet heureux commencement de sa destinée. Il me console bien glorieusement de la dureté de ceux qui ne voudroient pas s'en laisser toucher. Je leur permets de condamner l'*Andromaque* tant qu'ils voudront, pourvu qu'il me soit permis d'appeler de toutes les subtilités de leur esprit au cœur de Votre Altesse Royale.

Mais, Madame, ce n'est pas seulement du cœur que vous jugez de la bonté[2] d'un ouvrage, c'est avec une intelligence qu'aucune

---

1. Henriette-Anne d'Angleterre, duchesse d'Orléans, était la dernière des enfants de l'infortuné Charles 1er et de Henriette de France, fille de Henri IV et de Marie de Médicis; elle épousa, en 1661, Philippe de France, duc d'Orléans, frère unique de Louis XIV. Une mort subite l'enleva à l'âge de vingt-six ans, à Saint-Cloud, le 30 juin 1670. (Voyez l'*Oraison funèbre* de Bossuet.) (G.)

2. Cette construction est dure et embarrassée (G.). Je crois que Geoffroy blâme seulement l'accumulation des *de* : juger *du* cœur *de la* bonté *d'*un ouvrage. Il ne blâme pas, je pense, *juger du cœur*; il ne demande pas que Racine dise : *juger par le cœur*, l'ancienne langue employant très-souvent la préposition *de* au lieu de *par* : *entrer de force; parler d'abondance; agir de concert; agir de soi-même, de son chef, de son propre mouvement, succéder de droit, de plein droit* (*Dictionnaire de l'Académie française*, édit. de 1835).

fausse lueur ne sauroit tromper. Pouvons-nous mettre sur la scène une histoire que vous ne possédiez aussi bien que nous? Pouvons nous faire jouer une intrigue dont vous ne pénétriez tous les ressorts? Et pouvons-nous concevoir des sentiments si nobles et si délicats qui ne soient infiniment au-dessous de la noblesse et de la délicatesse de vos pensées?

On sait, Madame, et Votre Altesse Royale a beau s'en cacher, que dans ce haut degré de gloire où la nature et la fortune ont pris plaisir de vous élever, vous ne dédaignez pas cette gloire obscure que les gens de lettres s'étoient réservée. Et il semble que vous ayez voulu avoir autant d'avantage sur notre sexe, par les connoissances et par la solidité de votre esprit, que vous excellez dans le vôtre par toutes les grâces qui vous environnent. La cour vous regarde comme l'arbitre de tout ce qui se fait d'agréable. Et nous qui travaillons pour plaire au public, nous n'avons plus que faire de demander aux savants si nous travaillons selon les règles : la règle souveraine est de plaire à Votre Altesse Royale.

Voilà, sans doute, la moindre de vos excellentes qualités. Mais, Madame, c'est la seule dont j'ai pu parler avec quelque connoissance : les autres sont trop élevées au-dessus de moi. Je n'en puis parler sans les rabaisser par la foiblesse de mes pensées, et sans sortir de la profonde vénération avec laquelle je suis,

 Madame,

   de Votre Altesse Royale,

     Le très-humble, très-obéissant,
      et très-fidèle serviteur,

        RACINE.

PREMIÈRE PRÉFACE.[1]

Mes personnages sont si fameux dans l'antiquité, que, pour peu qu'on la connoisse, on verra fort bien que je les ai rendus tels que les anciens poëtes nous les ont donnés :[2] aussi n'ai-je pas pensé qu'il me fût permis de rien changer à leurs mœurs. Toute la liberté que j'ai prise, ç'a été d'adoucir un peu la férocité de Pyrrhus, que Sénèque, dans la *Troade,* et Virgile, dans le second livre de l'*Énéide,* ont poussée beaucoup plus loin que je n'ai cru le devoir faire; encore s'est-il trouvé des gens qui se sont plaints qu'il s'emportât contre Andromaque, et qu'il voulût épouser une captive, à quelque prix que ce fût; et j'avoue qu'il n'est pas assez résigné à la volonté de sa maîtresse, et que Céladon a mieux connu que lui le parfait amour. Mais que faire? Pyrrhus n'avoit pas lu nos romans; il étoit violent de son naturel, et tous les héros ne sont pas faits pour être des Céladons.[3]

---

1. Les premières préfaces de Racine sont presque toujours chagrines. Aigri par des critiques souvent fausses et injustes, il commence par exhaler son dépit en sarcasmes amers; mais la réflexion tempère sa sensibilité, et la seconde préface montre un auteur raisonnable, disposé à reconnaître ses fautes, à profiter des observations sages, et à mépriser les mauvaises plaisanteries. (G.)

2. Racine s'aveuglait lui-même : il n'a point rendu Pyrrhus et Andromaque tels que les anciens nous les ont donnés; et il ne le pouvait pas. Non-seulement il lui était permis de changer quelque chose à leurs mœurs, mais il le devait, s'il voulait réussir. (G.)

3. Racine attaque ici l'école romanesque et la manière dont elle traitait l'amour. Il est curieux de voir qu'il se défend d'avoir peint Pyrrhus trop farouche, trop emporté, tandis que nous lui reprochons plutôt aujourd'hui de l'avoir peint trop amoureux et trop respectueux ; tout dépend du point de départ. Si nous partons des

PREMIÈRE PRÉFACE.

Quoi qu'il en soit, le public m'a été trop favorable pour m'embarrasser du chagrin particulier de deux ou trois personnes qui voudroient qu'on réformât tous les héros de l'antiquité pour en faire des héros parfaits. Je trouve leur intention fort bonne, de vouloir qu'on ne mette sur la scène que des hommes impeccables; mais je les prie de se souvenir que ce n'est point à moi de changer les règles du théâtre. Horace nous recommande de peindre Achille farouche, inexorable, violent, tel qu'il étoit, et tel qu'on dépeint son fils. Aristote, bien éloigné de nous demander des héros parfaits, veut au contraire que les personnages tragiques, c'est-à-dire ceux dont le malheur fait la catastrophe de la tragédie, ne soient ni tout à fait bons, ni tout à fait méchants. Il ne veut pas qu'ils soient extrêmement bons, parce que la punition d'un homme de bien exciteroit plus l'indignation que la pitié du spectateur; ni qu'ils soient méchants avec excès, parce qu'on n'a point pitié d'un scélérat. Il faut donc qu'ils aient une bonté médiocre, c'est-à-dire une vertu capable de foiblesse, et qu'ils tombent dans le malheur par quelque faute qui les fasse plaindre sans les faire détester.

romans du temps, le Pyrrhus de Racine est trop violent, et on peut lui appliquer, avec un léger changement, le vers de Boileau pour l'*Alexandre* :

Ce n'est qu'un *furieux* qui ne dit rien de tendre.

Si nous partons de l'antiquité, le Pyrrhus de Racine est un prince ardent, mais bien élevé, qui sait les égards qu'on doit aux belles princesses, fort différent enfin du Pyrrhus de Virgile et de Sénèque. Racine, dans *Alexandre* et dans *Andromaque*, combattait l'amour romanesque; mais il tenait encore de la mode qu'il allait détruire, et ce sont ces restes de la mode détruite que nous reprochons à ses premières tragédies. Pour son temps, c'était un novateur; pour nous, il est encore trop docile aux exemples de ses devanciers. Pour son temps enfin, Pyrrhus n'était pas assez Céladon, et il l'est trop pour le nôtre.

SECONDE PRÉFACE.

Virgile au troisième livre de l'*Énéide* : c'est Énée qui parle :

Littoraque Epiri legimus, portuque subimus [1]
Chaonio, et celsam Buthroti ascendimus urbem...
. . . .
. . . .
Solemnes tum forte dapes, et tristia dona... [2]
. . . .
Libabat cineri Andromache, Manesque vocabat
Hectoreum ad tumulum, viridi quem cespite inanem,
Et geminas, causam lacrymis, sacraverat aras...
. . . .

Dejecit vultum, et demissa voce locuta est : [3]
« O felix una ante alias Priameia virgo,
Hostilem ad tumulum, Trojæ sub mœnibus altis,
Jussa mori, quæ sortitus non pertulit ullos,
Nec victoris heri tetigit captiva cubile !
Nos, patria incensa, diversa per æquora vectæ,
Stirpis Achilleæ fastus, juvenemque superbum,
Servitio enixæ, tulimus, qui deinde, secutus
Ledæam Hermionem, lacedæmoniosque hymenæos...
. . . .

Ast illum, ereptæ magno inflammatus amore
Conjugis, et scelerum Furiis agitatus, Orestes
Excipit incautum, patriasque obtruncat ad aras. [4] »

---
1. Vers 292 et 293.
2. Vers 301, 303 à 305.
3. Vers 320 à 332.
4. « Après avoir côtoyé le rivage d'Épire, nous entrons dans le port de la Chaonie, et gravissons la colline sur laquelle s'élève la ville de Buthrote... C'était le jour solennel

Voilà, en peu de vers, tout le sujet de cette tragédie : voilà le lieu de la scène, l'action qui s'y passe, les quatre principaux acteurs, et même leurs caractères, excepté celui d'Hermione, dont la jalousie et les emportements sont assez marqués dans l'*Andromaque* d'Euripide.

C'est presque la seule chose que j'emprunte ici de cet auteur. Car, quoique ma tragédie porte le même nom que la sienne, le sujet en est pourtant très-différent. Andromaque, dans Euripide, craint pour la vie de Molossus, qui est un fils qu'elle a eu de Pyrrhus, et qu'Hermione veut faire mourir avec sa mère. Mais ici il ne s'agit point de Molossus : Andromaque ne connoît point d'autre mari qu'Hector, ni d'autre fils qu'Astyanax. J'ai cru en cela me conformer à l'idée que nous avons maintenant de cette princesse. La plupart de ceux qui ont entendu parler d'Andromaque ne la connoissent guère que pour la veuve d'Hector et pour la mère d'Astyanax. On ne croit point qu'elle doive aimer ni un autre mari, ni un autre fils;[1] et je doute que les larmes d'Andromaque eussent fait sur l'esprit de mes spectateurs l'impression qu'elles y ont faite, si elles avoient coulé pour un autre fils que celui qu'elle avoit d'Hector.

Il est vrai que j'ai été obligé de faire vivre Astyanax un peu plus qu'il n'a vécu; mais j'écris dans un pays où cette liberté ne pouvoit pas être mal reçue. Car, sans parler de Ronsard, qui a choisi ce même Astyanax pour le héros de sa *Franciade*, qui ne

---

où la triste Andromaque honorait les cendres de son époux par des offrandes et des libations funèbres. Elle invoquait les mânes d'Hector auprès de deux autels qu'elle lui avait consacrés, et d'un tombeau de gazon, vain monument qui ne contient point les cendres de son époux, mais qu'elle vient arroser de ses larmes... Elle baissa les yeux, et d'une voix plaintive : « O Polyxène! ô la plus heureuse des filles de Priam ! condamnée à mourir sur le tombeau d'un ennemi au pied des hautes murailles de Troie, tu n'as pas été l'objet d'un honteux partage; le sort ne t'a point donné un maître, et tu n'es pas entrée comme captive dans le lit d'un vainqueur. Mais moi, après l'incendie de Troie, j'ai été traînée de mer en mer; esclave, il m'a fallu supporter et les dédains de la famille d'Achille et les transports d'un impérieux jeune homme! Devenue mère enfin, je me suis vue abandonnée pour la fille d'Hélène et l'alliance du roi de Lacédémone. . . . .

« Cependant, irrité de se voir enlever la fiancée qu'il aimait et tourmenté par les Furies, Oreste surprend le ravisseur et l'immole au pied des autels de sa patrie. »

1. Les Grecs croyaient qu'elle le pouvait, sans cesser d'être intéressante. Cette délicatesse de sentiments qui élève une femme au-dessus de son sexe était inconnue à la nation la plus polie de l'antiquité. Racine parle avec une modeste simplicité d'une de ses plus belles conceptions. (G.)

sait que l'on fait descendre nos anciens rois de ce fils d'Hector, et que nos vieilles chroniques sauvent la vie à ce jeune prince, après la désolation de son pays, pour en faire le fondateur de notre monarchie?

Combien Euripide a-t-il été plus hardi dans sa tragédie d'*Hélène* ! il y choque ouvertement la créance commune de toute la Grèce : il suppose qu'Hélène n'a jamais mis le pied dans Troie; et qu'après l'embrasement de cette ville, Ménélas trouve sa femme en Égypte, dont elle n'étoit point partie; tout cela fondé sur une opinion qui n'étoit reçue que parmi les Égyptiens, comme on peut le voir dans Hérodote.[1]

Je ne crois pas que j'eusse besoin de cet exemple d'Euripide pour justifier le peu de liberté que j'ai prise. Car il y a bien de la différence entre détruire le principal fondement d'une fable et en altérer quelques incidents, qui changent presque de face dans toutes les mains qui les traitent. Ainsi Achille, selon la plupart des poëtes, ne peut être blessé qu'au talon, quoique Homère le fasse blesser au bras,[2] et ne le croie invulnérable en aucune partie de son corps. Ainsi Sophocle fait mourir Jocaste aussitôt après la reconnoissance d'OEdipe,[3] tout au contraire d'Euripide, qui la fait vivre jusqu'au combat et à la mort de ses deux fils.[4] Et c'est à propos de quelques contrariétés de cette nature qu'un ancien commentateur de Sophocle remarque fort bien « qu'il ne faut point s'amuser à chicaner les poëtes pour quelques changements qu'ils ont pu faire dans la fable; mais qu'il faut s'attacher à considérer l'excellent usage qu'ils ont fait de ces changements, et la manière ingénieuse dont ils ont su accommoder la fable à leur sujet. »

1. Liv. II, Euterpe.
2. *Iliade*, chant XXI.
3. Après la troisième scène du quatrième acte d'*OEdipe*.
4. Voyez le dernier acte des *Phéniciennes*.

ANDROMAQUE

PERSONNAGES.

ANDROMAQUE, veuve d'Hector, captive de Pyrrhus.
PYRRHUS, fils d'Achille, roi d'Épire.
ORESTE, fils d'Agamemnon.
HERMIONE, fille d'Hélène, accordée avec Pyrrhus.
PYLADE, ami d'Oreste.
CLÉONE, confidente d'Hermione.
CÉPHISE, confidente d'Andromaque
PHOENIX, gouverneur d'Achille, et ensuite de Pyrrhus.
Suite d'Oreste.

La scène est à Buthrote, ville d'Épire, dans une salle du palais de Pyrrhus.

NOMS DES ACTEURS QUI ONT JOUÉ D'ORIGINAL DANS ANDROMAQUE.

ANDROMAQUE.	Mademoiselle Duparc.
PYRRHUS.	Floridor.
ORESTE.	Montfleury.
PYLADE.	La Fleur.
HERMIONE.	Mademoiselle Desœillet.

ANDROMAQUE

ACTE PREMIER.

SCÈNE PREMIÈRE.

ORESTE, PYLADE.

ORESTE.

Oui, puisque je retrouve un ami si fidèle,[1]
Ma fortune va prendre une face nouvelle;
Et déjà son courroux semble s'être adouci[2]

1. Cette rencontre d'Oreste et de Pylade est l'effet du hasard, mais elle n'a rien d'invraisemblable. Elle ne ressemble point à ces reconnaissances qui paraissent n'avoir été imaginées que pour le besoin de l'intrigue. Aristote approuve ce moyen tragique; mais il ne cite que deux exemples de son emploi heureux, tant il est rare de ne pas échouer dans de pareilles situations ! Dans cette pièce, Racine n'imite plus personne, et se montre digne d'être imité lui-même; ce n'est plus un disciple, un émule de Corneille : c'est Racine qui se révèle au public avec un ton, un style, une manière, qui lui appartiennent, avec des traits qui lui sont propres, et lui composent une physionomie particulière.

L'apparition d'*Andromaque* est dans l'histoire de l'art dramatique un événement presque aussi fameux que la naissance du *Cid :* notre théâtre acquit un modèle de plus. Ce premier chef-d'œuvre de Racine excita un enthousiasme presque aussi vif, souleva contre l'auteur presque autant d'ennemis, et fit éclore à peu près autant de critiques que le premier chef-d'œuvre de Corneille. (G.)

2. La fortune d'Oreste n'est autre chose que le génie qui l'accompagnait et présidait à ses actions, suivant le système des anciens. Ce génie peut être

Depuis qu'elle a pris soin de nous rejoindre ici.[1]
Qui l'eût dit, qu'un rivage à mes vœux si funeste
Présenteroit d'abord Pylade aux yeux d'Oreste; *
Qu'après plus de six mois que je t'avois perdu,
A la cour de Pyrrhus tu me serois rendu?

PYLADE.

J'en rends grâces au ciel, qui, m'arrêtant sans cesse,
Sembloit m'avoir fermé le chemin de la Grèce,
Depuis le jour fatal que la fureur des eaux,
Presque aux yeux de l'Épire, écarta nos vaisseaux.**
Combien, dans cet exil, ai-je souffert d'alarmes!
Combien à vos malheurs ai-je donné de larmes,

---

personnifié; et Néron dit fort bien, pour exprimer l'ascendant que sa mère a pris sur lui (*Britannicus*, acte II, scène II) :

Mon génie étonné tremble devant le sien. (G.)

1. Horace veut qu'Oreste soit toujours un personnage triste, *tristis Orestes*. (*Art. poét.*) Ce précepte d'Horace est bien exécuté dans cette pièce : Oreste n'y dit rien qui ne témoigne un homme plongé dans la mélancolie. Ce n'est plus à la vérité cet Oreste poursuivi par les Furies, qui va s'asseoir sur cette pierre dont il est parlé dans Pausanias, et y trouve un soulagement à ses fureurs. Quoique absous du meurtre de sa mère par l'Aréopage, quoique lavé de ce crime par une célèbre expiation chez les Trézéniens, les Furies n'avoient cessé de le tourmenter, et il n'en fut entièrement délivré qu'après avoir enlevé dans la Tauride la statue de Diane. Alors il songea à revoir Hermione, que Pyrrhus avoit épousée. Il n'étoit donc plus poursuivi par les Furies, quand il tua Pyrrhus; mais il étoit toujours poursuivi par le remords de sa conscience, par les Furies de ses crimes, comme dit Virgile : *Scelerum Furiis agitatus Orestes* : c'est pourquoi, au dénoûment, il croit voir revenir les Furies. Dans cette pièce il ne parle jamais du meurtre de sa mère; et Hermione elle-même, au milieu de sa fureur, ne lui reproche pas ce crime, dont elle lui parle dans la lettre faite par Ovide. La vue d'un homme souillé du sang de sa mère eût été odieuse aux spectateurs. Le poëte a si bien ménagé les choses, qu'Oreste paroit accablé de tristesse, sans qu'on en soupçonne la véritable raison. (L. R.)

* VAR. *Qui m'eût dit qu'un rivage à mes vœux si funeste*
Présenteroit d'abord Pylade aux yeux d'Oreste?

** VAR. *Depuis le jour fatal que la fureur des eaux,*
Presque aux yeux de Mycène, écarta nos vaisseaux.

Craignant toujours pour vous quelque nouveau danger
Que ma triste amitié ne pouvoit partager!
Surtout je redoutois cette mélancolie
Où j'ai vu si longtemps votre âme ensevelie; [1]
Je craignois que le ciel, par un cruel secours,
Ne vous offrît la mort que vous cherchiez toujours. [2]
Mais je vous vois, seigneur; et, si j'ose le dire,
Un destin plus heureux vous conduit en Épire :
Le pompeux appareil qui suit ici vos pas
N'est point d'un malheureux qui cherche le trépas.

1. On est d'autant plus frappé de la nuance que Racine a marquée entre Oreste et Pylade, que l'amitié qui fait aujourd'hui toute leur gloire devait nécessairement rapprocher et confondre leurs rangs. Peut-être eût-il fallu établir entre eux une égalité parfaite. Mais le poëte en a jugé tout autrement; il a cru que les convenances théâtrales l'obligeaient de mettre quelque différence entre le fils d'Agamemnon, roi des rois, représentant la Grèce entière auprès de Pyrrhus, et le fils de Strophius, petit prince de la Phocide, lequel n'est dans l'Épire qu'un voyageur obscur. La Harpe et Geoffroy approuvent cette distinction. Quant à nous, elle nous a toujours paru nuire à l'intérêt qu'inspire une amitié si célèbre, et qui n'aurait jamais existé si Oreste eût fait sentir à Pylade la supériorité de son rang. Que dans l'*Iliade* Nestor représente à Achille que, quoique fils d'une déesse, il doit respecter Agamemnon, à cause de la puissance que les dieux lui ont donnée, cela se conçoit, parce qu'Achille a reconnu Agamemnon pour son chef. Mais Oreste n'est pas plus le chef de Pylade qu'Achille n'est l'ami d'Agamemnon. Il n'y a donc nulle similitude entre ces deux cas, ce qu'il fallait bien remarquer, puisque La Harpe a voulu s'appuyer de ce dernier exemple pour justifier Racine. Au reste, quelle que soit l'opinion que l'on adopte à ce sujet, nous dirons avec Geoffroy que si Racine a cru devoir mettre quelque inégalité entre Oreste et Pylade, il a du moins relevé le rôle de cet illustre ami par la noblesse et la beauté des sentiments. Son langage est touchant, affectueux, plein de douceur et de charme; enfin, sa tendresse pour Oreste est peinte dans ses discours, dans ses actions, et surtout dans la belle scène où il promet d'enlever Hermione. (A. M.) Subligny, dans la *Folle Querelle*, qui est une critique et une parodie d'*Andromaque*, reproche aussi à Racine de faire tutoyer Pylade par Oreste, tandis que Pylade lui répond par vous. — Voir, pour la *Folle Querelle*, l'examen ci-après d'*Andromaque*.
2. C'est ainsi qu'un habile artiste se hâte de placer, dans l'exposé de son avant-scène, tout ce qui peut fonder ses caractères et son action. Par ces quatre vers, Oreste est déjà connu, et tout le reste y répondra. (L.)

ORESTE.

Hélas! qui peut savoir le destin qui m'amène?
L'amour me fait ici chercher une inhumaine;[1]
Mais qui sait ce qu'il doit ordonner de mon sort,
Et si je viens chercher ou la vie ou la mort?

PYLADE.

Quoi! votre âme à l'amour en esclave asservie
Se repose sur lui du soin de votre vie?
Par quel charme, oubliant tant de tourments soufferts,
Pouvez-vous consentir à rentrer dans ses fers?*
Pensez-vous qu'Hermione, à Sparte inexorable,
Vous prépare en Épire un sort plus favorable?
Honteux d'avoir poussé tant de vœux superflus,
Vous l'abhorriez; enfin, vous ne m'en parliez plus :
Vous me trompiez, seigneur.

ORESTE.

Je me trompois moi-même!
Ami, n'accable point un malheureux qui t'aime : **
T'ai-je jamais caché mon cœur et mes désirs?
Tu vis naître ma flamme et mes premiers soupirs :
Enfin, quand Ménélas disposa de sa fille
En faveur de Pyrrhus, vengeur de sa famille,
Tu vis mon désespoir; et tu m'as vu depuis
Traîner de mers en mers ma chaîne et mes ennuis.
Je te vis à regret, en cet état funeste,
Prêt à suivre partout le déplorable Oreste,[2]

---

1. *L'amour qui fait chercher une inhumaine.* Cela est encore du style romanesque que Racine fit disparaître du théâtre. (L.)

* Var. *Par quels charmes, après tant de tourments soufferts,*
    Peut-il vous inviter à rentrer dans les fers?

** Var. *Ami, n'insulte point un malheureux qui t'aime.*

2. Le grammairien d'Olivet ne veut pas que l'épithète *déplorable* s'applique aux personnes : le *Dictionnaire de l'Académie* le défend; mais la poésie

Toujours de ma fureur interrompre le cours, [1]
Et de moi-même enfin me sauver tous les jours.
Mais quand je me souvins que, parmi tant d'alarmes,
Hermione à Pyrrhus prodiguoit tous ses charmes, [2]
Tu sais de quel courroux mon cœur alors épris [3]
Voulut en l'oubliant punir tous ses mépris; [4]
Je fis croire et je crus ma victoire certaine;
Je pris tous mes transports pour des transports de haine :
Détestant ses rigueurs, rabaissant ses attraits, [5]

s'affranchit quelquefois des entraves de la grammaire. Racine, dans ses meilleurs ouvrages, *Esther* et *Athalie*, applique si heureusement le mot *déplorable* aux personnes, que cela doit suffire pour le faire adopter. (G.) La phrase de Geoffroy est équivoque. Veut-il dire que l'Académie interdit l'emploi de l'adjectif *déplorable* appliqué aux personnes? veut-il dire qu'elle l'autorise? Dans l'édition de 1835, l'Académie dit que *déplorable* peut s'employer quelquefois pour les personnes en poésie et dans le style soutenu.

1. *Le cours de ma fureur*, qui ne seroit pas ailleurs une expression assez juste, l'est ici parfaitement, parce qu'il s'agit d'un homme chez qui la fureur est comme un état habituel. (L.)

2. Louis Racine semble se ranger à l'avis de ceux qui ont blâmé ce vers; non qu'il y donne un sens aussi étendu que celui qu'ils ont cru y voir; mais il aimeroit mieux *réservoit* que *prodiguoit*. *Réservoit* seroit à la glace, et *prodiguoit* est excellent. Ce n'est pas seulement parce que cette expression, *prodiguoit ses charmes*, rend avec une élégance heureuse des idées toujours délicates à manier; mais ce qui en fait le mérite dans la bouche d'Oreste, c'est l'illusion naturelle à la jalousie, qui exagère, anticipe, et réalise tout ce qui lui fait peur. (L.)

3. Le poëte veut dire *un amant dépité, courroucé*. Il n'y a peut-être qu'en ce sens qu'on peut dire *épris de courroux;* mais si le courroux d'Oreste n'était pas inspiré par l'amour, il n'y aurait plus de justesse dans l'expression, car le mot *épris* ne peut se dire que des passions qui ont une sorte d'analogie avec l'amour. (A. M.)

4. Racine avait mis d'abord, au lieu de *punir*, *venger tous ses mépris*. Subligny releva cette expression comme peu exacte; et Racine, en se corrigeant, reconnut la justesse de la critique. (G.)

5. Subligny avait aussi blâmé ce vers :

Détestant ses rigueurs, rabaissant ses attraits,

parce que, selon lui, « on dit bien *rabaisser le vol, rabaisser l'orgueil, le prix,* mais point du tout *rabaisser des attraits.* » l'expression est claire et vive. Racine l'a laissée et l'a donnée à la langue.

Je défiois ses yeux de me troubler jamais.
Voilà comme je crus étouffer ma tendresse.
En ce calme trompeur j'arrivai dans la Grèce ; *
Et je trouvai d'abord ses princes rassemblés,
Qu'un péril assez grand sembloit avoir troublés.
J'y courus. Je pensai que la guerre et la gloire
De soins plus importants rempliroient ma mémoire ;
Que, mes sens reprenant leur première vigueur,
L'amour achèveroit de sortir de mon cœur.
Mais admire avec moi le sort, dont la poursuite
Me fait courir alors au piége que j'évite. **
J'entends de tous côtés qu'on menace Pyrrhus ;
Toute la Grèce éclate en murmures confus :
On se plaint qu'oubliant son rang et sa promesse,
Il élève en sa cour l'ennemi de la Grèce,
Astyanax, d'Hector jeune et malheureux fils,
Reste de tant de rois sous Troie ensevelis.
J'apprends que, pour ravir son enfance au supplice,
Andromaque trompa l'ingénieux Ulysse,
Tandis qu'un autre enfant, arraché de ses bras,
Sous le nom de son fils fut conduit au trépas.
On dit que, peu sensible aux charmes d'Hermione,
Mon rival porte ailleurs son cœur et sa couronne.
Ménélas, sans le croire, en paroît affligé,
Et se plaint d'un hymen si longtemps négligé.
Parmi les déplaisirs où son âme se noie,
Il s'élève en la mienne une secrète joie :
Je triomphe ; et pourtant je me flatte d'abord
Que la seule vengeance excite ce transport.

* Var. *Dans ce calme trompeur j'arrivai dans la Grèce.*
** Var. *Me fait courir moi-même au piége que j'évite.*

Mais l'ingrate en mon cœur reprit bientôt sa place :
De mes feux mal éteints je reconnus la trace ;
Je sentis que ma haine alloit finir son cours ;
Ou plutôt je sentis que je l'aimois toujours.
Ainsi de tous les Grecs je brigue le suffrage.
On m'envoie à Pyrrhus : j'entreprends ce voyage.
Je viens voir si l'on peut arracher de ses bras
Cet enfant dont la vie alarme tant d'États.
Heureux si je pouvois, dans l'ardeur qui me presse,
Au lieu d'Astyanax, lui ravir ma princesse !
Car enfin n'attends pas que mes feux redoublés
Des périls les plus grands puissent être troublés.
Puisque après tant d'efforts ma résistance est vaine,
Je me livre en aveugle au transport qui m'entraîne. *
J'aime : je viens chercher Hermione en ces lieux, [1]
La fléchir, l'enlever, ou mourir à ses yeux.
Toi qui connois Pyrrhus, que penses-tu qu'il fasse ?
Dans sa cour, dans son cœur, dis-moi ce qui se passe.
Mon Hermione encor le tient-elle asservi ?
Me rendra-t-il, Pylade, un bien qu'il m'a ravi ?**

PYLADE.

Je vous abuserois, si j'osois vous promettre
Qu'entre vos mains, seigneur, il voulût la remettre :
Non que de sa conquête il paroisse flatté.
Pour la veuve d'Hector ses feux ont éclaté ;
Il l'aime : mais enfin cette veuve inhumaine
N'a payé jusqu'ici son amour que de haine ;

* VAR. *Je me livre en aveugle au destin qui m'entraîne.*

1. Tout le caractère d'Oreste, toute sa conduite dans la pièce est dans ces vers, qui excitent déjà un grand intérêt. (G.)

** VAR. *Me rendra-t-il, Pylade, un cœur qu'il m'a ravi ?*

Et chaque jour encore on lui voit tout tenter
Pour fléchir sa captive ou pour l'épouvanter.
De son fils qu'il lui cache il menace la tête,*
Et fait couler des pleurs qu'aussitôt il arrête.
Hermione elle-même a vu plus de cent fois
Cet amant irrité revenir sous ses lois,
Et de ses vœux troublés lui rapportant l'hommage,
Soupirer à ses pieds moins d'amour que de rage.
Ainsi n'attendez pas que l'on puisse aujourd'hui
Vous répondre d'un cœur si peu maître de lui :
Il peut, seigneur, il peut, dans ce désordre extrême,
Épouser ce qu'il hait, et perdre ce qu'il aime.**

ORESTE.

Mais dis-moi de quel œil Hermione peut voir
Son hymen différé, ses charmes sans pouvoir. ***

* VAR. *Il lui cache son fils; il menace sa tête.*
** VAR. *Épouser ce qu'il hait, et punir ce qu'il aime.*
Tout le sujet de la pièce est dans cette peinture admirable du caractère de Pyrrhus. On sent que les événements naîtront tour à tour des espérances ou des incertitudes de ce héros. Quelques critiques ont blâmé ce caractère : ils ont dit que Pyrrhus, mettant un prix à la protection qu'il accorde au fils d'Andromaque, manquait à la fois de noblesse et de générosité. L'observation serait juste, si Pyrrhus n'était pas aveuglé par le sentiment qui le maîtrise. Il faut au contraire louer Racine d'avoir peint avec tant de bonheur les violences de la passion, et cela sans jamais avilir son héros. Il s'est bien gardé d'offrir à nos regards ce féroce Pyrrhus qui égorge au pied des autels un vieillard sans défense. Sa barbarie, comme sa générosité, lui viennent de l'amour. Racine s'est servi d'une passion terrible pour le rapprocher de nos mœurs, et c'est ainsi qu'il a pu adoucir le caractère de Pyrrhus sans blesser les convenances. Nous ferons la même observation sur le caractère d'Andromaque. Dans Euripide, c'est une femme ambitieuse; dans Virgile, c'est une veuve qui pleure son mari ; dans Racine, c'est une mère qui veut sauver son fils. (A. M.)

*** VAR. *Mais dis-moi de quels yeux Hermione peut voir*
Ses attraits offensés et ses yeux sans pouvoir.

Subligny s'égaya sur *des yeux qui voient des yeux*, et Racine refit les deux vers comme nous les voyons aujourd'hui. (A. M.)

ACTE I. SCÈNE I.

PYLADE.

Hermione, seigneur, au moins en apparence,
Semble de son amant dédaigner l'inconstance,
Et croit que, trop heureux de fléchir sa rigueur,*
Il la viendra presser de reprendre son cœur.
Mais je l'ai vue enfin me confier ses larmes :
Elle pleure en secret le mépris de ses charmes;
Toujours prête à partir, et demeurant toujours,
Quelquefois elle appelle Oreste à son secours.

ORESTE.

Ah! si je le croyois, j'irois bientôt, Pylade,
Me jeter...

PYLADE.

Achevez, seigneur, votre ambassade.
Vous attendez le roi : parlez, et lui montrez
Contre le fils d'Hector tous les Grecs conjurés.
Loin de leur accorder ce fils de sa maîtresse,
Leur haine ne fera qu'irriter sa tendresse;
Plus on les veut brouiller, plus on va les unir. [1]
Pressez : demandez tout, pour ne rien obtenir.
Il vient.

ORESTE.

Hé bien! va donc disposer la cruelle
A revoir un amant qui ne vient que pour elle.

---

* VAR. *Et croit que, trop heureux d'apaiser sa rigueur.*
Vers blâmé par Subligny, qui disait qu'on *n'apaise point une rigueur, mais qu'on l'adoucit.* Racine a remplacé élégamment *apaiser* par *fléchir*.

1. Il faut remarquer ici que les caractères des quatre principaux personnages sont annoncés dans cette première scène : Pyrrhus tentera tout pour *fléchir une veuve inhumaine* ou pour *l'épouvanter :* Oreste sera toujours incertain s'il doit chercher la vie ou la mort; Hermione dédaignée se flattera toujours que Pyrrhus *la viendra presser de reprendre son cœur;* et l'on verra que ces caractères une fois annoncés ne se démentiront point dans la pièce. Toutes les conditions requises pour une bonne exposition sont observées dans cette scène. (L. B.)

SCÈNE II.

PYRRHUS, ORESTE, PHŒNIX.

ORESTE.

Avant que tous les Grecs vous parlent par ma voix,
Souffrez que j'ose ici me flatter de leur choix, *
Et qu'à vos yeux, seigneur, je montre quelque joie
De voir le fils d'Achille et le vainqueur de Troie.
Oui, comme ses exploits nous admirons vos coups :
Hector tomba sous lui, Troie expira sous vous;
Et vous avez montré, par une heureuse audace,
Que le fils seul d'Achille a pu remplir sa place.
Mais ce qu'il n'eût point fait, la Grèce avec douleur
Vous voit du sang troyen relever le malheur,
Et, vous laissant toucher d'une pitié funeste.
D'une guerre si longue entretenir le reste.
Ne vous souvient-il plus, seigneur, quel fut Hector?
Nos peuples affoiblis s'en souviennent encor.
Son nom seul fait frémir nos veuves et nos filles;
Et dans toute la Grèce il n'est point de familles
Qui ne demandent compte à ce malheureux fils
D'un père ou d'un époux qu'Hector leur a ravis.
Et qui sait ce qu'un jour ce fils peut entreprendre?[1]
Peut-être dans nos ports nous le verrons descendre,
Tel qu'on a vu son père, embraser nos vaisseaux,

---

* VAR. *Souffrez que je me flatte en secret de leur choix.*

1. Pradon dans sa tragédie de la *Troade* (1679), douze ans après *Andromaque*, crut devoir refaire ces vers de Racine :

> Cet enfant peut un jour ressembler à son père;
> Tout ce qu'Hector a fait, son fils le pourroit faire ;
> C'est la crainte des Grecs; ils demandent ce fils
> Pour le sacrifier au repos du pays.
> (*La Troade*, acte II, scène III.)

Et, la flamme à la main, les suivre sur les eaux.[1]
Oserai-je, seigneur, dire ce que je pense?
Vous-même de vos soins craignez la récompense,
Et que dans votre sein ce serpent élevé
Ne vous punisse un jour de l'avoir conservé.
Enfin de tous les Grecs satisfaites l'envie,
Assurez leur vengeance, assurez votre vie :
Perdez un ennemi d'autant plus dangereux,
Qu'il s'essaiera sur vous à combattre contre eux.

PYRRHUS.

La Grèce en ma faveur est trop inquiétée :
De soins plus importants je l'ai crue agitée,
Seigneur; et, sur le nom de son ambassadeur,
J'avois dans ses projets conçu plus de grandeur.
Qui croiroit en effet qu'une telle entreprise
Du fils d'Agamemnon méritât l'entremise;
Qu'un peuple tout entier, tant de fois triomphant,
N'eût daigné conspirer que la mort d'un enfant?
Mais à qui prétend-on que je le sacrifie?
La Grèce a-t-elle encor quelque droit sur sa vie?
Et, seul de tous les Grecs ne m'est-il pas permis
D'ordonner d'un captif que le sort m'a soumis? *
Oui, seigneur, lorsqu'au pied des murs fumants de Troie
Les vainqueurs tout sanglants partagèrent leur proie,
Le sort, dont les arrêts furent alors suivis,
Fit tomber en mes mains Andromaque et son fils.

---

1. Racine paraît avoir eu en vue ces vers de Virgile, qui présentent la même image :
>   Quantum mutatus ab illo
> Hectore, qui redit exuvias indutus Achillis,
> Vel Danaum phrygios jaculatus puppibus ignes!
>   (*Énéide.*, liv. II, vers 274.) (A. M.)

* VAR. *D'ordonner des captifs que le sort m'a soumis?*

Hécube près d'Ulysse acheva sa misère : [1]
Cassandre dans Argos a suivi votre père :
Sur eux, sur leurs captifs, ai-je étendu mes droits?
Ai-je enfin disposé du fruit de leurs exploits?
On craint qu'avec Hector Troie un jour ne renaisse :
Son fils peut me ravir le jour que je lui laisse.
Seigneur, tant de prudence entraîne trop de soin :
Je ne sais point prévoir les malheurs de si loin.
Je songe quelle étoit autrefois cette ville
Si superbe en remparts, en héros si fertile,
Maîtresse de l'Asie ; et je regarde enfin
Quel fut le sort de Troie, et quel est son destin :
Je ne vois que des tours que la cendre a couvertes,
Un fleuve teint de sang, des campagnes désertes,
Un enfant dans les fers ; et je ne puis songer
Que Troie en cet état aspire à se venger.
Ah ! si du fils d'Hector la perte étoit jurée,
Pourquoi d'un an entier l'avons-nous différée ?
Dans le sein de Priam n'a-t-on pu l'immoler ?
Sous tant de morts, sous Troie, il falloit l'accabler.
Tout étoit juste alors : la vieillesse et l'enfance
En vain sur leur foiblesse appuyoient leur défense :
La victoire et la nuit, plus cruelles que nous,
Nous excitoient au meurtre, et confondoient nos coups.
Mon courroux aux vaincus ne fut que trop sévère.
Mais que ma cruauté survive à ma colère,
Que, malgré la pitié dont je me sens saisir,
Dans le sang d'un enfant je me baigne à loisir ;
Non, seigneur ! que les Grecs cherchent quelque autre proie ;

---

1. *Acheva sa misère*, façon de parler hardie et poétique, pour dire *achever sa misérable vie*. (G.)

Qu'ils poursuivent ailleurs ce qui reste de Troie :
De mes inimitiés le cours est achevé ;
L'Épire sauvera ce que Troie a sauvé.

ORESTE.

Seigneur, vous savez trop avec quel artifice
Un faux Astyanax fut offert au supplice
Où le seul fils d'Hector devoit être conduit ;
Ce n'est pas les Troyens, c'est Hector qu'on poursuit.
Oui, les Grecs sur le fils persécutent le père ; [1]
Il a par trop de sang acheté leur colère. [2]
Ce n'est que dans le sien qu'elle peut expirer ;
Et jusque dans l'Épire il les peut attirer :
Prévenez-les.

PYRRHUS.

Non, non. J'y consens avec joie !
Qu'ils cherchent dans l'Épire une seconde Troie ;
Qu'ils confondent leur haine, et ne distinguent plus
Le sang qui les fit vaincre, et celui des vaincus.
Aussi bien ce n'est pas la première injustice
Dont la Grèce d'Achille a payé le service.
Hector en profita, seigneur ; et quelque jour
Son fils en pourroit bien profiter à son tour.

1. *Persécuter*, suivant son étymologie (*persequi*), signifie poursuivre. Racine a dit par ellipse *persécuter le père sur le fils*, comme on diroit en prose *poursuivre sur le fils les crimes du père*. L'abbé d'Olivet trouvoit un barbarisme dans cette phrase. (A. M.) Non certes ; l'expression est vive et juste.

2. Subligny, dans la préface de la *Folle Querelle*, a critiqué ce vers : « Cet *acheté leur colère par trop de sang* ne me plaît pas et ne vaut rien du tout : *attiré* seroit ce qu'il faut dire. J'avoue pourtant qu'*acheté* a quelque chose de plus nouveau et même de plus brillant qu'*attiré ;* mais cela fait voir que tout ce qui reluit n'est pas or. » (Préface de la *Folle Querelle*, p. 91.) Racine, qui s'est parfois corrigé sur les critiques de Subligny, n'a rien changé ici et a eu raison. *Acheté* est le mot juste ; la haine des Grecs pour Hector est le prix du sang qu'ils ont versé sous ses coups.

ORESTE.

Ainsi la Grèce en vous trouve un enfant rebelle?

PYRRHUS.

Et je n'ai donc vaincu que pour dépendre d'elle?

ORESTE.

Hermione, seigneur, arrêtera vos coups :
Ses yeux s'opposeront entre son père et vous.[1]

PYRRHUS.

Hermione, seigneur, peut m'être toujours chère ;
Je puis l'aimer, sans être esclave de son père ;
Et je saurai peut-être accorder quelque jour*
Les soins de ma grandeur et ceux de mon amour.
Vous pouvez cependant voir la fille d'Hélène :
Du sang qui vous unit je sais l'étroite chaîne.
Après cela, seigneur, je ne vous retiens plus,
Et vous pourrez aux Grecs annoncer mon refus.

SCÈNE III.

PYRRHUS, PHŒNIX.

PHŒNIX.

Ainsi vous l'envoyez aux pieds de sa maîtresse !

PYRRHUS.

On dit qu'il a longtemps brûlé pour la princesse.[2]

---

1. *S'opposer* exige impérieusement un régime. Ce n'est pas ici le cas de l'ellipse ; l'ellipse n'est bonne que quand l'esprit et l'oreille du spectateur ou du lecteur la font comme de concert avec l'écrivain. (L.) La clarté de la phrase justifie l'emploi du mot. *S'opposer* est pour *s'interposer*, et il est plus élégant.

* VAR. *Et je saurai peut-être accorder en ce jour*, etc.

2. *Brûlé pour la princesse*, expression qui est encore du style romanesque que Racine répudiait chaque jour davantage.

PHŒNIX.
Mais si ce feu, seigneur, vient à se rallumer,
S'il lui rendoit son cœur, s'il s'en faisoit aimer?
PYRRHUS.
Ah! qu'ils s'aiment, Phœnix! J'y consens : qu'elle parte ;
Que, charmés l'un de l'autre, ils retournent à Sparte :
Tous nos ports sont ouverts et pour elle et pour lui.
Qu'elle m'épargneroit de contrainte et d'ennui!
PHŒNIX.
Seigneur...
PYRRHUS.
    Une autre fois je t'ouvrirai mon âme :
Andromaque paroît.

SCÈNE IV.

PYRRHUS, ANDROMAQUE, PHŒNIX, CÉPHISE.

PYRRHUS.
        Me cherchiez-vous, madame?[1]
Un espoir si charmant me seroit-il permis?
ANDROMAQUE.
Je passois jusqu'aux lieux où l'on garde mon fils.
Puisqu'une fois le jour vous souffrez que je voie
Le seul bien qui me reste et d'Hector et de Troie.

---

1. Si Pyrrhus, parlant d'Andromaque, disoit : *Que cherche ici madame?* ce *madame* seroit ridicule, parce que l'usage ne l'a point introduit de cette manière. Quelques personnes désapprouvent nos poëtes d'avoir reçu ce mot dans le style de la tragédie : Pourquoi, disent-elles, n'ont-ils pas reçu de même *monsieur?* On y a suppléé par *seigneur;* et *madame*, adressé aux femmes, est comme *seigneur*. Dans les tragédies espagnoles et italiennes, on s'adresse aux femmes en prononçant leur nom. Rodrigue, dans le *Cid*, dit toujours *Chimène*. Cinna dit toujours *Émilie;* et la confidente même d'Émilie l'appelle par son nom. (L. R.)

J'allois, seigneur, pleurer un moment avec lui :
Je ne l'ai point encore embrassé d'aujourd'hui!

PYRRHUS.

Ah! madame, les Grecs, si j'en crois leurs alarmes,
Vous donneront bientôt d'autres sujets de larmes.

ANDROMAQUE.

Et quelle est cette peur dont leur cœur est frappé,
Seigneur? Quelque Troyen vous est-il échappé?

PYRRHUS.

Leur haine pour Hector n'est pas encore éteinte :
Ils redoutent son fils.

ANDROMAQUE.

    Digne objet de leur crainte!
Un enfant malheureux, qui ne sait pas encor
Que Pyrrhus est son maître, et qu'il est fils d'Hector! [1]

PYRRHUS.

Tel qu'il est, tous les Grecs demandent qu'il périsse.
Le fils d'Agamemnon vient hâter son supplice.

ANDROMAQUE.

Et vous prononcerez un arrêt si cruel?
Est-ce mon intérêt qui le rend criminel?
Hélas! on ne craint point qu'il venge un jour son père;

---

1. Il y a dans cette scène quelques vers qui paraissent avoir été inspirés par le passage suivant de Sénèque :

> An has ruinas urbis in cinerem datas
> Hic excitabit? Hæ manus Trojam erigent?
> Nullas habet spes Troja, si tales habet.
> Non sic jacemus Troes, ut cuiquam metus
> Possimus esse?
>
> (SÉNÈQUE, *Troade*, acte III, scène III.)

« Quoi! cet enfant relèverait des murs réduits en cendre! sa faible main ferait sortir Troie de ses ruines! Ah! si Troie n'a plus que cet espoir, elle est perdue à jamais. A voir notre chute, à qui pouvons-nous désormais inspirer quelque crainte? »

On craint qu'il n'essuyât[1] les larmes de sa mère.
Il m'auroit tenu lieu d'un père et d'un époux;
Mais il me faut tout perdre, et toujours par vos coups.

PYRRHUS.

Madame, mes refus ont prévenu vos larmes.
Tous les Grecs m'ont déjà menacé de leurs armes;
Mais, dussent-ils encore, en repassant les eaux,
Demander votre fils avec mille vaisseaux,
Coûtât-il tout le sang qu'Hélène a fait répandre,
Dussé-je après dix ans voir mon palais en cendre,
Je ne balance point, je vole à son secours,
Je défendrai sa vie aux dépens de mes jours.
Mais, parmi ces périls où je cours pour vous plaire,
Me refuserez-vous un regard moins sévère?
Haï de tous les Grecs, pressé de tous côtés,
Me faudra-t-il combattre encor vos cruautés?
Je vous offre mon bras. Puis-je espérer encore
Que vous accepterez un cœur qui vous adore?
En combattant pour vous, me sera-t-il permis
De ne vous point compter parmi mes ennemis?

ANDROMAQUE.

Seigneur, que faites-vous, et que dira la Grèce?
Faut-il qu'un si grand cœur montre tant de foiblesse?
Voulez-vous qu'un dessein si beau, si généreux,
Passe pour le transport d'un esprit amoureux?

---

1. La grammaire veut *qu'il n'essuie* : faute légère qui s'aperçoit à peine dans ces vers charmants empreints de toute la grâce de Racine. Ce que dit Andromaque n'est ni vrai, ni juste : les Grecs ne songeaient pas à elle, ni à sa douleur; ils ne voyaient dans Astyanax que le fils d'Hector, et non le fils d'Andromaque; mais Andromaque parle à Pyrrhus; elle veut l'attendrir en lui parlant d'elle; elle lui reproche avec douceur et tendresse d'être l'auteur de tous ses maux; il semble qu'elle y soit plus sensible parce qu'ils viennent de lui. (G.)

Captive, toujours triste, importune à moi-même, [1]
Pouvez-vous souhaiter qu'Andromaque vous aime?
Quels charmes ont pour vous des yeux infortunés*
Qu'à des pleurs éternels vous avez condamnés?
Non, non : d'un ennemi respecter la misère,
Sauver des malheureux, rendre un fils à sa mère,
De cent peuples pour lui combattre la rigueur
Sans me faire payer son salut de mon cœur,
Malgré moi, s'il le faut, lui donner un asile :
Seigneur, voilà des soins dignes du fils d'Achille.

PYRRHUS.

Hé quoi! votre courroux n'a-t-il pas eu son cours?
Peut-on haïr sans cesse, et punit-on toujours?
J'ai fait des malheureux, sans doute; et la Phrygie
Cent fois de votre sang a vu ma main rougie;
Mais que vos yeux sur moi se sont bien exercés!
Qu'ils m'ont vendu bien cher les pleurs qu'ils ont versés!
De combien de remords m'ont-ils rendu la proie!
Je souffre tous les maux que j'ai faits devant Troie :
Vaincu, chargé de fers, de regrets consumé,
Brûlé de plus de feux que je n'en allumai, [2]

---

1. *Captive, toujours triste*, etc., suppose *moi étant captive*, etc. C'est principalement à Racine que nous devons l'usage de cette espèce d'ablatif absolu accompagné de l'ellipse, et qui donne tant de vivacité à la phrase, sans qu'elle cesse d'être correcte. Ce tour heureux, emprunté au latin, est aujourd'hui naturalisé dans notre langue. Racine le fils le trouvait irrégulier. (L.)

* VAR. *Que feriez-vous, hélas! d'un cœur infortuné?*

Ce vers avait été critiqué par Subligny, qui disait que « *les pleurs sont l'office des yeux*, comme *les soupirs celui du cœur*, mais le cœur ne pleure pas. » Racine a corrigé le vers.

2. Il n'y a aucun rapport entre les maux que l'amour fait souffrir à Pyrrhus et ceux qu'il a faits devant Troie, non plus qu'entre les feux de

ACTE I, SCÈNE IV.

Tant de soins, tant de pleurs, tant d'ardeurs inquiètes...
Hélas! fus-je jamais si cruel que vous l'êtes?
Mais enfin, tour à tour, c'est assez nous punir;
Nos ennemis communs devroient nous réunir;
Madame, dites-moi seulement que j'espère,
Je vous rends votre fils, et je lui sers de père;
Je l'instruirai moi-même à venger les Troyens;
J'irai punir les Grecs de vos maux et des miens.
Animé d'un regard, je puis tout entreprendre :
Votre Ilion encor peut sortir de sa cendre;

l'amour et l'embrasement d'une ville. C'est un froid abus de l'esprit, et le dernier tribut de ce genre que l'auteur ait payé à la mode. (L.). La Harpe a raison de blâmer l'antithèse *entre les feux de l'amour et l'embrasement d'une ville*, mais il ne faut pas croire que ce soit Racine qui l'ait inventée. Cette antithèse était depuis longtemps en usage dans la poésie dramatique. Dans la *Troade* de Sallebray (1642), Agamemnon, amoureux de Cassandre, dit :

>   Je brûle par le feu que j'allumai dans Troie.
>   (Acte Ier, scène II.)

Dans le *Docteur amoureux* de Levert, 1638, un personnage, parlant de la beauté qu'il aime, s'exprime en ces termes :

>   Et ses yeux, vrais brandons qui surent m'enflammer
>   Avec autant d'ardeur embrasèrent mon âme
>   Que ceux, lesquels jadis consumèrent Pergame.
>   (Acte II, scène III.)

Dans l'*Inceste supposé* de Lacase, 1640, un personnage, parlant de lui-même et se plaignant de l'amour qu'il ressent, craint, dit-il,

>   Que ce coupable corps de même que mon âme
>   Y souffre par le feu (dans les enfers), s'il pèche par la flamme.

Enfin, pour montrer que cette antithèse vient de loin et a une illustre origine, nous lisons dans Cicéron (*de Suppliciis,* ch. XCIV) :
« Una atque eadem nox erat qua prætor amoris turpissimi flamma, ac classis populi romani prædonum incendiis conflagrabat. » — « Ainsi dans la même nuit, le préteur brûlait des feux de son honteux amour, et la flotte du peuple romain, des feux qu'avaient allumés les pirates. »

Je puis, en moins de temps que les Grecs ne l'ont pris,
Dans ses murs relevés couronner votre fils.

ANDROMAQUE.

Seigneur, tant de grandeurs ne nous touchent plus guère ;
Je les lui promettois tant qu'a vécu son père.
Non, vous n'espérez plus de nous revoir encor,
Sacrés murs que n'a pu conserver mon Hector ! [1]
A de moindres faveurs des malheureux prétendent,
Seigneur : c'est un exil que mes pleurs vous demandent :
Souffrez que, loin des Grecs, et même loin de vous,
J'aille cacher mon fils et pleurer mon époux.
Votre amour contre nous allume trop de haine :
Retournez, retournez à la fille d'Hélène.

PYRRHUS.

Et le puis-je, madame ? Ah ! que vous me gênez ! [2]
Comment lui rendre un cœur que vous me retenez ?
Je sais que de mes vœux on lui promit l'empire ;
Je sais que pour régner elle vint dans l'Épire ;
Le sort vous y voulut l'une et l'autre amener ;
Vous, pour porter des fers, elle, pour en donner.
Cependant ai-je pris quelque soin de lui plaire ?

---

1. Cette épithète *sacrés*, placée avant le nom, produit quelquefois dans notre langue un effet désagréable ; mais le sentiment d'Andromaque est si beau, si touchant, qu'il entraîne les spectateurs, et ne leur laisse voir que la poésie de cette expression, *sacrés murs*, laquelle rappelle l'origine sacrée de ces murs bâtis par la main des dieux. (G.)

2. Le mot *gêner* signifiait encore, comme dans son origine et son étymologie, *tourmenter*, du mot *gêne* (*gehenna*) ; et de là l'on disait *appliquer à la gêne*, pour appliquer à la question. Les *gênes* étaient synonymes de tortures. Ce n'est pas la faute de Racine si dans la langue usuelle *gêner* ne signifie plus qu'incommoder. Toutes les langues éprouvent de ces sortes de variations. (L.) — « Il me raconta ce qui lui étoit arrivé, mais avec des termes si expressifs pour me dépeindre l'inquiétude où il avoit été pendant le discours du prince de Lydie, que j'en avois moi-même l'âme à la *gêne*. » (*Cyrus*, par Mlle de Scudéry, t. IV, p. 90.)

ACTE I, SCÈNE IV.

Et ne diroit-on pas, en voyant au contraire
Vos charmes tout-puissants, et les siens dédaignés,
Qu'elle est ici captive, et que vous y régnez?
Ah! qu'un seul des soupirs que mon cœur vous envoie,
S'il s'échappoit vers elle, y porteroit de joie!

ANDROMAQUE.

Et pourquoi vos soupirs seroient-ils repoussés?
Auroit-elle oublié vos services passés?
Troie, Hector, contre vous révoltent-ils son âme?
Aux cendres d'un époux doit-elle enfin sa flamme?
Et quel époux encore! Ah! souvenir cruel!
Sa mort seule a rendu votre père immortel :
Il doit au sang d'Hector tout l'éclat de ses armes;
Et vous n'êtes tous deux connus que par mes larmes.

PYRRHUS.

Hé bien, madame, hé bien, il faut vous obéir :
Il faut vous oublier, ou plutôt vous haïr.
Oui, mes vœux ont trop loin poussé leur violence[1]
Pour ne plus s'arrêter que dans l'indifférence;
Songez-y bien : il faut désormais que mon cœur,
S'il n'aime avec transport, haïsse avec fureur.
Je n'épargnerai rien dans ma juste colère :
Le fils me répondra des mépris de la mère;
La Grèce le demande; et je ne prétends pas
Mettre toujours ma gloire à sauver des ingrats.

---

1. *La violence des vœux.* Cette locution est blâmée par La Harpe. Elle exprime cependant très-bien l'emportement de Pyrrhus. Quant à des vœux *qui poussent leur violence*, il y a impropriété de termes. La Harpe condamne le mot *pousser*, parce que des vœux n'ont point d'action et ne peuvent *pousser leur violence*. (A. M.) — Pourquoi des vœux n'auraient-ils pas d'action? — Au reste, toute cette critique est de Subligny : « Les vœux qui sont, dit-il, l'action même de celui qui les fait, n'ont point d'action et ne peuvent pousser leur violence. »

ANDROMAQUE.

Hélas! il mourra donc! il n'a pour sa défense
Que les pleurs de sa mère, et que son innocence...
Et peut-être, après tout, en l'état où je suis, [1]
Sa mort avancera la fin de mes ennuis.
Je prolongeois pour lui ma vie et ma misère;
Mais enfin sur ses pas j'irai revoir son père. [2]

1. Andromaque n'a point supplié; elle s'est contentée de faire entendre que sa mort suivrait celle de son fils; et cette mort, annoncée avec une résignation si tranquille, est une menace indirecte pour un homme aussi amoureux que Pyrrhus, qui doit croire Andromaque d'autant plus capable de l'exécuter, qu'elle y a mis moins de faste et d'emportement. Cette idée, qui effraye Pyrrhus, arrête tout d'un coup sa colère, et le force à rendre quelque espérance à sa captive. Mais il s'est déjà montré, dans cette première scène, capable de toutes les violences d'un cœur qui n'est pas *maître de lui*, et la terreur est établie. Le dernier vers de cet acte dit tout ce que peut faire Pyrrhus et tout ce que doit craindre Andromaque :

Madame, en l'embrassant, songez à le sauver.

On ne pouvait mieux finir. (L.) — *En l'état où je suis :* cette malheureuse locution se retrouve trop fréquemment, même dans les chefs-d'œuvre de Racine. (A. M.) — En quoi donc cette locution est-elle malheureuse? elle est claire, et elle a l'autorité de Racine. Que faut-il de plus pour la légitimer?

2. Les Grecs n'avaient pas même l'idée du caractère créé par Racine. Cette délicatesse de sentiments, cette dignité, cette politesse, ce ton noble et touchant, cette alliance de la douceur, de la modestie et de l'héroïsme, sont des beautés qu'on ne peut imaginer que dans une riche et puissante monarchie, dans une cour brillante, dans un siècle de luxe. Une petite république pauvre, où les femmes étaient exclues de la société, ne pouvait atteindre à cette perfection; et la grandeur morale d'une esclave phrygienne n'eût été aux yeux des Grecs qu'une chimère romanesque. Racine emprunta d'Euripide les plaintes éloquentes de la veuve d'Hector sur la mort de son époux et les désastres de sa patrie; mais il ne dut qu'à son propre génie le langage qu'il fit parler à son héroïne. Ce qu'il y a de grec dans l'*Andromaque* de Racine, c'est le goût, c'est la grâce, c'est la pureté du trait et l'élégance des formes; c'est une simplicité savante et pleine d'art; mais toutes les pensées, tous les sentiments sont français. (G.) Je crois que l'influence du christianisme est plus visible dans l'*Andromaque* de Racine, que l'influence d'une *riche et puissante monarchie*.

Ainsi, tous trois, seigneur, par vos soins réunis,
Nous vous...*

PYRRHUS.

Allez, madame, allez voir votre fils.
Peut-être, en le voyant, votre amour plus timide
Ne prendra pas toujours sa colère pour guide.¹
Pour savoir nos destins j'irai vous retrouver :
Madame, en l'embrassant, songez à le sauver.

* VAR. *Nos cœurs...*

1. Si l'on vouloit demander ce que c'est qu'un *amour plus timide, qui ne prend point la colère pour guide*, et chicaner tous ces mots en puriste, on feroit des critiques ridicules: ces deux vers n'ont jamais présenté d'autre sens que celui-ci : « Peut-être, en le voyant, la crainte de le perdre, redoublant votre amour pour lui, vous rendra plus attentive à me plaire. » Dans cette pièce, où les passions parlent avec tant de vivacité, tout est plein de ces tours qu'on admire, qu'on n'entend jamais de deux façons, et qu'on est surpris d'avoir si bien entendus, lorsqu'on veut ensuite les examiner en grammairien. (L. R.)

ACTE DEUXIÈME.

SCÈNE PREMIÈRE.

HERMIONE, CLÉONE.

HERMIONE.

Je fais ce que tu veux ; je consens qu'il me voie ;
Je lui veux bien encore accorder cette joie.
Pylade va bientôt conduire ici ses pas ;
Mais, si je m'en croyois, je ne le verrois pas.

CLÉONE.

Et qu'est-ce que sa vue a pour vous de funeste ?
Madame, n'est-ce pas toujours le même Oreste
Dont vous avez cent fois souhaité le retour,
Et dont vous regrettiez la constance et l'amour ?

HERMIONE.

C'est cet amour payé de trop d'ingratitude
Qui me rend en ces lieux sa présence si rude.
Quelle honte pour moi, quel triomphe pour lui
De voir mon infortune égaler son ennui !
Est-ce là, dira-t-il, cette fière Hermione ?
Elle me dédaignoit, un autre l'abandonne :
L'ingrate, qui mettoit son cœur à si haut prix,
Apprend donc, à son tour, à souffrir des mépris !
Ah dieux !

ACTE II, SCÈNE I.

CLÉONE.

Ah! dissipez ces indignes alarmes :
Il a trop bien senti le pouvoir de vos charmes.
Vous croyez qu'un amant vienne vous insulter?[1]
Il vous rapporte un cœur qu'il n'a pu vous ôter.
Mais vous ne dites point ce que vous mande un père?

HERMIONE.

Dans ses retardements si Pyrrhus persévère,
A la mort du Troyen s'il ne veut consentir,
Mon père avec les Grecs m'ordonne de partir.

CLÉONE.

Hé bien, madame, hé bien, écoutez donc Oreste.
Pyrrhus a commencé, faites au moins le reste.
Pour bien faire il faudroit que vous le prévinssiez :
Ne m'avez-vous pas dit que vous le haïssiez?

HERMIONE.

Si je le hais, Cléone! Il y va de ma gloire,[2]

---

1. Pour faire disparaître, dit La Harpe, une faute évidente : *vous croyez qu'un amant vienne*, il suffit de lire : *Croyez-vous?* Le subjonctif exige ici que la phrase soit interrogative. (A. M.) Je crains toujours qu'on ne veuille régler la langue de Racine sur la grammaire du xviiie ou du xixe siècle. Il était si facile en effet de mettre *croyez-vous* au lieu de *vous croyez*, que je prends la liberté de penser qu'au temps de Racine l'interrogation s'exprimait comme elle s'exprime encore de nos jours dans la conversation par l'accent et par l'inflexion, aussi bien qu'en mettant le pronom après le verbe. Quand la phrase avait le sens interrogatif, alors le subjonctif venait naturellement comme dans le vers de Racine. Car on peut dire que dans ce vers ce n'est pas le subjonctif qui exige l'interrogation; c'est l'interrogation, marquée par l'accent à défaut du pronom, qui exige le subjonctif.

2. Tout le monde peut observer que le fond de cette scène est précisément le même que celui de la scène entre Pyrrhus et Phœnix, dans ce même second acte. Ce sont, dans l'une et dans l'autre, tous les efforts ordinaires aux amants rebutés, et qui aiment encore, pour se persuader qu'ils n'aiment plus, ou pour le persuader aux autres : c'est le combat de l'orgueil contre l'amour, où la victoire de l'amour est prouvée à chaque mot que dit l'orgueil. Il fallait pourtant que cette situation fût différemment nuancée, et que le dépit d'Hermione ne s'exprimât pas tout à fait comme le dépit de Pyrrhus;

Après tant de bontés dont il perd la mémoire ;
Lui qui me fut si cher, et qui m'a pu trahir !
Ah ! je l'ai trop aimé, pour ne le point haïr !

CLÉONE.

Fuyez-le donc, madame, et puisqu'on vous adore...

HERMIONE.

Ah ! laisse à ma fureur le temps de croître encore !
Contre mon ennemi laisse-moi m'assurer ;
Cléone, avec horreur je m'en veux séparer.¹
Il n'y travaillera que trop bien, l'infidèle !

CLÉONE.

Quoi ! vous en attendez quelque injure nouvelle ?
Aimer une captive, et l'aimer à vos yeux,
Tout cela n'a donc pu vous le rendre odieux ?
Après ce qu'il a fait, que sauroit-il donc faire ?
Il vous auroit déplu, s'il pouvoit vous déplaire.

HERMIONE.

Pourquoi veux-tu, cruelle, irriter mes ennuis ?
Je crains de me connoître en l'état où je suis.
De tout ce que tu vois tâche de ne rien croire ;
Crois que je n'aime plus, vante-moi ma victoire ;
Crois que dans son dépit mon cœur est endurci ;
Hélas ! et s'il se peut, fais-le-moi croire aussi.²

---

il le falloit pour la convenance et pour la variété. Nous verrons que l'auteur y a parfaitement réussi ; et Louis Racine a raison de dire : « On est toujours surpris de cette fécondité d'imagination qui fait que le poëte, dans ses tragédies, a peint de tant de manières les mouvements du cœur. » (L.)

1. Tous les discours d'Hermione respirent la passion, et cette passion prend la teinte de son caractère violent. Ce vers prépare le dénoûment. (G.)

2. Ce vers est d'une naïveté charmante. Hermione avoue à peu près l'inutilité de ses efforts contre elle-même ; elle veut se relever, et retombe à tout moment sans trop le cacher. Nous verrons au contraire que Pyrrhus veut absolument faire croire à Phœnix qu'il n'aime plus ; et en effet il devait y avoir plus de fierté dans l'un, et plus d'abandon dans l'autre. Nous ver-

Tu veux que je le fuie? Hé bien! rien ne m'arrête :
Allons, n'envions plus son indigne conquête;
Que sur lui sa captive étende son pouvoir;
Fuyons... Mais si l'ingrat rentroit dans son devoir;
Si la foi dans son cœur retrouvoit quelque place;
S'il venoit à mes pieds me demander sa grâce;
Si sous mes lois, Amour, tu pouvois l'engager;
S'il vouloit... Mais l'ingrat ne veut que m'outrager.
Demeurons toutefois pour troubler leur fortune;
Prenons quelque plaisir à leur être importune;
Ou, le forçant de rompre un nœud si solennel,
Aux yeux de tous les Grecs rendons-le criminel.
J'ai déjà sur le fils attiré leur colère;
Je veux qu'on vienne encor lui demander la mère.
Rendons-lui les tourments qu'elle me fait souffrir;
Qu'elle le perde, ou bien qu'il la fasse périr.

CLÉONE.

Vous pensez que des yeux toujours ouverts aux larmes
Se plaisent à troubler le pouvoir de vos charmes,*
Et qu'un cœur accablé de tant de déplaisirs
De son persécuteur ait brigué les soupirs?
Voyez si sa douleur en paroît soulagée :
Pourquoi donc les chagrins où son âme est plongée?
Contre un amant qui plaît pourquoi tant de fierté?**

---

rons cette différence entre l'amante et le héros marquée par d'autres traits, même dans ces sortes de confidences qui semblent promettre un entier épanchement. (L.)

* VAR. *Pensez-vous que des yeux toujours ouverts aux larmes*
Songent à balancer le pouvoir de vos charmes?

Des yeux qui se plaisent à troubler le pouvoir des charmes; un cœur qui brigue des soupirs : métaphores hardies, mais employées avec un art si heureux, que leur audace ne s'aperçoit pas. (G.)

** VAR. *Pourquoi tant de froideurs, pourquoi cette fierté?*

HERMIONE.

Hélas! pour mon malheur, je l'ai trop écouté. [1]
Je n'ai point du silence affecté le mystère :
Je croyois sans péril pouvoir être sincère;
Et, sans armer mes yeux d'un moment de rigueur, [2]
Je n'ai pour lui parler consulté que mon cœur.
Et qui ne se seroit comme moi déclarée
Sur la foi d'une amour si saintement jurée?
Me voyoit-il de l'œil qu'il me voit aujourd'hui? [3]
Tu t'en souviens encor, tout conspiroit pour lui :
Ma famille vengée, et les Grecs dans la joie,
Nos vaisseaux tout chargés des dépouilles de Troie,
Les exploits de son père effacés par les siens,
Ses feux que je croyois plus ardents que les miens,
Mon cœur... toi-même enfin de sa gloire éblouie,
Avant qu'il me trahît, vous m'avez tous trahie. [4]

1. Ici Hermione ne répond qu'à sa pensée, et nullement à sa confidente, qu'elle ne paraît pas même entendre. C'est, je crois, le premier exemple de cette préoccupation qui rompt le dialogue, et ne lui donne que plus de vérité. (L.) — Elle répond au vers de Cléone, qui parle *d'un amant qui plaît.* C'est cet amant qui plaît qu'Hermione a trop écouté.
2. *Armer d'un moment* paraît extraordinaire quand on déplace les expressions; mais, dans le vers, l'audace de cette alliance disparaît pour ne laisser voir qu'un tour poétique. Subligny ne reprit point ces figures; c'est une preuve que le public les trouva plus heureuses encore que hardies. (G.)
3. La grammaire veut que l'on dise : Me voyait-il de l'œil *dont* il me voit, ou *du même œil* qu'il me voit. *De l'œil qu'il me voit* est amené seulement par la contrainte du vers. (L.) Le vers est plus vif, et il est clair; la tournure employée par Racine est donc préférable à la tournure exigée, dit-on, par la grammaire.
4. La passion, qui s'en prend à tout, confond ici, dans la personne de Cléone, qui est présente, *la famille, les Grecs, les vaisseaux, les exploits, les feux de Pyrrhus*, et surtout le *cœur* d'Hermione, enfin Cléone *éblouie de la gloire* de Pyrrhus; et dans son transport, Hermione, ne s'embarrassant pas si sa phrase passe de la troisième personne à la seconde, apostrophe à la fois et Cléone et tout ce qu'elle vient de nommer... *Vous m'avez tous trahie.* C'est là véritablement l'éloquence de la passion, et c'est ainsi qu'il

Mais c'en est trop, Cléone, et, quel que soit Pyrrhus,
Hermione est sensible, Oreste a des vertus;
Il sait aimer du moins, et même sans qu'on l'aime;
Et peut-être il saura se faire aimer lui-même.
Allons. Qu'il vienne enfin.

CLÉONE.

Madame, le voici.

HERMIONE.

Ah! je ne croyois pas qu'il fût si près d'ici.[1]

SCÈNE II.

HERMIONE, ORESTE, CLÉONE.

HERMIONE.

Le croirai-je, seigneur, qu'un reste de tendresse
Vous fasse ici chercher une triste princesse?*
Ou ne dois-je imputer qu'à votre seul devoir
L'heureux empressement qui vous porte à me voir?

ORESTE.

Tel est de mon amour l'aveuglement funeste,

est beau d'oublier la syntaxe. Avant Racine, il n'y avait nul exemple de cette manière hardie de se rendre maître de la langue sans la dénaturer; car tout est suffisamment excusé par la suspension que suppose l'égarement de la passion après ce mot *mon cœur*, où il est si naturel qu'elle s'arrête. (L.)

1. Ce vers est d'une vérité frappante, et tient à la connaissance du cœur humain. Quand il est occupé de ce qu'il aime, tout lui est importun. Hermione, qui cherche à tromper son amour, se flattait tout à l'heure qu'Oreste pouvait lui plaire : on le lui annonce, et son premier mouvement est celui de l'impatience. C'est qu'elle aime encore mieux s'entretenir de l'infidèle Pyrrhus, que d'entendre le fidèle Oreste. Elle a beau dire :

Il sait aimer du moins, et même sans qu'on l'aime,

c'est ce dont s'embarrasse le moins celle qui n'aime pas. (L.)

* VAR. *Ait suspendu les soins dont vous charge la Grèce?*

Vous le savez, madame; et le destin d'Oreste
Est de venir sans cesse adorer vos attraits,
Et de jurer toujours qu'il n'y viendra jamais.
Je sais que vos regards vont rouvrir mes blessures,
Que tous mes pas vers vous sont autant de parjures :
Je le sais, j'en rougis. Mais j'atteste les dieux,
Témoins de la fureur de mes derniers adieux,
Que j'ai couru partout où ma perte certaine
Dégageoit mes serments et finissoit ma peine.
J'ai mendié la mort chez des peuples cruels
Qui n'apaisoient leurs dieux que du sang des mortels :
Ils m'ont fermé leur temple; et ces peuples barbares
De mon sang prodigué sont devenus avares.
Enfin je viens à vous, et je me vois réduit
A chercher dans vos yeux une mort qui me fuit.
Mon désespoir n'attend que leur indifférence :
Ils n'ont qu'à m'interdire un reste d'espérance;
Ils n'ont, pour avancer cette mort où je cours,
Qu'à me dire une fois ce qu'ils m'ont dit toujours.
Voilà, depuis un an, le seul soin qui m'anime.
Madame, c'est à vous de prendre une victime
Que les Scythes auroient dérobée à vos coups
Si j'en avois trouvé d'aussi cruels que vous.[1]

HERMIONE.

Quittez, seigneur, quittez ce funeste langage :

1. Hermione fait elle-même la critique de ces vers, lorsqu'elle dit à Oreste :
    Que parlez-vous du Scythe et de mes cruautés?

Ce discours d'Oreste est infecté des vices du temps. Qu'est-ce qu'un amant qui vient chercher la mort dans les yeux de sa maîtresse, et dont le désespoir n'attend que l'indifférence de ces mêmes yeux? (G.) Il y a longtemps que Voltaire, et après lui tous les connaisseurs, ont blâmé le rapprochement de la cruauté des Scythes et de celle d'Hermione. (L.)

A des soins plus pressants la Grèce vous engage.
Que parlez-vous du Scythe et de mes cruautés?
Songez à tous ces rois que vous représentez.*
Faut-il que d'un transport leur vengeance dépende?
Est-ce le sang d'Oreste enfin qu'on vous demande?
Dégagez-vous des soins dont vous êtes chargé.

ORESTE.

Les refus de Pyrrhus m'ont assez dégagé,
Madame : il me renvoie; et quelque autre puissance
Lui fait du fils d'Hector embrasser la défense.

HERMIONE.

L'infidèle!

ORESTE.

Ainsi donc, tout prêt à le quitter,**
Sur mon propre destin je viens vous consulter.
Déjà même je crois entendre la réponse
Qu'en secret contre moi votre haine prononce.

HERMIONE.

Hé quoi! toujours injuste en vos tristes discours,***

---

* VAR. *Non, non, ne pensez pas qu'Hermione dispose*
D'un sang sur qui la Grèce aujourd'hui se repose.
Mais vous-même, est-ce ainsi que vous exécutez
Les vœux de tant d'États que vous représentez?

** VAR. . . . . . *Ainsi donc, il ne me reste rien*
Qu'à venir prendre ici la place du Troyen.
Nous sommes ennemis, lui des Grecs, moi le vôtre;
Pyrrhus protège l'un, et je vous livre l'autre.

*** VAR.   HERMIONE.
Hé quoi ! dans vos chagrins sans raison affermi,
Vous croirez-vous toujours, seigneur, mon ennemi?
Quelle est cette rigueur, etc.

Ces trois dernières variantes sont mauvaises et méritaient d'être rempla-

De mon inimitié vous plaindrez-vous toujours ?
Quelle est cette rigueur tant de fois alléguée ?

cées. Mais ce qu'il y a de curieux, c'est que ces vers ont été corrigés par Racine d'après la critique qu'en avait faite Subligny :

> « Non, non, ne pensez pas qu'Hermione dispose
> D'un sang sur qui la Grèce aujourd'hui se repose.

Il me semble, dit Subligny, que *se reposer sur un sang* est une étrange figure, et je n'écrirois pas aussi :

> Est-ce ainsi que vous exécutez
> Les vœux de tant d'États que vous représentez ?

parce qu'*exécuter les ordres* n'est pas la même chose qu'*exécuter les vœux*, qui ne se dit que quand on a voué quelque chose ; mais ce n'étoit point un pèlerinage que les Grecs avoient voué en Épire. » (Préface de la *Folle Querelle*. Dissertations sur plusieurs tragédies de Corneille et de Racine, t. II.) Au troisième acte de la *Folle Querelle*, Lysandre, qui est un des adversaires d'*Andromaque*, lit ces vers :

> Ainsi donc il ne me reste rien
> Qu'à venir prendre ici la place du Troyen :
> Nous sommes ennemis, lui des Grecs, moi le vôtre ;
> Pyrrhus protége l'un, et je vous livre l'autre.

« Entendez-vous cela, mesdames ?

HORTENSE.

Non.

LYSANDRE.

L'entendez-vous, messieurs ?

ALCIPPE.

Ma foi, non.

ÉRASTE.

Et moi je l'entends : recommencez un peu.

HORTENSE.

Pourquoi faire recommencer, si vous l'entendez ?

LYSANDRE.

Ça, ça, je recommencerai. (Il recommence.)

ÉRASTE.

Ah ! je l'entends à merveille ; recommencez encore, je vous prie.

HORTENSE ET ALCIPPE, *riant.*

Ah, ah, ah !

LA VICOMTESSE.

Si l'on ne l'entend pas, du moins on devine quasi la beauté qu'il a voulu faire en cet endroit.

ALCIPPE.

D'accord, madame, on ne devine quasi que lorsqu'on a autant d'esprit

ACTE II, SCÈNE II.

J'ai passé dans l'Épire où j'étois reléguée ;
Mon père l'ordonnoit : mais qui sait si depuis
Je n'ai point en secret partagé vos ennuis ?
Pensez-vous avoir seul éprouvé des alarmes ;
Que l'Épire jamais n'ait vu couler mes larmes ?
Enfin, qui vous a dit que, malgré mon devoir,
Je n'ai pas quelquefois souhaité de vous voir ?

ORESTE.

Souhaité de me voir ! Ah ! divine princesse...[1]
Mais, de grâce, est-ce à moi que ce discours s'adresse ?
Ouvrez vos yeux : songez qu'Oreste est devant vous,*
Oreste, si longtemps l'objet de leur courroux.

HERMIONE.

Oui, c'est vous dont l'amour, naissant avec leurs charmes,[2]
Leur apprit le premier le pouvoir de leurs armes ;
Vous que mille vertus me forçoient d'estimer ;
Vous que j'ai plaint, enfin que je voudrois aimer.

ORESTE.

Je vous entends. Tel est mon partage funeste :
Le cœur est pour Pyrrhus, et les vœux pour Oreste.

---

que vous en avez ; mais cela n'empêche pas que ce ne soit un galimatias. »
(*La Folle Querelle*, acte III, scène vi.)

Enfin sur ces deux vers :

> Eh quoi ! dans vos chagrins sans raison affermi,
> Vous croirez-vous toujours, seigneur, mon ennemi ?

Subligny fait cette observation :

« Je ne trouve point que *vous croirez-vous mon ennemi*, pour dire *me croirez-vous votre ennemie*, soit une chose bien écrite. (*Ibid.*, préface.) Voilà dans le même sens trois critiques de Subligny auxquelles Racine a déféré docilement, et il a eu raison.

1. Le premier hémistiche est le transport d'un amant véritable ; le second n'est qu'une exclamation langoureuse. (G.)

* VAR. *Ouvrez les yeux, songez qu'Oreste est devant vous.*

2. Les *charmes* de mes yeux, les *armes* de mes yeux. Dans ces vers l'école romanesque reprend son ascendant.

HERMIONE.

Ah! ne souhaitez pas le destin de Pyrrhus,
Je vous haïrois trop.

ORESTE.

Vous m'en aimeriez plus.
Ah! que vous me verriez d'un regard bien contraire!
Vous me voulez aimer, et je ne puis vous plaire;
Et, l'amour seul alors se faisant obéir,
Vous m'aimeriez, madame, en me voulant haïr.
O dieux, tant de respects, une amitié si tendre...
Que de raisons pour moi, si vous pouviez m'entendre!
Vous seule pour Pyrrhus disputez aujourd'hui,
Peut-être malgré vous, sans doute malgré lui :
Car enfin il vous hait; son âme, ailleurs éprise,
N'a plus...

HERMIONE.

Qui vous l'a dit, seigneur, qu'il me méprise?
Ses regards, ses discours me l'ont-ils donc appris?
Jugez-vous que ma vue inspire des mépris,
Qu'elle allume en un cœur des feux si peu durables?
Peut-être d'autres yeux me sont plus favorables.

ORESTE.

Poursuivez : il est beau de m'insulter ainsi.
Cruelle, c'est donc moi qui vous méprise ici?
Vos yeux n'ont pas assez éprouvé ma constance?
Je suis donc un témoin de leur peu de puissance?
Je les ai méprisés! Ah! qu'ils voudroient bien voir
Mon rival comme moi mépriser leur pouvoir!

HERMIONE.

Que m'importe, seigneur, sa haine ou sa tendresse?
Allez contre un rebelle armer toute la Grèce;
Rapportez-lui le prix de sa rébellion;

ACTE II, SCÈNE II.

Qu'on fasse de l'Épire un second Ilion :
Allez! Après cela direz-vous que je l'aime?

ORESTE.

Madame, faites plus, et venez-y vous-même.
Voulez-vous demeurer pour otage en ces lieux?
Venez dans tous les cœurs faire parler vos yeux.[1]
Faisons de notre haine une commune attaque.

HERMIONE.

Mais, seigneur, cependant, s'il épouse Andromaque?

ORESTE.

Hé, madame!

HERMIONE.

Songez quelle honte pour nous
Si d'une Phrygienne il devenoit l'époux!

ORESTE.

Et vous le haïssez! Avouez-le, madame,
L'amour n'est pas un feu qu'on renferme en une âme :
Tout nous trahit, la voix, le silence, les yeux;
Et les feux mal couverts n'en éclatent que mieux.

HERMIONE.

Seigneur, je le vois bien, votre âme prévenue
Repand sur mes discours un venin qui la tue,
Toujours dans mes raisons cherche quelque détour,
Et croit qu'en moi la haine est un effort d'amour.
Il faut donc m'expliquer : vous agirez ensuite.
Vous savez qu'en ces lieux mon devoir m'a conduite :
Mon devoir m'y retient; et je n'en puis partir
Que mon père ou Pyrrhus ne m'en fassent sortir.
De la part de mon père allez lui faire entendre*

---

1. *Faire parler des yeux dans les cœurs* : cette expression a besoin, pour être excusée, de tous les priviléges de la poésie. (G.)

* VAR. *Au nom de Ménélas allez lui faire entendre...*

Que l'ennemi des Grecs ne peut être son gendre ;
Du Troyen ou de moi faites-le décider ;[1]
Qu'il songe qui des deux il veut rendre ou garder ;
Enfin, qu'il me renvoie, ou bien qu'il vous le livre.
Adieu. S'il y consent, je suis prête à vous suivre.

SCÈNE III.

ORESTE.

Oui, oui, vous me suivrez, n'en doutez nullement.
Je vous réponds déjà de son consèntement.
Je ne crains pas enfin que Pyrrhus la retienne :
Il n'a devant les yeux que sa chère Troyenne ;
Tout autre objet le blesse ; et peut-être aujourd'hui
Il n'attend qu'un prétexte à l'éloigner de lui.
Nous n'avons qu'à parler : c'en est fait. Quelle joie
D'enlever à l'Épire une si belle proie !
Sauve tout ce qui reste et de Troie et d'Hector,
Garde son fils, sa veuve, et mille autres encor,
Épire : c'est assez qu'Hermione rendue
Perde à jamais tes bords et ton prince de vue.
Mais un heureux destin le conduit en ces lieux.
Parlons. A tant d'attraits, Amour, ferme ses yeux !

---

1. L'exactitude demande *faites-le décider entre le Troyen et moi ;* mais la poésie autorise cette licence, qui n'est point contraire à la clarté de la phrase. (G.)

SCÈNE IV.

PYRRHUS, ORESTE, PHŒNIX.

PYRRHUS.

Je vous cherchois, seigneur. Un peu de violence [1]
M'a fait de vos raisons combattre la puissance,
Je l'avoue; et depuis que je vous ai quitté,
J'en ai senti la force et connu l'équité.
J'ai songé, comme vous, qu'à la Grèce, à mon père,
A moi-même, en un mot, je devenois contraire;
Que je relevois Troie, et rendois imparfait
Tout ce qu'a fait Achille, et tout ce que j'ai fait.
Je ne condamne plus un courroux légitime,
Et l'on vous va, seigneur, livrer votre victime.

ORESTE.

Seigneur, par ce conseil prudent et rigoureux,
C'est acheter la paix du sang d'un malheureux.

PYRRHUS.

Oui; mais je veux, seigneur, l'assurer davantage :
D'une éternelle paix Hermione est le gage;
Je l'épouse. Il sembloit qu'un spectacle si doux
N'attendît en ces lieux qu'un témoin tel que vous :
Vous y représentez tous les Grecs et son père,
Puique en vous Ménélas voit revivre son frère.
Voyez-la donc. Allez. Dites-lui que demain

---

1. Pyrrhus s'accuse d'avoir combattu avec trop de violence les raisons d'Oreste; la pensée ne nous paraît pas exprimée clairement. (A. M.)

98   ANDROMAQUE.

J'attends avec la paix son cœur de votre main.[1]
ORESTE, à part.
Ah! dieux!

SCÈNE V.

PYRRHUS, PHŒNIX.

PYRRHUS.

Hé bien, Phœnix, l'amour est-il le maître?[2]
Tes yeux refusent-ils encor de me connoître?

PHOENIX.

Ah! je vous reconnois; et ce juste courroux,
Ainsi qu'à tous les Grecs, seigneur, vous rend à vous.[3]
Ce n'est plus le jouet d'une flamme servile;

1. Si Pyrrhus étoit véritablement changé en faveur d'Hermione, il ne lui enverroit pas dire par un autre une si grande nouvelle; il la lui porteroit lui même, comme Phœnix le lui dira :

> Vous-même à cet hymen venez la disposer.
> Est-ce sur un rival qu'il s'en faut reposer? (L. R.)

2. On sait que Boileau, qui avait longtemps admiré cette scène comme une fidèle peinture des irrésolutions et des combats d'un cœur amoureux et offensé, finit par la condamner, comme étant au-dessous de la dignité tragique. Il observait avec raison que le fond des idées et des sentiments est précisément le même que celui de cette charmante scène de l'*Eunuque* de Térence, dont Horace a fait remarquer la beauté, et qui a été depuis si souvent imitée et retournée par les modernes : *Exclusit : redeam? non si obsecret*, etc. Mais puisque Boileau lui-même admet dans la tragédie la peinture de l'amour, n'était-il pas un peu trop sévère quand il condamnait une scène où cette peinture est d'une vérité si frappante? Ou plutôt cette humeur ne venait-elle pas de quelques vers, qui véritablement ne sont pas dignes de la tragédie? (L.)

3. Racine a retranché ici les quatre vers suivants :

> Et qui l'auroit pensé, qu'une si noble audace
> D'un long abaissement prendroit sitôt la place,
> Que l'on pût sitôt vaincre un poison si charmant?
> Mais Pyrrhus, quand il veut, sait vaincre en un moment.
> Ce n'est plus, etc.

C'est Pyrrhus, c'est le fils et le rival d'Achille,
Que la gloire à la fin ramène sous ses lois,
Qui triomphe de Troie une seconde fois.

PYRRHUS.

Dis plutôt qu'aujourd'hui commence ma victoire :
D'aujourd'hui seulement je jouis de ma gloire;
Et mon cœur, aussi fier que tu l'as vu soumis,
Croit avoir en l'amour vaincu mille ennemis.
Considère, Phœnix, les troubles que j'évite,
Quelle foule de maux l'amour traîne à sa suite,
Que d'amis, de devoirs, j'allois sacrifier,
Quels périls... un regard m'eût tout fait oublier :
Tous les Grecs conjurés fondoient sur un rebelle.
Je trouvois du plaisir à me perdre pour elle.

PHŒNIX.

Oui, je bénis, seigneur, l'heureuse cruauté
Qui vous rend...

PYRRHUS.

Tu l'as vu comme elle m'a traité.
Je pensois, en voyant sa tendresse alarmée,
Que son fils me la dût renvoyer désarmée :
J'allois voir le succès de ses embrassements;
Je n'ai trouvé que pleurs mêlés d'emportements.
Sa misère l'aigrit; et, toujours plus farouche,
Cent fois le nom d'Hector est sorti de sa bouche.
Vainement à son fils j'assurois mon secours :
« C'est Hector, disoit-elle en l'embrassant toujours;
« Voilà ses yeux, sa bouche, et déjà son audace; [1]

---

1. Racine traduit ici ce vers que Virgile met dans la bouche d'Andromaque à la vue du jeune Ascagne (*Énéid.*, liv. III) :

Sic oculos, sic ille manus, sic ora ferebat. (A. M.)

« C'est lui-même, c'est toi, cher époux, que j'embrasse. »
Eh! quelle est sa pensée? attend-elle en ce jour
Que je lui laisse un fils pour nourrir son amour?

PHŒNIX.

Sans doute, c'est le prix que vous gardoit l'ingrate.
Mais laissez-la, seigneur.

PYRRHUS.

Je vois ce qui la flatte :
Sa beauté la rassure; et, malgré mon courroux,
L'orgueilleuse m'attend encore à ses genoux.
Je la verrois, aux miens, Phœnix, d'un œil tranquille.
Elle est veuve d'Hector, et je suis fils d'Achille :
Trop de haine sépare Andromaque et Pyrrhus.[1]

PHŒNIX.

Commencez donc, seigneur, à ne m'en parler plus.
Allez voir Hermione; et, content de lui plaire,
Oubliez à ses pieds jusqu'à votre colère.
Vous-même à cet hymen venez la disposer :
Est-ce sur un rival qu'il s'en faut reposer?
Il ne l'aime que trop.

PYRRHUS.

Crois-tu, si je l'épouse,
Qu'Andromaque en son cœur n'en sera pas jalouse?*

---

1. Ce langage est celui d'un amant, mais il est encore celui d'un guerrier et d'un héros. Le vers suivant dans la bouche de Phœnix est tout à la fois au-dessous du genre et du personnage. (L.) Je trouve le vers de Phœnix d'une vérité fine et piquante. En quoi donc ne convient-il pas au personnage, et surtout en quoi ne convient-il pas au genre? la tragédie doit-elle rester toujours dans l'emphase? Qu'elle répudie le grotesque, mais qu'elle ne se scandalise pas du simple et du vrai.

* VAR. *Crois-tu, si je l'épouse,*
Qu'Andromaque en secret n'en sera pas jalouse?
. . . .
Ces vers expriment avec beaucoup de vérité les sentiments qui naissent

ACTE II, SCÈNE V.

PHŒNIX.

Quoi! toujours Andromaque occupe votre esprit!
Que vous importe, ô dieux, sa joie ou son dépit?
Quel charme, malgré vous, vers elle vous attire?

PYRRHUS.

Non, je n'ai pas bien dit tout ce qu'il lui faut dire :
Ma colère à ses yeux n'a paru qu'à demi ;
Elle ignore à quel point je suis son ennemi.
Retournons-y. Je veux la braver à sa vue,
Et donner à ma haine une libre étendue.
Viens voir tous ses attraits, Phœnix, humiliés.
Allons.

PHŒNIX.

Allez, seigneur, vous jeter à ses pieds :
Allez, en lui jurant que votre âme l'adore,
A de nouveaux mépris l'encourager encore.

PYRRHUS.

Je le vois bien, tu crois que prêt à l'excuser
Mon cœur court après elle, et cherche à s'apaiser.

PHŒNIX.

Vous aimez : c'est assez.

PYRRHUS.

Moi l'aimer! une ingrate

---

dans le cœur d'un amant malheureux. La secrète jalousie que Pyrrhus voudrait inspirer à Andromaque est une dernière illusion qui va lui échapper. Mais peut-être les vers de Racine n'ont-ils pas ici toute la dignité tragique qu'ils devraient avoir. Selon Brossette, Boileau avait remarqué *qu'aux représentations d'Andromaque on ne manquait jamais de sourire à cet endroit.* (A. M.) — Eh bien, où est le mal qu'on sourie? faut-il donc que la tragédie nous tienne en pleurs d'un bout à l'autre de la pièce? On sourit pour approuver la peinture fine et vraie d'un sentiment qui peut devenir tragique par les passions violentes qui s'y joignent, mais qui n'a pas ce caractère, parce qu'il est encore renfermé en lui-même, et que de sa nature l'amour est aimable et gracieux, même et surtout dans ses agitations contenues.

Qui me hait d'autant plus que mon amour la flatte ; [1]
Sans parents, sans amis, sans espoir que sur moi !
Je puis perdre son fils, peut-être je le doi ;
Étrangère... que dis-je ? esclave dans l'Épire,
Je lui donne son fils, mon âme, mon empire ;
Et je ne puis gagner dans son perfide cœur
D'autre rang que celui de son persécuteur !
Non, non, je l'ai juré, ma vengeance est certaine :
Il faut bien une fois justifier sa haine ;
J'abandonne son fils. Que de pleurs vont couler ! [2]
De quel nom sa douleur me va-t-elle appeler?
Quel spectacle pour elle aujourd'hui se dispose !
Elle en mourra, Phœnix, et j'en serai la cause :
C'est lui mettre moi-même un poignard dans le sein.

PHŒNIX.

Et pourquoi donc en faire éclater le dessein ?
Que ne consultiez-vous tantôt votre foiblesse ?

PYRRHUS.

Je t'entends. Mais excuse un reste de tendresse.
Crains-tu pour ma colère un si foible combat ?

---

1. Ce dernier vers est équivoque : Pyrrhus veut dire que plus il a de douceur, de bonté et de tendresse pour Andromaque, plus elle le hait ; et le vers, tel qu'il est construit, semble dire qu'Andromaque hait davantage Pyrrhus, parce qu'elle est très-flattée de son amour. C'est le mot *flatte* qui forme l'ambiguïté. *Mon amour la flatte* peut signifier *mon amour lui plaît*. C'est dans ce même sens que Racine l'emploie dans la première scène du troisième acte :

Non, non, je le connois ; mon désespoir le flatte. (G.)

2. L'amour appelle tout à son aide, et prend toutes sortes de formes : la dernière qu'il emprunte ici est celle de la pitié :

Elle en mourra, Phœnix, et j'en serai la cause.

Il faut remarquer que cette pitié ne tombe nullement sur cet enfant innocent, sur le fils d'Hector et de tant de rois, mais uniquement sur Andromaque, parce qu'Andromaque est aimée. (L.)

D'un amour qui s'éteint c'est le dernier éclat.
Allons. A tes conseils, Phœnix, je m'abandonne.
Faut-il livrer son fils? faut-il voir Hermione?

PHŒNIX.

Oui, voyez-la, seigneur ; et, par des vœux soumis,
Protestez-lui...

PYRRHUS.

Faisons tout ce que j'ai promis.[1]

---

1. « J'ai toujours condamné cette scène en l'admirant, parce que, quelque belle qu'elle soit, elle est plutôt dans le genre comique ennobli que dans le genre tragique... Cependant, si c'est une faute, on doit être bien aise que Racine l'ait faite, par les beautés dont elle est parée, mais il ne seroit pas sûr de l'imiter en cela. Quand l'amour n'est point tragique, comme dans *Phèdre* et dans le *Cid*, il devient petit et bas. (*Lettres de J.-B. Rousseau.*)

ACTE TROISIÈME.

SCÈNE PREMIÈRE.

ORESTE, PYLADE.

PYLADE.

Modérez donc, seigneur, cette fureur extrême :
Je ne vous connois plus; vous n'êtes plus vous-même.
Souffrez...

ORESTE.

   Non, tes conseils ne sont plus de saison,
Pylade; je suis las d'écouter la raison.
C'est traîner trop longtemps ma vie et mon supplice :
Il faut que je l'enlève, ou bien que je périsse.
Le dessein en est pris; je le veux achever.
Oui, je le veux.

PYLADE.

   Hé bien, il la faut enlever;
J'y consens. Mais songez cependant où vous êtes.
Que croira-t-on de vous à voir ce que vous faites?
Dissimulez : calmez ce transport inquiet ; *
Commandez à vos yeux de garder le secret.

---

* Var. *Faites taire, seigneur, ce transport inquiet.*

ACTE III, SCÈNE I.

Ces gardes, cette cour, l'air qui vous environne,[1]
Tout dépend de Pyrrhus, et surtout d'Hermione.
A ses regards surtout cachez votre courroux.
O dieux! en cet état pourquoi la cherchiez-vous?

ORESTE.

Que sais-je? De moi-même étois-je alors le maître?
La fureur m'emportoit, et je venois peut-être
Menacer à la fois l'ingrate et son amant.

PYLADE.

Et quel étoit le fruit de cet emportement?*

ORESTE.

Et quelle âme, dis-moi, ne seroit éperdue
Du coup dont ma raison vient d'être confondue?
Il épouse, dit-il, Hermione demain;
Il veut, pour m'honorer, la tenir de ma main.
Ah! plutôt cette main dans le sang du barbare...

PYLADE.

Vous l'accusez, seigneur, de ce destin bizarre;
Cependant, tourmenté de ses propres desseins,
Il est peut-être à plaindre autant que je vous plains.

ORESTE.

Non, non; je le connois, mon désespoir le flatte;
Sans moi, sans mon amour, il dédaignoit l'ingrate;
Ses charmes jusque-là n'avoient pu le toucher :
Le cruel ne la prend que pour me l'arracher.

---

1. Dans le palais d'un prince on doit se méfier de tout; et, comme dit Junie à Britannicus :

    Ces murs mêmes, seigneur, peuvent avoir des yeux.

Mais qui s'étoit avisé de dire qu'il faut se méfier de l'air même qui dépend du prince? Cette pensée, quoique hardie, est ici placée si naturellement, qu'on ne peut que l'approuver. (L. R.)

* VAR. *Et quel étoit le fruit de son emportement?*

Ah dieux! c'en étoit fait : Hermione gagnée [1]
Pour jamais de sa vue alloit être éloignée ;
Son cœur, entre l'amour et le dépit confus, [2]
Pour se donner à moi n'attendoit qu'un refus ;
Ses yeux s'ouvroient, Pylade ; elle écoutoit Oreste,
Lui parloit, le plaignoit... Un mot eût fait le reste.

PYLADE.

Vous le croyez?

ORESTE.

Hé quoi! ce courroux enflammé
Contre un ingrat...

PYLADE.

Jamais il ne fut plus aimé.
Pensez-vous, quand Pyrrhus vous l'auroit accordée,
Qu'un prétexte tout prêt ne l'eût pas retardée?
M'en croirez-vous? Lassé de ses trompeurs attraits,
Au lieu de l'enlever, fuyez-la pour jamais. *
Quoi! votre amour se veut charger d'une furie
Qui vous détestera, qui, toute votre vie,
Regrettant un hymen tout prêt à s'achever,
Voudra...

ORESTE.

C'est pour cela que je veux l'enlever.

---

1. On sent bien qu'Oreste se trompe également, et en attribuant à Pyrrhus une intention qu'il n'a jamais eue, et en croyant que, sans le retour de Pyrrhus, il allait être aimé d'Hermione. Pylade le lui prouve assez ; mais c'est ainsi que doit raisonner Oreste, d'abord parce qu'il est amant malheureux et jaloux, ensuite parce qu'il est Oreste. (L.)

2. Le mot *confus* n'est mis que pour la rime, ce dont on s'aperçoit bien rarement dans Racine ; et c'est à cause de cela qu'on le remarque. (G.) — *Confus* pour *incertain* est pris ici dans le sens actif. — On dit : Mes sentiments sont confus, et non pas : Je suis confus entre mes sentiments.

* VAR. . . . . . *Lassé de ses trompeurs attraits,*
 Au lieu de l'enlever, seigneur, je la fuirois.

Tout lui riroit, Pylade; et moi, pour mon partage,
Je n'emporterois donc qu'une inutile rage?
J'irois loin d'elle encor tâcher de l'oublier?
Non, non; à mes tourments je veux l'associer :
C'est trop gémir tout seul. Je suis las qu'on me plaigne.
Je prétends qu'à mon tour l'inhumaine me craigne,
Et que ses yeux cruels, à pleurer condamnés,
Me rendent tous les noms que je leur ai donnés.

PYLADE.

Voilà donc le succès qu'aura votre ambassade :
Oreste ravisseur !

ORESTE.

Et qu'importe, Pylade?
Quand nos États vengés jouiront de mes soins,
L'ingrate de mes pleurs jouira-t-elle moins?
Et que me servira que la Grèce m'admire,
Tandis que je serai la fable de l'Épire?
Que veux-tu? Mais, s'il faut ne te rien déguiser,
Mon innocence enfin commence à me peser.
Je ne sais de tout temps quelle injuste puissance
Laisse le crime en paix, et poursuit l'innocence.
De quelque part sur moi que je tourne les yeux,
Je ne vois que malheurs qui condamnent les dieux.
Méritons leur courroux, justifions leur haine,
Et que le fruit du crime en précède la peine.
Mais toi, par quelle erreur veux-tu toujours sur toi
Détourner un courroux qui ne cherche que moi?
Assez et trop longtemps mon amitié t'accable :
Évite un malheureux, abandonne un coupable.
Cher Pylade, crois-moi, ta pitié te séduit.*

---

* VAR. *Cher Pylade, crois-moi, ton tourment me suffit*

Laisse-moi des périls dont j'attends tout le fruit.
Porte aux Grecs cet enfant que Pyrrhus m'abandonne.
Va-t'en.

PYLADE.

Allons, seigneur, enlevons Hermione. [1]
Au travers des périls un grand cœur se fait jour.
Que ne peut l'amitié conduite par l'amour!
Allons de tous vos Grecs encourager le zèle :
Nos vaisseaux sont tout prêts, et le vent nous appelle.
Je sais de ce palais tous les détours obscurs;
Vous voyez que la mer en vient battre les murs;
Et cette nuit, sans peine, une secrète voie
Jusqu'en votre vaisseau conduira votre proie.

ORESTE.

J'abuse, cher ami, de ton trop d'amitié;
Mais pardonne à des maux dont toi seul as pitié;
Excuse un malheureux qui perd tout ce qu'il aime,
Que tout le monde hait, et qui se hait lui-même.
Que ne puis-je à mon tour dans un sort plus heureux...

PYLADE.

Dissimulez, seigneur; c'est tout ce que je veux.
Gardez qu'avant le coup votre dessein n'éclate :
Oubliez jusque-là qu'Hermione est ingrate;
Oubliez votre amour. Elle vient, je la voi.

ORESTE.

Va-t'en. Réponds-moi d'elle, et je réponds de moi.

---

1. Il y a longtemps qu'on a remarqué cet élan généreux de l'amitié, dont la seule réponse à la douleur et au désespoir est de se montrer prêt à tout ce qui peut les adoucir et les soulager. Plus de réflexion, plus d'objection; Pylade n'a pu détourner Oreste du crime, il va le partager. (L.)

SCÈNE II.

HERMIONE, ORESTE, CLÉONE.

ORESTE.

Hé bien! mes soins vous ont rendu votre conquête :
J'ai vu Pyrrhus, madame, et votre hymen s'apprête.

HERMIONE.

On le dit; et de plus on vient de m'assurer
Que vous ne me cherchiez que pour m'y préparer.

ORESTE.

Et votre âme à ses vœux ne sera point rebelle?

HERMIONE.

Qui l'eût cru que Pyrrhus ne fût pas infidèle?
Que sa flamme attendroit si tard pour éclater?
Qu'il reviendroit à moi, quand je l'allois quitter?
Je veux croire avec vous qu'il redoute la Grèce;
Qu'il suit son intérêt plutôt que sa tendresse;
Que mes yeux sur votre âme étoient plus absolus.

ORESTE.

Non, madame : il vous aime, et je n'en doute plus.
Vos yeux ne font-ils pas tout ce qu'ils veulent faire?
Et vous ne vouliez pas, sans doute, lui déplaire.

HERMIONE.

Mais que puis-je, seigneur? On a promis ma foi :
Lui ravirai-je un bien qu'il ne tient pas de moi?
L'amour ne règle pas le sort d'une princesse :
La gloire d'obéir est tout ce qu'on nous laisse.
Cependant je partois; et vous avez pu voir
Combien je relâchois pour vous de mon devoir.

ANDROMAQUE

ORESTE.

Ah! que vous saviez bien, cruelle... Mais, madame.
Chacun peut à son choix disposer de son âme.
La vôtre étoit à vous. J'espérois; mais enfin
Vous l'avez pu donner sans me faire un larcin.
Je vous accuse aussi bien moins que la fortune.
Et pourquoi vous lasser d'une plainte importune?
Tel est votre devoir, je l'avoue; et le mien
Est de vous épargner un si triste entretien.

SCÈNE III.

HERMIONE, CLÉONE.

HERMIONE.
Attendois-tu, Cléone, un courroux si modeste?
CLÉONE.
La douleur qui se tait n'en est que plus funeste.
Je le plains d'autant plus qu'auteur de son ennui,
Le coup qui l'a perdu n'est parti que de lui.
Comptez depuis quel temps votre hymen se prépare :
Il a parlé, madame, et Pyrrhus se déclare.
HERMIONE.
Tu crois que Pyrrhus craint? Et que craint-il encor?
Des peuples qui, dix ans, ont fui devant Hector;
Qui cent fois, effrayés de l'absence d'Achille,
Dans leurs vaisseaux brûlants ont cherché leur asile,
Et qu'on verroit encor, sans l'appui de son fils,
Redemander Hélène aux Troyens impunis?
Non, Cléone, il n'est point ennemi de lui-même;
Il veut tout ce qu'il fait; et, s'il m'épouse, il m'aime
Mais qu'Oreste à son gré m'impute ses douleurs;

N'avons-nous d'entretien que celui de ses pleurs?
Pyrrhus revient à nous! Hé bien! chère Cléone,
Conçois-tu les transports de l'heureuse Hermione?
Sais-tu quel est Pyrrhus? T'es-tu fait raconter
Le nombre des exploits... Mais qui les peut compter?
Intrépide, et partout suivi de la victoire,
Charmant, fidèle enfin, [1] rien ne manque à sa gloire. [2]
Songe...

CLÉONE.

Dissimulez : votre rivale en pleurs
Vient à vos pieds, sans doute, apporter ses douleurs.

HERMIONE.

Dieux! ne puis-je à ma joie abandonner mon âme?
Sortons : que lui dirois-je?

---

1.   Charmant, fidèle enfin, rien ne manque à sa gloire.

Il y a des éditions qui mettent la virgule avant *enfin*, peut-être aimerais-je mieux le sens de cette ponctuation. *Fidèle enfin* dit qu'il l'est devenu, mais devenu tard, et cela doit coûter à dire à l'amour et à la vanité d'Hermione.

Charmant, fidèle, enfin rien ne manque à sa gloire,

exprime aussi ce retour qui comble sa gloire, sans exprimer l'idée du trop long retard. Mais toutes les anciennes éditions mettent la virgule après *enfin*.

2. Pyrrhus n'a plus que des perfections, quand Hermione croit qu'il revient à elle : c'est ainsi qu'Agrippine, qui ne voit que des vices dans son fils quand elle est sans crédit, change de ton quand elle croit revenir en faveur, et dit de lui :

Non, il le faut ici confesser à sa gloire,
Son cœur n'enferme pas une malice noire. (L. R.)

Ce caractère d'Hermione est une des plus étonnantes créations de Racine ; c'est le triomphe d'un art sublime et nouveau. J'oserai dire à ceux qui refusent à Racine le titre de créateur : Où est le modèle d'Hermione? où avait-on vu, avant Racine, ce développement vaste et profond des replis du cœur humain, ce flux et reflux si continuel et si orageux de toutes les passions qui peuvent bouleverser une âme altière et blessée, ces mouvements opposés et rapides qui se croisent comme des éclairs, ce passage si prompt de toutes les imprécations de la haine à toutes les tendresses de l'amour, des effusions de la joie aux transports de la fureur, de l'indifférence et du mé-

SCÈNE IV.

ANDROMAQUE, HERMIONE, CLÉONE, CÉPHISE.

ANDROMAQUE.

Où fuyez-vous, madame?
N'est-ce pas à vos yeux un spectacle assez doux
Que la veuve d'Hector pleurante à vos genoux?
Je ne viens point ici, par de jalouses larmes,
Vous envier un cœur qui se rend à vos charmes.
Par une main cruelle, hélas! j'ai vu percer*
Le seul où mes regards prétendoient s'adresser :
Ma flamme par Hector fut jadis allumée;
Avec lui dans la tombe elle s'est enfermée.[1]
Mais il me reste un fils. Vous saurez quelque jour,
Madame, pour un fils jusqu'où va notre amour;[2]

---

pris affectés au désespoir qui se répand en plaintes, en reproches, et en menaces? (L.)

* VAR. *Par les mains de son père, hélas! j'ai vu percer...*

J'aime cette variante qui ajoutait un trait de plus à la répugnance d'Andromaque pour Pyrrhus. C'est Achille qui a tué Hector, et c'est son fils qui veut épouser Andromaque.

1. Ce sentiment est exprimé dans ces vers de Didon (*Énéide*, liv. IV) :

> Ille meos primus qui me sibi junxit amores
> Abstulit : ille habeat secum, servetque sepulchro.

« Celui qui le premier eut mon amour l'a emporté avec lui; qu'il le garde aussi avec lui et le renferme dans sa tombe ! » (A. M.)

2. Ces vers sont une espèce d'imitation des *Trachiniennes* de Sophocle. Déjanire répond aux jeunes Trachiniennes :

« Vous ignorez les chagrins que traîne après soi l'hyménée. Votre âge ne vous permet pas encore de les connoître ; mais vous saurez un jour, par votre propre expérience, les alarmes qu'excitent dans le cœur d'une tendre épouse l'absence d'un mari qu'elle aime, et la crainte de perdre des enfants chéris. » (L. B.)

Mais vous ne saurez pas, du moins je le souhaite,
En quel trouble mortel son intérêt nous jette,
Lorsque de tant de biens qui pouvoient nous flatter,
C'est le seul qui nous reste, et qu'on veut nous l'ôter.
Hélas! lorsque, lassés de dix ans de misère,
Les Troyens en courroux menaçoient votre mère,
J'ai su de mon Hector lui procurer l'appui :
Vous pouvez sur Pyrrhus ce que j'ai pu sur lui.
Que craint-on d'un enfant qui survit à sa perte?
Laissez-moi le cacher en quelque île déserte;
Sur les soins de sa mère on peut s'en assurer,
Et mon fils avec moi n'apprendra qu'à pleurer.

HERMIONE.

Je conçois vos douleurs; mais un devoir austère,
Quand mon père a parlé, m'ordonne de me taire.
C'est lui qui de Pyrrhus fait agir le courroux.
S'il faut fléchir Pyrrhus, qui le peut mieux que vous?[1]
Vos yeux assez longtemps ont régné sur son âme.
Faites-le prononcer : j'y souscrirai, madame.

SCÈNE V.

ANDROMAQUE, CÉPHISE.

ANDROMAQUE.
Quel mépris la cruelle attache à ses refus!
CÉPHISE.
Je croirois ses conseils, et je verrois Pyrrhus.
Un regard confondroit Hermione et la Grèce...
Mais lui-même il vous cherche.

---

1. Ironie amère et cruelle, qui fait désirer au spectateur l'humiliation d'une amante si orgueilleuse, et le triomphe d'Andromaque. (G.)

SCÈNE VI.

PYRRHUS, ANDROMAQUE, PHŒNIX, CÉPHISE.

PYRRHUS, à Phœnix.
Où donc est la princesse?
Ne m'avois-tu pas dit qu'elle étoit en ces lieux?[1]

PHŒNIX.
Je le croyois.

ANDROMAQUE, à Céphise.
Tu vois le pouvoir de mes yeux![2]

PYRRHUS.
Que dit-elle, Phœnix?

ANDROMAQUE.
Hélas, tout m'abandonne!

PHŒNIX.
Allons, seigneur, marchons sur les pas d'Hermione.

1. On a dit que Pyrrhus feignant de chercher la fille d'Hélène, quoiqu'il voie Andromaque, est une scène de comédie. Si l'artifice était concerté, son affectation serait en effet du genre comique; mais les bienséances sont observées. C'est véritablement Phœnix qui conduisait son maître sur les pas d'Hermione, et c'est le hasard qui fait que dans ce même moment Hermione vient de céder la place à Andromaque. Dans cet instant de surprise, il est très-naturel que Pyrrhus hésite d'abord, et que l'amour profite d'un contre-temps sans l'avoir arrangé. Cet incident, qui amène une nouvelle explication entre Pyrrhus et Andromaque, sans que ni l'un ni l'autre soit compromis, paraît à la fois naturel et fort heureusement imaginé. Le poëte continue ainsi à mener son action par les mêmes moyens, ceux des caractères et de la passion; mais il ménage adroitement des circonstances qui favorisent ces moyens, et le font rentrer dans les bienséances de la tragédie. (L.)

2. Quelques commentateurs ont mal compris ce mot. Ils ont cru qu'Andromaque voulait dire à Céphise : — Tu vois que Pyrrhus revient à moi; Tel est le pouvoir de mes yeux! Ce serait un sentiment de coquetterie indigne d'Andromaque. Le mot est un cri de désespoir. Pyrrhus cherche Hermione; tu vois bien que mes yeux n'ont pas le pouvoir de le retenir.

ACTE III, SCÈNE VI.

CÉPHISE.

Qu'attendez-vous? Rompez ce silence obstiné.*

ANDROMAQUE.

Il a promis mon fils.

CÉPHISE.

Il ne l'a pas donné.

ANDROMAQUE.

Non, non, j'ai beau pleurer, sa mort est résolue.

PYRRHUS.

Daigne-t-elle sur nous tourner au moins la vue?
Quel orgueil!

ANDROMAQUE.

      Je ne fais que l'irriter encor,
Sortons.

PYRRHUS.

    Allons aux Grecs livrer le fils d'Hector.

ANDROMAQUE, se jetant aux pieds de Pyrrhus.

Ah, seigneur! arrêtez! Que prétendez-vous faire?
Si vous livrez le fils, livrez-leur donc la mère!
Vos serments m'ont tantôt juré tant d'amitié!
Dieux! ne pourrai-je au moins toucher votre pitié?**
Sans espoir de pardon m'avez-vous condamnée?[1]

---

* Var. *Qu'attendez-vous? Forcez ce silence obstiné.*

** Var. *Dieux! n'en reste-t-il pas du moins quelque pitié?*

1. Accordons à l'abbé d'Olivet que, dans la rigueur de la grammaire et dans l'exactitude de la prose, *sans espoir de pardon* doit se rapporter à Pyrrhus qui condamne, quoique par le sens il se rapporte à Andromaque qui est condamnée. Mais avouons aussi que, quand le sens est si clair, la phrase, pour être elliptique, n'en devient pas plus louche, et qu'ici l'ellipse qui retranche deux mots (sans *me laisser* d'espoir de pardon) est non-seulement un droit du poëte, mais un devoir. Racine pouvait aisément être exact en mettant : *me vois-je condamnée?* Il s'en est bien gardé. Ce n'était pas lui qui pouvait ignorer que *me vois-je* était ici mortellement froid, et *m'avez-vous* absolument nécessaire. (L.)

PYRRHUS.

Phœnix vous le dira, ma parole est donnée.[1]

ANDROMAQUE.

Vous qui braviez pour moi tant de périls divers!

PYRRHUS.

J'étois aveugle alors; mes yeux se sont ouverts.
Sa grâce à vos désirs pouvoit être accordée;
Mais vous ne l'avez pas seulement demandée :
C'en est fait.

ANDROMAQUE.

Ah! seigneur, vous entendiez assez
Des soupirs qui craignoient de se voir repoussés.
Pardonnez à l'éclat d'une illustre fortune
Ce reste de fierté qui craint d'être importune.[2]
Vous ne l'ignorez pas : Andromaque, sans vous,
N'auroit jamais d'un maître embrassé les genoux.

PYRRHUS.

Non, vous me haïssez; et dans le fond de l'âme
Vous craignez de devoir quelque chose à ma flamme.
Ce fils même, ce fils, l'objet de tant de soins,
Si je l'avois sauvé, vous l'en aimeriez moins.

1. On voit déjà Pyrrhus se défier de lui-même, et se hâter de s'appuyer sur Phœnix, et d'en faire le garant de *la parole qu'il a donnée*. Ce *Phœnix vous le dira*, qui n'est pas au-dessus du familier, mais qui n'a rien de choquant, est assez relevé par une finesse d'intention qui ne peut échapper au spectateur intelligent. (L.)

2. Tout le monde a senti la beauté de ce vers : il n'y a que les grammairiens qui aient songé à y découvrir une incorrection. Selon leur remarque, le *qui* relatif doit se rapporter à *reste* et non à *fierté;* d'où il suit qu'on doit se servir de l'adjectif masculin *importun* au lieu d'*importune*. Mais ce *reste* n'est employé ici qu'adjectivement; et, comme il sert à modifier la fierté, qui est le principal objet de la pensée, il ne sauroit régler l'accord. La phrase est donc conforme à la grammaire, et surtout à la logique générale des langues. Nous pouvons encore nous appuyer de cette phrase, rapportée par l'Académie : *Toutes sortes de livres ne sont pas bons.* (L.)

ACTE III. SCENE VI.

La haine, le mépris, contre moi tout s'assemble ;
Vous me haïssez plus que tous les Grecs ensemble.
Jouissez à loisir d'un si noble courroux.
Allons, Phœnix.

ANDROMAQUE.
Allons rejoindre mon époux.
CÉPHISE.
Madame...
ANDROMAQUE, à Céphise.
Et que veux-tu que je lui dise encore ?
Auteur de tous mes maux, crois-tu qu'il les ignore ?
(A Pyrrhus.)
Seigneur, voyez l'état où vous me réduisez.
J'ai vu mon père mort, et nos murs embrasés ;[1]
J'ai vu trancher les jours de ma famille entière,
Et mon époux sanglant traîné sur la poussière,
Son fils seul avec moi réservé pour les fers.
Mais que ne peut un fils ! Je respire, je sers.
J'ai fait plus ; je me suis quelquefois consolée
Qu'ici, plutôt qu'ailleurs, le sort m'eût exilée ;
Qu'heureux dans son malheur, le fils de tant de rois,
Puisqu'il devoit servir, fût tombé sous vos lois :
J'ai cru que sa prison deviendroit son asile.
Jadis Priam soumis fut respecté d'Achille :
J'attendois de son fils encor plus de bonté.
Pardonne, cher Hector, à ma crédulité ![2]

---

1. Andromaque était fille d'Éétion, roi de Cilicie, dont Thèbes était la capitale. Cette ville fut prise et brûlée par Achille, qui fit périr Éétion. (G.)
2. Cette apostrophe à Hector, ce pardon qu'elle lui demande, cette manière de lui égaler Pyrrhus afin de relever Pyrrhus à ses propres yeux ; ce sublime mouvement,

Je n'ai pu soupçonner ton ennemi d'un crime !

et ce touchant détour de la douleur suppliante qui invoque Pyrrhus sans

Je n'ai pu soupçonner ton ennemi d'un crime ;
Malgré lui-même enfin je l'ai cru magnanime.
Ah! s'il l'étoit assez pour nous laisser du moins
Au tombeau qu'à ta cendre ont élevé mes soins,
Et que, finissant là sa haine et nos misères,
Il ne séparât point des dépouilles si chères!

PYRRHUS.

Va m'attendre, Phœnix.

SCÈNE VII.

PYRRHUS, ANDROMAQUE, CÉPHISE.

PYRRHUS.

Madame, demeurez.
On peut vous rendre encor ce fils que vous pleurez.
Oui, je sens à regret qu'en excitant vos larmes
Je ne fais contre moi que vous donner des armes ;
Je croyois apporter plus de haine en ces lieux.
Mais, madame, du moins tournez vers moi les yeux :
Voyez si mes regards sont d'un juge sévère,
S'ils sont d'un ennemi qui cherche à vous déplaire.
Pourquoi me forcez-vous vous-même à vous trahir?
Au nom de votre fils, cessons de nous haïr.

---

s'adresser à lui, et qui mêle les reproches et les leçons à la prière et aux larmes ; tout ce morceau, d'un bout à l'autre, est un modèle de pathétique noble ; et c'est le plus heureux emploi de toutes les ressources de l'éloquence et de cette espèce de magie si peu connue, qu'on appelle l'intérêt du style. Observez encore avec quel art le poëte a terminé ce couplet si attendrissant par une phrase qui demeure comme suspendue, de manière que l'affliction d'Andromaque semble s'arrêter sur l'expression de ses derniers vœux et de ses dernières espérances, et attend, dans le silence de l'accablement, ce que va répondre Pyrrhus. Et quel nombre dans les vers ! quelle harmonie dans les périodes ! (L.)

A le sauver enfin c'est moi qui vous convie.
Faut-il que mes soupirs vous demandent sa vie ?
Faut-il qu'en sa faveur j'embrasse vos genoux ?
Pour la dernière fois, sauvez-le, sauvez-vous.
Je sais de quels serments je romps pour vous les chaînes :
Combien je vais sur moi faire éclater de haines.
Je renvoie Hermione, et je mets sur son front,
Au lieu de ma couronne, un éternel affront :
Je vous conduis au temple où son hymen s'apprête ;
Je vous ceins du bandeau préparé pour sa tête.
Mais ce n'est plus, madame, une offre à dédaigner ;
Je vous le dis : il faut ou périr, ou régner.
Mon cœur, désespéré d'un an d'ingratitude,
Ne peut plus de son sort souffrir l'incertitude.
C'est craindre, menacer, et gémir trop longtemps.
Je meurs si je vous perds ; mais je meurs si j'attends.
Songez-y : je vous laisse ; et je viendrai vous prendre
Pour vous mener au temple où ce fils doit m'attendre ;
Et là vous me verrez, soumis ou furieux,
Vous couronner, madame, ou le perdre à vos yeux.

SCÈNE VIII.

ANDROMAQUE, CÉPHISE.

CÉPHISE.

Je vous l'avois prédit, qu'en dépit de la Grèce*
De votre sort encor vous seriez la maîtresse.

---

* VAR. *Hé bien ! je vous l'ai dit, qu'en dépit de la Grèce...*

ANDROMAQUE.

Hélas! de quel effet tes discours sont suivis!
Il ne me restoit plus qu'à condamner mon fils.

CÉPHISE.

Madame, à votre époux c'est être assez fidèle.
Trop de vertu pourroit vous rendre criminelle.
Lui-même il porteroit votre âme à la douceur.

ANDROMAQUE.

Quoi! je lui donnerois Pyrrhus pour successeur?

CÉPHISE.

Ainsi le veut son fils, que les Grecs vous ravissent.
Pensez-vous qu'après tout ses mânes en rougissent?
Qu'il méprisât, madame, un roi victorieux
Qui vous fait remonter au rang de vos aïeux,
Qui foule aux pieds pour vous vos vainqueurs en colère,
Qui ne se souvient plus qu'Achille étoit son père,
Qui dément ses exploits, et les rend superflus?

ANDROMAQUE.

Dois-je les oublier, s'il ne s'en souvient plus?
Dois-je oublier Hector privé de funérailles,
Et traîné sans honneur autour de nos murailles?
Dois-je oublier mon père à mes pieds renversé,*
Ensanglantant l'autel qu'il tenoit embrassé?[1]
Songe, songe, Céphise, à cette nuit cruelle
Qui fut pour tout un peuple une nuit éternelle;
Figure-toi Pyrrhus, les yeux étincelants,

---

* VAR. *Dois-je oublier son père à mes pieds renversé?*

1. Imitation de ces vers de Virgile (*Énéide*, liv. II, v. 501 et 502):

> Priamumque per aras
> Sanguine fœdantem, quos ipse sacraverat, ignes.

« Et Priam au pied des autels, souillant de son sang les feux qu'il avait lui-même consacrés. »

ACTE III, SCÈNE VIII.

Entrant à la lueur de nos palais brûlants,
Sur tous mes frères morts se faisant un passage,
Et, de sang tout couvert, échauffant le carnage;
Songe aux cris des vainqueurs, songe aux cris des mourants
Dans la flamme étouffés, sous le fer expirants;
Peins-toi dans ces horreurs Andromaque éperdue :
Voilà comme Pyrrhus vint s'offrir à ma vue ; [1]
Voilà par quels exploits il sut se couronner ;
Enfin, voilà l'époux que tu me veux donner.
Non, je ne serai point complice de ses crimes ;
Qu'il nous prenne, s'il veut, pour dernières victimes.
Tous mes ressentiments lui seroient asservis! [2]

CÉPHISE.

Hé bien! allons donc voir expirer votre fils :
On n'attend plus que vous... Vous frémissez, madame!

ANDROMAQUE.

Ah! de quel souvenir viens-tu frapper mon âme!
Quoi! Céphise, j'irois voir expirer encor [3]

---

1. On a toujours admiré ce morceau descriptif, mais qui ne l'est qu'autant qu'il doit l'être. Le poëte, quoiqu'il n'eût que vingt-sept ans, ne s'est point livré en jeune homme à la profusion des détails poétiques qui pouvaient tenter sa facilité. Il n'a point voulu peindre le sac de Troie, comme aurait fait en pareil cas quelque Sénèque ou quelque Lucain; mais il s'est souvenu qu'Andromaque ne devait voir que Pyrrhus; et c'est lui en effet dont la figure ressort dans ce terrible tableau :

> Les yeux étincelants,
> Entrant à la lueur de nos palais brûlants;
> Sur tous mes frères morts se faisant un passage,
> Et, de sang tout couvert, échauffant le carnage.

Ces coups de pinceau sont dignes de Virgile, quand il peint la chute de Troie, et l'on sent qu'il a servi de modèle à Racine. On n'avait point vu avant Racine cette brillante richesse d'images, ni cette savante harmonie de la phrase poétique : c'étaient des beautés nouvelles sur la scène. (L.

2. Ce dernier vers tranche désagréablement avec les autres; il termine froidement la tirade. (G.)

3. *Voir expirer encor.* Cet *encor* répond à ce qu'elle vient de dire : elle

ANDROMAQUE.

Ce fils, ma seule joie, et l'image d'Hector;
Ce fils, que de sa flamme il me laissa pour gage!
Hélas! je m'en souviens, le jour que son courage*
Lui fit chercher Achille, ou plutôt le trépas,
Il demanda son fils, et le prit dans ses bras:[1]
« Chère épouse, dit-il en essuyant mes larmes,
« J'ignore quel succès le sort garde à mes armes;
« Je te laisse mon fils pour gage de ma foi :
« S'il me perd, je prétends qu'il me retrouve en toi.
« Si d'un heureux hymen la mémoire t'est chère,
« Montre au fils à quel point tu chérissois le père. »
Et je puis voir répandre un sang si précieux!
Et je laisse avec lui périr tous ses aïeux!
Roi barbare, faut-il que mon crime l'entraîne?
Si je te hais, est-il coupable de ma haine?
T'a-t-il de tous les siens reproché le trépas?
S'est-il plaint à tes yeux des maux qu'il ne sent pas?
Mais cependant, mon fils, tu meurs si je n'arrête[2].

a vu expirer Priam, ses frères, tout un peuple, verra-t-elle expirer *encore
ce fils, sa seule joie,* etc.? (L. R.)

* VAR. *Hélas! il m'en souvient, le jour que son courage...*

1. Le poëte n'oublie pas de placer dans sa tragédie le beau tableau qu'Homère a fait des adieux d'Hector et d'Andromaque, et il ajoute ces paroles tendres, qu'Andromaque ne dit pas dans Homère :

O cendres d'un époux! ô Troyens! ô mon père!
O mon fils! que tes jours coûtent cher à ta mère!

Elle s'adresse en même temps à Hector, aux Troyens, à son père et à son fils. (L. R.)

2. Quelle rapidité de mouvement! quelle admirable peinture du combat qui se livre dans le cœur d'Andromaque! quelle vivacité, quelle abondance de tours et d'expression! La fin de cette scène est parfaite; et Andromaque, qui va consulter Hector sur son tombeau, laisse les spectateurs dans l'incertitude de ce qu'elle fera, et imprime d'avance un caractère auguste et solennel au parti généreux qu'elle va prendre. Il fallait un art prodigieux pour amener Andromaque à épouser Pyrrhus sans s'avilir elle-même, et pour

Le fer que le cruel tient levé sur ta tête.
Je l'en puis détourner, et je t'y vais offrir!...
Non, tu ne mourras point, je ne le puis souffrir.
Allons trouver Pyrrhus. Mais non, chère Céphise,
Va le trouver pour moi.

CÉPHISE.

Que faut-il que je dise?

ANDROMAQUE.

Dis-lui que de mon fils l'amour est assez fort...
Crois-tu que dans son cœur il ait juré sa mort?
L'amour peut-il si loin pousser sa barbarie?

CÉPHISE.

Madame, il va bientôt revenir en furie.

ANDROMAQUE.

Hé bien! va l'assurer...

CÉPHISE.

De quoi? de votre foi?

ANDROMAQUE.

Hélas! pour la promettre est-elle encore à moi?
O cendres d'un époux! ô Troyens! ô mon père!
O mon fils! que tes jours coûtent cher à ta mère!
Allons.

CÉPHISE.

Où donc, madame? et que résolvez-vous?

ANDROMAQUE.

Allons sur son tombeau consulter mon époux.

concilier les devoirs de la veuve d'Hector avec ceux de la mère d'Astyanax. (G.) — Ajoutons qu'il y a un grand mérite à suspendre et graduer ainsi une intrigue, non pas par des moyens forcés, mais par des incidents pris dans les situations et le caractère des personnages. C'est le secret des maîtres; c'est le merveilleux de l'art : le merveilleux des événements appartient à tout le monde. (L.)

ACTE QUATRIÈME.

SCÈNE PREMIÈRE.

ANDROMAQUE, CÉPHISE.

CÉPHISE.

Ah! je n'en doute point : c'est votre époux, madame,
C'est Hector qui produit ce miracle en votre âme!
Il veut que Troie encor se puisse relever
Avec cet heureux fils qu'il vous fait conserver.
Pyrrhus vous l'a promis. Vous venez de l'entendre,
Madame : il n'attendoit qu'un mot pour vous le rendre.
Croyez-en ses transports : père, sceptre, alliés,
Content de votre cœur, il met tout à vos pieds;
Sur lui, sur tout son peuple il vous rend souveraine.[1]
Est-ce là ce vainqueur digne de tant de haine?
Déjà contre les Grecs plein d'un noble courroux,
Le soin de votre fils le touche autant que vous :
Il prévient leur fureur; il lui laisse sa garde;

---

1. On ne diroit pas en prose *souveraine sur,* mais *souveraine de.* On peut le dire en vers, par l'analogie secrètement sentie qui se trouve entre l'idée de *souveraineté* et l'idée de *règne. Il vous rend souveraine sur*, pour *il vous fait régner sur*. Mais pour hasarder ces constructions qui séparent la poésie de la prose, il faut être bien sûr de la justesse des rapports qui, saisissant l'imagination, empêchent l'oreille de s'étonner. (L.) — Racine parlait la langue de son temps : on disait alors *souverain sur* pour *souverain de*. Les pièces de Rotrou en offrent plusieurs exemples. (A. M.)

ACTE IV, SCÈNE I.

Pour ne pas l'exposer, lui-même il se hasarde.
Mais tout s'apprête au temple; et vous avez promis...

ANDROMAQUE.

Oui, je m'y trouverai. Mais allons voir mon fils.

CÉPHISE.

Madame, qui vous presse? Il suffit que sa vue
Désormais à vos yeux ne soit plus défendue.
Vous lui pourrez bientôt prodiguer vos bontés,
Et vos embrassements ne seront plus comptés. [1]
Quel plaisir d'élever un enfant qu'on voit croître,
Non plus comme un esclave élevé pour son maître,
Mais pour voir avec lui renaître tant de rois!

ANDROMAQUE.

Céphise, allons le voir pour la dernière fois.

CÉPHISE.

Que dites-vous? Oh dieux!

ANDROMAQUE.

O ma chère Céphise!
Ce n'est point avec toi que mon cœur se déguise :
Ta foi, dans mon malheur, s'est montrée à mes yeux;
Mais j'ai cru qu'à mon tour tu me connoissois mieux.
Quoi donc! as-tu pensé qu'Andromaque infidèle
Pût trahir un époux qui croit revivre en elle;
Et que, de tant de morts réveillant la douleur,
Le soin de mon repos me fît troubler le leur?
Est-ce là cette ardeur tant promise à sa cendre?
Mais son fils périssoit, il l'a fallu défendre.

---

1. Quel vers! qu'il est heureux! que d'idées dans ces embrassements qui étaient *comptés*, et qui ne le seront plus! N'est-ce pas ainsi que les expressions les plus simples deviennent des expressions de génie? n'est-ce pas ainsi que Racine s'est fait une langue à lui avec des mots qui sont à tout le monde? (L.)

Pyrrhus en m'épousant s'en déclare l'appui ;
Il suffit : je veux bien m'en reposer sur lui.
Je sais quel est Pyrrhus : violent, mais sincère,
Céphise, il fera plus qu'il n'a promis de faire.
Sur le courroux des Grecs je m'en repose encor :
Leur haine va donner un père au fils d'Hector.
Je vais donc, puisqu'il faut que je me sacrifie,
Assurer à Pyrrhus le reste de ma vie ;
Je vais, en recevant sa foi sur les autels,
L'engager à mon fils par des nœuds immortels.
Mais aussitôt ma main, à moi seule funeste,
D'une infidèle vie abrégera le reste ;
Et, sauvant ma vertu, rendra ce que je doi
A Pyrrhus, à mon fils, à mon époux, à moi.
Voilà de mon amour l'innocent stratagème :
Voilà ce qu'un époux m'a commandé lui-même.
J'irai seule rejoindre Hector et mes aïeux.
Céphise, c'est à toi de me fermer les yeux.

CÉPHISE.

Ah ! ne prétendez pas que je puisse survivre...

ANDROMAQUE.

Non, non, je te défends, Céphise, de me suivre.
Je confie à tes soins mon unique trésor :
Si tu vivois pour moi, vis pour le fils d'Hector.
De l'espoir des Troyens seule dépositaire,
Songe à combien de rois tu deviens nécessaire.
Veille auprès de Pyrrhus ; fais-lui garder sa foi :
S'il le faut, je consens qu'on lui parle de moi.*
Fais-lui valoir l'hymen où je me suis rangée :
Dis-lui qu'avant ma mort je lui fus engagée ;

---

* Var. *S'il le faut, je consens que tu parles de moi.*

ACTE IV, SCÈNE I.

Que ses ressentiments doivent être effacés;
Qu'en lui laissant mon fils c'est l'estimer assez.
Fais connoître à mon fils les héros de sa race ;
Autant que tu pourras, conduis-le sur leur trace :
Dis-lui par quels exploits leurs noms ont éclaté,
Plutôt ce qu'ils ont fait que ce qu'ils ont été ;
Parle-lui tous les jours des vertus de son père ;
Et quelquefois aussi parle-lui de sa mère. [1]
Mais qu'il ne songe plus, Céphise, à nous venger :
Nous lui laissons un maître, il le doit ménager.
Qu'il ait de ses aïeux un souvenir modeste :
Il est du sang d'Hector, mais il en est le reste ;
Et pour ce reste enfin j'ai moi-même, en un jour,
Sacrifié mon sang, ma haine et mon amour.

---

1. Trait d'une exquise délicatesse qui n'appartient qu'à Racine. On a cru reconnaître dans plusieurs vers de cette tirade des rapports très-indirects avec l'Ajax de Sophocle. Ajax, avant de se donner la mort, prend son fils entre ses bras, et donne des conseils à cet enfant comme s'il pouvait en être entendu. Il lui dit entre autres choses : « O mon fils, sois plus heureux que ton père, et ressemble-lui en tout le reste ! » Racine avait traduit ainsi ce passage dans un exemplaire de Sophocle, enrichi de notes de sa main, et précieusement conservé à la Bibliothèque du Roi :

> O mon fils, sois un jour plus heureux que ton père !
> Du reste, avec honneur tu peux lui ressembler.
> (*Ajax furieux*, acte II, scène II.)

Ces paroles d'Ajax à son fils n'ont que très-peu de rapport avec les vers de Racine. (G.) — On en trouverait peut-être davantage dans ces paroles qu'Énée adresse à son fils (*Énéide*, liv. XII, v. 435) :

> Disce, puer, virtutem ex me, verumque laborem,
> Fortunam ex aliis. . . . .
> . . . .
> Tu facito, mox quum matura adoleverit ætas,
> Sis memor; et te animo repetentem exempla tuorum,
> Et pater Æneas, et avunculus excitet Hector.

« O mon fils ! apprends de moi le courage et la lutte contre le péril : que d'autres t'apprennent le bonheur... Quand l'âge aura mûri ta force, fais ce que je t'enseigne ; souviens-toi des exemples de tes ayeux, et agis comme il convient au fils d'Énée et au neveu d'Hector. »

ANDROMAQUE.

CÉPHISE.

Hélas!

ANDROMAQUE.

Ne me suis point, si ton cœur en alarmes
Prévoit qu'il ne pourra commander à tes larmes.
On vient. Cache tes pleurs, Céphise; et souviens-toi
Que le sort d'Andromaque est commis à ta foi.[1]
C'est Hermione. Allons, fuyons sa violence.

SCÈNE II.

HERMIONE, CLÉONE.

CLÉONE.

Non, je ne puis assez admirer ce silence.
Vous vous taisez, madame; et ce cruel mépris
N'a pas du moindre trouble agité vos esprits!
Vous soutenez en paix une si rude attaque,
Vous qu'on voyoit frémir au seul nom d'Andromaque!
Vous qui sans désespoir ne pouviez endurer
Que Pyrrhus d'un regard la voulût honorer!
Il l'épouse; il lui donne, avec son diadème,
La foi que vous venez de recevoir vous-même :
Et votre bouche encor, muette à tant d'ennui,[2]

---

1. *Commis* pour *confié* est un latinisme heureux que Racine a introduit dans la langue. (A. M.)

2. *Muette à tant d'ennui.* Ce régime du datif avec l'adjectif *muet* est une hardiesse très-heureuse, et dont Racine a tiré le plus grand parti dans ce vers si énergique (acte V, scène 1re) :

Muet à mes soupirs, tranquille à mes alarmes.

Cependant, *muette à tant d'ennui* n'est pas aussi riche de style que hardi de construction. *Ennui* est faible dans la situation d'Hermione. (G.) — *Ennui* a ici le sens qu'il a dans la langue de la première moitié du xviie siècle.

ACTE IV, SCÈNE II.

N'a pas daigné s'ouvrir pour se plaindre de lui !
Ah ! que je crains, madame, un calme si funeste !
Et qu'il vaudroit bien mieux...

HERMIONE.
Fais-tu venir Oreste ?

CLÉONE.
Il vient, madame, il vient; et vous pouvez juger
Que bientôt à vos pieds il alloit se ranger,[1]
Prêt à servir toujours sans espoir de salaire :
Vos yeux ne sont que trop assurés de lui plaire.
Mais il entre.

SCÈNE III.

ORESTE, HERMIONE, CLÉONE.

ORESTE.
Ah, madame ! est-il vrai qu'une fois
Oreste en vous cherchant obéisse à vos lois ?
Ne m'a-t-on point flatté d'une fausse espérance ?
Avez-vous en effet souhaité ma présence ?
Croirai-je que vos yeux, à la fin désarmés,[2]
Veulent...

HERMIONE.
Je veux savoir, seigneur, si vous m'aimez.

ORESTE.
Si je vous aime ! oh dieux ! mes serments, mes parjures,

---

1. *On se range aux ordres, on se range à son devoir;* mais on ne dit pas *se ranger aux pieds* pour *venir se jeter aux pieds.* (L.) — On se range autour de quelqu'un; pourquoi pas à ses pieds?

2. Par quelle fatalité Oreste est-il toujours galant jusqu'au moment où son esprit s'égare? Pourquoi parle-t-il encore des *yeux* d'Hermione *armés ou désarmés?* (G.)

Ma fuite, mon retour, mes respects, mes injures,
Mon désespoir, mes yeux de pleurs toujours noyés : [1]
Quels témoins croirez-vous, si vous ne les croyez?

HERMIONE.

Vengez-moi, je crois tout. [2]

ORESTE.

Hé bien, allons, madame :
Mettons encore un coup toute la Grèce en flamme;
Prenons, en signalant mon bras et votre nom,
Vous, la place d'Hélène, et moi, d'Agamemnon :
De Troie en ce pays réveillons les misères;
Et qu'on parle de nous ainsi que de nos pères.
Partons, je suis tout prêt.

HERMIONE.

Non, seigneur, demeurons :
Je ne veux point si loin porter de tels affronts.
Quoi ! de mes ennemis couronnant l'insolence,
J'irois attendre ailleurs une lente vengeance !
Et je m'en remettrois au destin des combats,

---

1. Cette énumération est vive et rapide; il n'y a que cette expression: *les yeux toujours noyés de pleurs*, qui se sente encore de la fadeur romanesque. Un héros qui pleure toujours les rigueurs de sa maîtresse est trop tendre pour la tragédie. Ce défaut est du siècle; mais ce qui appartient au poëte, c'est le caractère d'Hermione, l'art du dialogue, et les traits terribles qui rendent cette scène une des plus tragiques de la pièce. (G.)

2. *Vengez-moi, je crois tout... Fais-tu venir Oreste?... Je veux savoir, seigneur, si vous m'aimez...* tous ces traits d'un laconisme terrible sont l'accent de la rage et de la vengeance, qui ne sauroit trop tôt aller à son but. (L.)

Dans la *Quixaine* de Gillet, dont j'ai parlé dans la notice sur les précédents d'*Andromaque*, Quixaine dit à Salame :

> Oui, si vous désirez m'acquérir et me plaire,
> Éteignez dans son sang mes feux et ma colère;
> Punissez un ingrat qui voulut m'outrager;
> Puisque je suis à vous, songez à me venger.
>
> (Acte V, scène 1re.)

ACTE IV, SCÈNE III.

Qui peut-être à la fin ne me vengeroit pas!
Je veux qu'à mon départ toute l'Épire pleure.
Mais, si vous me vengez, vengez-moi dans une heure.
Tous vos retardements sont pour moi des refus.
Courez au temple. Il faut immoler...

ORESTE.

Qui?

HERMIONE.

Pyrrhus.

ORESTE.

Pyrrhus, madame!

HERMIONE.

Hé quoi! votre haine chancelle?
Ah! courez, et craignez que je ne vous rappelle.
N'alléguez point des droits que je veux oublier;
Et ce n'est pas à vous à le justifier.

ORESTE.

Moi, je l'excuserois! Ah! vos bontés, madame,
Ont gravé trop avant ses crimes dans mon âme.
Vengeons-nous, j'y consens, mais par d'autres chemins;
Soyons ses ennemis, et non ses assassins;
Faisons de sa ruine une juste conquête.
Quoi! pour réponse aux Grecs porterai-je sa tête?
Et n'ai-je pris sur moi le soin de tout l'État,
Que pour m'en acquitter par un assassinat?
Souffrez, au nom des dieux, que la Grèce s'explique,
Et qu'il meure chargé de la haine publique.
Souvenez-vous qu'il règne, et qu'un front couronné...

HERMIONE.

Ne vous suffit-il pas que je l'ai condamné?
Ne vous suffit-il pas que ma gloire offensée
Demande une victime à moi seule adressée;

Qu'Hermione est le prix d'un tyran opprimé ; [1]
Que je le hais; enfin, seigneur, que je l'aimai ?
Je ne m'en cache point : l'ingrat m'avoit su plaire,
Soit qu'ainsi l'ordonnât mon amour ou mon père,
N'importe; mais enfin réglez-vous là-dessus.
Malgré mes vœux, seigneur, honteusement déçus,
Malgré la juste horreur que son crime me donne,
Tant qu'il vivra, craignez que je ne lui pardonne.
Doutez jusqu'à sa mort d'un courroux incertain :
S'il ne meurt aujourd'hui, je puis l'aimer demain.

ORESTE.

Hé bien ! il faut le perdre, et prévenir sa grâce ;
Il faut... Mais cependant que faut-il que je fasse?
Comment puis-je sitôt servir votre courroux?
Quel chemin jusqu'à lui peut conduire mes coups?
A peine suis-je encore arrivé dans l'Épire,
Vous voulez par mes mains renverser un empire ;
Vous voulez qu'un roi meure ; et pour son châtiment
Vous ne donnez qu'un jour, qu'une heure, qu'un moment ;
Aux yeux de tout son peuple il faut que je l'opprime.
Laissez-moi vers l'autel conduire ma victime,
Je ne m'en défends plus ; et je ne veux qu'aller
Reconnoître la place où je dois l'immoler : [2]

---

1. Il y a ici impropriété de termes. Racine a voulu dire qu'Hermione sera le prix de la mort de Pyrrhus. Son dessein est qu'on immole le tyran, et non pas qu'on l'opprime. Oreste dit encore un peu plus loin : *Il faut que je l'opprime;* ce qui pourrait faire présumer que Racine donnait au mot *opprimé* la signification du mot latin *oppressus*, qui se prend quelquefois pour *occisus*, tué : mais cette dernière acception n'a point été adoptée par l'usage. Racine le fils a remarqué que la rime *opprimé* et *aimai* n'est exacte qu'à l'oreille. (L.)

2. *Je ne veux qu'aller reconnoître la place où je dois l'immoler.* Cet enjambement est totalement opposé au principe de notre versification. (L.) — Les poëtes de notre siècle ont trouvé que l'enjambement, outre

ACTE IV, SCÈNE III.

Cette nuit je vous sers, cette nuit je l'attaque.

HERMIONE.

Mais cependant, ce jour, il épouse Andromaque;[1]
Dans le temple déjà le trône est élevé,
Ma honte est confirmée, et son crime achevé.
Enfin qu'attendez-vous? Il vous offre sa tête :
Sans gardes, sans défense, il marche à cette fête;
Autour du fils d'Hector il les fait tous ranger;
Il s'abandonne au bras qui me voudra venger.
Voulez-vous malgré lui prendre soin de sa vie?
Armez, avec vos Grecs, tous ceux qui m'ont suivie;
Soulevez vos amis; tous les miens sont à vous :
Il me trahit, vous trompe, et nous méprise tous.
Mais quoi! déjà leur haine est égale à la mienne :
Elle épargne à regret l'époux d'une Troyenne.
Parlez : mon ennemi ne vous peut échapper,
Ou plutôt il ne faut que les laisser frapper.
Conduisez ou suivez une fureur si belle;
Revenez tout couvert du sang de l'infidèle :
Allez : en cet état soyez sûr de mon cœur.

ORESTE.

Mais, madame, songez...

HERMIONE.

                Ah! c'en est trop, seigneur.

---

qu'il était commode, avait le mérite de varier un peu la coupe uniforme de l'alexandrin; mais pour prendre cette liberté, ils n'ont pas pensé à s'autoriser du vers de Racine. Il y a plus haut (acte III, scène 1re) un autre enjambement moins remarquable, il est vrai, que celui-ci :

    Quoi! votre amour se veut charger d'une furie
    Qui vous détestera...

1. *Ce jour*, pour *en ce jour*, est un latinisme blâmé par d'Olivet, défendu par Desfontaines, et que l'usage n'a pas adopté, quoique Racine l'ait encore employé dans *Bérénice*. (A. M.)

Tant de raisonnements offensent ma colère.
J'ai voulu vous donner les moyens de me plaire,
Rendre Oreste content; mais enfin je vois bien
Qu'il veut toujours se plaindre et ne mériter rien.
Partez : allez ailleurs vanter votre constance,
Et me laissez ici le soin de ma vengeance.
De mes lâches bontés mon courage est confus;
Et c'est trop en un jour essuyer de refus.
Je m'en vais seule au temple où leur hymen s'apprête,
Où vous n'osez aller mériter ma conquête :
Là, de mon ennemi je saurai m'approcher;
Je percerai le cœur que je n'ai pu toucher;
Et mes sanglantes mains, sur moi-même tournées,
Aussitôt, malgré lui, joindront nos destinées;
Et, tout ingrat qu'il est, il me sera plus doux
De mourir avec lui que de vivre avec vous.[1]

ORESTE.

Non, je vous priverai de ce plaisir funeste,
Madame : il ne mourra que de la main d'Oreste.
Vos ennemis par moi vont vous être immolés,
Et vous reconnoîtrez mes soins, si vous voulez.[2]

HERMIONE.

Allez. De votre sort laissez-moi la conduite,
Et que tous vos vaisseaux soient prêts pour notre fuite.

---

1. Ce trait, qui devrait désabuser Oreste, est cependant celui qui le détermine, parce que la jalousie est ce qu'il y a de plus violent et de plus aveugle dans l'amour. (G.)

2. Oreste disait dans les premières éditions :

> Mais que dis-je ? Ah ! plutôt permettez que j'espère.
> Excusez un amant que trouble sa misère,
> Qui, tout près d'être heureux, envie encor le sort
> D'un ingrat condamné par vous-même à la mort.

SCÈNE IV.

HERMIONE, CLÉONE.

CLÉONE.

Vous vous perdez, madame, et vous devez songer...
HERMIONE.
Que je me perde ou non, je songe à me venger.
Je ne sais même encor, quoi qu'il m'ait pu promettre,
Sur d'autres que sur moi si je dois m'en remettre :
Pyrrhus n'est pas coupable à ses yeux comme aux miens,
Et je tiendrois mes coups bien plus sûrs que les siens.
Quel plaisir de venger moi-même mon injure,[1]
De retirer mon bras teint du sang du parjure,
Et, pour rendre sa peine et mes plaisirs plus grands,
De cacher ma rivale à ses regards mourants!
Ah! si du moins Oreste, en punissant son crime,
Lui laissoit le regret de mourir ma victime!
Va le trouver : dis-lui qu'il apprenne à l'ingrat
Qu'on l'immole à ma haine, et non pas à l'État.
Chère Cléone, cours : ma vengeance est perdue,
S'il ignore en mourant que c'est moi qui le tue.
CLÉONE.
Je vous obéirai. Mais qu'est-ce que je voi?
O dieux! qui l'auroit cru, madame? C'est le roi!
HERMIONE.
Ah! cours après Oreste; et dis-lui, ma Cléone,
Qu'il n'entreprenne rien sans revoir Hermione!

---

1. Il y a quelque rapport entre la situation de Roxane, trahie par Bajazet, et celle d'Hermione, abandonnée par Pyrrhus : il se trouve aussi quelque conformité entre leurs discours. Voyez *Bajazet*, acte IV, scène v. (G.)

SCÈNE V.

PYRRHUS, HERMIONE, PHŒNIX.

PYRRHUS.

Vous ne m'attendiez pas[1], madame; et je vois bien
Que mon abord ici trouble votre entretien.
Je ne viens point, armé d'un indigne artifice,
D'un voile d'équité couvrir mon injustice :
Il suffit que mon cœur me condamne tout bas;
Et je soutiendrois mal ce que je ne crois pas.
J'épouse une Troyenne. Oui, madame, et j'avoue
Que je vous ai promis la foi que je lui voue.
Un autre vous diroit que dans les champs troyens
Nos deux pères sans nous formèrent ces liens,
Et que, sans consulter ni mon choix ni le vôtre,
Nous fûmes sans amour attachés l'un à l'autre;*
Mais c'est assez pour moi que je me sois soumis.
Par mes ambassadeurs mon cœur vous fut promis;
Loin de les révoquer, je voulus y souscrire :[2]

---

1. L'arrivée de Pyrrhus dans un pareil moment est un véritable coup de théâtre. Elle est absolument imprévue; et, comme il est impossible d'en deviner le motif, l'attente est aussi vive que la surprise. Qu'est-ce que Pyrrhus peut avoir à dire à Hermione, quand il est prêt à épouser Andromaque? Rien n'est si hasardeux que de mettre en scène des personnages lorsqu'ils doivent être également embarrassés l'un de l'autre. Cette hardiesse de conception est d'un maître, et l'exécution doit y répondre : une pareille scène médiocrement traitée feroit un très-mauvais effet; mais celle-ci est une des plus belles de la pièce. (L.)

* Var. *Et que, sans consulter ni mon cœur ni le vôtre,*
Nous fûmes sans amour engagés l'un à l'autre.
(Édition de 1697.)

2. Le mot propre était, *loin de les désavouer, loin de les démentir. Révoquer des ambassadeurs* signifie les rappeler, et non pas rétracter ce qu'ils

ACTE IV, SCÈNE V.

Je vous vis avec eux arriver en Épire ;
Et quoique d'un autre œil l'éclat victorieux
Eût déjà prévenu le pouvoir de vos yeux,
Je ne m'arrêtai point à cette ardeur nouvelle.
Je voulus m'obstiner à vous être fidèle ;
Je vous reçus en reine ; et jusques à ce jour
J'ai cru que mes serments me tiendroient lieu d'amour.
Mais cet amour l'emporte ; et, par un coup funeste,
Andromaque m'arrache un cœur qu'elle déteste :
L'un par l'autre entraînés, nous courons à l'autel
Nous jurer malgré nous un amour immortel.[1]
Après cela, madame, éclatez contre un traître,
Qui l'est avec douleur, et qui pourtant veut l'être.
Pour moi, loin de contraindre un si juste courroux,
Il me soulagera peut-être autant que vous.
Donnez-moi tous les noms destinés aux parjures :
Je crains votre silence, et non pas vos injures ;
Et mon cœur, soulevant mille secrets témoins,
M'en dira d'autant plus que vous m'en direz moins.

HERMIONE.

Seigneur, dans cet aveu dépouillé d'artifice,
J'aime à voir que du moins vous vous rendiez justice,
Et que, voulant bien rompre un nœud si solennel,
Vous vous abandonniez au crime en criminel.
Est-il juste, après tout, qu'un conquérant s'abaisse
Sous la servile loi de garder sa promesse ?

---

ont promis. D'autres éditions portent *loin de le récoquer*, ce qui n'est guère moins défectueux. (L.) L'hémistiche *je voulus y souscrire* pourrait faire présumer que Racine avait mis *loin de le révoquer*, c'est-à-dire loin de révoquer cela. *Souscrire à des ambassadeurs* serait fort incorrect. (A. M.)

1. *Malgré nous* a deux sens : Pyrrhus, malgré son devoir et son honneur ; Andromaque, malgré sa délicatesse et sa fidélité pour Hector. Ce tour est énergique dans sa simplicité et sa précision. (G.)

Non, non, la perfidie a de quoi vous tenter ;
Et vous ne me cherchez que pour vous en vanter.
Quoi! sans que ni serment ni devoir vous retienne,
Rechercher une Grecque, amant d'une Troyenne ;
Me quitter, me reprendre, et retourner encor
De la fille d'Hélène à la veuve d'Hector ;
Couronner tour à tour l'esclave et la princesse ;
Immoler Troie aux Grecs, au fils d'Hector la Grèce !
Tout cela part d'un cœur toujours maître de soi,
D'un héros qui n'est point esclave de sa foi.
Pour plaire à votre épouse, il vous faudroit peut-être
Prodiguer les doux noms de parjure et de traître.
Vous veniez de mon front observer la pâleur,
Pour aller dans ses bras rire de ma douleur.
Pleurante après son char vous voulez qu'on me voie :*
Mais, seigneur, en un jour ce seroit trop de joie :
Et sans chercher ailleurs des titres empruntés,
Ne vous suffit-il pas de ceux que vous portez?
Du vieux père d'Hector la valeur abattue
Aux pieds de sa famille expirante à sa vue,
Tandis que dans son sein votre bras enfoncé
Cherche un reste de sang que l'âge avoit glacé ;
Dans des ruisseaux de sang Troie ardente plongée : [1]

* VAR. *Votre grand cœur sans doute attend après mes pleurs.*
Pour aller dans ses bras jouir de mes douleurs :
Chargé de tant d'honneur il veut qu'on le revoie, etc.

1. Je ne connais rien de plus original et de plus énergique en alliance de mots et en images que *Troie ardente plongée* dans des ruisseaux de sang : observez ici combien l'inversion ajoute à l'effet, et combien, malgré la beauté de l'expression, le dernier hémistiche perdrait à devenir le premier. (L.) — Le vieux poëte Garnier, dans sa *Troade*, a dit :

"Au sang de ses enfants Troye ard [a] ensevelie.

a. Brûle.

ACTE IV, SCÈNE V.

De votre propre main Polyxène égorgée
Aux yeux de tous les Grecs indignés contre vous :
Que peut-on refuser à ces généreux coups?

PYRRHUS.

Madame, je sais trop à quel excès de rage
La vengeance d'Hélène emporta mon courage : *
Je puis me plaindre à vous du sang que j'ai versé;
Mais enfin je consens d'oublier le passé.
Je rends grâces au ciel que votre indifférence
De mes heureux soupirs m'apprenne l'innocence.
Mon cœur, je le vois bien, trop prompt à se gêner,
Devoit mieux vous connoître et mieux s'examiner.
Mes remords vous faisoient une injure mortelle;
Il faut se croire aimé pour se croire infidèle.
Vous ne prétendiez point m'arrêter dans vos fers :
J'ai craint de vous trahir, peut-être je vous sers.
Nos cœurs n'étoient point faits dépendants l'un de l'autre :[1]
Je suivois mon devoir, et vous cédiez au vôtre :
Rien ne vous engageoit à m'aimer en effet.

HERMIONE.

Je ne t'ai point aimé, cruel ! Qu'ai-je donc fait?
J'ai dédaigné pour toi les vœux de tous nos princes;
Je t'ai cherché moi-même au fond de tes provinces;
J'y suis encor, malgré tes infidélités,
Et malgré tous mes Grecs honteux de mes bontés.
Je leur ai commandé de cacher mon injure;
J'attendois en secret le retour d'un parjure;
J'ai cru que tôt ou tard, à ton devoir rendu,

---

* VAR. *L'ardeur de vous venger emporta mon courage.*

1. Mauvaise phrase, qui ne dit pas ce que l'auteur veut dire : *nos cœurs n'étoient pas faits pour dépendre l'un de l'autre.* (L.)

Tu me rapporterois un cœur qui m'étoit dû.
Je t'aimois inconstant, qu'aurois-je fait fidèle?[1]
Et même en ce moment où ta bouche cruelle
Vient si tranquillement m'annoncer le trépas,
Ingrat, je doute encor si je ne t'aime pas.
Mais, seigneur, s'il le faut, si le ciel en colère
Réserve à d'autres yeux la gloire de vous plaire,
Achevez votre hymen, j'y consens; mais du moins
Ne forcez pas mes yeux d'en être les témoins.
Pour la dernière fois je vous parle peut-être.
Différez-le d'un jour, demain vous serez maître...
Vous ne répondez point? Perfide, je le voi,
Tu comptes les moments que tu perds avec moi!
Ton cœur, impatient de revoir ta Troyenne,
Ne souffre qu'à regret qu'une autre t'entretienne.
Tu lui parles du cœur, tu la cherches des yeux.
Je ne te retiens plus, sauve-toi de ces lieux:
Va lui jurer la foi que tu m'avois jurée;
Va profaner des dieux la majesté sacrée:
Ces dieux, ces justes dieux n'auront pas oublié
Que les mêmes serments avec moi t'ont lié.
Porte au pied des autels ce cœur qui m'abandonne:
Va, cours; mais crains encor d'y trouver Hermione.

1. Voilà de toutes les ellipses connues la plus hardie et la plus naturelle. Elle a toujours été admirée, parce que le génie l'a placée dans un de ces élans d'éloquence passionnée qui ne permettent pas une parole inutile, et c'est cette éloquence des passions qui a créé toutes les figures de diction et de pensée, de manière qu'en négligeant quelques formes du langage ordinaire, elles ne violent jamais la logique générale des langues. (L.) — Je trouve dans les *Rivaux amis*, de Bois-Robert, 1639, un exemple de cette ellipse :
        Je t'estime fidèle, et je t'aime inconstant.
                (Acte II, scène v.)
c'est-à-dire, *je t'estime quand tu es fidèle, et je t'aime quoique tu sois inconstant*. L'ellipse est la même, mais quelle différence d'expression !

SCÈNE VI.

PYRRHUS, PHŒNIX.

PHŒNIX.
Seigneur, vous entendez : gardez de négliger
Une amante en fureur qui cherche à se venger.
Elle n'est en ces lieux que trop bien appuyée;
La querelle des Grecs à la sienne est liée;
Oreste l'aime encore; et peut-être à ce prix...
PYRRHUS.
Andromaque m'attend. Phœnix, garde son fils.

ACTE CINQUIÈME.

SCÈNE PREMIÈRE.

HERMIONE.

Où suis-je? Qu'ai-je fait? Que dois-je faire encore?
Quel transport me saisit? Quel chagrin me dévore?
Errante et sans dessein, je cours dans ce palais.
Ah! ne puis-je savoir si j'aime ou si je hais?[1]
Le cruel! de quel œil il m'a congédiée :
Sans pitié, sans douleur au moins étudiée!
L'ai-je vu s'attendrir, se troubler un moment?*
En ai-je pu tirer un seul gémissement?[2]
Muet à mes soupirs, tranquille à mes alarmes,[3]

---

1. Dans *Sigismond duc de Varsovie*, tragi-comédie de Gillet (1646), Venda, reine de Pologne, se croyant trahie par Sigismond qu'elle aime, ne sait si elle doit le faire périr ou lui pardonner :

> Quel désordre me jette en cette peine extrême?

dit-elle :

> J'agis en haïssant comme on fait quand on aime.
> (Acte IV, scène III.)

* VARIANTES. *Ai-je vu ses regards se troubler un moment?*
. . . .
L'ai-je vu se troubler et me plaindre un moment?

2. Racine ici s'est souvenu de Virgile (*Énéide*, liv. IV, v. 369) :

> Num fletu ingemuit nostro? num lumina flexit?
> Num lacrymas victus dedit?

« A-t-il gémi de ma douleur? a-t-il tourné les yeux vers moi? ai-je pu seulement lui arracher une larme? »

3. *Muet à mes soupirs*. C'est ici que cette construction hardie, créée par l'auteur, est heureusement placée. Remarquez que *tranquille à mes alarmes*

Sembloit-il seulement qu'il eût part à mes larmes?
Et je le plains encore! Et, pour comble d'ennui,
Mon cœur, mon lâche cœur s'intéresse pour lui!
Je tremble au seul penser du coup qui le menace!
Et, prête à me venger, je lui fais déjà grâce!
Non, ne révoquons point l'arrêt de mon courroux :
Qu'il périsse! aussi bien il ne vit plus pour nous.
Le perfide triomphe et se rit de ma rage :
Il pense voir en pleurs dissiper cet orage;[1]
Il croit que, toujours foible, et d'un cœur incertain,
Je parerai d'un bras les coups de l'autre main.
Il juge encor de moi par mes bontés passées.
Mais plutôt le perfide a bien d'autres pensées :
Triomphant dans le temple, il ne s'informe pas
Si l'on souhaite ailleurs sa vie ou son trépas.
Il me laisse, l'ingrat! cet embarras funeste.

est encore plus hardi; car, en prose, on ne pourrait construire ainsi le mot *tranquille* avec la proposition *à*, si ce n'est en énonçant le rapport immédiat, *tranquille à la vue, au bruit, à l'approche, à la nouvelle*, etc. Ici le rapport immédiat est supprimé, et cette suppression rapproche et oppose avec bien plus de rapidité et d'énergie la *tranquillité* d'un côté, et les *alarmes* de l'autre. Ce n'est pas là une ellipse ordinaire : elle est vraiment de création, et il en résulte un vers admirable, une construction de génie qui jusqu'ici n'a pas encore été imitée. (L.)

1. *Il pense voir dissiper* est une véritable faute, quoi qu'en dise Louis Racine. Le sens, d'accord avec la grammaire, exige absolument *se dissiper*. Il faut que le verbe soit réciproque, parce que le verbe actif n'aurait pas de sens. C'est sans doute une inadvertance, car il était très-facile de mettre

    Il pense voir en pleurs se dissiper l'orage;

et la correction du vers n'ôtait rien à la métaphore naturelle et neuve qui en fait la beauté. (L.) — Racine a également supprimé le pronom dans ces deux vers des *Plaideurs* :

    Elle voit dissiper sa jeunesse en regrets,
    Son amour en fumée et son bien en procès,

et cette suppression n'a choqué personne.

Non, non, encore un coup, laissons agir Oreste.
Qu'il meure, puisque enfin il a dû le prévoir,
Et puisqu'il m'a forcée enfin à le vouloir...
A le vouloir? Hé quoi! c'est donc moi qui l'ordonne?
Sa mort sera l'effet de l'amour d'Hermione?
Ce prince, dont mon cœur se faisoit autrefois
Avec tant de plaisir redire les exploits;
A qui même en secret je m'étois destinée
Avant qu'on eût conclu ce fatal hyménée;
Je n'ai donc traversé tant de mers, tant d'États,
Que pour venir si loin préparer son trépas,
L'assassiner, le perdre! Ah! devant qu'il expire...[1]

SCÈNE II.

HERMIONE, CLÉONE.

HERMIONE.

Ah! qu'ai-je fait, Cléone, et que viens-tu me dire?
Que fait Pyrrhus?
CLÉONE.
Il est au comble de ses vœux,
Le plus fier des mortels, et le plus amoureux.
Je l'ai vu vers le temple, où son hymen s'apprête,
Mener en conquérant sa nouvelle conquête,
Et d'un œil où brilloient sa joie et son espoir,*
S'enivrer en marchant du plaisir de la voir.

---

1. Tout le monde sait que la grammaire a distingué essentiellement l'usage de ces prépositions *avant* et *devant*. La première est relative au temps, et la seconde aux lieux et aux personnes. *Avant sa mort, devant lui, devant sa maison.* On les confondait du temps de Racine. (L.)

* VAR. *Et d'un œil qui déjà dévoroit son espoir.*

ACTE V, SCÈNE II.

Andromaque, au travers de mille cris de joie,
Porte jusqu'aux autels le souvenir de Troie;
Incapable toujours d'aimer et de haïr,
Sans joie et sans murmure elle semble obéir.

HERMIONE.

Et l'ingrat! jusqu'au bout il a poussé l'outrage?
Mais as-tu bien, Cléone, observé son visage?
Goûte-t-il des plaisirs tranquilles et parfaits?
N'a-t-il point détourné ses yeux vers le palais?
Dis-moi, ne t'es-tu point présentée à sa vue?
L'ingrat a-t-il rougi lorsqu'il t'a reconnue?
Son trouble avouoit-il son infidélité?
A-t-il jusqu'à la fin soutenu sa fierté?[1]

CLÉONE.

Madame, il ne voit rien : son salut et sa gloire
Semblent être avec vous sortis de sa mémoire.
Sans songer qui le suit, ennemis ou sujets,
Il poursuit seulement ses amoureux projets.
Autour du fils d'Hector il a rangé sa garde,
Et croit que c'est lui seul que le péril regarde.
Phœnix même en répond, qui l'a conduit exprès[2]
Dans un fort éloigné du temple et du palais.
Voilà dans ses transports le seul soin qui lui reste.

---

1. Que d'interrogations accumulées! que de raisons qui n'en font qu'une! combien elles semblent répéter de petites choses! et quel poëte les aurait ainsi entassées, à moins de savoir aussi bien que Racine que dans la situation d'Hermione l'amour ne peut faire qu'une seule demande, mais qu'il la fait de toutes les manières possibles : « Suis-je tout à fait oubliée? » (L.)

2. *Phœnix en répond, qui,* etc... Cette construction est absolument latine; c'est une nouvelle preuve des efforts que faisait Racine, dès son premier chef-d'œuvre, pour transporter dans notre langue les tournures propres aux langues anciennes. (L.)

HERMIONE.
Le perfide! Il mourra. Mais que t'a dit Oreste?
CLÉONE.
Oreste avec ses Grecs dans le temple est entré.
HERMIONE.
Hé bien! à me venger n'est-il pas préparé?
CLÉONE.
Je ne sais.
HERMIONE.
Tu ne sais? Quoi donc! Oreste encore,
Oreste me trahit?
CLÉONE.
Oreste vous adore;
Mais de mille remords son esprit combattu
Croit tantôt son amour et tantôt sa vertu.
Il respecte en Pyrrhus l'honneur du diadème;
Il respecte en Pyrrhus Achille et Pyrrhus même;
Il craint les Grecs, il craint l'univers en courroux;*
Mais il se craint, dit-il, soi-même plus que tous.[1]
Il voudroit en vainqueur vous apporter sa tête :
Le seul nom d'assassin l'épouvante et l'arrête.
Enfin il est entré, sans savoir dans son cœur
S'il en devoit sortir coupable ou spectateur.[2]

* VAR. *Il craint la Grèce, il craint l'univers en courroux.*

1. Du temps de Racine, la règle sur l'emploi de *lui* ou de *soi* n'était pas encore établie. Aujourd'hui la règle générale est de préférer *lui* lorsque le sens est défini, et *soi* lorsque le sens est indéfini. Selon cette règle, le vers de Racine serait incorrect dans un écrivain moderne. (A. M.) — Règle très-difficile à appliquer, puisque tout dépend du sens de la phrase et qu'il faut tenir compte de nuances très-délicates.

2. *En* ne se rapporte à rien qui ait été annoncé. On le supplée si aisément, que l'omission est une légère inexactitude. Il y a peut-être plus à redire à ces mots, *coupable ou spectateur*, qui n'expriment point d'opposition réelle. *Sortir spectateur* ne rend pas ce que l'auteur a voulu dire. L.)

HERMIONE.

Non, non, il les verra triompher sans obstacle ;
Il se gardera bien de troubler ce spectacle.
Je sais de quels remords son courage est atteint :
Le lâche craint la mort, et c'est tout ce qu'il craint.
Quoi! sans qu'elle employât une seule prière,
Ma mère en sa faveur arma la Grèce entière ;
Ses yeux pour leur querelle, en dix ans de combats,
Virent périr vingt rois qu'ils ne connoissoient pas ;
Et moi, je ne prétends que la mort d'un parjure,
Et je charge un amant du soin de mon injure ;
Il peut me conquérir à ce prix, sans danger ;
Je me livre moi-même, et ne puis me venger !
Allons : c'est à moi seule à me rendre justice.[1]
Que de cris de douleur le temple retentisse ;
De leur hymen fatal troublons l'événement ;
Et qu'ils ne soient unis, s'il se peut, qu'un moment.
Je ne choisirai point dans ce désordre extrême :
Tout me sera Pyrrhus, fût-ce Oreste lui-même.
Je mourrai ; mais au moins ma mort me vengera :
Je ne mourrai pas seule, et quelqu'un me suivra.

---

1. *Se rendre justice,* c'est se rendre à soi-même un juste témoignage, soit en bien, soit en mal. *Se faire justice,* c'est exécuter sur soi-même ou sur un autre ce que la justice prescrit. Ce dernier cas est celui d'Hermione. Elle devait donc dire *me faire* et non pas *me rendre justice.* Ailleurs Racine a parfaitement observé cette différence. (L.)

SCÈNE III.

ORESTE, HERMIONE, CLÉONE.

ORESTE.

Madame, c'en est fait, et vous êtes servie :*
Pyrrhus rend à l'autel son infidèle vie.

HERMIONE.

Il est mort?

ORESTE.

Il expire; et nos Grecs irrités
Ont lavé dans son sang ses infidélités.
Je vous l'avois promis; et, quoique mon courage
Se fît de ce complot une funeste image,

> * VAR.
> ORESTE.
> *Madame, c'en est fait. Partons en diligence :*
> *Venez, dans mes vaisseaux, goûter votre vengeance.*
> *Voyez cette captive : elle peut, mieux que moi,*
> *Vous apprendre qu'Oreste a dégagé sa foi.*
> HERMIONE.
> *O dieux! c'est Andromaque!*
> ANDROMAQUE.
> *Oui, c'est cette princesse,*
> *Deux fois veuve, et deux fois l'esclave de la Grèce,*
> *Mais qui jusque dans Sparte ira vous braver tous,*
> *Puisqu'elle voit son fils à couvert de vos coups.*
> *Du crime de Pyrrhus complice manifeste,*
> *J'attends son châtiment : car je vois bien qu'Oreste,*
> *Engagé par votre ordre à cet assassinat,*
> *Vient de ce triste exploit vous céder tout l'éclat.*
> *Je ne m'attendois pas que le ciel en colère*
> *Pût, sans perdre mon fils, accroître ma misère,*
> *Et gardât à mes yeux quelque spectacle encor*
> *Qui fit couler mes pleurs pour un autre qu'Hector.*
> *Vous avez trouvé seule une sanglante voie*
> *De suspendre en mon cœur le souvenir de Troie.*
> *Plus barbare aujourd'hui qu'Achille et que son fils,*

ANDROMAQUE

J'ai couru vers le temple, où nos Grecs dispersés
Se sont jusqu'à l'autel dans la foule glissés.
Pyrrhus m'a reconnu, mais sans changer de face : [1]
Il sembloit que ma vue excitât son audace ;
Que tous les Grecs, bravés en leur ambassadeur,
Dussent de son hymen relever la splendeur.
Enfin, avec transport prenant son diadème,
Sur le front d'Andromaque il l'a posé lui-même :
« Je vous donne, a-t-il dit, ma couronne et ma foi,
« Andromaque, régnez sur l'Épire et sur moi.
« Je voue à votre fils une amitié de père ;
« J'en atteste les dieux, je le jure à sa mère :
« Pour tous mes ennemis je déclare les siens, [2]
« Et je le reconnois pour le roi des Troyens. »

Vous me faites pleurer mes plus grands ennemis ;
Et ce que n'avoient pu prière ni menace,
Pyrrhus de mon Hector semble avoir pris la place.
Je n'ai que trop, madame, éprouvé son courroux ;
J'aurois plus de sujet de m'en plaindre que vous.
Pour dernière rigueur, ton amitié cruelle,
Pyrrhus, à mon époux me rendoit infidèle :
Je t'en allois punir ; mais le ciel m'est témoin
Que je ne poussois pas ma vengeance si loin ;
Et sans verser ton sang ni causer tant d'alarmes,
Il ne t'en eût coûté peut-être que des larmes.

HERMIONE.

Quoi ! Pyrrhus est donc mort ?

ORESTE.

Oui, nos Grecs irrités, *etc.*

1. *Changer de face* s'entend, dans notre langue, des choses qui changent d'état, et non pas des personnes qui *changent de visage*. (L.)

2. L'abbé d'Olivet a raison, quoi qu'en dise Louis Racine, de blâmer le mot *tous* et la place où il est. C'est trop intervertir l'ordre des idées. Je déclare *tous ses ennemis pour les miens*, voilà le sens et la construction. Je déclare *ses ennemis pour tous les miens* n'est pas français, et, s'il l'était, dirait autre chose que ce que veut dire Pyrrhus, car cela signifierait qu'il n'a pas d'autres ennemis que ceux d'Andromaque. (L.)

A ces mots, qui du peuple attiroient le suffrage,
Nos Grecs n'ont répondu que par un cri de rage;
L'infidèle s'est vu partout envelopper,
Et je n'ai pu trouver de place pour frapper :
Chacun se disputoit la gloire de l'abattre.
Je l'ai vu dans leurs mains quelque temps se débattre,
Tout sanglant à leurs coups vouloir se dérober;
Mais enfin à l'autel il est allé tomber.*
Du peuple épouvanté j'ai traversé la presse
Pour venir de ces lieux enlever ma princesse,
Et regagner le port, où bientôt nos amis
Viendront couverts du sang que je vous ai promis.

HERMIONE.

Qu'ont-ils fait?

ORESTE.

Pardonnez à leur impatience :
Ils ont, je le vois bien, trahi votre vengeance;
Vous vouliez que ma main portât les premiers coups,
Qu'il sentît en mourant qu'il expiroit pour vous;
Mais c'est moi dont l'ardeur leur a servi d'exemple :
Je les ai pour vous seule entraînés dans le temple,
Madame; et vous pouvez justement vous flatter
D'une mort que leurs bras n'ont fait qu'exécuter.
Vous seule avez poussé les coups...

HERMIONE.

Tais-toi, perfide,

---

* Var. *Le Troyen est sauvé. Mais partons, le temps presse :*
  L'Épire tôt ou tard satisfera la Grèce.
  Cependant j'ai voulu qu'Andromaque aujourd'hui
  Honorât mon triomphe et répondît de lui.
  Du peuple épouvanté la foule fugitive
  M'a laissé sans obstacle enlever ma captive
  Et regagner ces lieux, où bientôt nos amis
  Viendront, etc.

Et n'impute qu'à toi ton lâche parricide[1].
Va faire chez tes Grecs admirer ta fureur,
Va : je la désavoue, et tu me fais horreur.
Barbare, qu'as-tu fait? Avec quelle furie
As-tu tranché le cours d'une si belle vie?
Avez-vous pu, cruels, l'immoler aujourd'hui,
Sans que tout votre sang se soulevât pour lui?
Mais parle : de son sort qui t'a rendu l'arbitre?
Pourquoi l'assassiner? Qu'a-t-il fait? A quel titre?
Qui te l'a dit?[2]

1. *Parricide* est impropre. Oreste ne devient point parricide en tuant Pyrrhus. (G.) — Et surtout il a donc oublié qu'il l'était déjà auparavant?

2. Voilà ce fameux *qui te l'a dit?* car on peut s'exprimer ici comme Voltaire sur le *qu'il mourût*. Plus j'y réfléchis, plus le mot *qui te l'a dit?* me semble admirable. C'est à mon gré le plus hardi, le plus profond, le plus étonnant que la passion ait jamais inspiré. Prenez garde qu'un autre que Racine, en concevant la même révolution dans le cœur d'Hermione, n'eût jamais osé la faire si subite et si entière, de peur qu'Hermione ne parût absolument folle et ne révoltât. Il se serait cru obligé de graduer cette révolution, et en aurait détruit l'effet. Racine a compris qu'elle était faite dans le cœur d'Hermione à ce seul mot: *il est mort!* Pendant tout le reste du récit, son âme est bouleversée par le désespoir et ne peut laisser échapper que ces mots : *qu'ont-ils fait!* Mais quand elle s'entend attribuer ce meurtre, c'est alors qu'elle est hors d'elle-même et qu'elle devient pour Oreste la véritable Euménide qui tourmente le coupable et le punit des crimes qu'elle lui a fait commettre. (L.) — Dans l'*Amante ennemie* de Sallebray (1642), Floridan a ordonné aussi à Dorimon de tuer Tersandre qu'elle aime :

> Cruelle, dis plutôt qu'il falloit me trahir,
> Puisque, dans les transports de mon âme agitée,
> La raison défendoit que je fusse écoutée.

Dans Quinault, Amalasonte qui a aussi ordonné de tuer Théodat, qu'elle croit infidèle, maudit le meurtrier dès qu'elle croit le meurtre accompli.

> CLODESILE.
> Quoi! plaignez-vous l'ingrat qui vous a su trahir?
> AMALASONTE.
> Hélas! je me flattois, quand j'ai cru le haïr!
> Quand j'ai dit que pour lui ma haine étoit extrême,
> Je vous trompois tous deux, et me trompois moi-même.
> Je parlois de sa mort, mais sans y consentir;
> Mon cœur ne souhaitoit de lui qu'un repentir.

ORESTE.

Oh dieux! Quoi! ne m'avez-vous pas
Vous-même, ici, tantôt, ordonné son trépas?

HERMIONE.

Ah! falloit-il en croire une amante insensée?
Ne devois-tu pas lire au fond de ma pensée?
Et ne voyois-tu pas, dans mes emportements,
Que mon cœur démentoit ma bouche à tous moments?
Quand je l'aurois voulu, falloit-il y souscrire?
N'as-tu pas dû cent fois te le faire redire?
Toi-même avant le coup me venir consulter,
Y revenir encore, ou plutôt m'éviter?
Que ne me laissois-tu le soin de ma vengeance?
Qui t'amène en des lieux où l'on fuit ta présence?
Voilà de ton amour le détestable fruit :
Tu m'apportois, cruel, le malheur qui te suit.
C'est toi dont l'ambassade, à tous les deux fatale,
L'a fait pour son malheur pencher vers ma rivale.
Nous le verrions encor nous partager ses soins;
Il m'aimeroit peut-être; il le feindroit du moins.[1]

---

1. On est surpris de trouver ce même vers dans une comédie de Montfleury, intitulée *le Mari sans femme,* jouée en 1663, quatre ans avant *Andromaque.* Mais si on en croit Louis Racine, dont le raisonnement paraît fort juste, c'est un vers que Montfleury a jugé à propos d'emprunter à Racine, pour en parer après coup une de ses comédies, lorsqu'il la fit imprimer. (G.) — Voici ce vers de Montfleury :

Il m'aimera peut-être, il le feindra du moins.
(*Le mari sans femme*, acte IV, scène 1re.)

Je suis persuadé, contre l'avis de Louis Racine, que le vers est de Montfleury, à qui Racine l'a emprunté, sans le savoir d'abord, par une de ces réminiscences involontaires qui se confondent avec l'inspiration. S'est-il aperçu plus tard de l'emprunt qu'il avait fait, et a-t-il gardé volontairement le vers de Montfleury, parce qu'il le trouvait bon et parce que surtout ce vers exprimait bien le sentiment amer et douloureux d'Hermione? Je le

ACTE V, SCÈNE III.

Adieu. Tu peux partir. Je demeure en Épire :
Je renonce à la Grèce, à Sparte, à son empire,
A toute ma famille; et c'est assez pour moi,
Traître, qu'elle ait produit un monstre tel que toi.*

crois. Quand on lit la comédie du *Mari sans femme* de Montfleury, on voit que le vers :

Il m'aimera peut-être, il le feindra du moins,

n'a rien de l'amertume inconsolable des sentiments d'Hermione. Dans Montfleury, il s'agit d'une musulmane, Céliane, qui s'est éprise de Carlos, un esclave chrétien, et qui veut partir avec lui. Zaïre, sa confidente, lui représente que Carlos aime Julie. Et à quoi donc lui servira-t-il de s'enfuir avec lui, si elle ne s'en fait pas aimer?

Crois-moi,

dit Céliane,

Quand seul à seul nous nous verrons sur mer,
Quand il se verra loin de qui l'a su charmer,
Faite comme je suis, il n'est pas impossible
Que son cœur à mes feux ne devienne sensible.
. . . .
Et de sa liberté redevable à mes soins,
Il m'aimera peut-être; il le feindra du moins.

On voit, d'après cette citation, qu'il est impossible d'avoir, avec les mêmes mots, des sentiments plus différents que la Céliane de Montfleury et l'Hermione de Racine. Racine n'a emprunté à Montfleury qu'une forme de phrase élégante et vive, sans lui rien emprunter ni de la situation ni des sentiments.

* Var. *Traître, qu'elle ait produit un monstre comme toi.*
(Édition de 1697.)

Dans l'origine, Andromaque était présente à cette entrevue. Hermione finissait même par briser les fers de sa rivale, en lui disant :

Allons, madame, allons. C'est moi qui vous délivre.
Pyrrhus ainsi l'ordonne, et vous pouvez me suivre.
De nos derniers devoirs allons nous dégager.
Montrons qui de nous deux saura mieux le venger.

ANDROMAQUE.

SCÈNE IV.

ORESTE.

Que vois-je? est-ce Hermione? et que viens-je d'entendre?
Pour qui coule le sang que je viens de répandre?
Je suis, si je l'en crois, un traître, un assassin.
Est-ce Pyrrhus qui meurt? Et suis-je Oreste enfin?
Quoi! j'étouffe en mon cœur la raison qui m'éclaire;
J'assassine à regret un roi que je révère;
Je viole en un jour les droits des souverains,
Ceux des ambassadeurs, et tous ceux des humains,
Ceux même des autels où ma fureur l'assiége;
Je deviens parricide, assassin, sacrilége.
Pour qui? Pour une ingrate à qui je le promets,
Qui même, s'il ne meurt, ne me verra jamais,
Dont j'épouse la rage! Et quand je l'ai servie,
Elle me redemande et son sang et sa vie![1]
Elle l'aime! et je suis un monstre furieux!
Je la vois pour jamais s'éloigner de mes yeux,
Et l'ingrate en fuyant me laisse pour salaire
Tous les noms odieux que j'ai pris pour lui plaire!

1. Est-ce le sang et la vie d'Hermione? La grammaire le veut; le sens demande que ce soit le sang et la vie de Pyrrhus. (G.)

SCÈNE V.

ORESTE, PYLADE, Soldats d'Oreste.

PYLADE.

Il faut partir, seigneur. Sortons de ce palais,
Ou bien résolvons-nous de n'en sortir jamais.
Nos Grecs pour un moment en défendent la porte :
Tout le peuple assemblé nous poursuit à main forte.¹
Aux ordres d'Andromaque ici tout est soumis;
Ils la traitent en reine, et nous comme ennemis.
Andromaque elle-même, à Pyrrhus si rebelle,
Lui rend tous les devoirs d'une veuve fidèle,
Commande qu'on le venge; et peut-être qu'encor
Elle poursuit sur nous la vengeance d'Hector.*
Allons, n'attendons pas que l'on nous environne;
Nos Grecs nous rejoindront; et tandis qu'Hermione
Tient encore le peuple autour d'elle arrêté,
Voilà notre chemin, sortons en sûreté.**

ORESTE.

Non, non, c'est Hermione, amis, que je veux suivre :
A son dernier arrêt je ne puis plus survivre.***
Partez : j'ai fait le crime, et je vais l'expier.

---

1. On dit communément *prêter main forte,* pour *porter du secours. Poursuivre à main forte* est une tournure poétique qui n'exprime pas la même pensée. Selon toutes les apparences, cette locution, du temps de Racine, signifiait *avec force, avec vigueur.* C'est ainsi que Boileau s'en est servi, satire VIII, où il représente l'homme en proie à l'ambition, qui

    Dans le sein du repos vient le prendre à main forte. (A. M.)

* Var. *Commande qu'on le venge, et peut-être sur nous*
    Veut venger Troie encore, et son premier époux.

** Var. *Voilà notre chemin, marchons de ce côté.*

*** Var. *A son dernier courroux je ne puis plus survivre.*

PYLADE.

Hermione, seigneur? Il la faut oublier.
Quoi! toujours l'instrument et l'objet de sa rage,
Cherchez-vous chez les morts quelque nouvel outrage?
Et parce qu'elle meurt faut-il que vous mouriez?

ORESTE.

Elle meurt! Dieux! qu'entends-je!

PYLADE.

Hé quoi! vous l'ignoriez?
En rentrant dans ces lieux nous l'avons rencontrée
Qui couroit vers le temple, inquiète, égarée;
Elle a trouvé Pyrrhus porté sur des soldats
Que son sang excitoit à venger son trépas.
Sans doute à cet objet sa rage s'est émue.
Mais du haut de la porte enfin nous l'avons vue
Un poignard à la main sur Pyrrhus se courber,
Lever les yeux au ciel, se frapper, et tomber.

ORESTE.

Grâce aux dieux, mon malheur passe mon espérance!
Oui, je te loue, ô ciel, de ta persévérance!
Appliqué sans relâche au soin de me punir,
Au comble des douleurs tu m'as fait parvenir;
Ta haine a pris plaisir à former ma misère;
J'étois né pour servir d'exemple à ta colère,
Pour être du malheur un modèle accompli.
Hé bien! je meurs content, et mon sort est rempli.[1]

---

1. C'est dans ces huit vers, les plus beaux du rôle d'Oreste, que l'ironie est sublime à force d'être amère; et c'est cette ironie déjà établie par ces mots, *grâce aux dieux,* qui amène et justifie le mot d'*espérance.* Cette ironie ressemble au rire effrayant et convulsif qui saisit quelquefois un malheureux dans l'aliénation de la douleur. L'ironie est ici la dernière ressource de la rage, qui feint d'applaudir aux dieux et à la destinée, faute d'expressions pour la maudire. Il faudrait avoir vu Le Kain prononcer ces mots : *Hé*

Où sont ces deux amants? Pour couronner ma joie,
Dans leur sang, dans le mien, il faut que je me noie;
L'un et l'autre en mourant je les veux regarder :
Réunissons trois cœurs qui n'ont pu s'accorder...
Mais quelle épaisse nuit tout à coup m'environne?
De quel côté sortir? D'où vient que je frissonne?
Quelle horreur me saisit? Grâce au ciel, j'entrevoi...
Dieux! quels ruisseaux de sang coulent autour de moi!

PYLADE.

Ah! seigneur!

ORESTE.

Quoi! Pyrrhus, je te rencontre encore!
Trouverai-je partout un rival que j'abhorre!
Percé de tant de coups, comment t'es-tu sauvé?
Tiens, tiens, voilà le coup que je t'ai réservé.
Mais que vois-je? A mes yeux Hermione l'embrasse!
Elle vient l'arracher au coup qui le menace!
Dieux! quels affreux regards elle jette sur moi!
Quels démons, quels serpents traîne-t-elle après soi!
Hé bien! filles d'enfer, vos mains sont-elles prêtes?
Pour qui sont ces serpents qui sifflent sur vos têtes?[1]

bien! je meurs content, pour comprendre tout ce qu'ils ont d'effroyable dans la bouche d'Oreste. A peine les a-t-il proférés, qu'il est saisi par les Furies. Ce morceau fameux n'est point un lieu commun : il est conforme à la tradition mythologique et à la situation. S'il n'y était pas, il manquerait à la pièce et au dénoûment : on ne pouvait pas mieux terminer ce sujet funeste et terrible. (L.)

1. Ce vers, dont l'harmonie imitative a été remarquée, est traduit d'Euripide, et l'a été autrement par Boileau dans le *Traité du Sublime :*

Quels horribles serpents *leur* sifflent sur la tête!

Je crois qu'on préférera la version de Racine.

C'est une opinion reçue depuis l'époque d'*Andromaque*, que les efforts faits par Montfleury pour rendre les fureurs d'Oreste allèrent au point de causer sa mort; et ce qui est sûr, c'est qu'ayant été saisi d'une grosse fièvre au

A qui destinez-vous l'appareil qui vous suit?
Venez-vous m'enlever dans l'éternelle nuit
Venez, à vos fureurs Oreste s'abandonne.
Mais non, retirez-vous, laissez faire Hermione :
L'ingrate mieux que vous saura me déchirer;
Et je lui porte enfin mon cœur à dévorer.

PYLADE.

Il perd le sentiment. Amis, le temps nous presse;
Ménageons les moments que ce transport nous laisse.
Sauvons-le. Nos efforts deviendroient impuissants
S'il reprenoit ici sa rage avec ses sens.

sortir d'une représentation de cette pièce, la fièvre, quelle qu'en fut la cause, le conduisit au tombeau. (L.)

FIN D'ANDROMAQUE.

EXAMEN CRITIQUE

D'ANDROMAQUE.

Il y a deux actions dans *Andromaque,* comme dans l'*Horace* de Corneille. Dans Corneille, nous nous intéressons en même temps aux périls de Rome et à l'amour de Camille pour Curiace. Dans Racine, nous nous intéressons au péril d'Astyanax, aux angoisses maternelles d'Andromaque, c'est le premier sujet de la pièce; à la rivalité d'Hermione et d'Andromaque, ou plutôt à l'amour de Pyrrhus pour Andromaque; c'est le second sujet. Les deux actions sont nouées l'une à l'autre avec un art infini. Le spectateur sent pourtant qu'il prend intérêt, tantôt à Andromaque et à son fils, tantôt à l'amour de Pyrrhus pour Andromaque et à la jalousie d'Hermione. Il y a donc un intérêt double et par conséquent différent.

On pourrait en effet concevoir qu'Andromaque, préférée à Hermione par Pyrrhus, n'eût pas son fils Astyanax à défendre contre la rancune des Grecs. De cette façon, nous n'aurions plus à nous intéresser aux alarmes de la mère; mais nous nous intéresserions toujours à la rivalité entre Hermione et Andromaque. Des deux tragédies il n'en resterait qu'une, la tragédie que j'appellerai toute française, c'est-à-dire consacrée à l'amour et à la jalousie. L'autre, consacrée à peindre l'amour maternel et ses angoisses, est toute grecque, quoique la douceur des mœurs chrétiennes et françaises ait dans Racine singulièrement tempéré la rudesse de la Grèce homérique.

Quand nous supposons la tragédie de Racine réduite à la rivalité entre Hermione et Andromaque, on comprend aussitôt pourquoi Racine a voulu qu'Andromaque eût ce caractère de mère qui fait son charme et sa grandeur. Faites d'Andromaque une femme ordinaire que Pyrrhus, obéissant aux caprices de l'amour, préfère à sa rivale Hermione, il n'est pas sûr que l'intérêt du spectateur se conforme à la préférence de Pyrrhus. Fille de Ménélas et fiancée de Pyrrhus, Hermione pourrait nous intéresser plus que l'esclave étrangère venue de Troie en Épire ; nous pourrions être pour Hermione contre Andromaque. Il n'y a rien à craindre de pareil, quand Andromaque est la veuve d'Hector et la mère d'Astyanax, quand elle ne renonce que pour sauver son fils à la fidélité qu'elle voulait garder aux mânes d'Hector. Tout change alors, et dans la lutte engagée dans le cœur de Pyrrhus entre les deux rivales, nous sommes sans hésiter pour Andromaque, c'est-à-dire pour la mère qui défend son fils.

Un des charmes de la littérature antique, c'est ce que j'appellerais volontiers la stabilité des caractères. Les caractères sont consacrés par la tradition, et il n'est pas permis de les altérer. Phèdre, Clytemnestre, Hécube, Médée, Pénélope, Andromaque, sont des types invariables que les poëtes reproduisent fidèlement ; tout au plus peuvent-ils faire ressortir un des traits de ces figures traditionnelles plutôt qu'un autre. C'est là toute la différence. Je dirais presque, si je ne craignais de faire un rapprochement trop profane, qu'il en est, à cet égard, des personnages héroïques de la poésie antique comme des personnes divines et des saints dans la peinture moderne. Les figures du Sauveur, de la Vierge, de saint Jean-Baptiste et des principaux apôtres sont des figures consacrées par la tradition, et que les peintres se gardent bien de changer ; chacun seulement leur donne une expression et une contenance particulières ; et c'est en cela que consiste l'originalité du peintre. Je suis persuadé, pour ma part, que le respect des types consacrés, loin de gêner les poëtes antiques et les peintres des temps modernes, a servi leur génie : car leur imagination, contenue par cette loi fondamentale de l'art, s'appliquait tout entière à l'expression des caractères et des figures. Ils visaient au beau plutôt qu'au nouveau.

Dans Homère, Andromaque est le type de l'amour conjugal et de l'amour maternel; c'est l'épouse et la mère telle que l'antiquité la concevait : modeste, cachée, fidèle au toit domestique et aux travaux de son sexe, aimant son mari avec un admirable mélange d'ardeur et de respect, et son fils avec une tendresse profonde et douce, mêlée, dans Andromaque, de je ne sais quels tristes pressentiments trop tôt justifiés.[1] Voyez cette belle scène des adieux, lorsque Hector va combattre les Grecs. Ce n'est pas encore son dernier et fatal combat contre Achille; mais quelle douleur déjà et quelle tendresse dans les adieux d'Andromaque!

« Hector allait sortir par la porte de Scée, lorsque Andromaque s'avança à sa rencontre. Derrière elle marchait une esclave qui portait dans ses bras son fils Astyanax. Hector sourit doucement en voyant son fils; mais il se taisait. Andromaque alors prit sa main, et, en pleurant, « Hector, dit-elle,
« ton courage te perdra; et tu ne prends pas pitié de ton fils
« au berceau et de moi malheureuse, qui bientôt serai veuve;
« car les Grecs te tueront en s'unissant tous contre toi. Hélas!
« quand je t'aurai perdu, mieux vaudrait que je mourusse
« aussitôt. Je n'ai pas d'autre joie et d'autre consolation que
« toi, et, si tu rencontres enfin ta destinée, je n'ai plus
« que douleur à attendre après toi. Je n'ai, tu le sais, ni mon

---

1. Ovide, dans son *Art d'aimer* (liv. III), témoigne lui-même de cette gravité douce et pure du personnage d'Andromaque, tout en raillant, en poëte érotique, la sévérité de ce caractère :

> Odimus et mœstas : Tecmessam diligat Ajax;
> Nos, hilarem populum, femina læta capit.
> Nunquam ego te, Andromache, nec te, Tecmessa, rogarem,
> Ut mea de vobis altera amica foret.

« père ni ma mère; Achille a tué mon père et détruit ma
« patrie; j'avais sept frères qui faisaient l'orgueil de la maison
« de mon père et qui ont tous péri le même jour, et toujours
« sous les coups d'Achille; ma mère, à son tour, est tombée
« sous les flèches de Diane. Hector, c'est toi qui es mon père,
« ma mère, mes frères; tu es mon mari, le compagnon de ma
« couche. Je t'en prie, aie pitié de moi; ne fais pas ton fils
« orphelin et ta femme veuve! Rassemble l'armée auprès de
« ce figuier sauvage; c'est là que la ville est accessible et que
« le mur peut être franchi; c'est là que tu dois rester pour
« défendre Troie :[1] car trois fois déjà les plus braves des Grecs
« ont fait effort de ce côté, les deux Ajax, le brave Idoménée,
« les deux Atrides et le vaillant fils de Tydée; soit qu'un dieu
« les ait dirigés vers cet endroit, ou que leur courage et leur
« science des combats les y ait poussés. » Hector lui répondit :
« Oui, j'aurai soin de défendre la ville de ce côté; mais n'es-
« saye pas de me retenir. Que diraient les Troyens et même les
« Troyennes aux robes à longs plis, s'ils me voyaient m'écarter
« lâchement du combat? Mon cœur n'a pas le désir de la fuite,
« car j'ai toujours bravé le péril et combattu parmi les pre-
« miers des Troyens pour défendre la gloire de mon père et la
« mienne. Je sais bien qu'il viendra un jour où périra la sainte
« ville d'Ilion, et Priam, et le peuple de Priam. Mais, crois-
« moi, si je plains le sort des Troyens, d'Hécube, de Priam,
« de mes frères si nombreux et si braves, et qui tomberont
« tous dans la poussière sous les coups de l'ennemi, c'est de
« toi surtout que j'ai pitié, Andromaque, quand je pense que
« quelque guerrier d'Argos te prendra éplorée et tremblante,
« t'emmènera captive dans sa patrie, et que là il te faudra filer
« la toile sous les ordres d'une maîtresse, ou aller chercher de
« l'eau aux fontaines publiques, souffrante et indignée, mais
« forcée de plier sous la dure nécessité; et alors, te voyant
« passer tout en larmes : « Voilà, dira-t-on, la femme d'Hector

---

1. Stratagème touchant pour retenir Hector dans l'enceinte des remparts.

« qui savait si bien combattre parmi les Troyens dompteurs de
« chevaux, quand les Grecs assiégeaient Ilion. » C'est ainsi
« qu'on parlera sur ton passage, et ce sera pour toi un nouveau
« chagrin, pensant au mari que tu auras perdu et qui aurait
« repoussé loin de toi le joug de la servitude. Ah! puissé-je
« être mort, et la terre, amoncelée sur moi, me couvrir tout
« entier, avant que j'entende tes gémissements et que je voie
« ton esclavage![1] »

Alors vient cette scène charmante d'Hector qui veut prendre
son fils dans ses bras, et de l'enfant qui, effrayé par le casque
de son père, se rejette sur le sein de sa nourrice. Hector pose
son casque à terre, prend l'enfant, et prie Jupiter qu'Astyanax
règne un jour sur Troie et surpasse la gloire de son père : touchante consolation adressée à Andromaque, et qui distrait les
inquiétudes de l'épouse à l'aide des espérances de la mère.
Puis il met Astyanax dans les bras d'Andromaque, qui le reçoit en souriant et pleurant à la fois. Ces larmes et ce sourire touchent Hector : il regarde Andromaque avec une pitié
pleine d'amour, et, la prenant par la main, il lui adresse ces
belles et graves paroles qui respirent le génie de l'Orient et de
l'antiquité, je veux dire ce respect religieux de la destinée,
qui ressemble presque à la résignation chrétienne : « Andromaque, ne m'accuse point dans ton cœur, et ne te plains
pas avant le temps; aucun guerrier, tu le sais, ne me fera
descendre au tombeau avant le jour marqué par le sort, et
personne, brave ou lâche, personne, dès qu'il est né, ne peut
éviter sa destinée. Rentre donc dans ta maison, distribue à
tes esclaves leur travail de chaque jour, le fuseau, la quenouille; surveille leur ouvrage; et nous tous, guerriers nés
dans Ilion, et moi surtout, nous veillerons aux travaux de la
guerre.[2] »

Ainsi, la résignation et le travail du toit domestique, voilà

1. *Iliade*, chant VI, v. 392.
2. *Ibid.*, v. 486.

les dernières consolations qu'Hector adresse à Andromaque, et qui pourront choquer la sensibilité de notre siècle, mais qui sont, hélas! les seules consolations efficaces, les seules qui apaisent l'âme. Depuis Homère, l'homme n'en a point inventé d'autres.

Dans cette scène des adieux, l'amour maternel d'Andromaque se montre déjà d'une manière touchante, quoique l'amour conjugal domine encore comme il le doit. Mais, quand son époux est mort, quand son cadavre, racheté par Priam, rentre dans Troie, écoutez les lamentations d'Andromaque, et voyez comme les malheurs qu'elle pressent pour son fils lui rendent plus affreuse encore la perte de son Hector; comme enfin l'amour maternel se mêle naturellement à ses douleurs de veuve et les domine à son tour. Son fils orphelin, son fils sans défenseur, son fils exposé à la colère des Grecs irrités, voilà l'idée et le sentiment qui reviennent sans cesse dans ses pleurs : « O mon Hector, que tu es mort jeune! Et tu me laisses veuve dans ce palais, et ton fils orphelin, pauvre enfant que nous avions mis au monde, toi et moi, malheureux que nous sommes! et qui n'atteindra pas l'âge d'homme : car, avant ce temps, cette ville sera renversée, puisque tu as péri, toi qui la défendais, toi qui sauvais les femmes et les enfants renfermés dans ses murs! Maintenant ces femmes vont être emmenées captives sur les vaisseaux des Grecs, et moi-même avec elles. Et toi, mon fils, me suivras-tu, condamné à travailler, comme esclave, sous la loi d'un maître impérieux? Peut-être, hélas! un Grec t'arrachera-t-il de mes bras pour te précipiter du haut des tours, un Grec irrité contre notre Hector qui aura tué ou son frère, ou son père, ou son fils : il y a tant de Grecs qui ont mordu la poussière sous les coups d'Hector! car ton père était redoutable dans les combats. Aussi le peuple aujourd'hui pleure avec sanglots sur son cadavre. O Hector! quelle douleur imposée à ton vieux père, à ta mère et à moi surtout! quelle longue infortune! et encore, en mourant, tu n'as pas pu me tendre la main et m'adresser une dernière et sage parole, pour m'en souvenir nuit et jour au milieu de mes larmes.[1] »

J'ai voulu étudier avec soin le personnage d'Andromaque dans Homère, parce que tous les autres poëtes l'ont pris des mains d'Homère tel qu'il l'avait créé. Mais, dans ces poëtes, le personnage d'Andromaque est devenu le type de l'amour maternel seulement; car, après Hector, qui Andromaque peut-elle aimer encore que son fils Astyanax? qu'est-ce qui peut, mieux que l'amour maternel, remplacer l'amour conjugal dans le cœur de cette femme modeste et réservée? Et cela est si vrai, qu'Euripide, le plus hardi des poëtes grecs et le plus novateur, prenant Andromaque pour sujet d'une de ses tragé-dies, et lui donnant un autre époux qu'Hector et un autre fils

---

[1]. *Iliade,* chant XXIV, v. 725.

Déjà, dans le vingt-deuxième chant (vers 482), quand Andromaque, du haut des remparts de Troie, voit le cadavre de son Hector attaché au char d'Achille, sa pensée se porte aussitôt sur son fils désormais orphelin : « Hélas! dit-elle, Hector, tu vas descendre dans les ténèbres souterraines; et tu me laisses veuve dans ton palais désert, et ton fils n'est encore qu'un faible enfant! Quand même il échapperait au courroux de la guerre, il n'a plus à attendre que peines et malheurs. Il se verra ravir ses champs, dont il ne pourra pas défendre la borne consacrée. L'enfant orphelin n'a point de protecteurs et d'amis; il a le front baissé vers la terre et la joue humide de larmes. En vain va-t-il, dans son besoin, trouver les compa-gnons d'armes de son père, prenant l'un par le manteau et l'autre par la tunique; à peine par pitié lui donnent-ils une coupe à moitié pleine, qui mouille ses lèvres et ne désaltère pas sa gorge desséchée. Qui sait même si quelque enfant, heureux et fier d'avoir son père et sa mère vivants encore et puissants, ne le chassera pas du festin, le frappant de la main et l'insul-tant de la parole? Va-t'en, misérable, dira-t-il, ton père n'est point assis à notre table. Et l'enfant revient alors en pleurant trouver sa mère qui est veuve. Malheureux Astyanax! qui, autrefois, assis sur les genoux de son père, ne mangeait que la moelle la plus pure des viandes; et, quand le sommeil venait le prendre à la fin de ses jeux, il s'allait alors reposer dans son lit, tête penchée sur le sein de sa nourrice, le corps étendu sur une couche délicate, et s'endormait plein de joie et de bonheur. Qu'il va souffrir maintenant, privé de l'appui de son père! »

La tendresse maternelle d'Andromaque n'exagère pas le malheur des fils orphelins : voyez dans l'*Odyssée* le sort de Télémaque pendant l'absence de son père.

qu'Astyanax, l'a pourtant représentée sauvant du trépas son fils Molossus : tant, chez les anciens, le personnage d'Andromaque était naturellement destiné à exprimer l'amour maternel et ses angoisses ! Les poëtes pouvaient changer ses aventures, mais ils ne pouvaient changer ses sentiments.

Andromaque figure dans deux tragédies d'Euripide, les *Troyennes* et *Andromaque* : dans l'une, pleurant son fils Astyanax qu'on arrache de ses bras pour le précipiter du haut des remparts de Troie ; dans l'autre, tremblant pour les jours de Molossus, le fils qu'elle a eu de Pyrrhus, et poursuivie par la haine d'Hermione. Voyons de quelle manière Euripide a, dans ces deux pièces, exprimé l'amour maternel.

Les *Troyennes* sont un tableau tragique plutôt qu'un drame. La ruine de Troie en est le sujet, et Hécube, qui personnifie, pour ainsi dire, le malheur de sa ville et de sa famille, Hécube en fait le personnage principal et le centre. Mais, autour d'elle, il y a trois personnages destinés à exciter l'intérêt du spectateur, et qui font l'action du tableau : Cassandre, Andromaque et Hélène : Cassandre, toujours pleine de sa fureur prophétique, et qui, devenue l'esclave d'Agamemnon, chante cet hyménée de servitude et prédit les malheurs qui vont bientôt accabler les Atrides ; Hélène, que Ménélas veut punir de ses perfidies, et qui plaide sa cause devant lui contre Hécube qui l'accuse ; Andromaque enfin, à qui Talthybius vient annoncer l'arrêt prononcé par les Grecs contre son fils. Ces trois scènes fort diverses font toute la tragédie : une scène de plaidoirie entre Hécube et Hélène devant Ménélas qui, selon Euripide, ordonne de transporter Hélène sur un vaisseau autre que le sien, afin de n'être point tenté de lui pardonner en chemin ; une scène de prophétie de Cassandre annonçant quelles expiations vont, pour la Grèce, suivre la chute de Troie ; une scène enfin des douleurs maternelles d'Andromaque, qui voit son fils Astyanax arraché de ses bras. C'est cette scène que nous devons rapidement exposer.

Andromaque envie le sort de Polyxène, qu'elle a vu immoler

sur le tombeau d'Achille : « C'est sur moi qu'il faut pleurer, dit-elle à Hécube, moi qui vais être emmenée captive en Grèce, destinée au lit d'un maître impérieux. Il y a moins de douleurs dans la mort de ta fille que dans mon esclavage, car je n'ai plus même l'espérance, ce dernier bien des malheureux, et je ne peux plus imaginer que j'aie aucune joie à attendre sur la terre.[1] » Hécube alors, avec cette science du malheur et de la résignation que donne une longue vie : « O ma fille, répond-elle, cesse de rappeler le malheur d'Hector; tes larmes ne peuvent plus le sauver. Apprends à honorer le maître que le sort t'a donné; plais-lui par ta douceur, afin que, par toi, les Troyens puissent encore trouver quelque appui, afin surtout que tu puisses élever ton fils, cet enfant de mon Hector, ce dernier gage des destinées de Troie, et qu'un jour les descendants de ton fils revenant habiter nos rivages, il y ait encore un Ilion![2] » Belles et tristes consolations, pleines de l'expérience de la vieillesse qui sait bien qu'il n'y a pas un jour, dans la vie de l'homme, où il puisse se dire arrivé au terme du malheur, et qu'il ne faut jamais tenter ni défier l'infortune![3]

Andromaque l'éprouve cruellement. Elle oubliait, en se croyant aussi malheureuse qu'elle pourrait jamais l'être, elle

1. *Troyennes*, v. 672.
2. *Ibid.*, v. 692.
3. Pradon, dans sa *Troade*, semble s'être inspiré de ces sentiments.

> Mes enfants, oublions cette fierté des rois
> Qu'au palais de Priam nous eûmes autrefois.
> . . . .
> Sans nous ressouvenir d'une gloire importune,
> Il faut s'abandonner au cours de la fortune,
> Et, n'étant plus au temps de ses prospérités,
> Il faut aller au gré de ses adversités.
> Nous ne commandons plus aux peuples de l'Asie;
> Notre grandeur sous Troie est tout ensevelie;
> Nous sommes des captifs que les Grecs ont soumis;
> Nos enfants sont aux fers parmi nos ennemis;
> Il faut prendre un esprit conforme à leurs misères,
> Et nous ressouvenir que nous sommes leurs mères.
> (PRADON, *Troade*.)

oubliait son fils que les Grecs peuvent faire périr. Talthybius arrive :

« Épouse du plus brave des Troyens, ne me maudis pas; c'est malgré moi que je viens t'apporter les ordres des Grecs et des Atrides.

ANDROMAQUE.

« Qu'est-ce? hélas! quel nouveau malheur m'annonce ce langage?

TALTHYBIUS.

« Ils veulent que ton fils... Comment parler?

ANDROMAQUE.

« Quoi? veulent-ils qu'il ait un autre maître que moi? veulent-ils me l'ôter?

TALTHYBIUS.

« Aucun des Grecs ne sera jamais le maître de ton fils.

ANDROMAQUE.

« Demeurera-t-il donc ici comme un reste des Troyens?

TALTHYBIUS.

« Je ne sais comment t'annoncer ton malheur.

ANDROMAQUE.

« Ah! j'approuve ton embarras, puisque tu n'as rien d'heureux à me dire.

TALTHYBIUS.

« Hélas! apprends tout : ils veulent tuer ton fils.

ANDROMAQUE.

« O dieux! il y a donc pour moi une plus grande douleur que d'épouser Pyrrhus!

TALTHYBIUS.

« L'avis d'Ulysse l'a emporté dans l'assemblée des Grecs.

ANDROMAQUE.

« Hélas! hélas! il n'y a plus de mesure dans nos maux.

TALTHYBIUS.

« Ulysse ne veut point qu'on laisse vivre le fils d'un si vaillant père.

ANDROMAQUE.

« Puisse ce vœu retomber un jour sur ses enfants ! [1] »

Talthybius, qui n'est pas seulement un messager, mais qui prend part à la douleur qu'apporte son message, conseille à Andromaque de se soumettre à sa destinée :

« Que peux-tu contre la volonté des Grecs? Considère ton sort : ta ville et ton époux ont péri, tu es esclave. Pourquoi essayer de lutter contre la force? Évite le blâme qu'attire la violence même de la douleur...[2] Ne jette pas aux Grecs tes imprécations, car, si tu irrites l'armée, ton enfant n'obtiendra ni la sépulture ni la pitié; mais, si tu gardes le silence malgré ta douleur, son cadavre ne restera pas sur le rivage sans être enseveli, et les Grecs loueront ta réserve.[3] »

Ces conseils de la sagesse antique, de cette sagesse résignée au destin, persuadent Andromaque : car le prix que, comme tous les anciens, elle attache aux honneurs de la sépulture, lui fait sentir qu'au delà de la douleur de voir mourir son fils, il y a encore la douleur de le voir privé de tombeau. Cet espoir d'obtenir à son fils une sépulture honorée des larmes de sa mère la touche et la contient. Aussi point d'emportements, point de colère ni de désespoir, mais quelle profonde et touchante douleur!

« O mon fils! le plus cher de tous les biens que j'avais! tu vas mourir sous les coups des ennemis de ta patrie, tu vas abandonner ta mère. Hélas! c'est la gloire de ton père, cette gloire qui, dans des familles plus heureuses, fait la prospérité des enfants, c'est elle qui te fait périr. Ton malheur est d'avoir

---

1. EURIPIDE, *Troyennes*, v. 704.
2. Je ne traduis pas mot à mot, parce que j'ai peur que notre temps ne se récrie sur ces conseils de modération donnés à une mère qui va voir périr son fils : «... Ne cherche pas la querelle et le combat, dit Talthybius; ne fais rien d'indécent et de blâmable. » Dans les mœurs et surtout dans l'art grec, aucune passion ne doit être poussée à l'excès : car l'excès ôte la dignité.
3. *Troyennes*, v. 724.

eu un père vaillant et brave. O misères de mon lit nuptial! Noces qui m'amenâtes dans le palais d'Hector, était-ce pour enfanter une victime à la Grèce ou pour donner un maître à l'Asie? — Tu pleures, mon enfant : comprends-tu donc tes maux? Pourquoi me serres-tu de tes faibles mains, et t'attaches-tu à ma robe comme un pauvre oiseau qui se réfugie sous les ailes de sa mère? Il n'y a plus la lance d'Hector pour te défendre; il n'y a plus de compagnons de ton père, plus de Troie. Quoi! précipité du haut des murs et la tête brisée sur le sol, tu vas périr, ô toi que j'embrasse avec tant d'amour, ô toi dont je respire la douce haleine! C'est donc en vain que mes mamelles t'ont nourri, c'est donc en vain que j'ai souffert les peines de la maternité et de l'allaitement! Embrasse, embrasse encore ta mère, pauvre enfant! tu ne le pourras plus bientôt; serre-toi contre mon sein, presse-moi de tes bras, unis ta bouche à la mienne. O Grecs, pourquoi tuer cet enfant innocent?[1] »

Ces gémissements maternels me touchent plus que toutes les colères du monde. Voilà la vraie douleur qui s'abandonne à tous les sentiments que le malheur excite dans l'âme humaine, mais qui ne va point au delà et qui ne tombe pas dans l'emportement de l'instinct; voilà vraiment l'Andromaque d'Homère, et, quoique Euripide en ait quelque peu altéré le caractère, dans d'autres scènes, par les maximes sentencieuses[2]

---

1. *Troyennes*, v. 735.
2. Dans Homère, Hector dit à Andromaque de retourner dans le palais et d'y reprendre son travail avec ses servantes. C'est un trait des mœurs antiques : car, selon ces mœurs, la femme devait peu paraître en public. Euripide a arrangé ces simples paroles d'Hector en sentences prétentieuses : « Tout ce qui est à la gloire d'une femme chaste et vertueuse, dit Andromaque, je le faisais dans le palais d'Hector, mon époux. La femme qui ne sait pas rester à la maison rencontre bien vite la médisance ou le blâme, qu'elle soit coupable ou innocente. Quant à moi, je renonçai au désir de me montrer, et je vivais renfermée; je ne me faisais pas même un mérite de cette conduite, comme le font les femmes dans leur vanité; et, prenant la raison pour maîtresse, je me contentais de faire le bien dans ma maison, m'effor-

qu'il met dans sa bouche, cependant il sait le retrouver tout entier quand il exprime la douleur maternelle.

Nous devons maintenant étudier l'Andromaque de Racine.

« Quoique ma tragédie, dit Racine dans la préface de son *Andromaque*, porte le même titre que la pièce d'Euripide, le sujet en est pourtant très-différent. Andromaque, dans Euripide, craint pour la vie de Molossus, qui est un fils qu'elle a eu de Pyrrhus, et qu'Hermione veut faire mourir avec sa mère. Mais ici il ne s'agit point de Molossus; Andromaque ne connoît point d'autre mari qu'Hector ni d'autre fils qu'Astyanax. La plupart de ceux qui ont entendu parler d'Andromaque ne la connoissent que pour la veuve d'Hector et la mère d'Astyanax. On ne croit point qu'elle doive aimer ni un autre mari ni un autre fils, et je doute que les larmes d'Andromaque eussent fait sur l'esprit de mes spectateurs l'impression qu'elles y ont faite, si elles avoient coulé pour un autre fils que celui qu'elle avoit d'Hector. »

Racine a raison de dire que le sujet de son *Andromaque* est fort différent du sujet de l'*Andromaque* d'Euripide. Il n'y a entre les deux pièces qu'un seul rapport : Andromaque, dans Racine comme dans Euripide, exprime l'amour maternel.

La différence entre l'Andromaque antique et l'Andromaque moderne tient à la différence même des mœurs et de la société. L'Andromaque d'Euripide représente fidèlement la destinée des captives dans l'antiquité. Hier reine, aujourd'hui esclave, sa grandeur passée ne la protége pas contre les humiliations et les travaux de la servitude : elle file la toile sous les ordres d'une maîtresse, elle va chercher de l'eau aux fontaines

---

çant de plaire à mon mari par la réserve de mes paroles et la paix de mes regards. . . . . »

(*Troyennes*, v. 640.)

Voilà, certes, un fort bon manuel des devoirs de la femme dans son ménage; mais ces sentences ne conviennent guère au personnage d'Andromaque, et les femmes qui ont ces belles vertus que vante Euripide commencent par n'en pas parler.

publiques,¹ elle a soin de la maison,² elle est esclave enfin. Comme esclave, elle est entrée dans le lit du vainqueur ;

> Stirpis Achilleæ fastus juvenemque superbum,
> Servitio enixæ, tulimus, ...³

dit Andromaque elle-même dans Virgile ; et, quand Pyrrhus l'a laissée pour épouser Hermione, alors il l'a mariée à un de ses esclaves, à Hélénus, un des captifs de Troie et le frère même d'Hector.

> Me famulo famulamque Heleno transmisit habendam.⁴

Voilà, dans l'antiquité, la condition de la femme esclave ; et, au siècle même de Virgile, aux plus beaux jours de la civilisation romaine, personne n'était étonné ni choqué d'entendre Andromaque raconter elle-même cette humiliation.

L'Andromaque de Racine ne ressemble guère à ce modèle : elle est prisonnière, mais elle est honorée et respectée ; elle a une confidente, tandis que l'Andromaque antique n'a qu'une compagne d'esclavage ;⁵ elle est reine à la cour de Pyrrhus, comme Jacques II était roi à Saint-Germain, parce que, dans les idées modernes, les rois même détrônés gardent leur rang. Pyrrhus, enfin, malgré la violence de son amour, est un maître discret et respectueux, qui adore sa captive, mais qui croirait s'avilir s'il usait contre elle des lois de l'esclavage antique. Andromaque, de son côté, trouve ce respect tout naturel. L'esclave antique avoue, en baissant les yeux, qu'elle a subi l'amour de son maître ; l'Andromaque moderne s'offense à l'idée de ne pas rester fidèle à la mémoire d'Hector, et elle refuse la main de Pyrrhus : scrupules délicats, qui témoignent de la pureté de son âme, mais qui témoignent aussi de la liberté qu'elle

---

1. Homère, *Iliade*, chant VI, v. 457.
2. Euripide, *Andromaque*, v. 34.
3. *Énéide*, liv. III, v. 326.
4. *Ibid.*, v. 329.
5. Euripide, *Andromaque*, v. 64.

tient des mœurs de la société moderne et du respect que le christianisme et la chevalerie ont pour la femme. Je crois, avec M. de Chateaubriand, que le christianisme a donné à l'Andromaque de Racine sa pureté délicieuse de sentiments, mais je crois surtout qu'il lui a donné l'idée de son indépendance.

Ainsi, entre l'Andromaque moderne et l'Andromaque antique il n'y a aucune ressemblance de fortune : l'une est presque reine, l'autre est esclave. Mais toutes deux sont mères, toutes deux ont à défendre la vie de leur fils. Ici encore, pourtant, que de différences!

L'Andromaque de Racine est à la fois épouse et mère; elle est fidèle à son Hector au delà du tombeau; le fils qu'elle aime et qu'elle défend est Astyanax, c'est-à-dire un gage de l'amour d'Hector, et qui le représente à ses yeux :

> C'est Hector, disoit-elle en l'embrassant toujours;
> Voilà ses yeux, sa bouche et déjà son audace;
> C'est lui-même, c'est toi, cher époux, que j'embrasse.[1]

Ainsi l'amour qu'elle a pour son fils se confond avec la fidélité qu'elle garde à son époux. Troie, Hector, Astyanax, Priam sont les noms qui reviennent sans cesse dans sa bouche, et Pyrrhus lui-même n'ose pas lui interdire ces noms qui entretiennent sa fidélité et sa douleur.

Dans Euripide, le fils qu'Andromaque cherche à défendre de la mort n'est plus Astyanax : c'est Molossus, un enfant qu'elle a eu de Pyrrhus; elle n'est plus épouse comme dans Homère et dans Racine, elle n'est que mère; et Euripide, avec cet esprit philosophique qu'il mettait dans le choix et dans la disposition de ses sujets, non moins que dans les discours de ses personnages, Euripide semble avoir voulu ôter à Andromaque tout ce qui était étranger au sentiment de l'amour maternel, afin qu'elle ne représentât plus que ce sentiment, et qu'elle en fût le plus pur et le plus parfait modèle. Elle aime son fils Molos-

---

1. Acte II, scène v.

sus, non parce qu'elle attache à sa vie, comme à celle d'Astyanax, des souvenirs de bonheur et de gloire ; elle l'aime, quoiqu'il soit le fruit de la servitude ; elle l'aime, parce qu'il est son fils.

Le péril de Molossus est plus prochain et plus terrible que le péril d'Astyanax. J'entends bien, dans Racine, Oreste qui vient, au nom de la Grèce, demander la mort d'Astyanax, mais Pyrrhus est généreux, et, de plus, il aime Andromaque. Aussi, lorsqu'il la menace de faire périr son fils, le spectateur, comme Andromaque elle-même, ne peut pas croire

> . . . que, dans son cœur, il ait juré sa mort :
> L'amour peut-il si loin pousser la barbarie ?

Elle espère donc toujours, et elle a raison. Le danger de Molossus ne comporte point de pareilles espérances. L'absence de Pyrrhus livre Andromaque et Molossus au pouvoir d'Hermione et de Ménélas, et c'est là un nouveau témoignage du désordre de la société héroïque, où non-seulement la mort, mais l'abcence même du père, abandonnait l'enfant à la tyrannie du premier venu. Andromaque, pour échapper à la colère jalouse d'Hermione, s'est réfugiée en suppliante aux pieds de l'autel de Thétis, et elle a caché son fils. Mais Ménélas, qui joue dans la pièce le rôle d'un perfide et d'un lâche, et qui représente les Lacédémoniens, avec lesquels Athènes était en guerre quand Euripide fit jouer sa pièce, Ménélas a découvert la retraite de Molossus, et il menace Andromaque de tuer son fils sous ses yeux, si elle n'abandonne pas l'asile qu'elle a cherché au pied de l'autel : « Choisis, dit-il à Andromaque, de mourir toi-même ou de voir la mort de ton fils expier tes offenses envers moi et envers ma fille. » Ainsi, pour sauver son fils, il ne s'agit pas ici, comme dans Racine, d'oublier l'amour qu'elle a pour la cendre d'Hector, il s'agit d'autre chose que d'un combat de

1. Acte III, scène VIII.

sentiments : il s'agit de mourir elle-même ou de voir mourir son fils. Andromaque n'hésite pas :

« Non, dit-elle, je ne sauverai pas mes jours au prix de ceux de mon enfant. Qu'il vive!... j'espère pour lui un sort plus heureux. Qu'il vive!... ce serait une honte pour moi de ne point savoir mourir pour mon fils. Vois, Ménélas, j'abandonne l'autel qui me protégeait : tu peux maintenant immoler ta victime. O mon fils! ta mère va mourir afin que tu vives. Si tu échappes à la mort, souviens-toi de ta mère et comment elle a péri pour toi, et quand tu reverras ton père, quand tu l'embrasseras, dis-lui, en pleurant et en baisant ses mains, dis-lui ce que j'ai fait pour te sauver. Nos enfants sont notre vie et notre âme. Quiconque n'en a pas et blâme l'amour que nous avons pour eux, je le plains : il a moins de peines, mais il est malheureux dans son bonheur.[1] »

Que disait donc Saint-Évremond dans l'examen de la tragédie d'*Alexandre :* que la douleur ou le dévouement d'une mère *pour son cher fils*[2] ne peut pas nous émouvoir autant que la douleur ou le dévouement d'une amante pleurant son amant ou se dévouant pour lui? Qu'y a-t-il de plus touchant que ce sacrifice que l'Andromaque d'Euripide fait de sa vie pour sauver son fils Molossus? et quoique Racine, dans la pièce, modère, pour ainsi dire, les périls d'Astyanax par l'amour que Pyrrhus a pour Andromaque, la mère d'Astyanax nous émeut peut-être plus encore que la mère de Molossus avec de moindres périls pour son fils et un moindre dévouement d'elle-même, parce que notre pitié ne se mesure pas aux malheurs qu'on éprouve, mais à la douleur qu'on en ressent, et que l'Andromaque de Racine se dévoue autant à son fils en donnant pour lui sa main à Pyrrhus que l'Andromaque d'Euripide en sacrifiant sa vie pour sauver Molossus.

J'ai dit qu'il y avait, dans l'*Andromaque* de Racine, deux

---

1. Euripide, *Andromaque*, v. 408.
2. OEuvres de Saint-Évremond, t. III, p. 146.

tragédies, l'une aussi grecque que pouvaient le comporter les mœurs et les sentiments du xvii.e siècle, l'autre toute française et consacrée tout entière à peindre l'amour dans Pyrrhus et la jalousie dans Hermione. C'est cette seconde tragédie que je veux examiner.

Autant les sentiments qui tiennent de plus près à la famille et à ses devoirs l'emportent dans la tragédie grecque, autant l'amour dans *sa plus sensible peinture* l'emporte dans la tragédie française. Fontenelle dit, dans ses *Réflexions sur la poétique* : « Les anciens n'ont presque pas mis d'amour dans leurs drames, et quelques-uns les louent de n'avoir pas avili leur théâtre par de si petits sentiments. Pour moi, je pense qu'ils n'ont pas connu ce que l'amour pouvoit produire, et qu'ils ne possédoient pas la science du cœur. » Les anciens possédaient fort bien la science du cœur sur la place publique, et quand il s'agissait d'émouvoir le peuple; ils avaient le secret des passions générales de l'homme; mais ils connaissaient moins bien, ou plutôt ils dédaignaient, surtout dans Eschyle et dans Sophocle, le secret de cette passion particulière qui, chez les modernes, semble être devenue la passion principale. Dans la *Sophonisbe* de Corneille, Lélius dit à Massinissa que, lorsqu'un prince défère à l'ardeur de l'amour,

<blockquote>Il s'en fait un plaisir et non pas une affaire.</blockquote>

Le mot est vraiment d'un ancien.

La transformation même que Racine a faite de l'amour de Pyrrhus pour Andromaque indique très-bien le passage et le changement de l'amour antique à l'amour moderne. Dans l'antiquité, en effet, Pyrrhus a aimé Andromaque, ou plutôt il a usé sur elle des droits de l'esclavage. Racine a donc pu, sans s'écarter de la tradition antique, faire de Pyrrhus l'amant d'Andromaque; mais il en a fait un amant moderne et français, c'est-à-dire tendre, agité et respectueux. Chose remarquable dans Racine : il a trouvé dans l'antiquité tous les personnages et tous les faits de sa tragédie. Hermione, dans Euripide, est jalouse d'Andromaque comme elle l'est dans Racine. Oreste enfin, Oreste lui-même, selon l'histoire héroïque de la vieille Grèce, a tué Pyrrhus et enlevé Hermione. Rien n'est donc de l'invention de Racine, ni les faits, ni les personnages; mais il a tout transformé. Les faits et les personnes sont les mêmes, les sentiments sont différents. Indiquons rapidement ces transformations.

J'ai déjà montré comment Andromaque, d'esclave qu'elle est dans Euripide et dans Virgile, est, dans Racine, une reine captive, adorée et respectée. La différence entre la femme antique et la femme moderne est surtout visible quand on compare la scène entre Andromaque et Hermione dans Euripide et dans Racine.

C'est, dans les deux poëtes, la jalousie d'Hermione qui en fait le sujet; mais, dans Racine, cette jalousie est celle d'une femme qui, jouissant avec délices de l'humiliation de sa rivale, sait pourtant se contenir et ne laisse éclater sa passion que par quelques paroles d'ironie :

> S'il faut fléchir Pyrrhus, qui le peut mieux que vous?
> Vos yeux assez longtemps ont régné sur son âme.
> Faites-le prononcer : j'y souscrirai, madame.[1]

L'Hermione grecque, au contraire, est l'épouse légitime qui, dans sa jalousie et dans sa colère, veut tuer l'esclave qui lui a disputé le lit de son époux : c'est Sarah faisant chasser Agar; c'est une scène du ménage des patriarches et des héros, ou une scène du sérail. Aussi quelle violence, quelles injures! « C'est toi, dit-elle à Andromaque, c'est toi, esclave et captive, qui voulais me chasser de ce palais pour y être maîtresse. Tu me rends, par tes maléfices, odieuse à mon époux, et tu as frappé mon sein de stérilité. L'esprit des femmes de l'Asie est habile dans ces arts funestes; mais je

---

[1]. Acte III, scène IV.

réprimerai ton audace. Ni la demeure de la Néréide, ni ce temple, ni cet autel ne te protégeront... Malheureuse, tu en viens à ce point d'égarement d'oser entrer dans le lit de celui dont le père a tué ton époux!...[1] »

L'Andromaque d'Euripide n'est pas non plus cette mère douce et plaintive qui vient supplier Hermione de sauver Astyanax, qui ne lui parle de leur rivalité auprès de Pyrrhus que pour la désavouer :

> Je ne viens point ici, par de jalouses larmes,
> Vous envier un cœur qui se rend à vos charmes.[2]

Elle n'a pas ces touchantes prières en faveur de son fils :

> Mais il me reste un fils : vous saurez quelque jour,
> Madame, pour un fils jusqu'où va notre amour.
> . . . .
> Laissez-moi le cacher dans quelque île déserte.
> Sur les soins de sa mère on peut s'en assurer,
> Et mon fils avec moi n'apprendra qu'à pleurer.[3]

L'Andromaque d'Euripide oppose l'insulte à l'insulte : elle reproche hardiment à la fille d'Hélène de manquer des vertus qui font l'honneur des épouses ; et, à ce sujet, elle fait une apologie curieuse des mœurs domestiques de l'Orient, opposées aux mœurs de l'Occident :

« Ce ne sont pas mes maléfices qui te font haïr de ton époux ; mais tu ne sais pas lui rendre ton commerce agréable. Le véritable philtre n'est pas la beauté : ce sont les vertus qui plaisent aux maris. Tu parles sans cesse avec emphase de la grandeur de Lacédémone, et de Scyros avec dédain ; tu étales ta richesse parmi des pauvres ; Ménélas est à tes yeux plus grand qu'Achille. Voilà ce qui te rend odieuse à ton époux. Une femme, fût-elle unie à un méchant époux,

1. EURIPIDE, *Andromaque*, v. 155.
2. Acte III, scène IV.
3. *Ibid.*

doit chercher à lui plaire et ne pas lutter avec lui d'arrogance. Si tu avais eu pour époux quelque roi de la Thrace, où le même homme fait tour à tour partager sa couche à plusieurs femmes, tu les aurais donc tuées toutes?... O cher Hector, si Vénus t'inspirait quelques désirs, j'aimais, à cause de toi, les femmes que tu aimais ; souvent même je présentais mon sein aux enfants qu'une autre mère t'avait donnés, afin d'éloigner de ta demeure l'amertume des querelles. Et c'est ainsi que je gagnais, par ma douceur, le cœur de mon époux.[1] »

Telles sont les différences entre l'Andromaque antique et l'Andromaque moderne ; différences qu'il est bon de noter, parce que l'Andromaque moderne est un des plus curieux exemples de la manière dont Racine composait ses personnages, mêlant avec un art infini, dans ses conceptions, les souvenirs de l'antiquité et l'inspiration des idées modernes : Écoutez tous ces noms poétiques de Troie, de Priam et d'Hector, ces tristes invocations aux rivages chéris de l'Asie :

> Non, vous n'espérez plus de nous revoir encor,
> Sacrés murs, que n'a pu conserver mon Hector ![2]

écoutez le récit de

> Cette nuit cruelle
> Qui fut pour tout un peuple une nuit éternelle.[3]

N'est-ce pas l'Andromaque d'Homère et de Virgile que nous entendons ? n'est-ce pas l'antiquité transportée par enchantement sur la scène française ? Mais si, écartant un instant ces grands noms, vous étudiez le personnage d'Andromaque, cette dignité et cette pureté qu'elle a gardées au sein de l'esclavage, cette fidélité à la mémoire d'Hector, ce péril d'Astyanax qui suffit pour exciter les craintes d'une mère, mais qu'elle pourra faire cesser quand elle voudra user du pouvoir de sa beauté;

---

1. *Andromaque*, v. 204.
2. Acte Ier, scène IV.
3. Acte III, scène VIII.

l'amour respectueux de Pyrrhus, la lutte secrète entre Hermione et Andromaque, ces mouvements de passion, ces détours du cœur, ces colères, ces jalousies que Racine a transportées du monde sur le théâtre; vous reconnaissez aussitôt cette sensibilité délicate et vive qui est un des caractères de la société et de la littérature modernes; vous reconnaissez ces passions à la fois profondes et fines qui se sont développées sous l'influence, diverse en apparence, des scrupules religieux de la morale chrétienne et des conversations de galanterie sentimentale de l'hôtel de Rambouillet; vous reconnaissez surtout la jeunesse de Racine, tel que nous nous le figurons au sortir des graves études de Port-Royal, plein des souvenirs de l'antiquité, mais ému aussi et inspiré par les passions qu'il sentait dans son âme, et peignant Andromaque, Pyrrhus et Hermione, moins encore peut-être avec les traits qu'il trouvait dans Homère ou dans Virgile qu'avec ceux qu'il trouvait dans son cœur.

D'Andromaque passons à Pyrrhus.

Pyrrhus ne paraît pas dans l'*Andromaque* d'Euripide. Il est absent de l'Épire, et c'est pendant cette absence qu'Hermione, jalouse de la captive que Pyrrhus lui a préférée, veut tuer Andromaque et Molossus. Dans Racine, au contraire, Pyrrhus a le rôle principal. Placé entre Andromaque et Hermione, aimant l'une, fiancé à l'autre, il va de la fille d'Hélène à la veuve d'Hector, selon qu'il espère fléchir les refus d'Andromaque ou qu'il en désespère. Oubliez le héros antique, le fils de Priam et le meurtrier de Polyxène, le fils impitoyable d'Achille; ou, si vous y songez encore, voyez comme l'amour, dans Racine, l'a adouci et civilisé! Quel respect pour sa captive, respect inspiré par l'amour!

> Je sais que pour régner elle vint dans l'Épire,

dit Pyrrhus parlant d'Hermione à Andromaque;

> Le sort vous y voulut l'une et l'autre amener,
> Vous, pour porter des fers, elle, pour en donner.

D'ANDROMAQUE.

> Cependant ai-je pris quelque soin de lui plaire?
> Et ne diroit-on pas, en voyant au contraire
> Vos charmes tout-puissants, et les siens dédaignés,
> Qu'elle est ici captive, et que vous y régnez?
> Ah! qu'un seul des soupirs que mon cœur vous envoie,
> S'il s'échappoit vers elle, y porteroit de joie!

Toujours attachée à la mémoire d'Hector, Andromaque refuse d'écouter ces soupirs, et Pyrrhus alors, passant de la tendresse à la colère :

> Hé bien, madame, hé bien, il faut vous obéir;
> Il faut vous oublier, ou plutôt vous haïr...
> . . . .
> Songez-y bien; il faut désormais que mon cœur,
> S'il n'aime avec transport, haïsse avec fureur.
> Je n'épargnerai rien dans ma juste colère;
> Le fils me répondra des mépris de la mère;
> La Grèce le demande, et je ne prétends pas
> Mettre toujours ma gloire à sauver des ingrats.

Mais Pyrrhus ne peut pas résister aux pleurs d'Andromaque, et l'amant, qui menaçait de tuer le fils pour se venger de la mère, s'arrête déjà attendri :

> . . . Allez, madame, allez voir votre fils.
> Peut-être, en le voyant, votre amour plus timide
> Ne prendra pas toujours sa colère pour guide.

La scène où Racine a le mieux peint l'amour de Pyrrhus, où il a le mieux représenté dans Pyrrhus l'amour tel qu'il le concevait, sans se soucier de la rudesse des mœurs héroïques, l'amour toujours prêt à s'emporter et à se calmer, l'amour irrésolu, incertain et toujours dominé par l'idée et l'image de la personne aimée, est la scène où Pyrrhus déclare à Phœnix qu'il abandonne Andromaque et revient à Hermione. C'est là que sont je ne sais combien de vers charmants restés dans toutes les mémoires comme l'expression la plus fidèle et la plus gracieuse des mouvements de l'amour.

> Je vois ce qui la flatte :
> Sa beauté la rassure, et, malgré mon courroux,

> L'orgueilleuse m'attend encore à ses genoux.
> Je la verrois aux miens, Phœnix, d'un œil tranquille.
> Elle est veuve d'Hector et je suis fils d'Achille :
> Trop de haine sépare Andromaque et Pyrrhus.
>
> PHŒNIX.
> Commencez donc, seigneur, à ne m'en parler plus...[1]

et cette question d'un cœur qui ne pense qu'à Andromaque, tout en disant qu'il veut la quitter :

> Crois-tu, si je l'épouse,
> Qu'Andromaque en son cœur n'en sera point jalouse?

et ce besoin invincible que sent l'amant de revoir ce qu'il aime, serait-ce même pour le maudire ou pour l'insulter :

> Non, je n'ai pas bien dit tout ce qu'il faut lui dire ;
> Ma colère à ses yeux n'a paru qu'à demi ;
> Elle ignore à quel point je suis son ennemi.
> Retournons-y ; je veux la braver à sa vue,
> Et donner à ma haine une libre étendue.
> Viens voir tous ses attraits, Phœnix, humiliés.
> Allons.
>
> PHŒNIX.
> Allez, seigneur, vous jeter à ses pieds.[2]

Voilà cette fameuse scène que de sévères censeurs blâment comme indigne de la tragédie, et que Boileau lui-même condamnait, s'il faut en croire Brossette, un des confidents de sa vieillesse. Boileau avait remarqué, disait-il, que le parterre souriait presque toujours pendant cette scène. J'ai peine à croire

---

1. Il y a ici un souvenir d'Ovide. Racine avait voulu faire une comédie des *Amours d'Ovide*, et il dit, dans une de ses lettres à l'abbé Levasseur, qu'il avait noté les vers du poëte qui pouvaient servir à sa comédie. Le vers de Phœnix : *Commencez donc, seigneur, à ne m'en parler plus*, rappelle le vers du *De remedio amoris* :

> Qui nimium multis, non amo, dicit, amat.
> (*De remedio amoris*, liv. II.)

2. Ici encore un souvenir du *De remedio amoris*, livre II :

> Qui silet est firmus : qui dicit multa puellæ
> Probra, satisfieri postulat ipse sibi.

que Boileau, même vieux, ait voulu démentir les deux vers de son épître à Racine :

> Et peut-être ta plume aux censeurs de Pyrrhus
> Doit les plus nobles traits dont tu peignis Burrhus.

Pourquoi se serait-il associé aux *censeurs de Pyrrhus?* est-ce parce que le parterre souriait à l'expression fidèle et vraie des mouvements de l'amour? Il n'est pas nécessaire que les passions de la tragédie soient dès le commencement violentes et furieuses. Elles ont leurs progrès. Les premiers degrés ne sont pas tenus de ressembler aux derniers. Il y a plus : même dans les passions les plus terribles, dans la jalousie par exemple, il y a des alternatives de crainte et d'espérance, de calme et d'agitation. Voyez Hermione dans sa première scène avec Oreste : elle n'a pas pu encore renoncer à l'espoir que Pyrrhus lui rendra quelque jour son amour; elle avoue à Oreste qu'elle est abandonnée et trahie. Mais elle le croit au fond moins qu'elle ne le dit, et lorsque Oreste lui propose de quitter l'Épire et de venir exciter les Grecs à venger son injure, Hermione s'écrie :

> Mais, seigneur, cependant, s'il épouse Andromaque?
> ORESTE.
> Hé, madame !
> HERMIONE.
> Songez quelle honte pour nous
> Si d'une Phrygienne il devenoit l'époux !
> ORESTE.
> Et vous le haïssez ! Avouez-le, madame,
> L'amour n'est pas un feu qu'on renferme en une âme :
> Tout nous trahit : la voix, le silence, les yeux;
> Et les feux mal couverts n'en éclatent que mieux.

A ce cri de jalousie, c'est-à-dire d'amour, qui dément si vivement la haine qu'Hermione s'efforçait d'exprimer pour Pyrrhus, peut-être le parterre sourit-il. Il a raison de sourire, parce qu'il y a là une de ces contradictions de la passion, qui la décèlent au moment même où elle cherche à se cacher, et que cette contradiction plaît aux spectateurs, à qui elle montre les agitations du cœur humain. C'est aussi une contradiction de ce genre que le

> Crois-tu, si je l'épouse,
> Qu'Andromaque en son cœur n'en sera pas jalouse?

Elle doit donc plaire aussi au spectateur et le faire sourire. Où est le mal?

Ah! si au quatrième et au cinquième acte, quand Hermione est livrée aux fureurs de la jalousie, il y avait encore de ces traits de vérité piquante, nous aurions droit de nous plaindre que l'auteur oubliât, non pas la dignité de la tragédie, mais les lois de la vraisemblance. C'est un autre genre de vérité qui éclate alors sur la scène, non plus la vérité d'une passion qui veut encore se contenir et se déguiser, mais la vérité terrible d'un cœur désespéré et furieux. Ce sont des traits comme ceux-ci, quand Hermione ordonne le meurtre :

> S'il ne meurt aujourd'hui, je puis l'aimer demain;

ou, quand le meurtre est accompli :

> Pourquoi l'assassiner? Qu'a-t-il fait? A quel titre?
> Qui te l'a dit?

Certes, nous ne sourions pas alors, quoiqu'il y ait là aussi une singulière contradiction dans la passion; tant il est vrai que la même passion, dont les éclats involontaires nous faisaient sourire en ses commencements, nous fait trembler quand elle est arrivée à son comble, et, dans les deux cas, par l'effet de ces contrastes soudains qui sont propres à la passion.

Puisque je ne me plains pas que Pyrrhus exprime son amour comme il le ressent, c'est-à-dire avec toutes les agitations contradictoires du dépit amoureux, et que je ne lui reproche

pas de faire sourire les spectateurs, on ne sera point étonné
que je compare sans scrupule la scène de Pyrrhus avec une
scène de comédie où je trouve aussi la vive et fidèle peinture des inconséquences d'un cœur amoureux. Je veux parler d'une scène de la *Mère coquette,* de Quinault. Le jeune
Acanthe aime la jeune Isabelle, fille d'Ismène qui est la mère
coquette. Seulement il est brouillé avec Isabelle, comme sont
brouillés les amants ; et c'est à l'aide de cette brouillerie,
soigneusement entretenue par les fourberies de Laurette, une
des très-rares soubrettes de comédie qui ne prennent pas
parti pour la fille contre la mère, c'est à l'aide de cette brouillerie qu'Ismène espère remplacer sa fille Isabelle dans le cœur
d'Acanthe. Elle convient avec le père d'Acanthe, qui, quoique
vieux et laid, voudrait épouser la jeune Isabelle, de troquer,
pour ainsi dire, leurs enfants : Crémanthe épousera Isabelle,
Acanthe épousera Ismène. Il ne manque à cet accord que le
consentement d'Acanthe, et Acanthe ne le refuse pas. Mais
dans la scène où Acanthe consent à épouser Ismène, il ne
lui parle que d'Isabelle, de l'amour qu'il avait pour Isabelle,
de la perfidie dont il croit qu'Isabelle a payé sa tendresse. Sa
passion enfin pour Isabelle éclate à chaque mot et inflige à la
vanité d'Ismène le plus cruel et le plus juste tourment que
puisse souffrir la vanité, le tourment de se voir oubliée et
rebutée ; et cela, sans qu'Acanthe semble le vouloir, car c'est
malgré lui qu'il oublie Ismène présente ; c'est malgré lui qu'il
se souvient sans cesse d'Isabelle absente. Cette scène est vraiment digne des grands maîtres de la comédie. C'est vous, et
non plus Isabelle, dit Laurette à Ismène,

> C'est vous qu'il veut aimer, c'est vous...
> ACANTHE.
> Ah ! l'infidèle !
> ISMÈNE.
> Monsieur songe à ma fille et n'y renonce pas.
> ACANTHE.
> Moi, madame, y songer ? j'aurois le cœur si bas !
> De cette lâcheté me croiriez-vous capable ?

LAURETTE.

Non, c'est lui faire tort : cela n'est pas croyable;
Quoi que lui fasse dire un transport de courroux,
Monsieur assurément ne veut songer qu'à vous.

ACANTHE.

Madame, il est certain. Jamais, je le confesse,
L'amour n'a fait aimer avec tant de tendresse,
N'a jamais inspiré dans le cœur d'un amant
Rien qui fût comparable à mon empressement,
Rien d'égal à l'ardeur pure, vive, fidèle,
Dont mon âme charmée adoroit Isabelle.
Vous voyez cependant comme j'en suis traité.

ISMÈNE.

La jeunesse, monsieur, n'est que légèreté.
Au sortir de l'enfance une âme est peu capable
De la solidité d'un amour raisonnable;
Un cœur n'est pas encore assez fait à seize ans,
Et le grand art d'aimer veut un peu plus de temps.
C'est après les erreurs où la jeunesse engage,
Vers trente ans, c'est-à-dire, environ à mon âge,
Lorsqu'on est de retour des vains amusements
Qui détournent l'esprit des vrais attachements,
C'est alors qu'on peut faire un choix en assurance
Et c'est là proprement l'âge de la constance.
Un esprit, jusque-là, n'est pas bien arrêté,
Et les cœurs pour aimer ont leur maturité.

ACANTHE.

Mais, madame, après tout, qui l'eût cru d'Isabelle?
Isabelle inconstante! Isabelle infidèle!
Isabelle perfide, et sans se soucier...

ISMÈNE.

Quoi! toujours Isabelle!

ACANTHE.

Ah! c'est pour l'oublier;
Et je veux, s'il se peut, dans mon dépit extrême,
Arracher de mon cœur jusques à son nom même;
Je veux n'y laisser rien de ce qui me fut doux.
Grâce au ciel, c'en est fait.

LAURETTE.

C'est fort bien fait à vous.

ACANTHE.

J'en fais juge madame et veux bien qu'elle die
S'il est rien de si noir que cette perfidie :
Après tant de serments, et si tendrement faits,
De nous aimer toujours, de ne changer jamais,

> Isabelle aujourd'hui, cette même Isabelle...
> Madame, obligez-moi, ne me parlez plus d'elle.
> ISMÈNE.
> C'est vous qui m'en parlez.[1]

Avouons-le : Molière, dans ces scènes de querelles et de réconciliations amoureuses qu'il a si souvent mises au théâtre, n'a pas plus finement exprimé l'amour et ces mouvements d'un cœur qui laisse échapper son secret, au moment même où il semble vouloir le mieux cacher.[2]

Ce n'est point seulement dans la scène que je viens d'étudier et de comparer sans scrupule avec une scène de comédie, que se manifeste, avec toutes ses irrésolutions et toutes ses inconséquences, l'amour de Pyrrhus. La scène du troisième acte, quand Pyrrhus rencontre Andromaque pendant qu'il cherchait, dit-il, Hermione, a le même caractère d'amour impatient et agité. Mais, comme cet amour, déjà développé par l'action de la pièce, ne nous est plus représenté dans ses premiers degrés, il se rapproche plus de la tragédie que de la comédie. Le péril

---

1. Acte IV, scène VIII.
2. Molière, aussi bien, n'avait pas pour Quinault les injustes mépris de Boileau; il l'a même imité, et il y a des vers du *Misanthrope,* joué en 1666, deux ans après la *Mère coquette,* qui semblent se souvenir de la comédie de Quinault. Quinault, dans le premier acte, dit en parlant d'un marquis ridicule :

> Estimez-vous beaucoup l'air dont vous affectez
> D'estropier les gens par vos civilités,
> Ces compliments de mains, ces rudes embrassades,
> Ces saluts qui font peur, ces bonjours à gourmades?
> Ne reviendrez-vous point de toutes ces façons?

Alceste dit de même dans sa mauvaise humeur :

> Non, je ne puis souffrir cette lâche méthode
> Qu'affectent la plupart de vos gens à la mode,
> Et je ne hais rien tant que les contorsions
> De tous ces grands faiseurs de protestations,
> Ces affables donneurs d'embrassades frivoles,
> Ces obligeants diseurs d'inutiles paroles.
> . . . .
> De protestations, d'offres et de serments,
> Vous chargez la fureur de vos embrassements.
>   (*Misanthrope,* acte 1er, scène 1re.

d'Astyanax est plus grand, parce que l'amour de Pyrrhus est plus emporté. Andromaque, pour conjurer ce péril, a imploré Hermione elle-même qui l'a rebutée, comme une rivale vaincue, au lieu de l'accueillir comme une mère suppliante. Il faut qu'Andromaque s'adresse à Pyrrhus, et elle se jette à ses pieds pour demander la grâce de son fils, quand elle entend cette affreuse parole :

> . . . Allons aux Grecs livrer le fils d'Hector !

Mais pour démentir d'avance cette parole qui doit effrayer une mère, qui n'effrayerait pas une femme qui se sait aimée, que de vers charmants et qui expriment les colères seulement de l'amour, colères toujours peu terribles :

> Daigne-t-elle sur nous tourner au moins la vue ?
> Quel orgueil !

Où donc est l'orgueil d'Andromaque ? Elle vient de s'agenouiller devant Hermione, et elle va se jeter aux pieds de Pyrrhus : mais c'est pour son fils qu'elle s'humilie. Pyrrhus s'irrite de ce sacrifice qu'elle fait à la tendresse maternelle, et non à l'amour qu'il lui témoigne. Qui peut cependant, s'il aime, résister aux supplications de la personne aimée, quel que soit le sentiment qui les lui inspire ? Comme cet irrésistible attendrissement se sent dans les réponses de Pyrrhus aux prières d'Andromaque ! il allègue la parole qu'il a donnée aux Grecs de leur livrer Astyanax ; mais surtout il accuse Andromaque de n'avoir point voulu seulement lui demander la grâce de son fils. C'est là qu'est pour lui l'orgueil d'Andromaque, c'est là qu'est la faute qu'il veut punir par la mort d'Astyanax : vaines menaces que la bouche profère encore, que le cœur désavoue déjà, et qui n'attendent pour tomber qu'une dernière prière d'Andromaque. Elle vient, cette dernière et invincible prière, où se mêlent quelques douces paroles comme en a naturellement une mère pour celui qui peut lui rendre son fils, et que l'amant interprète au gré de sa passion.

> Va m'attendre, Phœnix.

Mot charmant qui pourrait être encore de la comédie, puisque Pyrrhus semble ne vouloir pas avouer devant Phœnix toute sa défaite, et qui n'est de la tragédie que parce qu'il délivre Astyanax du péril et le spectateur de l'angoisse qu'il éprouve devant cette mère désespérée.

> Va m'attendre, Phœnix.

Et délivré de ce témoin importun, quelle joie pour Pyrrhus de laisser échapper de son cœur tous les sentiments qui l'agitaient!

> Oui, je sens à regret qu'en excitant vos larmes
> Je ne fais contre moi que vous donner des armes.
> Je croyois apporter plus de haine en ces lieux.
> Mais, madame, du moins tournez vers moi les yeux.

Et quand les regards d'Andromaque, sûre enfin d'avoir sauvé son fils, se lèvent sur Pyrrhus, quelle ardeur dans cet amant, tout à l'heure si irrité, à défendre cet enfant qui lui devient cher, à se représenter l'intérêt commun qui le rapproche d'Andromaque!

> Au nom de votre fils cessons de nous haïr !

Quelle joie aussi, si je puis ainsi dire, pour le spectateur, qui souffrait tout à l'heure de voir Andromaque s'agenouiller vainement devant Hermione, et qui jouit du triomphe qu'elle remporte maintenant! Au fond du cœur nous savions bien, comme Céphise, qu'en dépit de la Grèce Andromaque serait encore maîtresse de son sort. Mais Hermione humiliée dans son orgueil, Andromaque relevée de son abaissement, Astyanax sauvé, toutes ces péripéties faites par l'amour de Pyrrhus nous émeuvent et nous enchantent. Voilà ce que Racine a mis dans le rôle de Pyrrhus, qu'il n'a pas trouvé dans Euripide, mais qu'il a créé tout entier, pour faire en lui la fidèle peinture de l'amour.

Hermione n'est pas moins que Pyrrhus une vraie création de Racine, quoiqu'il en ait trouvé l'idée dans Euripide; ce qu'il y a ajouté en fait un personnage tout nouveau et l'expression la plus vive et la plus forte de la jalousie féminine que nous connaissions au théâtre.

Voyons d'abord Hermione telle qu'elle est dans Euripide.

Hermione, est déjà l'épouse de Pyrrhus; mais il lui a préféré Andromaque, sa captive, dont il avait un fils, et, pendant l'absence de Pyrrhus, Hermione a voulu faire périr Andromaque et son fils Molossus. Ménélas, le père d'Hermione, l'approuve de se venger, et arrache Molossus de l'abri où Andromaque l'avait caché. Le fils et la mère auraient péri, victimes d'Hermione et de Ménélas, si le grand-père de Pyrrhus, le vieux Pélée, n'avait protégé Andromaque et Molossus. On annonce le prochain retour de Pyrrhus, et Hermione craint la colère de son époux, quand il apprendra les deux meurtres qu'elle a tentés sur sa captive et sur son fils. Pour échapper à cette colère, elle s'enfuit avec Oreste. Voilà tout le personnage d'Hermione dans Euripide : une femme qui a voulu tuer sa rivale, et qui s'enfuit de peur d'être punie par son mari.

Au lieu des passions violentes qui dans Racine agitent Hermione et Oreste, et en font des personnages si dramatiques, Hermione, après le meurtre qu'elle a tenté, n'a d'autre sentiment que la peur de la punition, et Oreste est le plus calme des mortels. Il arrive en Épire, non pas comme ambassadeur des Grecs et pour demander qu'Astyanax soit livré. Il allait consulter l'oracle de Jupiter à Dodone. « En passant, dit-il, par le pays de Phthie, j'ai jugé à propos de m'informer d'une parente, Hermione, de Sparte; est-elle vivante et heureuse? Malgré la distance qui la sépare de nous, elle ne m'est pas moins chère. »

A ce moment Hermione paraît, et supplie Oreste de la sauver de la colère de son époux.

HERMIONE.

« Fils d'Agamemnon, qui m'apparais comme le port au nautonier dans la tempête, prends pitié de nous dont tu vois l'infortune. Si je n'ai pas le rameau des suppliants, mes mains embrassent tes genoux.

ORESTE.

« Eh quoi ! me trompé-je? Est-ce la fille de Ménélas que je vois, la maîtresse de ce palais?

HERMIONE.

« C'est elle-même...

ORESTE.

« O Apollon secourable, délivre-la de ses maux ! Qu'y a-t-il? Qui des dieux ou des mortels te persécute?

HERMIONE.

« Moi-même, mon époux, les dieux enfin, tout s'unit pour me perdre.

ORESTE.

« Pour une femme, lorsqu'elle n'a pas encore d'enfants, peut-il y avoir d'autre peine que l'amour outragé?

HERMIONE.

« C'est là mon mal; tu l'as bien deviné.

ORESTE.

« Ton époux en aime-t-il une autre que toi?

HERMIONE.

« Sa captive, la veuve d'Hector.

ORESTE.

« C'est un mal qu'un homme ait deux épouses.

HERMIONE.

« Il en est ainsi : j'ai voulu me venger.

ORESTE.

« Tu lui as sans doute tendu quelque piége, comme une femme en dresse à sa rivale.

HERMIONE.

« J'ai voulu la faire périr avec son fils bâtard.

ORESTE.

« L'as-tu tuée? ou quelque accident a-t-il fait qu'elle t'ait échappé?

HERMIONE.

« Le vieux Pélée a protégé les méchants.

ORESTE.

« Avais-tu quelque complice de ce meurtre?

HERMIONE.

« Mon père, venu de Sparte dans ce dessein.

ORESTE.

« Est-ce qu'il a été vaincu par la main du vieillard?

HERMIONE.

« Non; il a eu peur de l'entreprise; il est parti et m'a laissée seule.

ORESTE.

« Je comprends : tu crains la colère de ton époux, quand il saura ce que tu as fait.

HERMIONE.

« Tu l'as dit : il me tuera, et je le mérite. A quoi bon le nier? Mais je t'en conjure par Jupiter, protecteur des liens du sang, emmène-moi le plus loin possible de ce pays ou dans la maison paternelle. »

Voilà assurément un Oreste et une Hermione qui sont loin de ceux de Racine, non pas pourtant aussi loin qu'on pourrait le croire. L'Oreste grec, il est vrai, ne dit pas que

> L'amour lui fait ici chercher une inhumaine.

Il vient, en passant par le pays de Phthie, savoir des nouvelles d'une parente. Mais ne vous fiez pas à ces paroles : il y a là un trait de la prudence grecque. Oreste ne découvre pas du premier coup son secret au chœur qu'il rencontre à son arrivée. Il ne le dit même pas en commençant à Hermione; il attend que celle-ci lui ait raconté ce qu'elle a fait et lui demande de l'emmener avec elle en Grèce, où il voudra, fût-ce aux extrémités de la terre : tant elle a peur de la colère de son mari! tant elle veut échapper à la punition qu'elle redoute, la mort ou l'asservissement au pouvoir d'Andromaque! Hermione a été jalouse; mais dans ce moment elle est tout à la peur. Oreste alors lui révèle qu'il savait les troubles du palais de Pyrrhus, et qu'il n'est venu en Épire que pour l'emmener, si elle y consentait. « Car, dit-il, tu m'appartenais, et si un autre est devenu ton époux, c'est par le manque de foi de ton père... Forcé de renoncer à ta main, je partis à regret. Maintenant que ta fortune a changé et que, tombée dans l'adversité, tu ne sais que résoudre, je te tirerai de ces lieux, et je te remettrai aux mains de ton père. Telle est la force des liens du sang, et dans le malheur il n'est rien de meilleur que les affections de la famille. »

HERMIONE.

« Pour ce qui est de mon hymen, ce soin regarde mon père, et ce n'est pas à moi d'en décider. Mais éloigne-moi au plus tôt de cette demeure; craignons d'être prévenus par le retour de mon époux... »

ORESTE.

« Ne crains plus le fils d'Achille qui m'a outragé. »

Et il annonce à Hermione qu'il a dressé à Delphes une embûche à Pyrrhus, et qu'il espère qu'en ce moment Pyrrhus est tombé sous les coups de ceux qui l'attendaient.

Ainsi l'amour d'Oreste pour Hermione, son voyage en Épire pour l'enlever, sa haine pour Pyrrhus, et Pyrrhus tué par Oreste ou par ses amis, tout cela vient d'Euripide à Racine. Mais quel changement s'est fait, sinon dans l'action, du moins dans les personnages! Dans Euripide, point de passions : Hermione aime moins Pyrrhus qu'elle ne déteste Andromaque, qui est entrée dans le lit de son époux; c'est une rivalité d'autorité plutôt qu'une jalousie d'amour. Elle apprend la mort de Pyrrhus sans colère, sans désespoir. Il y a plus; quand Oreste lui dit qu'elle lui appartenait, et qu'il semble lui faire entendre qu'il veut reprendre ses droits, elle lui répond paisiblement que son père décidera de son nouvel hymen. Que nous sommes loin de Racine et de l'Hermione qu'il a conçue!

Le rôle d'Hermione est une des plus belles créations de Racine. Peindre l'amour comme une passion terrible et désespérée, au lieu d'en faire le sujet d'une dissertation prétentieuse, montrer les transports de la jalousie, faire ordonner par Hermione elle-même l'assassinat de celui qu'elle aime; et à travers tant de sentiments agités et violents, soit dans Hermione, soit dans Pyrrhus, ne jamais s'écarter de la vraisemblance et de la nature, ne jamais tomber dans le bizarre et le romanesque, c'est là le mérite suprême de Racine, et c'était la nouveauté de la tragédie d'*Andromaque*. Dès 1667, il pratiquait ou plutôt il proclamait par son exemple les règles que Boileau donnait en 1674 pour peindre l'amour, ou plutôt Boileau ne faisait qu'ériger en doctrine l'art que Racine avait mis en œuvre.

> Peignez donc, j'y consens, les héros amoureux;
> Mais ne m'en formez pas des bergers doucereux;
> Qu'Achille aime autrement que Thyrsis et Philène;
> N'allez pas d'un Cyrus nous faire un Artamène;
> Et que l'amour, souvent de remords combattu,
> Paroisse une foiblesse, et non une vertu.[1]

J'aime à rapprocher l'un de l'autre les deux réformateurs du théâtre et de la poésie française sous Louis XIV, Racine et Boileau : l'un dans ses *Satires*, dans ses *Épîtres* et dans son *Art poétique*, disant ce qu'il fallait éviter, et l'autre, dans ses tragédies, montrant ce qu'il fallait faire.

Dès les premiers mots de l'Hermione française, nous voyons le développement de la passion ardente et malheureuse qui

---

1. *Art poétique*, chant III.

doit la perdre. Elle aime Pyrrhus qui la trahit et l'abandonne ;
elle voudrait le haïr, elle dit même qu'elle le hait :

> Ah ! je l'ai trop aimé pour ne le point haïr.

Mais que Cléone, sa confidente, n'essaye pas de consentir à
cette haine et de rappeler les torts de Pyrrhus ; Hermione les
sait trop ; elle sait trop qu'il a mérité qu'elle le déteste :

> Crois,

dit-elle à Cléone,

> Crois que je n'aime plus ; vante-moi ma victoire ;
> Crois que dans son dépit mon cœur est endurci ;
> Hélas ! et s'il se peut, fais-le-moi croire aussi.

Puis, songeant aux premiers moments de l'amour qu'elle
avait pour Pyrrhus et qu'il semblait lui-même partager, reprenant les souvenirs qui lui sont chers, comme elle aime à s'en
entretenir !

> Hé ! qui ne se seroit comme moi déclarée
> Sur la foi d'une amour si saintement jurée !
> . . . .
> Tu t'en souviens encor, tout conspiroit pour lui :
> Ma famille vengée, et les Grecs dans la joie,
> Nos vaisseaux tout chargés des dépouilles de Troie,
> Les exploits de son père effacés par les siens,
> Ses feux que je croyois plus ardents que les miens,
> Mon cœur... toi-même enfin de sa gloire ébloui,
> Avant qu'il me trahit, vous m'avez tous trahie.[1]

Quel trait admirable de vérité ! Cléone accusée elle-même
d'avoir poussé Hermione à aimer Pyrrhus ! Voilà bien le cœur
humain : Hermione accuse son cœur, mais tout aussitôt, et
comme pour s'absoudre et s'en prendre de sa faute à quelqu'un,
elle reproche à Cléone de s'être laissé éblouir par la gloire
de Pyrrhus.

Il faut qu'Hermione aime beaucoup Pyrrhus. C'est à ce prix

---

1. Acte II, scène 1re.

seulement que le spectateur supportera qu'elle ordonne sa mort. Un amour si grand et si trahi est capable de tout pour se venger. Aussi les deux premières scènes du deuxième acte d'*Andromaque* sont-elles consacrées à nous faire comprendre cet amour qui éclate dans toutes les paroles d'Hermione et comme malgré elle, soit qu'elle s'entretienne avec sa confidente, soit qu'elle reçoive Oreste qui l'aime, qui vient le lui dire, et qui, avec la mésaventure naturelle aux amants rebutés, blesse Hermione à chaque mot qu'il lui dit de son amour et surtout de l'espoir qu'il a conçu depuis l'infidélité de Pyrrhus. Chose admirable dans cette scène entre Oreste et Hermione : ils voudraient se plaire ou tout au moins se réconcilier. Hermione a pour Oreste un accueil gracieux et doux :

> Enfin qui vous a dit que, malgré mon devoir,
> Je n'ai pas quelquefois souhaité de vous voir ?

Oreste, de son côté, est prêt à s'abandonner à l'espoir que lui donne cet accueil. Mais quoi ? ces ménagements et ces douceurs ne peuvent ni calmer, ni tromper ces âmes pleines de leur passion et aigries toutes deux du dépit qu'elles ont d'aimer sans être aimées. Oreste aime Hermione qui ne l'aime pas, Hermione aime Pyrrhus qui ne l'aime pas. Aussi, à mesure qu'ils se parlent, se heurtent-ils et se blessent-ils l'un l'autre sans le vouloir. Hermione a beau flatter Oreste, il sait trop qu'elle ne l'aime pas, et sa défiance jalouse éclate à chaque mot :

> Mais, de grâce, est-ce à moi que ce discours s'adresse ?
> Ouvrez vos yeux : songez qu'Oreste est devant vous.[1]

Il n'y a dans cette entrevue qu'un seul sentiment qui contente Oreste : cette Hermione si fière pour lui, et qui a toujours rejeté ses vœux, un autre la dédaigne à son tour, un autre la rebute. Quel plaisir de vengeance pour Oreste ! Mais qu'il se

---

1. Acte II, scène II.

garde bien de laisser percer un instant cette amère satisfaction; qu'il se garde de dire :

> Car enfin il vous hait; son âme ailleurs éprise
> N'a plus...
> HERMIONE.
> Qui vous l'a dit, seigneur, qu'il me méprise?
> . . . .
> Jugez-vous que ma vue inspire des mépris?...

Ainsi la seule pensée qui console Oreste devient pour Hermione la plus cruelle injure : tant est grande l'incompatibilité de leurs sentiments, cette incompatibilité que le poëte a si admirablement observée et exprimée ! Pas un mot qui ne soit un choc et ne fasse une plaie. Hermione parle-t-elle de la haine qu'elle a pour Pyrrhus, Oreste répond qu'il sait ce qu'il y a d'amour dans cette haine. Pourquoi, en effet, si Hermione hait tant Pyrrhus, ne quitte-t-elle pas l'Épire? Pourquoi ne fuit-elle pas en Grèce avec Oreste? Voyez dans Euripide comme Oreste et Hermione s'entendent vite et aisément : Hermione n'aime pas Pyrrhus : point donc de dépit jaloux chez Oreste; point de tourments d'amour chez Hermione. Ils s'accordent dès le premier mot pour quitter l'Épire. Au contraire, avec cet amour souffrant et malheureux, l'accord est impossible. Quitter l'Épire, quitter Pyrrhus !

> Mais, seigneur, cependant, s'il épouse Andromaque?
> ORESTE.
> Hé, madame !
> HERMIONE.
> Songez quelle honte pour nous
> Si d'une Phrygienne il devenoit l'époux !
> ORESTE.
> Et vous le haïssez !

Racine a voulu résumer et expliquer lui-même cette scène de dépit et d'aigreur entre ces deux amants dont chacun aime qui ne l'aime point, dans ces deux vers d'Hermione :

> Seigneur, je le vois bien, votre âme prévenue
> Répand sur mes discours le venin qui la tue.

Oui, voilà bien le mot de la scène; il y a dans ces deux âmes, et non pas seulement dans l'âme d'Oreste, un venin qui corrompt et enfielle toutes leurs paroles; ce venin est l'amour rebuté d'Hermione pour Pyrrhus et d'Oreste pour Hermione.

L'entretien d'Hermione avec Oreste est une première épreuve que traverse la passion d'Hermione, et qui nous la fait connaître. Cette passion violente, et qu'il faut nous montrer capable d'aller jusqu'au meurtre, se contient et s'observe encore; mais ses efforts mêmes, souvent impuissants, témoignent de son irrésistible ascendant. Hermione sait qu'aimée d'Oreste elle ne doit point lui montrer l'amour qu'elle a pour Pyrrhus; et cependant, provoqué par la clairvoyance jalouse d'Oreste, cet amour qui fait le chagrin et l'amertume des deux personnages éclate à chaque instant et les irrite l'un contre l'autre.

Il est une autre épreuve que Racine impose à Hermione et qui nous la fera encore mieux connaître. Il veut nous montrer son amour non plus dans ses gênes et dans ses contraintes, mais dans un de ces instants de joie et d'espérance que lui causent les dépits de Pyrrhus contre Andromaque, l'amour dans cette pièce n'étant nulle part l'amour heureux, et devant toujours se manifester par les colères qu'il excite. Pyrrhus, dans un de ces dépits, revient à Hermione. Quelle joie, quelle ivresse alors! Non, on ne connaît pas une âme humaine quand on ne l'a vue que dans ses médiocres bonheurs et dans ses médiocres tristesses. Il faut la voir dans ses joies soudaines et inattendues, ou dans ses désespoirs soudains aussi et imprévus. C'est alors vraiment que les âmes sont tragiques, tragiques même dans leur joie : tant elle est violente et emportée! tant nous frémissons, malgré nous, sur les désappointements qui l'attendent! C'est à travers ces secousses qui brisent l'âme que nous voyons passer Hermione : par la joie d'abord : Pyrrhus lui est revenu : qu'on ne lui dise pas que ce retour n'est peut-être que passager. Son amour et sa vanité lui font croire que ce retour est naturel, et qu'il sera durable. Ce n'est pas le contre-coup des froideurs d'Andromaque, ce n'est pas le dépit ou le caprice qui le ramène. Le caprice, au contraire, celui qu'il avait pour Andromaque, vient de finir pour toujours. Son cœur s'est retrouvé tel qu'il est, tel qu'il doit être, aimant et aimé. Cléone semble croire que Pyrrhus ne revient à Hermione que parce qu'il craint les Grecs.

HERMIONE.

> Tu crois que Pyrrhus craint, et que craint-il encor ?
> Des peuples qui dix ans ont fui devant Hector,
> Qui cent fois, effrayés de l'absence d'Achille,
> Dans leurs vaisseaux brûlants ont cherché leur asile,
> Et qu'on verroit encor, sans l'appui de son fils,
> Redemander Hélène aux Troyens impunis ?
> Non, Cléone, il n'est point ennemi de lui-même ;
> Il veut tout ce qu'il fait, et s'il m'épouse, il m'aime.
> . . . .
> Pyrrhus revient à nous. Hé bien, chère Cléone,
> Conçois-tu les transports de l'heureuse Hermione ?
> Sais-tu quel est Pyrrhus ? t'es-tu fait raconter
> Le nombre des exploits ?... Mais qui les peut compter ?
> Intrépide et partout suivi de la victoire,
> Charmant, fidèle, enfin rien ne manque à sa gloire...

Voilà bien l'amour, ses illusions, ses enchantements, et non pas seulement les enchantements de la première heure. Toutes les heures de l'amour ont cette crédulité charmante, cette foi en l'avenir, ce don de tout voir en beau, ce besoin de montrer sa joie, d'épancher son bonheur : l'amour retrouvé, ou qu'on croit retrouver, les a aussi belles que le premier amour qu'on sent et qu'on inspire. Nous nous laissons donc aller à la joie d'Hermione ; nous nous y associons comme à un des sentiments les plus vrais et les plus touchants du cœur humain. Nous sommes même près, non plus seulement de plaindre et d'excuser Hermione, ce que veut Racine, nous sommes près de nous intéresser à elle ; nous sommes près, comme Pyrrhus, de passer de son côté, et d'abandonner Andromaque.

C'est ici qu'avec un art admirable Racine nous arrête et

nous ramène à son personnage principal. Andromaque vient implorer Hermione, et la supplie de sauver son fils, que Pyrrhus va livrer aux Grecs. Hermione n'a pas seulement la joie de l'amour retrouvé, elle a la joie et l'orgueil de la victoire. Elle n'a pas seulement recouvré l'amant qu'elle avait perdu, elle a vaincu une rivale longtemps redoutée. Elle veut jouir de son triomphe, et quand Andromaque s'humilie devant elle, loin de la relever de son humiliation, elle y ajoute par la dureté de son accueil. Un amour plus sûr de sa puissance serait plus généreux ; Hermione ressent encore de trop près les angoisses et les colères de la lutte pour être clémente et magnanime. Elle insulte à sa rivale en femme encore offensée, mais qui se croit sûre de sa vengeance.

> S'il faut fléchir Pyrrhus, qui le peut mieux que vous?
> Vos yeux assez longtemps ont régné sur son âme.
> Faites-le prononcer : j'y souscrirai, madame.
>   ANDROMAQUE.
> Quel mépris la cruelle attache à ses refus !

C'est ce mépris qui perd Hermione dans l'esprit des spectateurs. Nous nous intéressions à l'amante et aux irrésistibles épanchements de sa joie; nous nous éloignons de la femme qui repousse la prière d'une mère, et si elle est tout à l'heure punie de son orgueil par l'éloignement de son amant, nous trouverons qu'elle a mérité son sort.

L'ivresse de la joie, l'insolence de l'orgueil, voilà les deux premières secousses que le poëte fait éprouver à Hermione; c'est là qu'il nous montre cette âme agitée cédant sans résistance aux impulsions de la passion, à mesure qu'elle les ressent. Comment résistera-t-elle mieux à la dernière secousse qu'elle va recevoir, aux impulsions de la colère et du désespoir, quand elle se verra de nouveau trahie et abandonnée par Pyrrhus, quand elle tombera du haut des illusions de sa joie et de son orgueil? Chute méritée, encore un coup, mais terrible. Depuis qu'elle a appris la nouvelle et suprême infidélité de Pyrrhus, elle garde un morne et profond silence. En vain Cléone inquiète l'interroge : elle ne répond que par un mot :

> Fais-tu venir Oreste?

Oreste arrive, heureux d'être appelé et croyant peut-être que la vengeance d'Hermione va se borner à quitter Pyrrhus pour le suivre lui-même. Il en croit ses désirs. Que devient-il quand Hermione lui demande la tête de Pyrrhus, aujourd'hui, à l'instant même! Quoi! un assassinat!

> HERMIONE.
> Ne vous suffit-il point que je l'ai condamné?

Voilà pour la justice, telle que l'entend la colère d'Hermione. Quoi! aujourd'hui!

> HERMIONE.
> S'il ne meurt aujourd'hui, je puis l'aimer demain !

Voilà pour la fatale urgence du meurtre. Oreste, tout amoureux qu'il est d'Hermione, tout livré qu'il est à sa passion, garde encore cependant quelques restes de sens et de raison; il parle de justice, d'honneur; il allègue les difficultés d'un crime exigé sur l'heure même. Vaines paroles qu'Hermione n'entend et ne comprend pas. Ils ne sont plus du même monde et de la même nature. Hermione n'appartient plus qu'à la vengeance, au meurtre, à la mort de Pyrrhus, dût-elle périr elle-même par le crime qu'elle ordonne.

> Que je me perde ou non, je songe à me venger !

Mais combien cette résolution elle-même de vengeance est fragile, toute violente qu'elle est! Il suffit de la vue de Pyrrhus pour tout changer.

> O dieux,

dit Cléone,

> Qui l'auroit cru, madame? C'est le roi !
>
> HERMIONE.
>
> Ah ! cours après Oreste, et dis-lui, ma Cléone,
> Qu'il n'entreprenne rien sans revoir Hermione !

Vain espoir! Pyrrhus ne vient près d'Hermione que pour lui déclarer lui-même son infidélité. Quel coup nouveau! C'est alors que nous retrouvons encore une fois l'amante dans Hermione, l'amante irritée qui commence par la colère et par l'ironie, qui finit par la plus amère douleur, qui nous touche, nous émeut, et à qui nous sommes disposés à tout pardonner, même le meurtre, comme à une femme désespérée et qui vient de traverser sous nos yeux toutes les extrémités de la joie et de la douleur. Elle menace Pyrrhus de la mort.

> Porte au pied des autels ce cœur qui m'abandonne;
> Va, cours. Mais crains encor d'y trouver Hermione.

Quand elle parle ainsi, Hermione est-elle donc irrévocablement résolue au meurtre de Pyrrhus? La passion n'est jamais décidée; elle l'est mille fois, et en sens contraires. La volonté, la réflexion, l'intérêt, la cupidité, l'ambition, la haine se décident; ils ont une seule pensée, un seul sentiment qu'ils nourrissent et entretiennent assidûment. L'amour, même irrité et furieux, a mille pensées et mille sentiments contraires. Voyez Hermione errante dans le palais. Que veut-elle? Que ne veut-elle pas?

> Ah! ne puis-je savoir si j'aime ou si je hais?

Que de raisons de haïr Pyrrhus? Que d'injures faites à Hermione prise, quittée, reprise, enfin abandonnée, et de quelle manière !

> Sans pitié, sans douleur au moins étudiée.

Qu'il meure donc! Aussi bien il ne vit plus pour Hermione; il ne vit plus que pour lui faire affront, que pour causer son désespoir ; qu'il meure donc ! Mais quoi ? à mesure qu'elle s'entretient de Pyrrhus, même de ses trahisons, son cœur s'attendrit ; la pitié, je me trompe, l'amour rentre dans cette âme qu'il n'a jamais quittée. Elle se souvient des ordres cruels qu'elle a donnés à Oreste. Ah ! pourvu qu'ils ne soient pas encore exécutés ! pourvu qu'elle soit encore maîtresse de sa vengeance ! Cléone arrive :

> HERMIONE.
> Ah ! qu'ai-je fait, Cléone, et que viens tu me dire ?
> Que fait Pyrrhus ?

C'est Pyrrhus encore, en effet, à ce moment, c'est la vie de Pyrrhus qui l'inquiète et qui l'intéresse. Cléone, en vraie confidente, entre dans les colères et dans les plaintes de sa maîtresse, elle raconte que Pyrrhus est

> Au comble de ses vœux,
> Le plus fier des mortels et le plus amoureux.
> Je l'ai vu vers le temple, où son hymen s'apprête,
> Mener en conquérant sa nouvelle conquête,
> Et d'un œil où brilloient sa joie et son espoir
> S'enivrer en marchant du plaisir de la voir !

Et la colère rentrant alors dans l'âme jalouse d'Hermione,

> Le perfide ! il mourra,

s'écrie-t-elle. Il mourra ! mot facile à prononcer à la passion, mot qui plaît à la vengeance, tant qu'il n'exprime que l'avenir et peut être rappelé entre les lèvres qui l'ont prononcé. Il est mort ! mot terrible et fatal qui va tout à l'heure retentir aux oreilles d'Hermione, mot que le passé scelle de son indestructible cachet, et qu'il ne sera plus donné à personne de soulever. Il mourra ! Il est mort ! Quel abîme entre ces deux mots ! Et de cet abîme que de pensées et de sentiments nouveaux sortent pour entrer dans l'âme déchirée d'Hermione ! Il mourra ! Quand elle parlait ainsi, tout lui appartenait encore, sa colère, sa jalousie, sa vengeance, sa douleur qui gardait même encore un vague et suprême espoir.

Il est mort! rien n'est plus à elle que son désespoir. Ses sentiments de pitié et de colère, de tendresse et de dépit vont échouer sur l'insurmontable écueil du passé. Ah! la pensée et le fait, quel terrible mystère de contiguïté et de distance! quel voisinage et quel éloignement! Comme les deux choses se touchent et s'écartent! Me sera-t-il permis de me souvenir ici que, dans mon auditoire de Sorbonne, frappé de ce sublime contraste créé par Racine entre *il mourra* et *il est mort*, j'essayais de le faire comprendre à mes douze cents jeunes gens, comme je le comprenais moi-même, et je sentais bien que je n'y réussissais qu'à moitié. J'en disais assez pour exciter la réflexion, pas assez pour exciter l'émotion. Or, c'est par l'émotion surtout que les idées entrent dans l'intelligence des jeunes gens. Il mourra! il est mort! pour Hermione, c'est le crime et le remords. Or, pour mes jeunes auditeurs, dont je ne fais pourtant pas des saints, le crime et le remords étaient, grâce à Dieu, des sentiments fort étrangers; ils en étaient tout au plus à la faute et au regret. De là la difficulté de faire entrer dans leurs âmes sous sa forme la plus saisissante ce terrible contraste entre la pensée et le fait. Je m'avisai d'abaisser aux tristesses ordinaires de la vie et de la famille ces terribles émotions de la tragédie, et je demandai à mes auditeurs si nous n'avions pas tous, eux et moi, traversé quelques-unes de ces pénibles journées où l'homme voit mourir sous ses yeux un père, une mère, une femme, un fils. Que de fois nous avions dû nous dire en voyant un de ces chers malades : Il mourra, hélas! Quelle différence pourtant avec le mot irrévocable : Il est mort! L'émotion de l'auditoire et la mienne me prouvèrent que nous sentions cette fois la différence et la distance entre la pensée et le fait.

J'ai examiné de quelle manière Racine avait transformé l'Hermione d'Euripide et en avait fait le personnage le plus dramatique peut-être de notre théâtre et le type le plus expressif de la jalousie. Il me reste à voir comment il a aussi transformé Oreste. On sait combien, dans Euripide, Oreste est

un personnage contenu, moins calme pourtant qu'il ne le
paraît. Cet Oreste d'Euripide, froid, circonspect, habile, même
dans son amour, est-ce bien là pour nous l'Oreste de la tradition, celui que poursuivent les Furies, ou celui qui n'a retrouvé
le calme que dans les périls et dans les expiations mystérieuses de la Tauride, de telle sorte que l'empreinte de la
main divine, vengeresse ou libératrice, se reconnaît sans
cesse sur son front et ne nous permet plus de voir en Oreste
un homme discret et avisé, préparant de loin ses entreprises
d'amour et de meurtre, tel que nous le montre le génie para-
doxal d'Euripide? Mais qu'est-ce que cette transformation tentée
par Euripide auprès de celle que Racine lui a fait subir?

Racine a fait du fils et du meurtrier de Clytemnestre un
amant sentimental et malheureux. A entendre l'Oreste français, le plus grand malheur de sa vie est de n'être pas aimé
d'Hermione. Cela étonne, quand on se souvient de l'Oreste
d'Eschyle, que suivent les Furies sur la trace du sang maternel. Un grand tragédien, dont le souvenir est encore dans
la mémoire des hommes de ma génération, Talma, ayant
peine à admettre ce rôle d'Oreste changé en Amadis, l'avait
transformé à son tour d'une manière remarquable, mais qui
ne le rendait pas beaucoup plus fidèle à la tradition antique,
ni beaucoup plus vrai selon la nature. Oreste avec Talma était
l'Oreste amoureux de Racine; mais cet amour malheureux et
désespéré semblait être encore un des châtiments de sa vie.
Triste, mécontent, aigri par ses tourments que les expiations
de la Tauride n'ont qu'à moitié guéris, il promenait partout
ses chagrins, allégés un instant par l'espoir de reprendre
Hermione à Pyrrhus, mais bientôt redoublés et aggravés sous
nos yeux par la conviction qu'il a de l'amour d'Hermione
pour Pyrrhus. L'Oreste de Talma était un amant sombre,
rêveur, mélancolique, genre d'amants fort à la mode au
temps de Byron et aux premiers jours de M. de Lamartine.
Cette mélancolie du temps que Talma appliquait à Oreste
n'était pas beaucoup plus conforme au caractère de l'Oreste

antique que l'amour que lui prêtait Racine. Cependant, comme Oreste a naturellement de quoi être mélancolique, la sombre et fatale tristesse que Talma lui prêtait nous rendait l'Oreste tel que nous le concevions; le jeu de l'acteur nous faisait illusion; ce n'était plus l'amant d'Hermione que nous entendions, c'était le fils de Clytemnestre et un des martyrs de la fatalité antique.

Mais quand, loin de la scène et loin des souvenirs du grand acteur, on relit dans Racine le rôle d'Oreste, l'illusion se dissipe. L'amant reparaît seul, l'amant prétentieux et raffiné du xviie siècle. Plus rien du parricide, plus rien de la victime des Furies. Que de vers qui font contraste avec le personnage! Quoi! Oreste parle de son destin, sans frémir, seulement pour dire à Hermione que le destin d'Oreste

> Est de venir sans cesse adorer ses attraits
> Et de jurer toujours qu'il n'y viendra jamais!

Quoi! il a couru toute la terre, non pour échapper à la poursuite des Furies vengeresses; il a cherché la mort, non pour échapper aux tourments que lui infligent les dieux, mais pour en finir avec la douleur de n'être point aimé d'Hermione.

> . . . .
> Voilà depuis un an le seul soin qui m'anime;
> Madame, c'est à vous de prendre une victime
> Que les Scythes auroient dérobée à vos coups,
> Si j'en avois trouvé d'aussi cruels que vous.[1]

C'est donc là le secret du pèlerinage d'Oreste au temple de Diane; il n'allait pas demander à la déesse de le délivrer du spectre de sa mère attaché à ses pas; il lui demandait de fléchir pour lui le cœur d'Hermione. Il y a plus : il oublie si entièrement toute sa destinée pour ne se souvenir que de son amour, que, lorsque au cinquième acte, repoussé par Hermione, il s'abandonne au désespoir, il y a des mots dont il ne comprend plus le sens, quelque terribles qu'ils doivent être pour

---

1. Acte II, scène II.

lui. Comment, par exemple, peut-il dire, ne parlant que du meurtre de Pyrrhus :

> Je deviens parricide, assassin, sacrilége;
> Pour qui? pour une ingrate!...

Parricide! Il ne se souvient donc plus qu'il l'est déjà, pour avoir versé un sang plus sacré que le sang de Pyrrhus, le sang de sa mère! pour avoir vengé un crime plus grand qu'Hermione abandonnée par son fiancé, le meurtre d'Agammenon, le meurtre de son père! Même égarement qui touche encore au contre-sens, quand il est livré à ses fureurs. Ce n'est pas le spectre de sa mère qu'il voit apparaître à ses regards épouvantés, c'est le spectre d'Hermione embrassant Pyrrhus; c'est elle qui traîne les démons et les serpents qui vont déchirer Oreste.

> Eh bien, filles d'enfer, vos mains sont-elles prêtes
> Pour qui sont ces serpents qui sifflent sur vos têtes?
> A qui destinez-vous l'appareil qui vous suit?
> Venez-vous m'enlever dans l'éternelle nuit?
> Venez, à vos fureurs Oreste s'abandonne.
> Mais non : retirez-vous; laissez faire Hermione :
> L'ingrate mieux que vous saura me déchirer,
> Et je lui porte enfin mon cœur à dévorer.

Qu'auraient dit les Grecs, qu'auraient dit les Furies d'Eschyle, lorsque, endormies un instant dans le vestibule du temple, elles s'éveillent bientôt pour recommencer leur course après le parricide, si elles eussent appris que leur fugitif n'est qu'un amant désespéré de l'abandon de sa maîtresse? Non, Oreste, vous abaissez vos fureurs, quand vous les prêtez à vos chagrins d'amour. Les *filles de l'enfer* ne sortiraient point pour si peu de la nuit éternelle, et on n'appartient pas aux Furies à si bon marché. Il faut, pour tomber sous leur loi, des crimes ou des malheurs d'autre sorte; il faut des catastrophes mystérieuses et grandes; il faut de ces actes terribles que les dieux et les hommes hésitent à punir, un fils qui venge la mort de son père par le meurtre de sa mère, un crime affreux châtié par une justice affreuse; et le bourreau qui a accompli cette épouvantable justice, errant alors sur la terre, poursuivi par ses remords, marqué d'un signe plus fatal que celui de Caïn, et n'étant plus capable ni d'amour, ni d'union, ni de paternité, puisqu'il a détruit en lui-même le droit de la famille le jour où il a frappé sa mère.

N'hésitons pas à le dire : c'est un contre-sens historique et moral de faire Oreste amoureux. Racine a commis ce contresens, aussi bien qu'avant lui Mlle de Scudéry et les romanciers qui changeaient sans hésiter Cyrus en Tircis et Brutus en Céladon, ce dont Boileau et Racine se moquaient fort, et que Racine imitait sans y penser, quand il faisait d'Alexandre et d'Oreste des soupirants de ruelles. Ne croyons point cependant qu'une fois l'invraisemblance admise, Racine n'ait pas su tirer quelque heureux effet de sa faute. Puisqu'il a fait d'Oreste un amoureux, et un amoureux qui n'est point aimé, il lui a donné toutes les passions de l'amour, et surtout la jalousie. Après un court espoir de reprendre Hermione à Pyrrhus, Oreste la perd de nouveau, et se la voit enlever par son rival. Tout à l'heure il croyait que Pyrrhus, n'ayant devant les yeux que sa chère Troyenne, ne demandait qu'à lui rendre Hermione :

> Il n'attend qu'un prétexte à l'éloigner de lui.
> Nous n'avons qu'à parler! c'en est fait. Quelle joie
> D'enlever à l'Épire une si belle proie!

A ce moment même, Pyrrhus vient annoncer à Oreste qu'il s'est ravisé, qu'il ne refuse plus de livrer Astyanax aux Grecs, et qu'il est prêt à épouser Hermione :

> Voyez-la donc. Allez, dites-lui que demain
> J'attends avec la paix son cœur de votre main.[1]

Quel coup pour Oreste, et quel brusque passage de la joie à la douleur et à la colère! il ne se contient plus. Perdre Hermione au moment où il croyait qu'elle allait lui appartenir, et

---

1. Acte II, scène IV.

la mener lui-même à l'autel où Pyrrhus va l'épouser! En vain Pylade essaye de l'apaiser en lui représentant que Pyrrhus n'est guère plus heureux que lui, puisqu'il n'épouse Hermione que par dépit de n'être point aimé d'Andromaque. Non, répond Oreste avec ce fatal penchant qu'a la passion à croire que tout se fait contre elle ou pour elle, non, Pyrrhus n'épouse Hermione que pour me désespérer :

> Sans moi, sans mon amour, il dédaignoit l'ingrate :
> Ses charmes jusque-là n'avoient pu le toucher :
> Le cruel ne la prend que pour me l'arracher.

Que dire à un pareil amant qui puisse apaiser son désespoir et sa colère? Qu'il n'est point aimé d'Hermione, que, s'il l'épousait, elle lui reprocherait sans cesse de l'avoir privée de l'époux qu'elle aimait et qu'elle espérait ?

> ORESTE.
> Hé bien, c'est pour cela que je veux l'enlever.
> Tout lui riroit, Pylade, et moi, pour mon partage,
> Je n'emporterois donc qu'une inutile rage?
> . . . .
> Non, non, à mes tourments je veux l'associer.
> C'est trop gémir tout seul; je suis las qu'on me plaigne.
> . . . .
> PYLADE.
> Voilà donc le succès qu'aura votre ambassade !
> Oreste ravisseur !

Alors viennent ces vers qu'il faut avoir entendu dire à Talma pour bien comprendre tout ce qu'ils renferment de sentiments amers, et comment, par un art admirable, l'expression du désespoir jaloux d'Oreste se mêlant aux souvenirs de sa destinée, jusque-là trop oubliés, nous retrouvons l'Oreste que nous cherchions en vain, le vengeur de son père, le meurtrier de sa mère, le persécuté des Furies, tous les sentiments enfin et tous les traits de l'Oreste grec, étouffés sous le masque du fidèle berger.

> ORESTE.
> Que veux-tu? mais s'il faut ne te rien déguiser,
> Mon innocence enfin commence à me peser.

> Je ne sais de tout temps quelle injuste puissance
> Laisse le crime en paix et poursuit l'innocence.
> De quelque part sur moi que je tourne les yeux,
> Je ne vois que malheurs qui condamnent les dieux.
> Méritons leur courroux, justifions leur haine.
> . . . .

C'est bien encore l'Oreste de l'antiquité que nous entendons, quand, voulant affronter de nouveau ou plutôt justifier la colère des dieux, Oreste prie Pylade de l'abandonner à sa fatale destinée.

> Assez et trop longtemps mon amitié t'accable :
> Évite un malheureux ; abandonne un coupable.
> . . . .
> Va-t'en !
>
> PYLADE.
> Allons, seigneur, enlevons Hermione !

Admirable réponse d'un ami dévoué et en même temps d'un ami intelligent qui voit bien qu'avec Oreste, livré au désespoir de sa passion, il n'y a plus à raisonner ni à réfléchir. Il faut céder à ses transports ou l'abandonner. Il y a des amis qui croiraient satisfaire à l'amitié en redoublant leurs sages conseils, en prouvant au malheureux Oreste que son projet d'enlever Hermione est insensé et coupable, comme si Oreste ne le savait pas lui-même ; mais les amis qui savent dire :

> Allons, seigneur, enlevons Hermione !

ceux qui savent sacrifier leur sagesse à la passion ou au malheur de leurs amis, qui ne traitent pas les emportements du désespoir comme une controverse où il s'agit d'argumenter pour et contre, ceux-là ne sont pas, quoi qu'il semble, ceux qui lutteront le moins courageusement contre la passion à laquelle ils paraissent céder. Ils ne craignent pas le combat ; ils savent seulement quels sont les instants où ce serait perdre inévitablement la bataille que de la livrer, et ils attendent l'heure où la raison peut reprendre la parole.

Comme *Andromaque* est avec le *Cid* un des grands événements de notre histoire littéraire, au xviie siècle, j'ai cru pouvoir faire un examen détaillé de cette trag die. Il me reste à chercher dans les écrivains du temps l'effet qu'elle produisit et les critiques qui s'en firent.

Nous ne pouvons pas douter du grand succès d'*Andromaque*. Perrault, dans ses *Hommes illustres*[1], le compare avec celui du *Cid*, et, comme celui du *Cid*, ce fut un succès populaire. Tout le monde parlait d'*Andromaque*, comme autrefois tout le monde parlait du *Cid*, à la cour, à la ville, grands seigneurs et bourgeois, artisans et domestiques. Dans la *Folle Querelle*, comédie faite par Subligny[2] contre *Andromaque*, la soubrette Lise dit que « cuisinier, cocher, palefrenier, laquais et jusqu'à la porteuse d'eau, il n'y a personne qui ne veuille discourir d'*Andromaque*; je pense même que le chien et le chat s'en mêleront, si cela ne finit bientôt.[3] » Ainsi, la critique même d'*Andromaque* témoigne du succès et de la vogue de la pièce.

La *Folle Querelle* n'est point une parodie d'*Andromaque*, c'est-à-dire une imitation burlesque des événements et des personnages de la tragédie. Ce sont des conversations critiques

1. Tome II, p. 181.
2. Subligny était un avocat qui ne plaidait pas, et qui s'occupait beaucoup de littérature et de théâtre. Quelques-uns même en ont fait un comédien. Il a beaucoup écrit. D'abord adversaire de Racine dans la *Folle Querelle*, il se fit plus tard son défenseur, dans sa *Réponse à la critique de la Bérénice de Racine* (1671), et son juge et son arbitre dans sa *Dissertation sur les tragédies de Phèdre et d'Hippolyte*, par Racine et par Pradon (1677). Subligny était à l'affût des événements du jour, et il intervenait sans autorité dans les querelles et les luttes littéraires. Il avait fait en 1670 un roman intitulé *la Fausse Clélie*, dont le sujet était la folie d'une belle demoiselle qui avait perdu la raison à force de lire *Clélie*. Mais cette folie n'est, pour ainsi dire, que le cadre du roman, qui n'est qu'un recueil de nouvelles plus ou moins galantes. Le sujet, c'est-à-dire la folie de Mlle d'Arriane, revient de temps en temps et amène des critiques du roman de Mlle de Scudéry, dont la décadence était déjà commencée depuis longtemps en 1670.[a]
3. *Dissertations sur plusieurs tragédies de Corneille et de Racine*, t. II, p. 103.

[a] *La Fausse Clélie ou histoires françoises, galantes et comiques* (1678). J'ai de la *Fausse Clélie* une édition faite à Amsterdam en 1710.

encadrées dans une légère intrigue. Éraste aime Hortense et doit l'épouser; mais Hortense n'aime pas *Andromaque*, dont Éraste est un admirateur fanatique. De là un dissentiment entre les deux fiancés, une discussion perpétuelle dont la pièce de Racine fait les frais, et enfin une rupture entre Éraste et Hortense. Il est vrai qu'Hortense aimait Lysandre, et que le débat littéraire entre elle et Éraste était une manière de témoigner à son fiancé sa répugnance invincible. La critique des défauts prétendus d'*Andromaque*, mêlée à cette petite intrigue, est souvent assez gaie. Comme Hortense retarde son mariage avec Éraste, celui-ci, toujours maladroit, s'impatiente et lui dit : « Vous m'épouserez pourtant; c'est trop vous moquer de moi. J'ai mis votre mère et la raison de mon côté. L'heure de notre mariage a été résolue; et puisque vous ne le voulez point d'amitié, vous le voudrez de force, songez-y bien.

HORTENSE.

« Ah, ah! voilà le *songez-y bien* de Pyrrhus. Après qu'il a bien fait le doucereux auprès d'Andromaque, il la traite de la même façon. Je ne m'étonne plus, monsieur, que vous défendiez si fort son caractère. C'est une politique d'excuser les défauts de nos semblables, et nous faisons pour nous-mêmes en agissant de la sorte.

ÉRASTE.

« Eh, madame, quand on est au désespoir, quand on a de l'amour...

HORTENSE.

« Quand on a de l'amour et qu'on est accoutumé à vivre parmi les honnêtes gens, on est respectueux. Je suis ravie vraiment de vous avoir si bien connu. Eh bien, j'en profiterai. Vous vous servirez de tout votre pouvoir, et moi du mien. Adieu! vous pouvez aller vous plaindre à ma mère; mais souvenez-vous que j'épouserai plutôt le dernier de tous les hommes que vous, et que je vous tiens pour un aussi malhonnête homme que le héros que vous estimez tant.

ÉRASTE.

« Ah! cruelle, fais-moi mourir, achève...

HORTENSE.

« Achève! D'où vient encore ce tutoiement? Est-ce que le titre d'amant disgracié vous a mis fort au-dessus de moi, comme celui d'ambassadeur met Oreste au-dessus de Pylade?

ÉRASTE.

« Tigresse!

HORTENSE.

« Adieu, Pyrrhus, adieu![1] »

Quand Subligny se contente de parodier quelques mots d'*Andromaque,* quand il fait de la critique légère, on peut ne pas dédaigner de le lire en passant. Mais quand il arrive à la critique sérieuse, il est pitoyable, surtout parce qu'il est prétentieux et pédant, et d'un pédantisme qui veut être badin et du beau monde. Ainsi, dans la préface de la *Folle Querelle,* il fait à Racine le reproche qu'Hortense répète à Éraste; il lui reproche très-sérieusement d'avoir fait tutoyer Pylade par Oreste; et pour rendre la critique plus grave, il la prête, pour ainsi dire, à Corneille. « Corneille, dit-il, auroit fait traiter Pylade en roi à la cour de Pyrrhus... Il auroit introduit Oreste, traitant Pylade d'égal, sans nous vouloir faire accroire qu'autrefois le plus grand prince tutoyoit le plus petit, parce que cela n'a pu être entre gens qui portoient la qualité de rois.[2] »

Que dites-vous de cette querelle faite à Racine d'avoir fait tutoyer Pylade par Oreste, comme si les anciens ne se tutoyaient pas tous? La faute de Racine est plutôt d'avoir fait dire *vous* par Pylade à Oreste. Une fois en train de faire la leçon à Racine, au nom de Corneille, il censure Andromaque comme *trop étourdie* de vouloir se tuer, avant de savoir si,

---

1. *La Folle Querelle,* acte Ier, scène II, p. 111 et 112; — *Dissertation sur plusieurs tragédies de Corneille et de Racine,* t. II.
2. *La Folle Querelle,* p. 95.

après sa mort, Pyrrhus voudra encore défendre et sauver Astyanax. Quant à Pyrrhus, *il fait horreur aux spectateurs par ses foiblesses qui sont de pures lâchetés;* il fallait qu'il *fût plus honnête homme, tout en restant farouche et violent.* C'est là en effet, si nous en croyons la première préface de l'*Andromaque*, le reproche que l'on faisait à Pyrrhus. Il n'était pas assez *honnête homme*, c'est-à-dire assez bien élevé; il était trop emporté par ses passions.

Il est impossible de comprendre moins que ne l'a fait Subligny l'admirable création d'Hermione. Se faisant toujours le confident de la manière dont Corneille aurait traité le sujet d'*Andromaque*, « il auroit, dit-il, ménagé autrement la passion d'Hermione; il auroit mêlé un point d'honneur à son amour, afin que ce fût cet honneur qui demandât vengeance plutôt qu'une passion brutale.[1] » Et de même, après la mort de Pyrrhus, il (c'est toujours Corneille) « auroit modéré l'emportement d'Hermione, ou au moins il l'auroit rendue sensible pour quelque temps au plaisir d'être vengée. Car il n'est pas possible qu'après avoir été outragée jusqu'au bout, qu'après n'avoir pu obtenir seulement que Pyrrhus dissimulât à ses yeux le mépris qu'il faisoit d'elle, qu'après qu'il l'a *congédiée*

Sans pitié, sans douleur au moins étudiée,

et qu'elle a perdu toute espérance de le voir revenir à elle, puisqu'il a épousé sa rivale, il n'est, dis-je, pas possible qu'en cet état elle ne goûte un peu sa vengeance.[2] » C'est-à-dire qu'au lieu d'un des types les plus expressifs de l'amour et de la jalousie, nous aurions eu dans Hermione une héroïne qui, pendant la pièce, nous aurait étourdis de ses grands sentiments; puis, au dénoûment, l'héroïne serait devenue une de ces *adorables furies* qui, depuis l'Émilie de Cinna, régnaient au théâtre; et l'adorable furie aurait « goûté un peu sa ven-

1. *La Folle Querelle*, p. 96.
2. *Ibid.*, p. 97.

geance. » De l'amour, de ses émotions, de ses dépits, de ses colères, de ses contradictions soudaines, de tout ce qui fait la vérité et la beauté du personnage d'Hermione, il n'aurait pas été question un instant.

Les critiques que Subligny avait faites de quelques vers d'*Andromaque* eurent l'honneur d'être acceptées par Racine. Mais le poëte se garda bien de tenir compte des idées que son censeur lui suggérait, au nom de Corneille, disait-il, pour corriger le caractère de ses principaux personnages. A prendre au sérieux de pareils conseils, il aurait ôté à la pièce sa grandeur et sa beauté naturelle, pour lui donner une grandeur factice et convenue, qui n'eût été qu'une contrefaçon banale de Corneille. Subligny au surplus, dans la critique qu'il faisait des caractères de Racine, n'était que l'écho de cette école littéraire qui s'appuyait sur Corneille sans le bien comprendre, érigeant ses défauts en règles souveraines. Comme les qualités des grands poëtes leur sont tout à fait personnelles, les écoles qui se forment à l'abri de leur nom imitent plus aisément leurs défauts que leurs qualités, et s'en font des exemples qu'elles opposent aux poëtes originaux. C'étaient donc les défauts de Corneille que Subligny et ses amis voulaient imposer à Racine comme des modèles.

Un autre détracteur de Racine, plus acharné que Subligny, l'auteur d'*Apollon vendeur de Mithridate ou Apollon charlatan*,[1] reproduit dans son poëme les reproches de Subligny à Racine sur le caractère et l'action de ses personnages : Pyrrhus est *un grand sot*,

>Andromaque, une pauvre bête,
>Qui ne sait où porter son cœur
>Ni mème où donner de la tête;

---

1. Ce poëme, qui est une allégorie satirique, est très-médiocre. Il a eu quelque réputation à cause de l'auteur qu'il censure. Il a été attribué à Barbier d'Aucour, l'auteur des *Sentiments de Cléanthe*. Ce dernier ouvrage est une critique piquante, mais convenable, des *Entretiens d'Ariste et d'Eugène* du père Bouhours. *Apollon vendeur de Mithridate* est une satire grossière et sans esprit.

>Oreste, roi d'Argos, un simple ambassadeur,
>Qui n'agit toutefois avec le roi Pylade
>　　Que comme avec un argoulet,
>Et, loin de le traiter comme son camarade,
>　　Le traite de maître à valet.
>Mais je reviens à vous, tant je vous trouve à plaindre,
>　　Malheureuse veuve d'Hector !
>Un an après sa mort vous le pleurez encor !
>Et pour Astyanax vous avez tout à craindre.
>　　A quoi bon faire un si grand deuil
>　　Pour réchauffer un froid cercueil,
>　　Puisque vous pouviez vous résoudre
>A prendre un autre époux dont la brutalité,
>Qui fut sur votre fils prête à lancer la foudre,
>Ne laisse pas encor sa tête en sûreté?
>Pourquoi ne songez-vous à sauver par vos larmes
>　　Ce fils[1] dont les fameux exploits
>Doivent, en accordant les lois avec les armes,
>　　Fonder l'empire des François?[2]

Nous retrouvons ici en mauvais vers les mêmes idées qu'exprime Subligny dans la préface de la *Folle Querelle*.

Personne n'a mieux caractérisé que M. de Valincourt, dans son discours de réception à l'Académie française, où il remplaça Racine, cette résistance, moitié envieuse chez les uns, moitié instinctive chez les autres, que les partisans de Corneille opposaient à la gloire de Racine. « La France, dit-il, avant Corneille, n'avoit rien vu sur la scène de sublime, ni même, pour ainsi dire, de raisonnable, et transportée pour ses premiers ouvrages d'une admiration qui alloit, pour ainsi dire, jusqu'à l'idolâtrie, elle sembloit, pour l'en récompenser, s'être engagée à n'en jamais admirer d'autres que ceux qu'il produiroit à l'avenir. Aussi l'on regarda d'abord avec quelque sorte de chagrin l'audace d'un jeune homme qui entroit dans la même carrière, et qui osoit demander partage dans les

---

1. Astyanax, selon la légende, eut pour fils Francus, le héros de la *Franciade*, poëme épique de Ronsard, non achevé.

2. L'*Apollon vendeur de Mithridate* est imprimé par extraits dans le tome X de l'*Histoire du théâtre françois*, par les frères Parfaict. Les vers que je viens de citer se trouvent pages 227 et 228.

applaudissements dont un autre sembloit pour toujours avoir été mis en possession; mais M. Racine, conduit par son seul génie, et sans s'amuser à suivre ou à imiter un homme que tout le monde regardoit comme inimitable, ne songea qu'à se faire des routes nouvelles.[1] » Ces paroles de M. de Valincourt expliquent très-bien comment quelques-uns des plus grands esprits du XVIIe siècle, Saint-Évremond, par exemple, et Mme de Sévigné, n'admiraient Racine qu'en faisant toutes sortes de réserves pour Corneille. On a souvent cité le mot de Mme de Sévigné sur *Andromaque* : « C'étoit *Andromaque*, qui me fit pleurer plus de six larmes, » mais on ne finit pas la phrase : « c'est assez pour une troupe de campagne.[2] » Ce n'est donc pas *Andromaque* qui ne vaut que six larmes, c'est la troupe de campagne qui jouait à Vitré en Bretagne. Les six larmes de Mme de Sévigné font l'éloge de ces pauvres comédiens de province, et témoignent aussi de la grande réputation de la pièce, qu'on ne manquait pas de jouer pendant la tenue des états de Bretagne.

Saint-Évremond, esprit indépendant, et qui aimait en tout à penser par lui-même, a pour Corneille, pour le poëte qu'adora sa jeunesse, une admiration qui semble le tenir en servitude et lui ôter sa liberté de jugement. Ses amis lui demandent ce qu'il pense d'*Andromaque*, qu'ils lui ont envoyée avec l'*Attila* de Corneille : les deux pièces ont été jouées la même année, en 1667. « A peine ai-je eu le loisir, écrit-il à M. le comte de Lionne, neveu du grand ministre de Louis XIV, de jeter les yeux sur *Andromaque* et sur *Attila*; cependant, il me paroît qu'*Andromaque* a bien de l'air des belles choses; il ne s'en faut presque rien qu'il n'y ait du grand. Ceux qui n'entreront pas assez dans les choses l'admireront; ceux qui veulent des beautés pleines y chercheront je ne sais quoi qui les empêchera d'être tout à fait contents. Vous avez

---

1. Voir *Histoire du théâtre françois*, t. X, p. 209.
2. Lettre du 12 août 1671.

raison de dire que la pièce est déchue par la mort de Montfleury (qui jouait le rôle d'Oreste), car elle a besoin de grands comédiens qui remplissent par l'action ce qui lui manque; mais, à tout prendre, c'est une belle pièce, et qui est fort au-dessus du médiocre, quoique un peu au-dessous du grand. *Attila*, au contraire, a dû gagner quelque chose par la mort de Montfleury; un grand comédien eût trop poussé un rôle assez plein de lui-même, et eût fait faire trop d'impression à la férocité sur les âmes tendres.¹ Ce n'est pas que cette tragédie n'eût été admirable du temps de Sophocle et d'Euripide, où l'on avoit plus de goût pour la scène farouche et sanglante que pour la douce et tendre. Tout y est bien pensé, et j'y ai trouvé de fort beaux vers. Pour le sujet et l'économie des pièces, je n'ai pas eu le loisir d'y faire la moindre réflexion. ² »

Saint-Évremond, dans cette lettre, me semble presque aussi embarrassé pour admirer que pour critiquer. Il veut, en effet, admirer *Attila* qui est de Corneille; mais à quoi se prendre? il aboutit à dire qu'*Attila* eût été admirable au temps de Sophocle et d'Euripide, ce qui montre que Saint-Évremond

---

1. Il est curieux de voir Fontenelle, dans la vie de Corneille, son oncle, reprendre pour l'*Attila* la pensée de Saint-Évremond, et s'en faire un argument : « M. Corneille, dit-il, vit le goût du siècle se tourner entièrement du côté de l'amour le plus passionné et le moins mêlé d'héroïsme; mais il dédaigna fièrement d'avoir de la complaisance pour le nouveau goût.... Il ne pouvoit mieux braver son siècle qu'en lui donnant Attila, digne roi des Huns. Il règne dans cette pièce une férocité noble que lui seul pouvoit attraper. » Voilà cette *férocité* qui, selon Saint-Évremond, était le mérite de la pièce d'*Attila*, mais qu'il ne fallait pas que l'acteur fît trop sentir de peur d'effrayer les âmes tendres. C'était le mot d'ordre de l'école de Corneille, et le grand Corneille lui-même avait pris au sérieux cette favorable explication de sa pièce, quand il interprétait, dit-on, dans ce sens l'épigramme de Boileau :

> Après l'*Agésilas*,
> Hélas!
> Mais après l'*Attila*,
> Holà!

Agésilas excitait la pitié et faisait pousser des hélas. *Attila* était le *nec plus ultra* de la tragédie.

2. Saint-Évremond, t. III, p. 124, édition de 1753.

ne connaissait rien du théâtre grec, puisqu'il n'y a pas de tragédie qui ressemble si peu qu'*Attila* à une tragédie grecque. De plus, *Attila* est une pièce qu'il ne faut pas trop bien jouer, parce qu'elle ferait un effet trop terrible. Quant à *Andromaque,* même embarras en sens contraire ; il veut la critiquer, puisqu'elle n'est pas de Corneille. Mais à quoi aussi se prendre ? Il se contente d'une phrase spirituellement tournée : « A tout prendre, dit-il, c'est une belle pièce qui est fort au-dessus du médiocre, quoique un peu au-dessous du grand. »

Plus tard, écrivant encore au comte de Lionne : « Ceux, dit-il, qui m'ont envoyé *Andromaque* m'en ont demandé mon sentiment. Comme je vous l'ai dit, elle m'a semblé très-belle, mais je crois qu'on peut aller plus loin dans les passions, et qu'il y a encore quelque chose de plus profond dans les sentiments que ce qui s'y trouve. Ce qui doit être tendre n'est que doux, ce qui doit exciter de la pitié ne donne que de la tendresse ; cependant, à tout prendre, Racine doit avoir plus de réputation qu'aucun autre après Corneille.[1] »

Voilà bien la vraie pensée de Saint-Évremond et des partisans résolus de Corneille : que Racine soit aussi grand qu'on voudra, pourvu qu'il ne soit que le second. Tout cela est une question de rang en quelque sorte plutôt qu'une question de goût.

J'ai voulu indiquer quelle était la disposition des esprits au moment du succès d'*Andromaque,* et quels obstacles Racine eut à vaincre pour faire reconnaître son génie. Il les vainquit, mais avec le temps, et plutôt après sa mort que pendant sa vie.

[1]. SAINT-ÉVREMOND, t. III, p. 183.

FIN DE L'EXAMEN CRITIQUE D'ANDROMAQUE.

LES PLAIDEURS

COMÉDIE

1668

NOTICE PRÉLIMINAIRE.

Le frère aîné de Desmarets Saint-Sorlin, Roland Desmarets, cherche, dans une de ses lettres latines, pourquoi il y a en France, tant de plaideurs,[1] et il n'hésite pas à déclarer, quoique sa lettre soit adressée à un conseiller au parlement de Paris, que la principale cause du grand nombre de procès en France est la vénalité et la multiplicité des charges : « Et comme la multiplicité des médecins, selon le mot d'Arcésilas, enfante la multiplicité des maladies, de même la foule de juges, d'avocats, de procureurs et de personnes de cette sorte occupées aux affaires de justice, foule qui augmente tous les jours, ne contribue pas peu à créer et à multiplier les procès; car comme ils ont payé leurs charges très-cher, ils veulent en recouvrer le prix et l'intérêt.[2] » Une des sources les plus fécondes de procès est aussi le droit romain, selon Roland Desmarets, qui cite à ce sujet un trait de la vie du roi de Hongrie, Mathias Corvin : « Il avoit appelé d'Italie de célèbres jurisconsultes, pour enseigner le droit romain, pensant que ses sujets en tireroient grand profit; mais quand il vit qu'il

---

1. *Rolandi Maresii epistolarum libri duo*, 1655, xviiie lettre, p. 274.
2. Ut enim medicorum multitudo, juxta Arcesilai verbum, morbos parere dicitur, sic judicum, patronorum, procuratorum et aliorum hujusmodi foro operam dantium turba, quæ apud nos quotidie augetur, quo nummos in officiorum emptionem impensos reficiat, litibus gignendis ac multiplicandis non parum confert. (*Rolandi Maresii epistolæ*, p. 274-275.)

en étoit tout autrement et que ces grands jurisconsultes avoient apporté en Hongrie des germes innombrables de procès, il les fit bien vite retourner d'où il les avoit pris. [1] »

Faut-il croire avec Roland Desmarets que la manie de juger et de plaider que Racine raille dans ses *Plaideurs* vient du droit romain et de sa prépondérance? Je dirais plus volontiers que si la vénalité et la multiplicité des charges et offices de judicature [2] ont beaucoup augmenté les procès, la multiplicité des lois y a grandement contribué aussi. Le droit coutumier, le droit romain, le droit féodal, les ordonnances des rois, le droit canonique, que de lois! et que Roland Desmarets a raison de rappeler le mot de Tacite : *Non tantum flagitiis, sed etiam legibus laboramus* : « Nous souffrons de nos lois autant que de nos crimes et de nos fautes! » N'oublions pas que chacun de ces droits a enfanté je ne sais combien de tribunaux divers et je ne sais combien de juges, de justices et de juridictions : juges ordinaires et extraordinaires, juges royaux, juges des seigneurs ou nommés par les seigneurs, juges ecclésiastiques, juges consuls, juges des traites foraines, juges de police; la justice royale avec ses trois degrés de juridiction : 1° les châtelains, prévôts royaux ou viguiers ; 2° les baillifs, sénéchaux ou présidiaux; 3° les parlements ; la justice seigneuriale qui a aussi ses trois degrés de juridiction, basse, moyenne et haute justice, comme la justice royale. La justice étant attachée au fief et suivant la propriété, on voit comment le juge était partout à côté du justiciable et favorisait le goût de plaider, d'autant plus que le droit de justice attaché à la terre était, dans les derniers temps de la féodalité, devenu une ressource fiscale seulement. C'est même par là, c'est-à-dire par l'excès de la fiscalité, bien plus que par ses excès de pouvoir, que la féo-

---

1. Cum Mathias Corvinus, Pannoniæ rex, celebres jurisconsultos Italia evocavisset, et in istis legibus magnam ad suos utilitatem redituram putavisset, contra evenit, totamque in regionem litium semina per eos invecta sunt. Quod ubi rex prudentissimus perspexisset, continuo juris antistites illuc unde malum pedem intulerant, redire jussit. (*Rolandi Maresii epistolæ*, p. 278.)

2. Furetière, dans le roman bourgeois, explique d'une manière plaisante la cause de la multiplicité des charges en France. « Ce n'est pas mal à propos qu'un de nos auteurs a dit qu'une charge étoit le chausse-pied du mariage : ce qui a rendu nos François naturellement galants et amoureux, si friands de charges, qu'ils en veulent avoir à quelque prix que ce soit, jusqu'à acheter chèrement celles de mouleur de bois, de porteur de sel et de charbon. » (Page 29.)

dalité s'est perdue en France et a créé contre elle une longue tradition de haine.

Je voulais, en commençant cette notice préliminaire, faire un tableau de cette judicature et de cette *plaidoyerie* universelles qui font le sujet des *Plaideurs,* afin de bien montrer quel était le mal qu'attaquait Racine, et combien il était profond et réel. Nous sommes trop tentés en effet de croire que les *Plaideurs* sont une charmante invention, dont l'imagination de Racine a fait les frais, et que les abus et les ridicules qu'il met en scène n'ont jamais vécu. Tout cela a vécu dans nos lois, dans nos mœurs, et combien de choses, sous des noms nouveaux, y vivent encore de nos jours!

J'ai renoncé au tableau de l'organisation judiciaire de l'ancienne France, et je me suis contenté d'en énumérer, d'après le *Dictionnaire de droit* de de Ferrières,[1] les nombreuses juridictions, me réservant de prendre aussi dans le même dictionnaire l'explication des termes de procédure que Racine a employés, afin de bien prouver que rien n'est imaginaire dans l'œuvre du poëte, ni le sujet, ni la langue des personnages.

Je me suis servi du témoignage de Roland Desmarets pour montrer clairement que Racine, dans les *Plaideurs,* n'a pas seulement songé à traduire une comédie d'Aristophane et à l'approprier à notre scène, mais qu'il s'est attaqué aux abus et aux vices du temps. Je veux chercher maintenant si, dans la satire qu'il faisait des abus de la judicature et des ridicules du barreau, il n'avait pas des devanciers. Racine n'est pas le premier qui se soit moqué sur le théâtre de la manie de plaider, de juger, et du grimoire du palais. De Beys, dans l'*Hôpital des fous* (1637) et dans les *Illustres Fous* (1653),[2] Chevreau, dans l'*Avocat dupé* (1638), Furetière enfin, dans sa quatrième satire, *le Déjeuner d'un procureur,* et dans sa cinquième, *le Jeu de*

---

1. *Dictionnaire de droit et de pratique,* par de Ferrière, doyen de la faculté de droit de Paris. Éd. 1771.

2. Je dois avertir les lecteurs de de Beys, s'il en a par hasard, que *l'Hôpital des fous* de 1637 et *les Illustres Fous* de 1653 sont la même pièce. De Beys, croyant sans doute que son *Hôpital des fous* de 1637 était tout à fait oublié en 1653, l'a publié de nouveau, et s'est contenté de changer les noms des personnages et de supprimer çà et là quelques vers; il a seulement ajouté une dédicace au duc d'Arpajon, dédicace très-louangeuse, et qui a dû lui valoir une libéralité, selon l'usage du temps.

boule des procureurs (1655), avaient raillé très-librement les abus et les ridicules des juges, des avocats et des plaideurs.

Je ne veux point faire l'analyse de la comédie de de Beys, qu'il a tantôt intitulée *l'Hôpital des fous*, et tantôt *les Illustres Fous*.

Il est difficile de savoir quel est le principal sujet de la pièce. Sont-ce les aventures très-compliquées et très-peu intéressantes de Méliane et de Célie, de Palamède et d'Oronte, leurs amants? Sont-ce les discours extravagants des divers fous rassemblés dans l'hôpital où se trouvent aussi Méliane et Célie, Palamède et Oronte, sans qu'ils fassent grande disparate avec les hôtes du logis? Nous voyons tour à tour le fou philosophe, le fou musicien, le fou astrologue, le fou soldat, le fou alchimiste, et enfin le fou plaideur, le seul auquel nous nous intéressions, à cause de sa ressemblance avec le Chicaneau des *Plaideurs*. En effet, après avoir écouté le récit que le fou plaideur fait de son procès, car c'est là sa folie, il est difficile de croire que Racine ne l'avait pas lu.

C'est en vain que j'espère,

dit le plaideur à Tiranthe, un de ceux qui visitent l'hôpital,

> Mes raisons sont de poids; mais ma bourse est légère.
> Ces procureurs de nom, et trompeurs en effet,
> Disoient avec raison qu'ils prenoient bien mon fait...
> . . . .
> Après avoir couru mille et mille chemins,
> Ils m'ont pour mon argent laissé des parchemins.
> Tous mes biens sont perdus; la source en est tarie,
> Et je porte en ces sacs toute ma métairie.
> . . . .
> Les formes y font tout : on donne la justice
> A celui qui chicane avec plus d'artifice.
> Je le reconnois bien; ce mal m'est arrivé
> Pour avoir un peu tard mon appel relevé.
> Ce défaut de science, et non pas d'autre chose,
> A passé devant eux pour défaut de ma cause.
> Ce n'est pas tout : j'insiste avecque passion
> Pour être relevé de la désertion.[1]
> . . . .

---

1. La désertion est une négligence de relever un appel qu'on a interjeté. Celui qui a appelé d'une sentence contre lui rendue est obligé de relever son appel dans

NOTICE PRÉLIMINAIRE.

Tous ces barbares noms me blessent la cervelle ;
Sentence, appointement,[1] production nouvelle,
Arrêts à contredire, interpellations,
Moyens de nullité, griefs, forclusions,[2]
Tout cela m'étourdit : mon procureur m'excite
A ce que je poursuive et que je sollicite ;
Mon procès est au greffe : allons solliciter.
Voici le rapporteur que je dois visiter ;
J'ai des placets ici : le rigoureux supplice !
(S'adressant à Tiranthe, un des visiteurs de l'hôpital.)
De grâce, monseigneur, rendez-moi la justice ;
Conservez mon bon droit.
. . . .
Monseigneur, l'intimé[3] gagne tout par faveur.
Par de mauvais moyens ma cause est divertie ;
Le juge a quo[4] s'est joint avecque ma partie ;
Considérez un peu le tort que l'on m'a fait.
(A quelqu'un de la suite de Tiranthe.)
Voici son clerc ; il faut travailler à l'extrait.[5]
    LE CONCIERGE, le poussant.
Retire-toi d'ici ; ta plainte est inutile.
    LE PLAIDEUR.
Je me pourvoirai donc par requête civile.[6]

Ce plaideur, qui est évidemment le devancier de Chicaneau, est, parce qu'il est fou, beaucoup moins comique que son successeur. Le plaideur de de Beys est un malade ; on en rit peut-être ; mais la pitié se mêle au rire. Avec le plaideur de Racine, nous sommes plus à notre aise, parce que Chicaneau n'est pas

---

trois mois... à faute de quoi l'appel est réputé désert, c'est-à-dire abandonné. (De Ferrière, *Dictionnaire de droit*, 1771.)

1. Jugement préparatoire par lequel le juge ordonne, pour être mieux instruit, que les parties écriront et produiront sur un ou plusieurs points de fait ou de droit qui n'ont pu être suffisamment éclaircis et expliqués à l'audience. (De Ferrière, *Dictionnaire de droit*. La première édition est de 1734.)

2. Défaut de production en temps utile et faculté pour le juge de juger le procès en l'état qu'il est. (De Ferrière, *ibid.*)

3. L'intimé est celui au profit duquel une sentence a été rendue, et qui soutient contre l'appelant qu'il a été bien jugé par la sentence. (De Ferrière, *ibid.*)

4. Le juge duquel, *a quo*, dépend la cause.

5. L'extrait est un abrégé qui comprend la date et la substance des pièces d'un procès pour soulager la mémoire du rapporteur, lorsqu'il en fait le rapport. (De Ferrière, *ibid.*)

6. *L'Hôpital des fous*, acte III, scène II. — *Les Illustres Fous*, acte III, scène II. — La scène est la même dans les deux pièces.

La requête civile est une voie par laquelle on revient contre un arrêt ou jugement en dernier ressort. (De Ferrière, *ibid.*)

un malade; il a seulement une passion ridicule et ruineuse, celle de plaider à tout propos et contre tout venant.

Autre différence entre le plaideur de de Beys et Chicaneau : les fous de de Beys sont des personnages épisodiques qui ne prennent aucune part à l'action de la comédie. Dans les *Illustres fous*, cette autre édition corrigée et augmentée de l'*Hôpital des fous*, de Beys a cru devoir ajouter deux nouveaux fous aux anciens, le poëte et le comédien; il a même rendu fou le concierge de son Hôpital, qui perd la raison à force de vivre avec des gens qui ne l'ont plus ; mais il n'a pas eu l'art de mêler ses personnages épisodiques à l'action, pas plus dans une pièce que dans l'autre. Chicaneau, au contraire, est un des personnages principaux des *Plaideurs*, et l'action roule tout entière sur lui et sur sa fille.

De Beys n'a pas laissé de nom dans l'histoire littéraire du XVIIe siècle. C'était un poëte fécond et facile; il faisait beaucoup de vers latins et français ; il vivait du reste comme la plupart des poëtes de son temps, un peu à l'aventure, aimant la bonne chère et le plaisir. Parmi ces poëtes hommes d'esprit et de gaie compagnie, qui suivaient, comme le dit Régnier de lui-même, la bonne loi naturelle, le maître de l'État, qui voulait l'être aussi de la littérature, le cardinal de Richelieu n'aimait que ceux qui s'attachaient à sa personne et à sa fortune. A ceux-là il permettait beaucoup ; aux autres, c'est-à-dire à ceux qui voulaient suivre leur génie, comme Corneille, ou leur plaisir, comme de Beys, il était sévère et dur. Il le fut pour de Beys, qu'on soupçonna d'avoir fait des vers satiriques contre le cardinal, et qu'on mit à la Bastille. De Beys n'en sortit qu'à la mort de Richelieu, et, devenu prudent, il se garda désormais d'attaquer les cardinaux-ministres. A en juger par quelques vers des *Illustres Fous* (1653), il n'était pas ou n'était plus pour les Frondeurs, qui, en 1653, en effet, étaient vaincus, puisque le roi rentra à Paris en 1654. De Beys blâme fort la manie qu'ont les simples particuliers de s'occuper des affaires d'État, et le concierge de son *Hôpital des fous* est d'avis qu'il faut loger tous ces gens-là dans sa maison :

> Chacun parle-t-il pas des affaires d'État ?
> En tant de pareils fous la terre est si féconde,

Qu'il faudra dans ce lieu renfermer tout le monde.
On voit à tout moment de petits avortons
En tous les carrefours former des pelotons,
Réformer les abus, faire les nécessaires,
Sans que par leurs discours ils changent les affaires.

(*Les Illustres Fous*, acte III, scène v.)

 Quand on cherche dans notre ancien théâtre les traces de la raillerie contre les abus de la judicature et de la chicane, on trouve aisément partout la satire; on ne trouve pas la comédie. Il y a presque partout des personnages qui se moquent volontiers du grimoire du palais, de la folie des plaideurs, et parfois même, quoique plus rarement, des ridicules des magistrats inférieurs; mais je ne connais pas, avant les *Plaideurs* de Racine, de comédie qui ait pour sujet l'abus de la judicature et la manie de plaider. La moquerie du palais et du barreau est dans l'ancien théâtre un épisode, mais n'est point le fond même de l'action. Voyez l'*Avocat dupé* de Chevreau (1638). J'espérais d'après le titre une pièce qui mettrait en scène les ridicules et les abus de la profession d'avocat, et qui tirerait de là l'action même de la comédie. Il n'en est rien. Polydas n'est point dupé comme avocat, mais comme amant; et ses échecs d'amour ou de fortune ne tiennent pas à sa profession. Je parle de ses échecs d'amour et de fortune, parce qu'il est difficile de savoir s'il est plus attiré par la beauté d'Atalante qu'éloigné par sa pauvreté. Il voudrait, pour être satisfait, qu'elle fût à la fois riche et belle. Pour souhaiter pareille chose, il n'est pas besoin, ce semble, que Polydas soit avocat. Un marchand, un soldat, un rentier, un propriétaire, le premier venu, y suffirait. Quant à ses changements d'humeur et de conduite, ballotté qu'il est entre l'amour qu'il a pour la belle Atalante et le dépit qu'il a de la savoir pauvre, cette incertitude de volonté n'est pas particulière à l'état d'avocat; elle est propre à tout le monde.

 Les piéges qu'Atalante et sa sœur Isidore tendent à Polydas ne sont pas non plus mieux appropriés à la condition d'avocat qu'à celle de tout autre homme et de tout autre métier. Atalante n'est pas seulement une coquette qui veut par vanité recevoir beaucoup d'hommages; elle a d'autres calculs moins frivoles. Comme elles ont, sa sœur Isidore et elle, perdu leur fortune, elles veulent toutes les deux faire un beau mariage, qui les remette dans le monde et leur en fasse retrouver les plaisirs. Atalante espère se faire épouser de Polydas, et la pièce roule sur cette entreprise, qui finit par réussir après bien des traverses. Mais, est-ce parce que Polydas est avocat qu'Atalante veut l'épouser? Non, c'est parce qu'il est riche : sous cette condition, tout autre amant, officier ou marchand, courtisan ou bourgeois, lui plairait de même. Chevreau avoue, dans l'avis aux lecteurs, qu'il n'a pas voulu railler les ridicules ou blâmer les torts des avocats, et que le personnage qu'il a mis en scène est aussi peu avocat que possible.

Ces paroles m'amènent à dire quelques mots du sujet de l'*Avocat dupé,* et à faire quelques citations curieuses, si on les rapproche des *Plaideurs* de Racine.

Atalante et Isidore ont perdu leur fortune en perdant leur procès. Est-ce là ce qui leur donne du ressentiment contre les avocats? Elles pourraient plutôt en avoir contre les juges. La pièce commence par les plaintes que les deux sœurs font de leur pauvreté.

> Ma sœur, que la misère est aujourd'hui commune!
> Qu'on fait par la beauté rarement sa fortune!
> Que le sort est ingrat à celles qui n'ont rien!
> Nous voyons que tout manque à qui manque de bien.
> . . . .
> Dans la prospérité mille petits plaisirs
> Succédoient tous les jours à nos jeunes désirs.
> Les uns nous conduisoient le jour aux promenades;
> Les autres nous donnoient le soir des sérénades.
> . . . .
> Ce n'étoit que pour nous qu'ils alloient à l'église;
> Ils nous donnoient le bal, s'exerçoient à louer
> Tout ce dont la nature avoit pu nous douer,
> Nous faisoient en secret savoir leur maladie,
> Nous menoient avec eux pour voir la comédie.
> . . . .
> Maintenant qu'un procès a changé notre sort,
> Nous sommes sans amant, nous sommes sans support;
> Ceux qui nous caressoient nous font mauvaise mine,
> Et leur esprit est froid comme notre cuisine.
> Les juges ont trouvé le procès odieux,[1]

---

1. Les juges ont trouvé que notre cause était mauvaise.

> Parce que trop peu d'or éclatoit à leurs yeux.
> Hélas, notre partie en fit bien son affaire,
> Et vit bien que l'argent y seroit nécessaire,
> Que c'est par ce moyen qu'on les doit étonner
> Et qu'on n'en a du bien qu'à force d'en donner.
> . . . .

Isidore, l'autre sœur, plus sensée qu'Atalante, sans avoir des sentiments plus élevés, ne songe à leur pauvreté que pour la corriger par son habileté. On m'a parlé, dit-elle, d'un avocat qui veut nous aimer :

> Il est riche, il est jeune, et sa flamme naissante
> Toucheroit doucement notre âme languissante.
> ATALANTE.
> Est-ce, ma chère sœur, les jeunes avocats
> Dont ton esprit se pique et dont tu fais du cas?
> Qu'on a troublé tes sens! que ta sottise est grande,
> Et qu'à saint Mathurin tu dois bien une offrande!
> Que tu crois de léger![1] que tu conseilles mal,
> Et qu'un jeune avocat est un sot animal!
> Depuis que j'en vois tant, sache que je me pique
> D'entendre aussi bien qu'eux les termes de pratique,
> Ordonnances, édits, vérifications,
> Inventaires, défauts, renvois, productions,
> Requête, appointements, contredits et sentences,
> Appels, désertions, demandes et défenses,
> Grâces, rémissions, inscriptions à faux,
> Arrêts, transactions, griefs, lettres royaux.

Malgré sa répugnance pour le grimoire du barreau, Atalante cède aux habiles conseils d'Isidore, et comment n'y pas céder?

> Nous avons,
>
> dit-elle,
>
> quantité de ballots et de jupes;
> Mais ce sont seulement des filets pour les dupes.
> On nous voit du satin; nous portons du tabis;
> Mais on s'arrête à l'or et non pas aux habits.
> Votre foible raison doit céder à la mienne.
> L'argent est toujours bon, de quelque part qu'il vienne.

Atalante se décide donc à accueillir Polydas et à « jouer avec

[1]. Légèrement.

lui de la prunelle. » C'est cette intrigue amoureuse, plus ou moins amusante, qui remplit toute la pièce. Des ridicules ou des torts des avocats, il n'en est plus question dans le reste de la comédie de Chevreau, excepté un instant encore au cinquième acte, quand le tuteur d'Atalante, Philemon, croit qu'elle a échoué dans ses ruses pour s'attacher Polydas. Comme il est mécontent du jeune avocat qui n'a pas voulu se laisser duper, il déclame contre les avocats en général.

Sachez, dit-il à Atalante,

> Sachez que votre esprit n'est point si délicat
> Qu'il puisse par ses tours surprendre un avocat.
> Crére[1] tromper ces gens dont l'âme n'est féconde
> Qu'à trouver des moyens pour tromper tout le monde!
> Votre dernier procès vous a fait assez voir
> Où consiste aujourd'hui leur gloire et leur savoir.
> Surprendre, c'est leur but, gagner, c'est leur envie.
> Pour leur seul intérêt ils estiment la vie.
>
> (Acte V, scène 1re.)

Il y a dans l'*Avocat dupé* de Chevreau, comme dans l'*Hôpital des fous* de de Beys, des traits de raillerie ou de satire contre le grimoire du palais et contre les ruses de la chicane ; mais il n'y a pas, comme dans les *Plaideurs*, de comédie qui mette vraiment en action les ridicules et les défauts de la judicature et du barreau.[2]

---

1. Pour *croire*; *craire* ou *crére*, ancienne prononciation des raffinés de la cour, et que reproduisait l'orthographe adoptée par Chevreau.
2. Je voulais dire ici quelques mots de la vie de Chevreau, qui, à la prendre telle qu'elle est racontée dans la *Biographie universelle*, et dans les *Hommes illustres* du père Niceron, me semblait plus intéressante et plus curieuse que sa comédie de l'*Avocat dupé* et que ses tragédies; mais en faisant quelques recherches à ce sujet, je me suis aperçu que l'auteur de la notice de Chevreau, dans la *Biographie universelle*, s'était trompé en réunissant dans la même notice le poëte dramatique Chevreau, l'auteur de l'*Avocat dupé*, de *Coriolan*, des *Deux Amis*, de la *Suite et du Mariage du Cid*, des *Véritables Frères rivaux*, de l'*Innocent exilé*, etc., et un polygraphe, Urbain Chevreau, né à Loudun en 1613 et mort en 1701, voyageur, courtisan et savant, dont la vie et la correspondance sont curieuses. Ce qui a éveillé mes doutes, c'est que le père Niceron, dans ses *Hommes illustres*, parlant d'Urbain Chevreau et de ses ouvrages, ne dit pas un mot de ses pièces de théâtre. Il n'en est pas non plus question dans le *Dictionnaire* de Moréri. Dans les œuvres mêlées d'Urbain Chevreau que j'ai lues, il n'y a pas la moindre trace ni le moindre souvenir de ses ouvrages dramatiques. Notez qu'il est poëte, qu'il fait des élégies, qu'il écrit à Scudéry, à Chapelain, à Tristan, et que c'étaient là des occasions toutes

NOTICE PRÉLIMINAIRE.

Recherchant les antécédents des *Plaideurs*, je ne puis pas oublier les satires de Furetière, qui sont de 1655. Furetière a été exclu de l'Académie pour avoir publié un dictionnaire qui faisait concurrence à celui de l'Académie ; mais Furetière avait des titres très-suffisants pour être membre de cette Académie, et par conséquent pour le rester. Il était homme d'esprit, écrivain facile, poëte ingénieux et incorrect, parlant la langue un peu diffuse d'avant Boileau et d'avant Racine. Dans ses satires il se moque très-librement de toutes les professions de la société, les médecins, les marchands, les poëtes, les procureurs ; mais il a soin, dans l'épître préliminaire, de protester très-spirituellement contre l'intention de faire des portraits particuliers. « Je vous prie, dit-il, dans cette épître adressée à ses amis, de détromper tous ceux qui liront mes satires, touchant les personnages qui y sont représentés, car il n'y en a pas un qui ne dise d'abord : Voilà monsieur un tel bien dépeint ; l'auteur a voulu parler de celui-ci ; il a voulu railler celui-là ; et vous assurerez sans crainte qu'encore que tout ce que je représente soit désigné d'après nature, néanmoins il n'y a pas un modèle qui s'y puisse reconnoître, ayant fait en ceci comme le peintre qui, pour faire une beauté parfaite, assembla plusieurs filles et prit de chacune ce qu'elle avoit de plus beau, dont il fit un corps qui, étant tiré de toutes, ne ressembloit à pas une. Vous en pourrez parler d'autant plus hardiment qu'il m'est arrivé qu'ayant lu par plaisir une de ces pièces à un de ceux qui y étoit le plus naïvement dépeint, au lieu de s'y reconnoître, il s'écria aussitôt : « Voilà M.***, » qui étoit un autre homme que je ne connoissois point, qui avoit fait une pareille sottise : tant il est naturel à l'homme d'être clairvoyant dans les fautes d'autrui et d'être aveugle dans les siennes. Vous leur pourrez aussi faire voir fort clairement que ces satires ne sont point faites pour faire tort à personne, en leur récitant l'histoire qu'on m'a contée d'un marchand du pont Notre-Dame, qui, ayant eu par hasard une copie de la satire des marchands, la fit apprendre par cœur à ses apprentis, croyant que quelque

---

naturelles de parler de ses tragédies et de ses comédies. Donc il y a eu, selon moi, deux *Chevreau*, l'un dont je viens d'examiner la comédie de l'*Avocat dupé*, et l'autre qui est un savant et n'a rien de commun avec le poëte dramatique.

habile homme dans le commerce l'avoit faite à dessein de servir d'une instruction pour bien vendre. Mais ce que je vous recommande le plus, c'est d'empêcher qu'on ait mauvaise opinion de mon procureur, de mon médecin ni de mon marchand, qui semblent d'abord servir de sujet à mes satires... Je déclare que mon procureur est un fort honnête homme, qui ne joue point à la boule, qui ne prend point de mon argent, et qui m'a fait souvent bonne chère ; mon médecin n'est point pédant et ne sauroit jamais m'être importun, et mon marchand ne rompt la tête qu'à mon tailleur. »

Une fois rassuré contre le danger des allusions et des applications, Furetière se livre gaiement à son goût pour la moquerie. Attaquant les divers états de la société, sa satire aurait eu l'occasion d'être plus âpre et plus violente que celle de Boileau, qui se borne en général à la censure littéraire ; mais Furetière s'en prend plus volontiers aux ridicules extérieurs qu'aux vices des professions. C'est un railleur plus qu'un satirique. Il commence, il est vrai, sa satire intitulée *le Déjeuner d'un procureur* par maudire les procès.

> Qu'un procès, Pellisson, est une étrange beste !
> Qu'il donne de chagrin et de martel en teste !
> Je crois que désormais j'aimerai beaucoup mieux
> Perdre que de poursuivre un droit litigieux.

Mais après cette boutade, au lieu de censurer les abus de la chicane, il se met à raconter le déjeuner parcimonieux et ridicule que lui donne son procureur, en retour du levraut dont il vient de lui faire cadeau. Il fait de même dans sa cinquième satire, intitulée *le Jeu de boule des procureurs*, et décrit les contorsions et les grimaces des procureurs jouant à la boule, au lieu de s'en prendre aux ridicules et aux vices de la profession. Il n'y a que leur langage, emprunté au style du palais, qui rappelle leur métier et qui nous montre comment Furetière, après de Beys et Chevreau, et avant Racine, avait trouvé une source de plaisanteries plus ou moins comiques dans l'emploi du grimoire judiciaire :

> Quand ils sont préparés, le plus prompt de la bande
> Joue et leur dit : Voilà mon exploit de demande.
> Défendez-y, messieurs...

Un procureur lance mal sa boule, on se moque de lui :

. . . .
>O le grand procureur qui d'abord fait défaut!
>Cherchez votre recours contre une autre partie,
>Et faites appeler un tiers en garantie.

. . . .
>Le plus divertissant, c'est que chacun se pique
>De bien dire en parlant sa langue de pratique.
>Quand une boule pousse une autre en son chemin,
>Elle a lettres, dit-on, pour la conforte main.[1]
>C'est subrogation quand elle entre en sa place,
>Distraction se fait alors qu'elle la chasse,
>Et c'est réintégrande alors qu'elle revient.

A la fin seulement de la satire, et après avoir longuement décrit les divers incidents et les querelles du jeu de boule de ses procureurs, Furetière se met à attaquer en satirique sérieux l'abus des frais de justice :

>T'ayant fait ce récit, Maucroix, t'étonnes-tu
>Qu'aujourd'hui le palais se trouve sans vertu?
>Pourroit-on rencontrer une ombre de justice
>Où règne cette énorme et barbare avarice?

En parlant ainsi, Furetière était sur le chemin de la bonne et sérieuse satire; il s'en détourne promptement, craignant d'être trop grave ou de se brouiller avec la judicature :

>Mais ce que j'en dirois ne serviroit de rien;
>Il leur faut des censeurs plus forts que ma satire;
>Qu'il nous suffise donc, ami, de nous en rire.

Ça été aussi l'avis de Racine. Mais il ne s'est pas contenté de rire des locutions plus ou moins barbares de la judicature; il a poussé la satire jusqu'à la comédie, opposant les uns aux autres, dans une action vive et piquante, le juge, le plaideur et l'avocat, c'est-à-dire les trois professions du palais; exagérant à plaisir les travers des trois états et les changeant presque en manies dans

---

1. Commission du roi obtenue en chancellerie pour conforter la saisie que le seigneur féodal a faite sur le fief de son vassal. (*Dictionnaire* de Ferrière.)

Perrin Dandin, dans Chicaneau et dans la comtesse de Pimbesche. Cette exagération avait deux buts : d'une part, elle donnait aux ridicules que critiquait le poëte le relief qui convient au masque comique ; d'autre part, elle empêchait que personne pût être reconnu ; la ressemblance originale disparaissait dans l'invraisemblance du personnage dramatique, et la caricature cachait le portrait.

PRÉFACE.

Quand je lus les *Guêpes* d'Aristophane, je ne songeois guère que j'en dusse faire les *Plaideurs*. J'avoue qu'elles me divertirent beaucoup, et j'y trouvai quantité de plaisanteries qui me tentèrent d'en faire part au public; mais c'étoit en les mettant dans la bouche des Italiens, à qui je les avois destinées, comme une chose qui leur appartenoit de plein droit. Le juge qui saute par les fenêtres, le chien criminel et les larmes de sa famille me sembloient autant d'incidents dignes de la gravité de Scaramouche.[1] Le départ de cet acteur interrompit mon dessein, et fit naître l'envie à quelques-uns de mes amis de voir sur notre théâtre un échantillon d'Aristophane. Je ne me rendis pas à la première proposition qu'ils m'en firent : je leur dis que quelque esprit que je trouvasse dans cet auteur, mon inclination ne me porteroit pas à le prendre pour modèle si j'avois à faire une comédie, et que j'aimerois beaucoup mieux imiter la régularité de Ménandre et de Térence que la liberté de Plaute et d'Aristo-

---

1. Il s'agit probablement du fameux Tiberio Fiorelli, créateur du personnage de Scaramouche, et qui le joua sur l'ancien théâtre italien, à Paris, jusqu'à l'âge le plus avancé. On assure qu'il avait conservé dans sa vieillesse tant d'agilité que, dans quelques scènes pantomimes, il donnait encore, à quatre-vingt-trois ans, un soufflet avec le pied. (G.) Tiberio Fiorelli, né à Naples en 1608, mort à Paris le 8 décembre 1694, inhumé à Saint-Eustache avec grande pompe. Sa vie écrite et publiée en 1695 par Angelo Constantini, qui jouait à la Comédie-Italienne le rôle de Mezzetin, est un recueil de bouffonneries et de friponneries. Fiorelli laissa à son fils, qui était un prêtre savant et de grand mérite, tout le bien qu'il avait en France et en Italie, et qui se montait à plus de cent mille écus.

PRÉFACE.

phane.* On me répondit que ce n'étoit pas une comédie qu'on me demandoit, et qu'on vouloit seulement voir si les bons mots d'Aristophane auroient quelque grâce dans notre langue. Ainsi, moitié en m'encourageant, moitié en mettant eux-mêmes la main à l'œuvre, mes amis me firent commencer une pièce qui ne tarda guère à être achevée.

Cependant la plupart du monde ne se soucie point de l'intention ni de la diligence des auteurs. On examina d'abord mon amusement comme on auroit fait une tragédie. Ceux mêmes qui s'y étoient le plus divertis eurent peur de n'avoir pas ri dans les règles, et trouvèrent mauvais que je n'eusse pas songé plus sérieusement à les faire rire.[1] Quelques autres s'imaginèrent qu'il étoit bienséant à eux de s'y ennuyer, et que les matières de palais ne pouvoient pas être un sujet de divertissement pour des gens de cour. La pièce fut bientôt après jouée à Versailles. On ne fit point de scrupule de s'y réjouir; et ceux qui avoient cru se déshonorer de rire[2] à Paris furent peut-être obligés de rire à Versailles pour se faire honneur.

Ils auroient tort, à la vérité, s'ils me reprochoient d'avoir fatigué leurs oreilles de trop de chicane. C'est une langue qui m'est plus étrangère qu'à personne, et je n'ai employé que quelques mots barbares que je puis avoir appris** dans le cours d'un procès que ni mes juges ni moi n'avons jamais bien entendu.

Si j'appréhende quelque chose, c'est que des personnes un

---

* VAR. « Et que la régularité de Ménandre et de Térence me semblait bien plus glorieuse et même plus agréable à imiter que la liberté de Plaute et d'Aristophane. »

1. Le préjugé que le rire qu'excitent les *Plaideurs* n'est pas de bon goût et de bon ton semblait exister encore au XVIIIe siècle. Je trouve dans une notice très-curieuse sur M. d'Argental, que celui-ci, écrivant à Voltaire pour le dissuader de faire jouer, après le grand succès de *Mérope*, une comédie poussée jusqu'à la farce, intitulée *Thérèse*, lui disait : « Il est permis aux grands hommes de faire de mauvais ouvrages, mais jamais des ouvrages de mauvais goût. On pardonne à Corneille d'avoir fait *Pertharite*; on excuse à peine Racine d'avoir fait les *Plaideurs*, malgré leur grand succès. » — Voltaire céda aux conseils de M. d'Argental et supprima *Thérèse* dont il n'est rien resté (Lettres inédites de Mme du Châtelet à M. d'Argental, publiées en 1806 par M. Hochet.)

2. *Se déshonorer de rire* est une phrase qui n'est plus usitée. On ne dit pas : *Je me déshonorerais de faire telle chose*, etc., mais *si je faisais*, ou *en faisant*. (L.) *Se déshonorer de* est une phrase plus vive que *se déshonorer s'il se fait ou en faisant*; elle est donc très-bonne, elle est conforme à l'usage de la préposition *de* avec le verbe : *je m'honore de faire*, et par conséquent *je me déshonore de faire*.

** VAR. « Que je puis avoir retenus. »

peu sérieuses ne traitent de badineries le procès du chien et les extravagances du juge ; mais enfin je traduis Aristophane, et l'on doit se souvenir qu'il avoit affaire à des spectateurs assez difficiles. Les Athéniens savoient apparemment ce que c'étoit que le sel attique ; et ils étoient bien sûrs, quand ils avoient ri d'une chose, qu'ils n'avoient pas ri d'une sottise.

Pour moi, je trouve qu'Aristophane a eu raison de pousser les choses au delà du vraisemblable. Les juges de l'aréopage n'auroient pas peut-être trouvé bon qu'il eût marqué au naturel leur avidité de gagner, les bons tours de leurs secrétaires, et les forfanteries de leurs avocats. Il étoit à propos d'outrer un peu les personnages pour les empêcher de se reconnoître. Le public ne laissoit pas de discerner le vrai au travers du ridicule ; et je m'assure qu'il vaut mieux avoir occupé l'impertinente éloquence de deux orateurs autour d'un chien accusé, que si l'on avoit mis sur la sellette un véritable criminel, et qu'on eût intéressé les spectateurs à la vie d'un homme.

Quoi qu'il en soit, je puis dire que notre siècle n'a pas été de plus mauvaise humeur que le sien et que si le but de ma comédie étoit de faire rire, jamais comédie n'a mieux attrapé son but. Ce n'est pas que j'attende un grand honneur d'avoir assez longtemps réjoui le monde ; mais je me sais quelque gré de l'avoir fait sans qu'il m'en ait coûté une seule* de ces sales équivoques et de ces malhonnêtes plaisanteries[1] qui coûtent maintenant si peu à la plupart de nos écrivains, et qui font retomber le théâtre dans la turpitude d'où quelques auteurs plus modestes l'avoient tiré.

---

* Var. « Un seul. »

[1]. Quelques commentateurs ont cru voir là un trait dirigé contre Molière et contre les équivoques de l'*École des femmes*. Racine, dans sa jeunesse, était très-dédaigneux et très-railleur, même contre ses amis. Or, Molière en 1668 n'était déjà plus son ami. De plus, il est difficile de croire que Racine, en disant qu'il n'attend pas un grand honneur d'avoir assez longtemps réjoui le monde, n'ait pas voulu rabaisser la comédie, et même celle de Molière.

LES PLAIDEURS

PERSONNAGES.

DANDIN,[1] juge.
LÉANDRE, fils de Dandin.
CHICANEAU,[2] bourgeois.
ISABELLE, fille de Chicaneau.
LA COMTESSE.
PETIT-JEAN, portier.
L'INTIMÉ, secrétaire.
LE SOUFFLEUR.

La scène est dans une ville de basse Normandie.

NOMS DES ACTEURS QUI ONT JOUÉ D'ORIGINAL
DANS LES PLAIDEURS.

DANDIN.	POISSON.
LÉANDRE.	DE VILLIERS.
CHICANEAU.	BRÉCOURT.
ISABELLE.	Mlle D'ENNEBAUT.
LA COMTESSE.	Mlle BEAUCHATEAU.
PETIT-JEAN.	HAUTEROCHE.
L'INTIMÉ.	LA THORILLIÈRE

1. Perrin Dandin, nom d'un *appointeur de procès* dans Rabelais.
2. Dans Rabelais encore, les huissiers s'appellent des *chicanous*.

LES PLAIDEURS

ACTE PREMIER.

SCÈNE PREMIÈRE.[1]

PETIT-JEAN, traînant un gros sac de procès.

Ma foi, sur l'avenir bien fou qui se fiera :
Tel qui rit vendredi, dimanche pleurera.
Un juge, l'an passé, me prit à son service ;
Il m'avoit fait venir d'Amiens pour être suisse.[2]

1. Entre *Britannicus* et *Andromaque*, les *Plaideurs* sont un singulier intermède. L'auteur en parle comme d'un amusement de société, fruit de la lecture des *Guêpes* d'Aristophane, et du long ennui d'un interminable procès. Mais si les amis de Racine lui fournirent l'idée de quelques scènes, comme, par exemple, la querelle de Chicaneau et de la comtesse de Pimbesche, qui véritablement avait eu lieu entre madame de Crissé et un plaideur de profession, chez M. Boileau le greffier ; s'il fut obligé, comme Molière, d'emprunter des experts les termes de la chicane, dont le dictionnaire n'était pas fort à son usage, on aurait grand tort d'en conclure que la pièce est de plusieurs mains : le style prouve que tout est d'une seule et même plume ; et ce qui distingue cette espèce de comédie-farce entre toutes les autres, c'est que le style est celui de la bonne comédie, naturel, élégant et facile, animé par une gaieté franche, et assaisonné de ce sel piquant sans âcreté, que la muse comique jette à pleines mains sur les travers et les ridicules, qu'il est toujours bon de signaler, quand même on ne les corrigerait pas. (L.)

2. Les *suisses* étaient les portiers ou les concierges des grandes maisons. Voltaire, en 1724, habitant l'hôtel du coin de la rue de Beaune, que possédait alors la présidente de Bernières, se plaint de son suisse, « un animal avec un baudrier, » qui transformait sa loge en un méchant cabaret « hanté par une clientèle de porteurs d'eau. » Dandin voulait avoir son suisse qu'il fai-

Tous ces Normands vouloient se divertir de nous :
On apprend à hurler, dit l'autre, avec les loups.
Tout Picard que j'étois, j'étois un bon apôtre, [1]
Et je faisois claquer mon fouet tout comme un autre. [2]
Tous les plus gros monsieurs me parloient chapeau bas; [3]
Monsieur de Petit-Jean, ah! gros comme le bras! [4]
Mais sans argent l'honneur n'est qu'une maladie.
Ma foi, j'étois un franc portier de comédie; [5]

sait *venir d'Amiens*, à l'exemple du *suisse françois* dont parle Furetière :
« Il avoit tout su *d'un suisse françois* qui loue des chaises dans l'église et en chasse les chiens, et qui gagne plus à savoir les intrigues des femmes du quartier qu'à ses deux autres métiers ensemble. » (*Le Roman bourgeois* de Furetière, p. 33, édit. de Nancy; Cosson, 1713.)

1. *C'est un bon apôtre*, il fait l'homme de bien; mais il ne faut pas se fier à lui. (*Dict. de l'Académie.*)

2. *Faire claquer son fouet*, se faire valoir, faire valoir son autorité, ses talents, son crédit. (*Dict. de l'Académie.*)

3. Molière, dans *l'École des femmes*, s'était déjà servi de *monsieurs* pour *messieurs*. (A. M.) — *Les plus gros monsieurs*. Il semble que dès 1668 on se servait déjà de *gros* pour *grand*. Cette façon de parler devint à la mode, et dès 1691, dans un écrit intitulé *les Mots à la mode*, on critiquait cette manie, et on se moquait des personnes qui, pour se donner des airs de cour,

Se faisoient un jargon de mots mis de travers,
Disoient un gros mérite, une grosse naissance,
Une grosse faveur, une grosse puissance,
Mettant le gros à tout, bien ou mal à propos,
Et tout ce qui fut grand, le faisant toujours gros.
(*Les Mots à la mode*, p. 188, chez Barbin, 1692.)

Boursault, la même année, fit une comédie sous ce titre : *les Mots à la mode*. M*me* Josse, femme d'un ancien joaillier, veut être du beau monde et affecte le beau parler.

Alexandre le Grand, l'exemple des héros
Est appelé par elle Alexandre le Gros;
Hier soir, elle-même, en parlant d'Allemagne,
Dit que le gros vizir s'alloit mettre en campagne.
(BOURSAULT, *Théâtre*, IIIe vol., p. 140.)

4. *Traiter quelqu'un de monsieur, de monseigneur, gros comme le bras*, lui donner ces titres fréquemment et avec emphase. (*Dict. de l'Académie.*)

5. Les portiers de la Comédie avaient surtout pour consigne de ne laisser entrer personne sans billet. Ils se laissaient quelquefois gagner par une pièce d'argent mise dans la main.

On avoit beau heurter et m'ôter son chapeau,
On n'entroit pas chez nous sans graisser le marteau.
Point d'argent, point de suisse ;¹ et ma porte étoit close.
Il est vrai qu'à Monsieur j'en rendois quelque chose :
Nous comptions quelquefois. On me donnoit le soin
De fournir la maison de chandelle et de foin ;
Mais je n'y perdois rien. Enfin, vaille que vaille,
J'aurois sur le marché fort bien fourni la paille.
C'est dommage : il avoit le cœur trop au métier ; ²
Tous les jours le premier aux plaids, et le dernier ; ³
Et bien souvent tout seul, si l'on l'eût voulu croire,
Il s'y seroit couché sans manger et sans boire. ⁴

1. Point d'argent point de suisse, proverbe que Furetière, dans le *Roman bourgeois*, p. 152, commente de la manière suivante : « De sorte qu'on pourroit appliquer au sexe le proverbe inventé autrefois pour les suisses, et dire : point d'argent, point de femmes. »

2. *Il* est trop éloigné de *monsieur*, auquel il se rapporte ; il y a six vers de distance du pronom au nom. Cette très-légère incorrection est couverte par la gaieté, la bonne plaisanterie, le vrai comique du style dans tout ce monologue : il est long à la vérité au théâtre, mais la manière dont il est écrit le fait trouver court à la lecture. Il faut convenir cependant qu'il n'est pas naturel que Petit-Jean vienne dans la rue pour dormir ; qu'avant de dormir il se parle si longtemps. On s'aperçoit que le poëte a besoin d'instruire le spectateur ; et Petit-Jean ne songe qu'il a envie de dormir qu'après avoir débité ce qu'il est nécessaire de savoir pour l'intelligence de la pièce : il y a peu d'art dans cette exposition, mais beaucoup de vers que tout le monde sait par cœur, d'excellents vers de comédie, et des proverbes qui sont restés.(G.)

3. *Plaids* est un vieux mot dont on a fait *plaider*, et qui signifie aujourd'hui *plaidoirie*, *audience*. (L. R.)

4. On lit dans les éditions faites du vivant de Racine : *Il y seroit couché*. L'abbé d'Olivet a fort bien observé la différence qu'il y a entre *coucher* et *se coucher* : le premier, tantôt actif, tantôt neutre, prend l'auxiliaire avoir : *j'ai couché l'enfant, j'ai couché cette nuit à Paris* ; le second s'emploie avec le verbe substantif : *je me suis couché*. Le poëte a donc offensé la grammaire s'il a dit : *il y seroit couché*, au lieu de *il s'y seroit couché*. (G.) Racine le fils dit que c'est une erreur typographique, propagée par la négligence des premiers éditeurs. Je crois que l'ancienne langue admettait les deux manières de parler. J'ai souvent entendu en province dire : je viens de la campagne ; *j'y suis couché*, aussi bien que *j'y ai couché*.

Je lui disois parfois : « Monsieur Perrin-Dandin,
« Tout franc, vous vous levez tous les jours trop matin.
« Qui veut voyager loin ménage sa monture ;
« Buvez, mangez, dormez, et faisons feu qui dure. »
Il n'en a tenu compte. Il a si bien veillé
Et si bien fait, qu'on dit que son timbre est brouillé.[1]
Il nous veut tous juger les uns après les autres.
Il marmotte toujours certaines patenôtres[2]
Où je ne comprends rien. Il veut, bon gré, mal gré,
Ne se coucher qu'en robe et qu'en bonnet carré.
Il fit couper la tête à son coq, de colère,
Pour l'avoir éveillé plus tard qu'à l'ordinaire ;
Il disoit qu'un plaideur dont l'affaire alloit mal
Avoit graissé la patte à ce pauvre animal.[3]
Depuis ce bel arrêt, le pauvre homme a beau faire,
Son fils ne souffre plus qu'on lui parle d'affaire.
Il nous le fait garder jour et nuit, et de près :
Autrement, serviteur, et mon homme est aux plaids.
Pour s'échapper de nous, Dieu sait s'il est allègre.
Pour moi, je ne dors plus : aussi je deviens maigre ;
C'est pitié. Je m'étends, et ne fais que bâiller.

1. Cette métaphore est défectueuse. On dira bien qu'un timbre est fêlé, parce qu'il peut se fendre ; mais on ne dira pas qu'il est brouillé, les parties qui le composent n'étant pas susceptibles de se mêler. Il est vrai que le mot *timbre* est ici employé pour *cerveau ;* mais ce qui peut se dire du cerveau, à cause de la confusion des idées, ne peut être appliqué à un timbre, qui ne peut jamais offrir l'image du désordre. (A. M.) On dit que quelqu'un est timbré pour faire entendre qu'il est un peu fou : un cerveau timbré, mal timbré. (*Dict. de l'Académie.*) On peut dire dans le même sens : un timbre brouillé. Le timbre fêlé et le timbre brouillé sont deux métaphores empruntées à des idées différentes.

2. Patenôtres, — *pater noster*, — prières, — formules.

3. *Graisser la patte à quelqu'un,* donner de l'argent à quelqu'un pour le gagner, pour le corrompre ; *graisser le marteau,* donner de l'argent au portier d'une maison, afin de s'en faciliter l'entrée. (*Dict. de l'Académie.*)

Mais, veille qui voudra, voici mon oreiller.
Ma foi, pour cette nuit il faut que je m'en donne!
Pour dormir dans la rue on n'offense personne.
Dormons.[1]

(Il se couche par terre.)

SCÈNE II.

L'INTIMÉ, PETIT-JEAN.

L'INTIMÉ.[2]
Hé, Petit-Jean! Petit-Jean!
PETIT-JEAN.
L'Intimé!
(A part.)
Il a déjà bien peur de me voir enrhumé.
L'INTIMÉ.
Que diable! si matin que fais-tu dans la rue?
PETIT-JEAN.
Est-ce qu'il faut toujours faire le pied de grue,

---

1. La pièce d'Aristophane s'ouvre comme celle-ci. On voit deux esclaves, Xanthias et Sosie, couchés à la porte d'une salle basse où le juge est enfermé; le sommeil les accable; ils font des contes pour se tenir éveillés, se communiquent leurs songes, qui sont pour nous autant d'énigmes satiriques, et finissent par plusieurs détails sur la folie de leur prisonnier. La différence des mœurs en met une si grande dans les signes extérieurs de la même passion, que nous ne pourrions entendre la moitié des traits employés par ces esclaves pour décrire la maladie de Philocléon. Dans cette scène, Racine n'a guère emprunté d'Aristophane que cette plaisanterie :

Il fit couper la tête à son coq, de colère, etc.,

et l'auteur français est très-supérieur par le mérite du tour et de l'expression. (G.)

2. Racine a emprunté le nom d'*Intimé* à la comédie l'*Hôpital des fous*, de de Beys, imprimée chez Quinet en 1639. (A. M.) Il y a ici une petite erreur de M. Aimé Martin. L'*Intimé* n'est pas le nom d'un des personnages de l'*Hôpital des fous*; ce mot désigne la partie adverse du plaideur devenu fou. (Voir la Notice préliminaire.)

Garder toujours un homme, et l'entendre crier?
Quelle gueule![1] Pour moi, je crois qu'il est sorcier.

L'INTIMÉ.

Bon!

PETIT-JEAN.

Je lui disois donc, en me grattant la tête,
Que je voulois dormir : « Présente ta requête
« Comme tu veux dormir, » m'a-t-il dit gravement.[2]
Je dors en te contant la chose seulement.
Bonsoir.

L'INTIMÉ.

Comment, bonsoir? Que le diable m'emporte
Si... Mais j'entends du bruit au-dessus de la porte.

SCÈNE III.

DANDIN, L'INTIMÉ, PETIT-JEAN.

DANDIN, à la fenêtre.[3]

Petit-Jean! L'Intimé!

1. Quelle gueule! Le mot est employé dans le style familier et dans le style poétique. On appelait un avocat qui criait très-fort : *Gauthier la Gueule*. Furetière, dans le *Roman bourgeois*, peignant un procureur, dit « qu'il avoit la bouche bien fendue, ce qui n'est pas un petit avantage pour un homme qui gagne sa vie à clabauder, et dont une des bonnes qualités, c'est d'être *fort en gueule*. » Voir, dans le style poétique, les deux vers de Boileau dans la satire VIII :

Lorsqu'il entend de loin, d'une gueule infernale,
La Chicane en fureur mugir dans la grand-salle;

et dans l'enfer de Marot :

Ce grand criard qui tant la gueule tord,
Pour le grand gain tient (*défend*) du riche le sort.

2. Il y avoit alors un président si amoureux de son métier, qu'il l'exerçoit dans son domestique. Quand son fils lui représentoit qu'il avoit besoin d'un habit neuf, il lui répondoit gravement : *Présente ta requête;* et quand son fils lui avoit présenté sa requête, il y répondoit par un *soit communiqué à sa mère*. (L. R.)

3. Ce nom de Dandin a été fourni à Racine par Rabelais. Dans le

ACTE I, SCÈNE III.

L'INTIMÉ, à Petit-Jean.

Paix!

DANDIN.

Je suis seul ici.
Voilà mes guichetiers en défaut, Dieu merci.
Si je leur donne temps, ils pourront comparoître.
Çà, pour nous élargir,[1] sautons par la fenêtre.
Hors de cour.

L'INTIMÉ.

Comme il saute!

PETIT-JEAN.

Oh, monsieur, je vous tien.

DANDIN.

Au voleur! au voleur!

PETIT-JEAN.

Oh! nous vous tenons bien.

L'INTIMÉ.

Vous avez beau crier.

DANDIN.

Main-forte! l'on me tue!

SCÈNE IV.

LÉANDRE, DANDIN, L'INTIMÉ, PETIT-JEAN.

LÉANDRE.

Vite un flambeau! j'entends mon père dans la rue.

---

troisième livre du Pantagruel, chapitre XXIX, il est question d'un Perrin-Dandin, *qui appointoit plus de procès qu'il n'en étoit vidé dans tout le palais de Poitiers*. Beaumarchais a aussi emprunté de Rabelais le nom de Bride-Oison qu'il donne à un juge imbécile : dans Rabelais, le juge s'appelle Bride-Oie. (G.) — Voir à la suite l'Examen de la pièce.

1. Élargir. L'élargissement est la sortie d'un prisonnier par un jugement qui l'ordonne ou par quelque autre manière introduite ou approuvée par les lois. (FERRIÈRE.)

Mon père, si matin qui vous fait déloger?
Où courez-vous la nuit?

DANDIN.
Je veux aller juger.

LÉANDRE.
Et qui juger? Tout dort.

PETIT-JEAN.
Ma foi, je ne dors guères.

LÉANDRE.
Que de sacs![1] il en a jusques aux jarretières.

DANDIN.
Je ne veux de trois mois rentrer dans la maison.
De sacs et de procès j'ai fait provision.[2]

LÉANDRE.
Et qui vous nourrira?

DANDIN.
Le buvetier, je pense.[3]

---

1. « Lorsque les procès sont bien *ensachés*, dit Rabelais (*Pantagruel*, liv. III, ch. xlii), on les peut vraiment dire membrus et formés... les sergents, huissiers, appariteurs, chicaneurs, procureurs... suçant bien fort et continuellement les bourses des parties, engendrent à leurs procès tête, pieds, griffes, bec, dents, mains, veines, artères, nerfs, muscles, humeurs... La vraie étymologie de procès est en ce qu'il doit avoir *prou sacs* » (beaucoup de sacs).

2. *Maison* ne rime pas avec *provision;* on verra encore des rimes telles que *écrivons* et *rébellions*, *donc* et *pardon*, *donc* et *création*, *désavouer* et *payer*. Le poëte, si sévère sur la rime de ses tragédies, s'est donné quelque liberté dans une comédie. (L. R.)

3. Il n'y a si vil praticien qui, au fond de son étude sombre et enfumée, et l'esprit occupé de la plus noire chicane, ne se préfère au laboureur qui jouit du ciel, qui cultive la terre, qui sème à propos et qui fait de riches moissons; et s'il entend quelquefois parler des premiers hommes ou des patriarches, de leur vie champêtre et de leur économie, il s'étonne qu'on ait pu vivre en de tels temps où il n'y avait encore ni offices, ni commissions, ni présidents, ni procureurs. Il ne comprend pas qu'on ait jamais pu se passer du greffe, du parquet et de la buvette. (La Bruyère, ch. vii, *de la Ville.*)

ACTE I, SCÈNE IV.

LÉANDRE.

Mais où dormirez-vous, mon père?

DANDIN.

A l'audience.

LÉANDRE.

Non, mon père; il vaut mieux que vous ne sortiez pas.
Dormez chez vous; chez vous faites tous vos repas.
Souffrez que la raison enfin vous persuade;
Et pour votre santé...

DANDIN.

Je veux être malade.

LÉANDRE.

Vous ne l'êtes que trop. Donnez-vous du repos;
Vous n'avez tantôt plus que la peau sur les os.

DANDIN.

Du repos? Ah! sur toi tu veux régler ton père.
Crois-tu qu'un juge n'ait qu'à faire bonne chère,
Qu'à battre le pavé comme un tas de galants,
Courir le bal la nuit, et le jour les brelans?
L'argent ne nous vient pas si vite que l'on pense.
Chacun de tes rubans[1] me coûte une sentence.[2]
Ma robe vous fait honte : un fils de juge! Ah, fi!
Tu fais le gentilhomme : hé, Dandin, mon ami,
Regarde dans ma chambre et dans ma garde-robe

---

1. Les hommes, du temps de Louis XIV, faisaient beaucoup d'usage des rubans; et depuis, lorsque la mode fut passée, les comédiens s'avisèrent de substituer le mot *boutons* au mot *rubans;* les comédiens ont eu tort : il faut conserver les anciens termes et les anciens costumes dans les pièces où l'on peint les anciennes mœurs. (G.)

2. Dans le *Roman bourgeois* de Furetière : Vollichon dit que « le temps qu'on employoit ainsi à s'habiller proprement étoit perdu, et qu'on auroit fait cinq ou six rôles d'écritures. Il se plaignoit aussi que telle pièce d'ajustement coûtoit la valeur de vingt plaidoyers. » (*Roman bourgeois*, t. I, p. 44.)

Les portraits des Dandins : tous ont porté la robe ;
Et c'est le bon parti. Compare prix pour prix
Les étrennes d'un juge à celles d'un marquis :
Attends que nous soyons à la fin de décembre.
Qu'est-ce qu'un gentilhomme? Un pilier d'antichambre.
Combien en as-tu vu, je dis des plus huppés,
A souffler dans leurs doigts dans ma cour occupés,
Le manteau sur le nez, ou la main dans la poche,
Enfin, pour se chauffer, venir tourner ma broche !
Voilà comme on les traite.[1] Hé! mon pauvre garçon,
De ta défunte mère est-ce là la leçon ?
La pauvre Babonnette! Hélas! lorsque j'y pense,
Elle ne manquoit pas une seule audience.
Jamais, au grand jamais, elle ne me quitta,
Et Dieu sait bien souvent ce qu'elle en rapporta :
Elle eût du buvetier emporté les serviettes,
Plutôt que de rentrer au logis les mains nettes.[2]

---

1. « J'estime autant et plus un procureur qu'un gentilhomme. J'en sais cent raisons et surtout une qui est décisive pour faire voir l'avantage que l'un a sur l'autre : c'est qu'il n'y a point de gentilhomme, tant puissant soit-il, qui ait pu ruiner le moindre des procureurs, et il n'y a point de si chétif procureur qui n'ait ruiné plusieurs riches gentilshommes. » (*Roman bourgeois*, p. 217.)

2. Racine, en cet endroit, avoit en vue Mme Tardieu, femme d'un lieutenant criminel célèbre par son avarice, et par le portrait qu'en a fait Boileau :

> L'un et l'autre dès lors vécut à l'aventure
> Des présents qu'à l'abri de la magistrature
> Le mari quelquefois des plaideurs extorquoit,
> Ou de ce que la femme aux voisins escroquoit.
> (Satire x.)

On prétend en effet que Mme Tardieu *avoit pris quelques serviettes* chez le buvetier. (L. B.)

> D'autre côté, j'ai une mère
> Qui me dit toujours : Feu ton père
> Faisoit ceci, faisoit cela,
> Alloit deçà, alloit delà

ACTE I, SCÈNE IV.

Et voilà comme on fait les bonnes maisons. Va,
Tu ne seras qu'un sot.

LÉANDRE.

Vous vous morfondez là,
Mon père. Petit-Jean, remenez votre maître,
Couchez-le dans son lit; fermez porte, fenêtre;
Qu'on barricade tout, afin qu'il ait plus chaud.

PETIT-JEAN.

Faites donc mettre au moins des garde-fous là-haut.

DANDIN.

Quoi! l'on me mènera coucher sans autre forme?
Obtenez un arrêt comme il faut que je dorme.[1]

LÉANDRE.

Hé! par provision, mon père, couchez-vous.

DANDIN.

J'irai; mais je m'en vais vous faire enrager tous :
Je ne dormirai point.

LÉANDRE.

Hé bien, à la bonne heure!
Qu'on ne le quitte pas. Toi, l'Intimé, demeure.

> Pour avoir pratique au palais.
> Ah! que Dieu lui pardoint jamais!
> Ne revint, en quelque saison,
> La bourse vide à la maison.
> (REMI BELLEAU, *la Reconnue*, acte II, scène 1re.)

1. Un avocat mourant ne peut pas recevoir l'extrême-onction sans un arrêt rendu par des juges compétents. « Advocatus quidam cum graviter infirmaretur et dicerent ei ut communicaret : « Volo, inquit, ut mihi judicetur « an debeam facere, nec ne ; » et cum adstantes dicerent ei : « Judicamus quod « sic : « Appelo, inquit, tanquam ab iniqua sententia, quia non estis judices « mei, » et sic mortuus est. *Mensa philosophica*, par Thibaud d'Anguilbert, liv. IV, chap. XXXIII, *de Advocatis*.

SCÈNE V.

LÉANDRE, L'INTIMÉ.

LÉANDRE.
Je veux t'entretenir un moment sans témoin.
L'INTIMÉ.
Quoi! vous faut-il garder?
LÉANDRE.
J'en aurois bon besoin. *
J'ai ma folie, hélas! aussi bien que mon père.
L'INTIMÉ.
Oh! vous voulez juger?

LÉANDRE, montrant le logis d'Isabelle.
Laissons là le mystère.
Tu connois ce logis?
L'INTIMÉ.
Je vous entends enfin :
Diantre! l'amour vous tient au cœur de bon matin.
Vous me voulez parler sans doute d'Isabelle.
Je vous l'ai dit cent fois : elle est sage, elle est belle;
Mais vous devez songer que monsieur Chicaneau
De son bien en procès consume le plus beau.
Qui ne plaide-t-il point? Je crois qu'à l'audience **
Il fera, s'il ne meurt, venir toute la France.
Tout auprès de son juge il s'est venu loger :
L'un veut plaider toujours, l'autre toujours juger.
Et c'est un grand hasard s'il conclut votre affaire

* VAR. *J'en aurois bien besoin.*
** VAR. *A qui n'en veut-il point? Je crois qu'à l'audience.*

ACTE I, SCÈNE V.

Sans plaider le curé, le gendre, et le notaire.

LÉANDRE.

Je le sais comme toi; mais, malgré tout cela,
Je meurs pour Isabelle.

L'INTIMÉ.

Hé bien, épousez-la.
Vous n'avez qu'à parler, c'est une affaire prête.

LÉANDRE.

Hé! cela ne va pas si vite que ta tête.
Son père est un sauvage à qui je ferois peur.
A moins que d'être huissier, sergent ou procureur,
On ne voit point sa fille; et la pauvre Isabelle,
Invisible et dolente, est en prison chez elle.
Elle voit dissiper sa jeunesse en regrets,
Mon amour en fumée, et son bien en procès.[1]
Il la ruinera si l'on le laisse faire.
Ne connoîtrois-tu pas quelque honnête faussaire
Qui servît ses amis, en le payant, s'entend,
Quelque sergent zélé?

L'INTIMÉ.

Bon! l'on en trouve tant!

LÉANDRE.

Mais encore?

---

1. Après avoir enfin couru mille chemins,
Ils m'ont pour mon argent laissé des parchemins,
Tous mes biens sont perdus; la source en est tarie;
Car je porte en ces sacs toute ma métairie.
   (Les plaideurs dans *l'Hôpital des fous*,
   de de Beys, acte III, scène II.)

Sans cesse feuilletant les Lois et la Coutume,
Pour consumer autrui le monstre se consume,
Et dévorant maisons, palais, châteaux entiers,
Rend pour des monceaux d'or de vains tas de papiers.
   (BOILEAU, *le Lutrin*, chant V, vers 45. 1037.)

L'INTIMÉ.

Ah, monsieur! si feu mon pauvre père
Étoit encor vivant, c'étoit bien votre affaire.
Il gagnoit en un jour plus qu'un autre en six mois ;
Ses rides sur son front gravoient tous ses exploits.[1]
Il vous eût arrêté le carrosse d'un prince ;
Il vous l'eût pris lui-même ; et si dans la province
Il se donnoit en tout vingt coups de nerf de bœuf,
Mon père pour sa part en emboursoit dix-neuf.[2]
Mais de quoi s'agit-il? suis-je pas fils de maître?
Je vous servirai.

LÉANDRE.

Toi?

L'INTIMÉ.

Mieux qu'un sergent peut-être.

LÉANDRE.

Tu porterois au père un faux exploit?

L'INTIMÉ.

Hon, hon.*

LÉANDRE.

Tu rendrois à la fille un billet?

---

1. Tout le monde sait que ce vers est une parodie d'un vers du *Cid*. On assure que Corneille fut très-mécontent de cette gaieté, et dit avec humeur : « Ne tient-il qu'à un jeune homme de tourner en ridicule les plus beaux vers d'un poëte? » (A. M.)

2. Ce trait comique est dans Rabelais : il dit d'un « chicquanous (un huissier), que si en tout le territoire n'estoient que trente coups de baston à guaigner, il en emboursoit toujours vingt-huict et demy... *et quand* je le cuidois mort assommé, mon vilain debout *estoit* aise comme ung Roi ou deux. » (*Pantagruel,* liv. IV, chap. XVII.) (G.)

— Dans la cinquième satire de Furetière, *le Jeu de boule des procureurs,* le procureur se pique et dit à un huissier :

Parlez de vous,
Qui vous feriez fouetter pour attraper cinq sous.

* VAR. *Quoi donc?*

ACTE I, SCÈNE V.

L'INTIMÉ.
     Pourquoi non?
Je suis des deux métiers.
    LÉANDRE.
     Viens, je l'entends qui crie.
Allons à ce dessein rêver ailleurs.

SCÈNE VI.

CHICANEAU, PETIT-JEAN.

CHICANEAU, allant et revenant.
     La Brie,
Qu'on garde la maison, je reviendrai bientôt,[1]
Qu'on ne laisse monter aucune âme là-haut.
Fais porter cette lettre à la poste du Maine.
Prends-moi dans mon clapier trois lapins de garenne,*
Et chez mon procureur porte-les ce matin.[2]
Si son clerc vient céans, fais-lui goûter mon vin.
Ah! donne-lui ce sac qui pend à ma fenêtre.

---

1. Cette entrée de Chicaneau est très-théâtrale, surtout étant préparée par la scène précédente, où l'on a peint le personnage; c'est une imitation de l'entrée du Tartuffe, et Molière lui-même en avait pris l'idée dans Térence. Chaque vers de Chicaneau est un trait de caractère aussi juste que plaisant; tout le dialogue de ce plaideur avec le portier est d'une vérité parfaite : c'est l'esprit et le ton de Molière. (G.)

*Var. *Prends-moi dans ce clapier trois lapins de garenne.*

2.   Mais souffrez qu'à présent
 D'un levraut que j'ai pris je vous fasse présent.
      (Furetière, quatrième satire, 1655.)

— Dans le recueil général des *Caquets de l'accouchée*, 1625, une procureuse au Châtelet dit en parlant de son mari : « C'est le plus heureux homme du monde; tantôt on lui fera présent d'un lièvre, tantôt d'un couple de perdrix, tantôt d'un pâté de venaison. Il ne faut pas mentir que cela nous accommode grandement bien. » (Page 229.)

Est-ce tout? Il viendra me demander peut-être
Un grand homme sec, là, qui me sert de témoin,
Et qui jure pour moi lorsque j'en ai besoin :
Qu'il m'attende. Je crains que mon juge ne sorte :
Quatre heures vont sonner. Mais frappons à sa porte.

PETIT-JEAN, entr'ouvrant la porte.

Qui va là?

CHICANEAU.

Peut-on voir monsieur?

PETIT-JEAN, fermant la porte.

Non.

CHICANEAU, frappant à la porte.

Pourroit-on
Dire un mot à monsieur son secrétaire?

PETIT-JEAN, fermant la porte.

Non.

CHICANEAU, frappant à la porte.

Et monsieur son portier?

PETIT-JEAN.

C'est moi-même.

CHICANEAU.

De grâce,
Buvez à ma santé, monsieur.

PETIT-JEAN, prenant l'argent.

Grand bien vous fasse!

(Fermant la porte.)

Mais revenez demain.

CHICANEAU.

Hé! rendez donc l'argent.
Le monde est devenu, sans mentir, bien méchant.
J'ai vu que les procès ne donnoient point de peine :
Six écus en gagnoient une demi-douzaine.

ACTE I, SCÈNE VI.

Mais aujourd'hui, je crois que tout mon bien entier
Ne me suffiroit pas pour gagner un portier.
Mais j'aperçois venir madame la comtesse
De Pimbesche. Elle vient pour affaire qui presse.

SCÈNE VII.

LA COMTESSE,[1] CHICANEAU.

CHICANEAU.
Madame, on n'entre plus.
LA COMTESSE.
Hé bien! l'ai-je pas dit?
Sans mentir, mes valets me font perdre l'esprit.
Pour les faire lever c'est en vain que je gronde;[2]
Il faut que tous les jours j'éveille tout mon monde.
CHICANEAU.
Il faut absolument qu'il se fasse celer.
LA COMTESSE.
Pour moi, depuis deux jours je ne lui puis parler.

---

1. On prétend que l'actrice chargée du rôle de la comtesse de Pimbesche parut sur la scène dans le même costume que la comtesse de Crissé, plaideuse éternelle, avait coutume de porter à la ville; elle avait une robe couleur de rose sèche, avec un masque sur l'oreille. On dit encore qu'Aristophane, qui joua lui-même le rôle de Cléon dans sa comédie des *Chevaliers*, se présenta avec un masque très-ressemblant à la figure de ce fameux démagogue. Molière fit aussi acheter à la friperie un habit de l'abbé Cotin, et donna à son personnage principal le nom de Tricotin, qu'il changea depuis en celui de Trissotin, moins ressemblant au nom véritable de la personne, mais plus injurieux encore : ces exemples ne justifient point une pareille licence. D'ailleurs Molière avait moins besoin que personne de cet attrait de la satire et des personnalités. (A. M.)

2. « La diligence et l'activité de Collantine (la plaideuse de Furetière dans le *Roman bourgeois*) étoient merveilleuses. Elle étoit plus matinale que l'aurore et ne craignoit non plus de marcher de nuit que le loup-garou. » (Liv. II, p. 198.)

CHICANEAU.
Ma partie est puissante, et j'ai lieu de tout craindre.
LA COMTESSE.
Après ce qu'on m'a fait, il ne faut plus se plaindre.
CHICANEAU.
Si pourtant[1] j'ai bon droit.
LA COMTESSE.
Ah, monsieur! quel arrêt!
CHICANEAU.
Je m'en rapporte à vous. Écoutez, s'il vous plaît.
LA COMTESSE.
Il faut que vous sachiez, monsieur, la perfidie...
CHICANEAU.
Ce n'est rien dans le fond.
LA COMTESSE.
Monsieur, que je vous die...
CHICANEAU.
Voici le fait. Depuis quinze ou vingt ans en çà,
Au travers d'un mien pré certain ânon passa,

---

1. Cependant j'ai bon droit. *Si* dans ce sens est un adverbe affirmatif. *Si*, dit le *Dictionnaire de l'Académie* (1835), s'emploie quelquefois tout seul dans le sens de néanmoins : *vous avez beau reculer; si faudra-t-il que vous en passiez par là.* Cette façon de parler familière vieillit. On disait autrefois dans le même sens : *si est-ce que, quoi que vous en puissiez dire, si est-ce que je ne crois pas. Si* précédé de la conjonction *et* s'emploie quelquefois dans la conversation familière pour dire : cependant, avec cela, néanmoins; et alors il ne perd jamais sa voyelle, pas même devant le pronom *il. Il est brave et vaillant, et si il est doux et facile. Il est très-savant, et si il est modeste. Je souffre plus que vous, et si je ne me plains pas.* Ce sens vieillit. *Si* est quelquefois particule affirmative et s'oppose à *non. Vous dites que non, et je dis que si. Je gage que si, je gage que non. Vous ne ferez donc pas cela? oh que si. Vous n'avez pas été là? si.* Il est familier. *Si fait*, façon de parler familière dont on se sert pour affirmer le contraire de ce qu'un autre a dit. *Je crois qu'il n'a pas été là? si fait, il y a été; si fait vraiment. Si ferai, si ferai-je,* autres façons d'affirmer. On dit plus ordinairement : *je le ferai.*

S'y vautra, non sans faire un notable dommage,
Dont je formai ma plainte au juge du village.
Je fais saisir l'ânon. Un expert est nommé ;
A deux bottes de foin le dégât estimé.
Enfin, au bout d'un an, sentence par laquelle
Nous sommes renvoyés hors de cour. J'en appelle.
Pendant qu'à l'audience on poursuit un arrêt,
Remarquez bien ceci, madame, s'il vous plaît.
Notre ami Drolichon, qui n'est pas une bête,
Obtient pour quelque argent un arrêt sur requête,
Et je gagne ma cause. A cela que fait-on?
Mon chicaneur s'oppose à l'exécution.
Autre incident : tandis qu'au procès on travaille,
Ma partie en mon pré laisse aller sa volaille.
Ordonné qu'il sera fait rapport à la cour
Du foin que peut manger une poule en un jour :[1]
Le tout joint au procès. Enfin, et toute chose
Demeurant en état, on appointe la cause
Le cinquième ou sixième avril cinquante-six.
J'écris sur nouveaux frais. Je produis, je fournis
De dits, de contredits, enquêtes, compulsoires,[2]

---

1. *La gente poitevinerie*, poëme en langage poitevin, imprimé à Poitiers, en 1610, parle d'un procès qu'un paysan poitevin avait fait à son voisin, en réparation du dommage fait à ses champs par cinq ou six oisons de ce paysan. (*Apologie d'Hérodote*, édition de Le Duchat, 1735, t. II, p. 363.)

2. Dans sa quatrième satire, Furetière introduit un procureur faisant un jeu de mots sur ce terme de procédure :

Il verse encor pour boire,
Et pour m'y mieux forcer demande un compulsoire.

— Rabelais est le premier qui se soit amusé à entasser par raillerie tous les mots barbares de la procédure. Quand le juge Bridoye se défend du reproche qu'on lui fait de juger les procès aux dés, il dit qu'avant de jeter les dés, « il voit, revoit, lit, relit, paperasse et feuillette les complaintes, ajourne-

Rapports d'experts, transports, trois interlocutoires,
Griefs et faits nouveaux, baux et procès-verbaux.
J'obtiens lettres royaux, et je m'inscris en faux.
Quatorze appointements, trente exploits, six instances,
Six-vingts productions, vingt arrêts de défenses,
Arrêt enfin. Je perds ma cause avec dépens,
Estimés environ cinq à six mille francs.
Est-ce là faire droit? est-ce là comme on juge?
Après quinze ou vingt ans! Il me reste un refuge :
La requête civile est ouverte pour moi;[1]

ments, comparutions, commissions, informations, etc., etc. (*Pantagruel*, liv. III, ch. xxxix.)
— Même genre de comique dans *l'Hôpital des fous* de de Beys. C'est le plaideur qui parle :

> Tous ces barbares noms me blessent la cervelle;
> Sentence, appointements, production nouvelle,
> Arrêts à contredire, interpellations,
> Moyens de nullité, griefs, forclusions,
> Tout cela m'étourdit...
>   (*Hôpital des fous*, acte III, scène II.)

1. J'étais un jour chez Élie de Beaumont, célèbre avocat. En son absence sa femme recevait, comme de raison, la visite des clients et des clientes, et entendait le récit de leur affaire; c'était un des devoirs de son état. Comme j'étais seul avec elle, arrive une vieille plaideuse, qui me parut ressembler assez à Mme de Pimbesche. Elle entame sur-le-champ son histoire, qui durait déjà depuis une demi-heure, sans que je me fusse avisé de mêler un mot à la conversation : je n'étais pas de force à la soutenir. *Heureusement*, dit-elle enfin, *j'ai la ressource de la requête civile*. Ce mot me rappela le vers des *Plaideurs*, et je dis, presque sans m'en apercevoir :

> La requête civile est ouverte pour moi.

Cette femme, qui jusqu'à ce moment n'avait pas seulement songé que je fusse là, se retourne vers moi avec la plus grande vivacité : *Pour vous aussi, monsieur?...* et je vis qu'il ne tenait qu'à moi de devenir dans la minute un personnage fort intéressant pour elle; je n'en avais nulle envie. *Non, madame*, lui dis-je avec le plus grand sérieux, *c'est un vers des Plaideurs*. Elle me regarde quelque temps des pieds à la tête, puis se retourne brusquement vers Mme Élie de Beaumont, en reprenant son histoire ; et je retombai dans mon néant. (L.)

— « Je veux qu'on plaide depuis la justice subalterne jusqu'à la requête

ACTE I, SCÈNE VII.

Je ne suis pas rendu. Mais vous, comme je voi,
Vous plaidez?[1]

LA COMTESSE.

Plût à Dieu!

CHICANEAU.

J'y brûlerai mes livres.

LA COMTESSE.

Je...

CHICANEAU.

Deux bottes de foin cinq à six mille livres![2]

LA COMTESSE.

Monsieur, tous mes procès alloient être finis;
Il ne m'en restoit plus que quatre ou cinq petits:[3]
L'un contre mon mari, l'autre contre mon père,
Et contre mes enfants. Ah, monsieur! la misère!
Je ne sais quel biais ils ont imaginé,

---

civile, et à la cassation d'arrêt au conseil privé. » (Collantine dans le *Roman bourgeois*, p. 244.)

1. Furetière remarque dans son *Roman bourgeois* « qu'il n'y a rien de plus naturel aux plaideurs que de se conter leurs procès les uns aux autres. Ils font facilement connoissance ensemble et ne manquent point de matière pour fournir à la conversation. » (Liv. II, p. 200.)

2. Les traits des poëtes comiques paroissent quelquefois outrés, et ne le sont pas. Il est rapporté dans l'*Éloge historique* de M. Boivin l'aîné, qu'il soutint un procès pour une redevance de vingt-quatre sous, dont il prétendoit qu'une maison qu'il avoit achetée en Normandie devoit être exempte : ce procès, qu'il perdit, dura douze ans, et lui coûta douze mille livres de frais. (L. R.)

3. « Collantine (c'était le nom de la demoiselle chicaneuse) lui demanda d'abord à qui il en vouloit? Charosselles la satisfit aussitôt et lui déduisit au long son procès. Quand il eut fini, pour lui rendre la pareille, il lui demanda qui était sa partie. Ma partie? dit-elle, faisant un grand cri, vraiment, je n'en ai pas pour une. — Comment, reprit-il, plaidez-vous contre une communauté ou contre plusieurs personnes intéressées en une même affaire? — Nenni, répliqua Collantine, c'est que j'ai toutes sortes de procès et contre toutes sortes de personnes. » (*Roman bourgeois*, partie II, p. 200.)

Ni tout ce qu'ils ont fait, mais on leur a donné
Un arrêt par lequel, moi vêtue et nourrie,
On me défend, monsieur, de plaider de ma vie.

CHICANEAU.

De plaider?

LA COMTESSE.

 De plaider.

CHICANEAU.

  Certes, le trait est noir.
J'en suis surpris.

LA COMTESSE.

  Monsieur, j'en suis au désespoir.

CHICANEAU.

Comment, lier les mains aux gens de votre sorte!
Mais cette pension, madame, est-elle forte?

LA COMTESSE.

Je n'en vivrois, monsieur, que trop honnêtement.
Mais vivre sans plaider, est-ce contentement?

CHICANEAU.

Des chicaneurs viendront nous manger jusqu'à l'âme,
Et nous ne dirons mot! Mais, s'il vous plaît, madame,
Depuis quand plaidez-vous?

LA COMTESSE.

  Il ne m'en souvient pas;
Depuis trente ans, au plus.

CHICANEAU.

  Ce n'est pas trop.

LA COMTESSE.

   Hélas!

CHICANEAU.

Et quel âge avez-vous? Vous avez bon visage.

ACTE I, SCÈNE VII.

LA COMTESSE.

Hé! quelque soixante ans.¹

CHICANEAU.

Comment! c'est le bel âge
Pour plaider.

LA COMTESSE.

Laissez faire, ils ne sont pas au bout :
J'y vendrai ma chemise; et je veux rien ou tout.

CHICANEAU.

Madame, écoutez-moi. Voici ce qu'il faut faire.

LA COMTESSE.

Oui, monsieur, je vous crois comme mon propre père.

CHICANEAU.

J'irois trouver mon juge...

LA COMTESSE.

Oh! oui, monsieur, j'irai.

CHICANEAU.

Me jeter à ses pieds...

LA COMTESSE.

Oui, je m'y jetterai;
Je l'ai bien résolu.

CHICANEAU.

Mais daignez donc m'entendre.

LA COMTESSE.

Oui, vous prenez la chose ainsi qu'il la faut prendre.

CHICANEAU.

Avez-vous dit, madame?

LA COMTESSE.

Oui.*

---

1. On se sert encore dans la conversation de *quelque* pour *environ*. Racine affectionnait cette manière de parler. (L.)

* VAR.   *Oui, monsieur.*
CHICANEAU.
J'irois donc.

CHICANEAU.

J'irois sans façon
Trouver mon juge.

LA COMTESSE.

Hélas! que ce monsieur est bon!

CHICANEAU.

Si vous parlez toujours, il faut que je me taise.

LA COMTESSE.

Ah! que vous m'obligez! je ne me sens pas d'aise.

CHICANEAU.

J'irois trouver mon juge, et lui dirois...

LA COMTESSE.

Oui.

CHICANEAU.

Voi![1]

Et lui dirois : Monsieur...

LA COMTESSE.

Oui, monsieur.

CHICANEAU.

Liez-moi...[2]

1. Exclamation d'impatience en dérision du oui de la comtesse.
2. On dit fou à lier. — Chicaneau impatienté veut-il dire que la comtesse est folle à lier, ou, d'après le vers qui suit :

Vous ne savez pas, madame, où je viendrai,

voulait-il, dans le discours que la comtesse tiendrait à son juge, lui faire dire que, si on lui défendait de plaider, c'était en quelque sorte la lier comme folle ou l'emprisonner? Je crois à ce second sens, surtout d'après le vers dit plus haut par Chicaneau :

Comment, lier les mains aux gens de notre sorte!

J'ajoute que le mot de folie appliqué par Chicaneau à la comtesse n'arrive que plus tard :

Enfin quand une femme en tête a sa folie.

J'ai vu beaucoup de personnes hésiter sur le sens que Chicaneau attache à ce mot : liez-moi. Mais quelle que soit l'intention de Chicaneau, le mot suffit à faire l'équivoque d'où vient la querelle et le comique de la scène.

— Dans le *Roman bourgeois*, Collantine ne veut pas non plus écouter Cha-

ACTE I, SCÈNE VII.

LA COMTESSE.

Monsieur, je ne veux point être liée.[1]

CHICANEAU.

A l'autre !

LA COMTESSE.

Je ne la serai point.[2]

CHICANEAU.

Quelle humeur est la vôtre?

LA COMTESSE.

Non.

CHICANEAU.

Vous ne savez pas, madame, où je viendrai.

LA COMTESSE.

Je plaiderai, monsieur, ou bien je ne pourrai.

CHICANEAU.

Mais...

---

rosselles. Un jour entre autres qu'il avait fait plusieurs tentatives inutiles, il se mit tellement en colère contre elle, qu'il était « presque résolu de la lier et de lui mettre un bâillon dans la bouche pour avoir sa revanche et la prêcher tout à loisir. » (Page 216.)

1. Brossette, dans ses remarques sur Boileau, rapporte que le parlement avait défendu à cette comtesse de Crissé, dont j'ai déjà parlé, d'intenter à l'avenir aucun procès sans l'avis par écrit de deux avocats. Désespérée d'une semblable défense, après avoir tout tenté inutilement pour faire adoucir la rigueur de cet arrêt, elle alla porter ses plaintes et son désespoir chez Boileau le greffier, frère aîné du poëte; elle y trouva un de leurs parents, désigné dans le commentaire de Brossette par les lettres initiales B. D. L. Cet homme, après avoir dissipé tout son bien, était réduit au triste métier de parasite ; et comme il voulait se rendre nécessaire partout, il s'avisa de donner des conseils à la comtesse ; elle les interpréta fort mal, et il en résulta une querelle fort vive. Racine, à qui Boileau raconta cette aventure, en profita en poëte déjà consommé dans cet art qu'il pratiquait pour la première fois, et en fit une des meilleures scènes de comédie qu'il y ait au théâtre. (G.)

2. Louis Racine convient que les règles de la grammaire demandent *je ne le serai point ;* mais il prétend qu'il est plus dans le caractère et le ton d'une vieille plaideuse de dire *je ne la serai point.* (A. M.) — L'ancienne langue n'admettait qu'avec peine ce *le* impersonnel.

LA COMTESSE.
Mais je ne veux point, monsieur, que l'on me lie...
CHICANEAU.
Enfin, quand une femme en tête a sa folie...
LA COMTESSE.
Fou vous-même.
CHICANEAU.
Madame!
LA COMTESSE.
Et pourquoi me lier?
CHICANEAU.
Madame...
LA COMTESSE.
Voyez-vous? il se rend familier.
CHICANEAU.
Mais, madame...
LA COMTESSE.
Un crasseux, qui n'a que sa chicane,
Veut donner des avis!
CHICANEAU.
Madame!
LA COMTESSE.
Avec son âne!
CHICANEAU.
Vous me poussez.
LA COMTESSE.
Bon homme, allez garder vos foins.
CHICANEAU.
Vous m'excédez.
LA COMTESSE.
Le sot!
CHICANEAU.
Que n'ai-je des témoins!

SCÈNE VIII.

PETIT-JEAN, LA COMTESSE, CHICANEAU.

PETIT-JEAN.
Voyez le beau sabbat qu'ils font à notre porte,
Messieurs, allez plus loin tempêter de la sorte.

CHICANEAU.
Monsieur, soyez témoin...

LA COMTESSE.
     Que monsieur est un sot.

CHICANEAU.
Monsieur, vous l'entendez, retenez bien ce mot.[1]

PETIT-JEAN, à la comtesse.
Ah! vous ne deviez pas lâcher cette parole.

LA COMTESSE.
Vraiment, c'est bien à lui de me traiter de folle!

PETIT-JEAN.
(A Chicaneau.)
Folle! Vous avez tort. Pourquoi l'injurier?

---

1. Un des traits les plus originaux de la manie des plaideurs consiste dans cette espèce de joie qu'ils ressentent des invectives grossières dont on les accable, parce qu'ils se flattent d'y trouver la matière d'un bon procès, qui leur fera obtenir ce qu'ils appellent dans leur langue des *dommages et intérêts*. (G.)

« Ce fut alors qu'ils se mirent tous deux en devoir de conter tous les procès et différends qu'ils avoient ensemble, en la présence de Charosselles, comme s'il eût été leur juge naturel. Ils prirent tous deux la parole en même temps, plaidèrent, haranguèrent et contestèrent, sans que pas un voulût écouter son compagnon. » (*Roman bourgeois*, p. 268.)

CHICANEAU.
On la conseille.
PETIT-JEAN.
Oh!
LA COMTESSE.
Oui, de me faire lier.
PETIT-JEAN.
Oh, monsieur!
CHICANEAU.
Jusqu'au bout que ne m'écoute-t-elle?
PETIT-JEAN.
Oh, madame!
LA COMTESSE.
Qui? moi, souffrir qu'on me querelle?
CHICANEAU.
Une crieuse!
PETIT-JEAN.
Hé, paix!
LA COMTESSE.
Un chicaneur!
PETIT-JEAN.
Holà!
CHICANEAU.
Qui n'ose plus plaider!
LA COMTESSE.
Que t'importe cela?
Qu'est-ce qui t'en revient, faussaire abominable,
Brouillon, voleur?
CHICANEAU.
Et bon, et bon, de par le diable:
Un sergent! un sergent!

LA COMTESSE.
Un huissier! un huissier!
PETIT-JEAN, seul.
Ma foi, juge et plaideurs, il faudroit tout lier.[1]

[1]. On ne peut terminer un acte d'une manière plus vive. Malheureusement cette querelle si plaisante ne tient point à l'action, et n'a point de suite. (G.) — L'auteur de la note avait oublié que cette querelle remplit une partie du second acte. (A. M.)

ACTE DEUXIÈME.

SCÈNE PREMIÈRE.

LÉANDRE, L'INTIMÉ.

L'INTIMÉ.

Monsieur, encore un coup, je ne puis pas tout faire :
Puisque je fais l'huissier, faites le commissaire.
En robe sur mes pas il ne faut que venir,
Vous aurez tout moyen de vous entretenir.
Changez en cheveux noirs votre perruque blonde.
Ces plaideurs songent-ils que vous soyez au monde?
Hé! lorsqu'à votre père ils vont faire leur cour,
A peine seulement savez-vous s'il est jour.
Mais n'admirez-vous pas cette bonne comtesse
Qu'avec tant de bonheur la fortune m'adresse,
Qui, dès qu'elle me voit, donnant dans le panneau,
Me charge d'un exploit pour monsieur Chicaneau,
Et le fait assigner pour certaine parole,
Disant qu'il la voudroit faire passer pour folle,
Je dis folle à lier, et pour d'autres excès
Et blasphèmes, toujours l'ornement des procès?
Mais vous ne dites rien de tout mon équipage?
Ai-je bien d'un sergent le port et le visage?

LÉANDRE.

Ah! fort bien!

ACTE II, SCÈNE I.

L'INTIMÉ.

Je ne sais, mais je me sens enfin
L'âme et le dos six fois plus durs que ce matin.
Quoi qu'il en soit, voici l'exploit et votre lettre :
Isabelle l'aura, j'ose vous le promettre.
Mais, pour faire signer le contrat que voici,
Il faut que sur mes pas vous vous rendiez ici.
Vous feindrez d'informer sur toute cette affaire,
Et vous ferez l'amour en présence du père.

LÉANDRE.

Mais ne va pas donner l'exploit pour le billet.

L'INTIMÉ.

Le père aura l'exploit, la fille le poulet.
Rentrez.

(L'Intimé va frapper à la porte d'Isabelle.)

SCÈNE II.

ISABELLE, L'INTIMÉ.

ISABELLE.

Qui frappe?

L'INTIMÉ.

(A part.)

Ami. C'est la voix d'Isabelle.

ISABELLE.

Demandez-vous quelqu'un, monsieur?

L'INTIMÉ.

Mademoiselle,
C'est un petit exploit[1] que j'ose vous prier

---

1. Ce terme *exploit* signifie, généralement parlant, toutes sortes d'actes qui se font par les sergents; néanmoins il convient mieux à l'action qu'on appelle ajournement ou assignation. (FERRIÈRE, *Dict. de droit.*)

De m'accorder l'honneur de vous signifier.
ISABELLE.
Monsieur, excusez-moi, je n'y puis rien comprendre :
Mon père va venir, qui pourra vous entendre.
L'INTIMÉ.
Il n'est donc pas ici, mademoiselle?
ISABELLE.
Non.
L'INTIMÉ.
L'exploit, mademoiselle, est mis sous votre nom.
ISABELLE.
Monsieur, vous me prenez pour une autre, sans doute :
Sans avoir de procès, je sais ce qu'il en coûte;
Et si l'on n'aimoit pas à plaider plus que moi,
Vos pareils pourroient bien chercher un autre emploi.
Adieu.
L'INTIMÉ.
Mais permettez...
ISABELLE.
Je ne veux rien permettre.
L'INTIMÉ.
Ce n'est pas un exploit.
ISABELLE.
Chanson!
L'INTIMÉ.
C'est une lettre.[1]
ISABELLE.
Encor moins.

---

1. Racine fait beaucoup d'usage, dans toute la pièce, de ce dialogue coupé, naturellement vif et piquant. Toute cette scène est ingénieuse et pleine de grâce : Isabelle est une de ces ingénues adroites et rusées, dont Molière a souvent tracé des portraits aussi naturels que plaisants. (G.)

ACTE II, SCÈNE II.

L'INTIMÉ.

Mais lisez.

ISABELLE.

Vous ne m'y tenez pas.

L'INTIMÉ.

C'est de monsieur...

ISABELLE.

Adieu.

L'INTIMÉ.

Léandre.

ISABELLE.

Parlez bas.
C'est de monsieur...?

L'INTIMÉ.

Que diable! on a bien de la peine
A se faire écouter : je suis tout hors d'haleine.

ISABELLE.

Ah! l'Intimé, pardonne à mes sens étonnés;
Donne.

L'INTIMÉ.

Vous me deviez fermer la porte au nez.

ISABELLE.

Et qui t'auroit connu déguisé de la sorte?
Mais donne.

L'INTIMÉ.

Aux gens de bien ouvre-t-on votre porte?

ISABELLE.

Hé, donne donc.

L'INTIMÉ.

La peste!

ISABELLE.

Oh! ne donnez donc pas.

Avec votre billet retournez sur vos pas.
L'INTIMÉ.
Tenez. Une autre fois ne soyez pas si prompte.

SCÈNE III.

CHICANEAU, ISABELLE, L'INTIMÉ.

CHICANEAU.
Oui? je suis donc un sot, un voleur, à son compte?
Un sergent s'est chargé de la remercier;
Et je lui vais servir un plat de mon métier.
Je serois bien fâché que ce fût à refaire,
Ni qu'elle m'envoyât assigner la première.
Mais un homme ici parle à ma fille! Comment?
Elle lit un billet? Ah! c'est de quelque amant.
Approchons.
ISABELLE.
Tout de bon, ton maître est-il sincère?
Le croirai-je?
L'INTIMÉ.
Il ne dort non plus que votre père.
(Apercevant Chicaneau.)
Il se tourmente; il vous... fera voir aujourd'hui
Que l'on ne gagne rien à plaider contre lui.
ISABELLE, apercevant Chicaneau.
C'est mon père!
(A l'Intimé.)
Vraiment, vous leur pouvez apprendre
Que, si l'on nous poursuit, nous saurons nous défendre.
(Déchirant le billet.)
Tenez, voilà le cas qu'on fait de votre exploit.

ACTE II, SCÈNE III.

CHICANEAU.

Comment! c'est un exploit que ma fille lisoit?[1]
Ah! tu seras un jour l'honneur de ta famille :
Tu défendras ton bien.[2] Viens, mon sang, viens, ma fille.[3]
Va, je t'achèterai le *Praticien françois*.[4]
Mais, diantre! il ne faut pas déchirer les exploits.

ISABELLE, à l'Intimé.

Au moins, dites-leur bien que je ne les crains guère :

1. *Lisoit* ne rime qu'aux yeux avec *exploit*. Trois vers plus bas, le mot *françois* offre une négligence du même genre. Ces rimes étaient encore souffertes sous Louis XIV, et l'on en trouve quelques exemples dans Boileau. Cependant la prononciation de la diphthongue *oi* avait déjà changé dans le mot *françois*. C'est sous le règne de Catherine de Médicis que la langue éprouva cette variation. Les Italiens, dont la cour était inondée, prononçaient le mot *françois* avec le son de l'*e* ouvert, et bientôt cette prononciation se propagea et passa à d'autres mots. (A. M.)

Auvray, l'auteur du *Banquet des Muses*, publié en 1620, dit que les belles façons des courtisans sont de

> Dire *chouse* pour chose et *courtez* pour courtois,
> *Paresse* pour paroisse et *Francez* pour François.

2. M. de Breteuil, conseiller au parlement de Paris, racontait à Le Duchat, en 1698, comment, « un jour, étant dans une terre qu'il avoit en Normandie, il aperçut le long d'un chemin un jeune garçon de dix à douze ans, qui gardoit un troupeau et lisoit dans un livre : lui demanda quelle lecture l'occupoit si fort?—Monsieur, répondit le garçon, c'est le Code : ma mère s'est remariée, et prévoyant que quelque jour j'aurai procès ou contre elle, ou contre mon beau-père, ou contre mes frères et sœurs du second lit, j'étudie de bonne heure l'ordonnance. » (Note de Le Duchat dans son édition de l'*Apologie d'Hérodote*, t. II, chap. XVII, p. 363.)

3. Parodie de ce vers du *Cid*, où don Diègue dit à son fils (acte Ier, scène VI) :

> Viens, mon fils, viens, mon sang; viens réparer ma honte. (A. M.)

4. Manuel de procédure à l'aide duquel on apprend à être un bon praticien.— « Le praticien est un homme expert ès procédures et instructions des procès, qui fréquente les Cours et siéges des juges, qui entend le style et l'ordre judiciaires, qui sait les usages, les formes prescrites par les ordonnances et les règlements, et qui est capable de dresser toutes sortes d'actes et sommations. » (FERRIÈRE, *Dict. de droit*.)

Ils me feront plaisir; je les mets à pis faire.

CHICANEAU.

Hé! ne te fâche point.

ISABELLE, à l'Intimé.

Adieu, monsieur.

SCÈNE IV.

CHICANEAU, L'INTIMÉ.

L'INTIMÉ, se mettant en état d'écrire.

Or çà,
Verbalisons.

CHICANEAU.

Monsieur, de grâce, excusez-la :
Elle n'est pas instruite; et puis, si bon vous semble,
En voici les morceaux que je vais mettre ensemble.

L'INTIMÉ.

Non.

CHICANEAU.

Je le lirai bien.

L'INTIMÉ.

Je ne suis pas méchant :
J'en ai sur moi copie.

CHICANEAU.

Ah! le trait est touchant.
Mais je ne sais pourquoi, plus je vous envisage,
Et moins je me remets, monsieur, votre visage.
Je connois force huissiers.

L'INTIMÉ.

Informez-vous de moi.

Je m'acquitte assez bien de mon petit emploi.
####### CHICANEAU.
Soit. Pour qui venez-vous?
####### L'INTIMÉ.
Pour une brave dame,
Monsieur, qui vous honore, et de toute son âme
Voudroit que vous vinssiez, à ma sommation,
Lui faire un petit mot de réparation.
####### CHICANEAU.
De réparation? Je n'ai blessé personne.
####### L'INTIMÉ.
Je le crois : vous avez, monsieur, l'âme trop bonne.[1]
####### CHICANEAU.
Que demandez-vous donc?
####### L'INTIMÉ.
Elle voudroit, monsieur,
Que devant des témoins vous lui fissiez l'honneur
De l'avouer pour sage, et point extravagante.
####### CHICANEAU.
Parbleu, c'est ma comtesse!
####### L'INTIMÉ.
Elle est votre servante.
####### CHICANEAU.
Je suis son serviteur.
####### L'INTIMÉ.
Vous êtes obligeant,
Monsieur.

---

1. Ces civilités affectées et ces tons doucereux des gens de justice, au moment où ils s'acquittent des fonctions les moins agréables et les moins polies, étaient alors un genre de plaisanterie très-neuf au théâtre. Toute cette scène de Chicaneau et de l'Intimé déguisé en huissier est d'une étonnante perfection de dialogue, d'une vérité, d'un naturel et d'une force comique qui prouvent à quel degré Racine aurait pu s'élever dans la comédie de caractère, s'il avait voulu se livrer à ce genre. (G.)

CHICANEAU.

Oui, vous pouvez l'assurer qu'un sergent
Lui doit porter pour moi tout ce qu'elle demande.
Hé quoi donc? les battus, ma foi, payeront l'amende!
Voyons ce qu'elle chante. Hon... *Sixième janvier,*
Pour avoir faussement dit qu'il falloit lier,
Étant à ce porté par esprit de chicane,
Haute et puissante dame Yolande Cudusne,
Comtesse de Pimbesche, Orbesche, et cœtera,
Il soit dit que sur l'heure il se transportera
Au logis de la dame; et là, d'une voix claire,
Devant quatre témoins assistés d'un notaire,
(Zeste!)[1] *ledit Hiérome avouera hautement*
Qu'il la tient pour sensée et de bon jugement...
Le Bon. C'est donc le nom de votre seigneurie?

L'INTIMÉ.

(A part.)

Pour vous servir. Il faut payer d'effronterie.

CHICANEAU.

Le Bon! Jamais exploit ne fut signé Le Bon.
Monsieur Le Bon...

L'INTIMÉ.

Monsieur.

CHICANEAU.

Vous êtes un fripon.

---

1. Mot dont on se sert pour exprimer une action bouffonne et plaisante qui se fait ou va se faire. Dans une comédie, un valet de comédie donne un coup d'épée à son adversaire qui s'esquive en riant et s'écrie : Zeste, j'ai paré le coup. (*Dict. des proverbes*, 1750.) — Le *Dictionnaire de l'Académie* (1835) écrit zest, sans l'espèce d'interjection dont on se sert dans le langage familier, quand on veut rejeter ce qu'une personne dit, ou qu'on veut s'en moquer : Il se vante de faire telle chose, zest! — Il indique aussi la promptitude, la légèreté : A ces mots, zest, il s'échappa.

ACTE II, SCÈNE IV.

L'INTIMÉ.

Monsieur, pardonnez-moi, je suis fort honnête homme.

CHICANEAU.

Mais fripon le plus franc qui soit de Caen à Rome.

L'INTIMÉ.

Monsieur, je ne suis pas pour vous désavouer :
Vous aurez la bonté de me le bien payer.

CHICANEAU.

Moi, payer? En soufflets.

L'INTIMÉ.

Vous êtes trop honnête :
Vous me le payerez bien.

CHICANEAU.

Oh! tu me romps la tête.
Tiens, voilà ton payement.

L'INTIMÉ.

Un soufflet! Écrivons.
Lequel Hiérome, après plusieurs rébellions,
Auroit atteint, frappé, moi sergent, à la joue,
Et fait tomber, d'un coup, mon chapeau dans la boue.

CHICANEAU, lui donnant un coup de pied.

Ajoute cela.

L'INTIMÉ.

Bon : c'est de l'argent comptant;
J'en avois bien besoin. *Et, de ce non content,*
Auroit avec le pied réitéré. Courage!
Outre plus, le susdit seroit venu, de rage,
Pour lacérer ledit présent procès-verbal.
Allons, mon cher monsieur, cela ne va pas mal.
Ne vous relâchez point.

CHICANEAU.

Coquin!

L'INTIMÉ.

Ne vous déplaise,
Quelques coups de bâton, et je suis à mon aise.

CHICANEAU, tenant un bâton.

Oui-da : je verrai bien s'il est sergent.

L'INTIMÉ, en posture d'écrire.

Tôt donc.
Frappez : j'ai quatre enfants à nourrir.

CHICANEAU.

Ah! pardon,
Monsieur, pour un sergent je ne pouvois vous prendre :
Mais le plus habile homme enfin peut se méprendre.
Je saurai réparer ce soupçon outrageant.
Oui, vous êtes sergent, monsieur, et très-sergent.
Touchez là : vos pareils sont gens que je révère ;
Et j'ai toujours été nourri par feu mon père
Dans la crainte de Dieu, monsieur, et des sergents.[1]

L'INTIMÉ.

Non, à si bon marché l'on ne bat point les gens.

CHICANEAU.

Monsieur, point de procès!

L'INTIMÉ.

Serviteur. Contumace,

1. Depuis aux bons sergents j'ai porté révérence,
Comme à des gens d'honneur par qui le ciel voulut
Que je reçusse un jour le bien de mon salut.
(REGNIER, satire VIII.)

— « Le plus plaisant fut que parmi les voisins qui arrivèrent au secours se trouva fortuitement le frère de Collantine, qui avoit hérité de l'office de sergent de son père. Quoiqu'il fût bon frère, il se donna bien de garde de séparer ces combattants qui s'embrassoient fort peu amoureusement, mais disant aux assistants qu'il les prenoit à témoin, il écrivit à la hâte une requête de plaintes, et plus il les voyoit se battre, mieux il rolloit. » (Roman bourgeois, p. 218.)

ACTE II, SCÈNE IV.

Bâton levé, soufflet, coup de pied. Ah!

CHICANEAU.

De grâce,
Rendez-les-moi plutôt.

L'INTIMÉ.

Suffit qu'ils soient reçus,
Je ne les voudrois pas donner pour mille écus.[1]

SCÈNE V.

LÉANDRE, en robe de commissaire; CHICANEAU, L'INTIMÉ.

L'INTIMÉ.

Voici fort à propos monsieur le commissaire.
Monsieur, votre présence est ici nécessaire.
Tel que vous me voyez, monsieur ici présent
M'a d'un fort grand soufflet fait un petit présent.

LÉANDRE.

A vous, monsieur?

L'INTIMÉ.

A moi, parlant à ma personne.
Item, un coup de pied; plus, les noms qu'il me donne.

LÉANDRE.

Avez-vous des témoins?

L'INTIMÉ.

Monsieur, tâtez plutôt :
Le soufflet sur ma joue est encore tout chaud.

---

1. Le fond de cette plaisanterie est dans Rabelais; Racine n'a fait que la mettre en action. Les bons écrivains lisaient Rabelais comme Virgile lisait Ennius. (*Pantagruel*, liv. IV, chap. XII. — Voir plus loin l'examen de la pièce.)

LÉANDRE.

Pris en flagrant délit, affaire criminelle.

CHICANEAU.

Foin de moi![1]

L'INTIMÉ.

Plus, sa fille, au moins soi-disant telle,[2]
A mis un mien papier en morceaux, protestant
Qu'on lui feroit plaisir, et que d'un œil content
Elle nous défioit.

LÉANDRE, à l'Intimé.

Faites venir la fille.
L'esprit de contumace est dans cette famille.

CHICANEAU, à part.

Il faut absolument qu'on m'ait ensorcelé :
Si j'en connois pas un, je veux être étranglé.[3]

LÉANDRE.

Comment! battre un huissier! Mais voici la rebelle.

---

1. Sorte d'interjection qui marque du mécontentement :

Foin! J'enrage d'avoir tout ce qu'on me refuse.
(Dict. des proverbes.)

Sorte d'interjection qui marque le dépit, la colère, la haine, le mépris. Foin! voilà un habit tout gâté. — foin de lui! Ce mot populaire a vieilli. (*Dict. de l'Académie.*) — En Normandie, foin de moi! veut dire je n'y suis pour rien, et c'est le sens que lui donne Chicaneau.

2. *Au moins soi-disant telle* est fort plaisant, en ce qu'on y retrouve la réserve ordinaire du langage des gens de justice, qui parlent toujours comme s'ils verbalisaient, c'est-à-dire en se gardant bien de rien affirmer, si ce n'est à bon escient. On ne relève ici une si petite chose que parce qu'elle tient à cette vérité habituelle du dialogue et des mœurs, si essentielle au comique; et l'on a cru devoir ne rien dire sur la quantité prodigieuse de traits bien plus saillants en plaisanterie, parce qu'ils se présentent en foule, et que tout le monde peut les sentir. (L.)

3. *Pas* est de trop; mais il donne au vers une tournure plus comique que si le poëte avait mis : *Si j'en connois un seul.* (A. M.)

SCÈNE VI.

LÉANDRE, ISABELLE, CHICANEAU, L'INTIMÉ.

L'INTIMÉ, à Isabelle.

Vous le reconnoissez?

LÉANDRE.

Hé bien, mademoiselle,
C'est donc vous qui tantôt braviez notre officier,
Et qui si hautement osez nous défier?
Votre nom?

ISABELLE.

Isabelle.

LÉANDRE.

Écrivez. Et votre âge?

ISABELLE.

Dix-huit ans.

CHICANEAU.

Elle en a quelque peu davantage;
Mais n'importe.

LÉANDRE.

Êtes-vous en pouvoir de mari?

ISABELLE.

Non, monsieur.

LÉANDRE.

Vous riez? Écrivez qu'elle a ri.[1]

CHICANEAU.

Monsieur, ne parlons point de maris à des filles;
Voyez-vous, ce sont là des secrets de familles.

---

1. L'auteur, qui dans sa dernière tragédie composa la scène sublime de l'interrogatoire qu'Athalie fait subir à Joas, nous offre ici le modèle d'un interrogatoire naïf et comique. La scène est neuve, pleine de goût et de grâces, et du meilleur genre de plaisanterie. (G.)

LÉANDRE.

Mettez qu'il interrompt.

CHICANEAU.

Hé! je n'y pensois pas.
Prends bien garde, ma fille, à ce que tu diras.

LÉANDRE.

Là, ne vous troublez point. Répondez à votre aise.
On ne veut pas rien faire ici qui vous déplaise.
N'avez-vous pas reçu de l'huissier que voilà
Certain papier tantôt?

ISABELLE.

Oui, monsieur.

CHICANEAU.

Bon cela.

LÉANDRE.

Avez-vous déchiré ce papier sans le lire?

ISABELLE.

Monsieur, je l'ai lu.

CHICANEAU.

Bon.

LÉANDRE, à l'Intimé.

Continuez d'écrire.

(A Isabelle.)
Et pourquoi l'avez-vous déchiré?

ISABELLE.

J'avois peur
Que mon père ne prît l'affaire trop à cœur,
Et qu'il ne s'échauffât le sang à sa lecture.

CHICANEAU.

Et tu fuis les procès? C'est méchanceté pure.

LÉANDRE.

Vous ne l'avez donc pas déchiré par dépit,
Ou par mépris de ceux qui vous l'avoient écrit?

ACTE II, SCÈNE VI.

ISABELLE.

Monsieur, je n'ai pour eux ni mépris ni colère.

LÉANDRE, à l'Intimé.

Écrivez.

CHICANEAU.

Je vous dis qu'elle tient de son père;
Elle répond fort bien.

LÉANDRE.

Vous montrez cependant
Pour tous les gens de robe un mépris évident.

ISABELLE.

Une robe toujours m'avoit choqué la vue;
Mais cette aversion à présent diminue.

CHICANEAU.

La pauvre enfant! Va, va, je te marierai bien
Dès que je le pourrai, s'il ne m'en coûte rien.

LÉANDRE.

A la justice donc vous voulez satisfaire?

ISABELLE.

Monsieur, je ferai tout pour ne vous pas déplaire.

L'INTIMÉ.

Monsieur, faites signer.

LÉANDRE.

Dans les occasions,
Soutiendrez-vous au moins vos dépositions?

ISABELLE.

Monsieur, assurez-vous qu'Isabelle est constante.

LÉANDRE.

Signez. Cela va bien, la justice est contente.
Çà, ne signez-vous pas, monsieur?

CHICANEAU.

Oui-da, gaiement,
A tout ce qu'elle a dit je signe aveuglément.

LÉANDRE, bas à Isabelle.

Tout va bien. A mes vœux le succès est conforme :
Il signe un bon contrat écrit en bonne forme,[1]
Et sera condamné tantôt sur son écrit.

CHICANEAU, à part.

Que lui dit-il? Il est charmé de son esprit.

LÉANDRE.

Adieu. Soyez toujours aussi sage que belle,
Tout ira bien. Huissier, remenez-la chez elle;
Et vous, monsieur, marchez.

CHICANEAU.

Où, monsieur?

LÉANDRE.

Suivez-moi.

CHICANEAU.

Où donc?

LÉANDRE.

Vous le saurez. Marchez, de par le roi.

CHICANEAU.

Comment!

---

1. Ce moyen, aujourd'hui si usé, d'escamoter la signature d'un contrat ne l'était pas à beaucoup près autant à l'époque des *Plaideurs*. On en a fait, depuis, le dénoûment de vingt comédies, sans songer que le plus souvent il n'est guère vraisemblable, et surtout que le succès d'une friponnerie ne doit pas faire le dénoûment d'une pièce. C'est ainsi qu'on a donné raison à ceux qui ont condamné la comédie comme étant souvent de mauvais exemple, et dangereuse pour les mœurs. Dans une pièce d'un genre plus sérieux, Racine, si fidèle observateur des convenances, n'aurait pas fait signer *aveuglément* un plaideur de profession, qui ne signe jamais rien sans y regarder deux fois plutôt qu'une. (L.)

SCÈNE VII.

LÉANDRE, CHICANEAU, PETIT-JEAN.

PETIT-JEAN.

Holà! quelqu'un n'a-t-il point vu mon maître?
Quel chemin a-t-il pris? la porte, ou la fenêtre?

LÉANDRE.

A l'autre!

PETIT-JEAN.

Je ne sais qu'est devenu son fils;[1]
Et pour le père, il est où le diable l'a mis.
Il me redemandoit sans cesse ses épices;[2]
Et j'ai tout bonnement couru dans les offices
Chercher la boîte au poivre; et lui, pendant cela,
Est disparu.

SCÈNE VIII.

DANDIN, à une lucarne du toit; LÉANDRE, CHICANEAU, L'INTIMÉ, PETIT-JEAN.

DANDIN.

Paix! paix! que l'on se taise là.

LÉANDRE.

Hé! grand Dieu!

---

1. Régulièrement il faudrait : *ce qu'est devenu ;* mais l'omission du pronom est permise dans le style familier. (L.)

2. Épices, de *species*, drogues. Nos anciens écrivains l'ont employé dans le sens de *dragées* et *confitures*. De là vient, suivant Ménage, *qu'on appelle épices l'argent que prennent les juges pour les jugements des procès :* car, anciennement, les parties qui avaient obtenu gain de cause faisaient présent à leurs juges de *dragées* et de *confitures. Mais, à succession de temps, les épices furent converties en or : et ce qui se bailloit par courtoisie et libéralité fut tourné en taxe et en nécessité.* (Voyez LOYSEAU, liv. Ier des *Offices,* chap. VIII.) (A. M.)

LES PLAIDEURS.

PETIT-JEAN.

Le voilà, ma foi, dans les gouttières.

DANDIN.

Quelles gens êtes-vous? Quelles sont vos affaires?
Qui sont ces gens en robe? Êtes-vous avocats?
Çà, parlez.

PETIT-JEAN.

Vous verrez qu'il va juger les chats.

DANDIN.

Avez-vous eu le soin de voir mon secrétaire?¹
Allez lui demander si je sais votre affaire.²

LÉANDRE.

Il faut bien que je l'aille arracher de ces lieux.
Sur votre prisonnier, huissier, ayez les yeux.

PETIT-JEAN.

Ho, ho, monsieur!

LÉANDRE.

Tais-toi, sur les yeux de ta tête,
Et suis-moi.

---

1. Vous croyez que je songe à votre seule affaire;
Voyez le rapporteur, parlez au secrétaire.
(FURETIÈRE, satire IV, 1655.)

2. C'est une phrase de palais, conservée jusqu'à nos jours. Un magistrat abordé par un plaideur l'écoute quelque temps, puis se retourne vers son secrétaire : *Monsieur, sais-je cette affaire-là? Sais-je* est bien plus plaisant que *demandez-lui si je sais*, et a été dit de notre temps. Au fond, il voulait dire : *Cette affaire est-elle du nombre de celles dont vous m'avez rendu compte, et que je dois savoir?* C'était *style de rapporteur*, comme il y a *style de notaire, style de procureur*, etc.; et c'est au poëte comique à les connaître et à les saisir. (L.)

SCÈNE IX.

LA COMTESSE, DANDIN, CHICANEAU, L'INTIMÉ.

DANDIN.
Dépêchez, donnez votre requête.
CHICANEAU.
Monsieur, sans votre aveu l'on me fait prisonnier.
LA COMTESSE.
Hé, mon Dieu! j'aperçois monsieur dans son grenier.
Que fait-il là?
L'INTIMÉ.
Madame, il y donne audience.
Le champ vous est ouvert.
CHICANEAU.
On me fait violence,
Monsieur, on m'injurie; et je venois ici
Me plaindre à vous.
LA COMTESSE.
Monsieur, je viens me plaindre aussi.
CHICANEAU ET LA COMTESSE.
Vous voyez devant vous mon adverse partie.
L'INTIMÉ.
Parbleu! je me veux mettre aussi de la partie.
LA COMTESSE, CHICANEAU ET L'INTIMÉ.
Monsieur, je viens ici pour un petit exploit.
CHICANEAU.
Hé! messieurs, tour à tour exposons notre droit.
LA COMTESSE.
Son droit? Tout ce qu'il dit sont autant d'impostures.[1]

---

1. Quoique *tout* signifie ici *toutes les choses qu'il dit*, il ne peut être suivi d'un verbe au pluriel. L'auteur a cru pouvoir faire rapporter le verbe

DANDIN.

Qu'est-ce qu'on vous a fait?

LA COMTESSE, CHICANEAU ET L'INTIMÉ.

On m'a dit des injures.

L'INTIMÉ, continuant.

Outre un soufflet, monsieur, que j'ai reçu plus qu'eux.

CHICANEAU.

Monsieur, je suis cousin de l'un de vos neveux.

LA COMTESSE.

Monsieur, père Cordon vous dira mon affaire.

L'INTIMÉ.

Monsieur, je suis bâtard de votre apothicaire.[1]

DANDIN.

Vos qualités?

LA COMTESSE.

Je suis comtesse.

L'INTIMÉ.

Huissier.

CHICANEAU.

Bourgeois.

Messieurs...

plutôt à la pensée qu'à l'expression; mais l'usage n'a point adopté cette licence. (A. M.)

1. « Collantine demanda à Charosselles s'il ne pourroit point lui donner moyen d'avoir de l'accès auprès de quelques autres conseillers. Il reprit donc la liste, et en trouva beaucoup où il pouvoit, dit-il, lui donner satisfaction; et lui en marquant un avec son ongle : Je connois assez, continuat-il, le secrétaire du secrétaire de celui-là. Je puis, par son moyen, faire recommander notre procès au maître secrétaire, et par le maître secrétaire au conseiller... Il lui dit encore en lui en marquant un autre : Ma belle-sœur a tenu un enfant du fils aîné de la nourrice de celui-là, chez lequel elle est cuisinière; je puis lui faire tenir un placet par cette voie. » (*Le Roman bourgeois*, part. II, p. 204.) « Pour celui-là, lui dit-il, c'est un homme fort dévot; si vous connoissez quelqu'un aux Carmes déchaussés, votre affaire est dans le sac. On dit qu'il y a un des pères de ce couvent qui en fait tout ce qu'il veut. » (*Ibid.*, p. 205.)

DANDIN, se retirant de la lucarne du toit.
Parlez toujours : je vous entends tous trois.
CHICANEAU.
Monsieur...
L'INTIMÉ.
Bon! le voilà qui fausse compagnie.
LA COMTESSE.
Hélas!
CHICANEAU.
Hé quoi! déjà l'audience est finie?
Je n'ai pas eu le temps de lui dire deux mots.

SCÈNE X.

LÉANDRE, sans robe; CHICANEAU, LA COMTESSE,
L'INTIMÉ.

LÉANDRE.
Messieurs, voulez-vous bien nous laisser en repos?
CHICANEAU.
Monsieur, peut-on entrer?
LÉANDRE.
Non, monsieur, ou je meurs.
CHICANEAU.
Hé, pourquoi? J'aurai fait en une petite heure;
En deux heures au plus.
LÉANDRE.
On n'entre point, monsieur.
LA COMTESSE.
C'est bien fait de fermer la porte à ce crieur.
Mais moi...
LÉANDRE.
L'on n'entre point, madame, je vous jure.

LA COMTESSE.

Ho, monsieur, j'entrerai.

LÉANDRE.

Peut-être.

LA COMTESSE.

J'en suis sûre.

LÉANDRE.

Par la fenêtre donc?

LA COMTESSE.

Par la porte.

LÉANDRE.

Il faut voir.

CHICANEAU.

Quand je devrois ici demeurer jusqu'au soir.

SCÈNE XI.

LÉANDRE, CHICANEAU, LA COMTESSE,
L'INTIMÉ, PETIT-JEAN.

PETIT-JEAN, à Léandre.

On ne l'entendra pas, quelque chose qu'il fasse,
Parbleu : je l'ai fourré dans notre salle basse,
Tout auprès de la cave.

LÉANDRE.

En un mot comme en cent,
On ne voit point mon père.

CHICANEAU.

Hé bien donc! Si pourtant[1]
Sur toute cette affaire il faut que je le voie.

(Dandin paroît par le soupirail.)

Mais que vois-je? Ah! c'est lui que le ciel nous renvoie!

---

1. Voir la note de la scène vii, acte Ier.

LÉANDRE.

Quoi! par le soupirail!

PETIT-JEAN.

Il a le diable au corps.

CHICANEAU.

Monsieur...

DANDIN.

L'impertinent! Sans lui j'étois dehors.

CHICANEAU.

Monsieur...

DANDIN.

Retirez-vous, vous êtes une bête.

CHICANEAU.

Monsieur, voulez-vous bien...?

DANDIN.

Vous me rompez la tête.

CHICANEAU.

Monsieur, j'ai commandé...

DANDIN.

Taisez-vous, vous dit-on.

CHICANEAU.

Que l'on portât chez vous...

DANDIN.

Qu'on le mène en prison.

CHICANEAU.

Certain quartaut de vin.

DANDIN.

Hé! je n'en ai que faire.

CHICANEAU.

C'est de très-bon muscat.

DANDIN.

Redites votre affaire.

LÉANDRE, à l'Intimé.

Il faut les entourer ici de tous côtés.

LA COMTESSE.

Monsieur, il va vous dire autant de faussetés.

CHICANEAU.

Monsieur, je vous dis vrai.

DANDIN.

Mon Dieu, laissez-la dire!

LA COMTESSE.

Monsieur, écoutez-moi.

DANDIN.

Souffrez que je respire.

CHICANEAU.

Monsieur...

DANDIN.

Vous m'étranglez.

LA COMTESSE.

Tournez les yeux vers moi.

DANDIN.

Elle m'étrangle... Ay! ay!

CHICANEAU.

Vous m'entraînez, ma foi!
Prenez garde, je tombe.

PETIT-JEAN.

Ils sont, sur ma parole,
L'un et l'autre encavés.

LÉANDRE.

Vite, que l'on y vole.
Courez à leur secours. Mais au moins je prétends
Que monsieur Chicaneau, puisqu'il est là dedans,
N'en sorte d'aujourd'hui. L'Intimé, prends-y garde.

ACTE II, SCÈNE XI.

L'INTIMÉ.

Gardez le soupirail.

LÉANDRE.

Va vite, je le garde.

SCÈNE XII.

LA COMTESSE, LÉANDRE.

LA COMTESSE.

Misérable! il s'en va lui prévenir l'esprit.
(Par le soupirail.)
Monsieur, ne croyez rien de tout ce qu'il vous dit :
Il n'a point de témoins; c'est un menteur.

LÉANDRE.

Madame,
Que leur contez-vous là? Peut-être ils rendent l'âme.

LA COMTESSE.

Il lui fera, monsieur, croire ce qu'il voudra.
Souffrez que j'entre.

LÉANDRE.

Oh non! personne n'entrera.

LA COMTESSE.

Je le vois bien, monsieur, le vin muscat opère
Aussi bien sur le fils que sur l'esprit du père.
Patience, je vais protester comme il faut
Contre monsieur le juge et contre le quartaut.

LÉANDRE.

Allez donc, et cessez de nous rompre la tête.
Que de fous! Je ne fus jamais à telle fête.

SCÈNE XIII.

DANDIN, LÉANDRE, L'INTIMÉ.

L'INTIMÉ.

Monsieur, où courez-vous? C'est vous mettre en danger;
Et vous boitez tout bas.

DANDIN.

Je veux aller juger.

LÉANDRE.

Comment, mon père! Allons, permettez qu'on vous panse.
Vite, un chirurgien.

DANDIN.

Qu'il vienne à l'audience.

LÉANDRE.

Hé! mon père! arrêtez...

DANDIN.

Oh! je vois ce que c'est.
Tu prétends faire ici de moi ce qu'il te plaît;
Tu ne gardes pour moi respect ni complaisance :
Je ne puis prononcer une seule sentence.
Achève, prends ce sac, prends vite.

LÉANDRE.

Hé! doucement,
Mon père. Il faut trouver quelque accommodement.
Si pour vous, sans juger, la vie est un supplice,
Si vous êtes pressé de rendre la justice,
Il ne faut point sortir pour cela de chez vous :
Exercez le talent, et jugez parmi nous.

DANDIN.

Ne raillons point ici de la magistrature :
Vois-tu, je ne veux point être un juge en peinture.

ACTE II, SCÈNE XIII.

LÉANDRE.

Vous serez, au contraire, un juge sans appel,
Et juge du civil comme du criminel.
Vous pourrez tous les jours tenir deux audiences :
Tout vous sera chez vous matière de sentences.
Un valet manque-t-il de rendre un verre net?
Condamnez-le[1] à l'amende, ou, s'il le casse, au fouet.

DANDIN.

C'est quelque chose. Encor passe quand on raisonne.
Et mes vacations,[2] qui les payera? Personne?

LÉANDRE.

Leurs gages vous tiendront lieu de nantissement.

DANDIN.

Il parle, ce me semble, assez pertinemment.

LÉANDRE.

Contre un de vos voisins...[3]

SCÈNE XIV.

DANDIN, LÉANDRE, L'INTIMÉ, PETIT-JEAN.

PETIT-JEAN.

Arrête! arrête! attrape!

---

1. Voilà le seul exemple qui reste, dans tout Racine, d'un *le* pronom relatif mis après son verbe, et devant un mot qui commence par une voyelle : encore faut-il observer que cela se trouve dans une comédie. Mais, dans les premières éditions de sa *Thébaïde* et de son *Alexandre*, il y en avoit cinq ou six autres exemples, qu'il a tous réformés dans les éditions suivantes. Il a donc senti que *le*, placé ainsi, blesse l'oreille. (D'Ol.)

2. Les vacations de juges sont les droits qui leur sont attribués par heures, pour vaquer au jugement des procès qui se jugent par de grands et de petits commissaires. Les grands et petits commissaires sont les conseillers qui voient et examinent les instances et procès qui, à cause de leur importance, ne se jugent pas à l'audience ordinaire. (FERRIÈRE.)

3. Cette scène et la suivante sont prises d'Aristophane.

LÉANDRE, à l'Intimé.

Ah! c'est mon prisonnier, sans doute, qui s'échappe!

L'INTIMÉ.

Non, non, ne craignez rien.

PETIT-JEAN.

Tout est perdu... Citron...[1]
Votre chien... vient, là-bas, de manger un chapon.
Rien n'est sûr devant lui : ce qu'il trouve, il l'emporte.

LÉANDRE.

Bon, voilà pour mon père une cause. Main-forte.
Qu'on se mette après lui. Courez tous.

DANDIN.

Point de bruit,
Tout doux. Un amené sans scandale suffit.[2]

LÉANDRE.

Çà, mon père, il faut faire un exemple authentique :
Jugez sévèrement ce voleur domestique.

1. C'est le début d'Aristophane. Le chien, dans Aristophane, s'appelle *Labès*, et l'on croit qu'il désigne *Lachès*, général athénien qui avait fait une expédition en Sicile. Voilà pourquoi le chien est accusé d'avoir volé, non pas un chapon du Maine, mais un fromage de Sicile. Le chien accusé et le chien accusateur paraissent sur la scène; mais ils ne plaident pas, ils ne font qu'aboyer. C'est l'esclave Xanthias qui joue le rôle de *Petit-Jean*, et l'esclave Sosie celui de l'*Intimé*. Parmi les ornements de la salle d'audience on remarque un pot de chambre pendu à un clou. Le prévoyant Bdélycléon l'a placé là pour les besoins du juge, lequel observe que la précaution est bonne pour garantir un vieillard de la stranguric. Ces bouffonneries amusaient le peuple d'Athènes, comme les farces de Scarron amusaient le siècle de Louis XIV. (G.)

2. Un amené sans scandale était autrefois une ordonnance qui s'appliquoit à un accusé contre lequel il n'y avoit pas de grandes charges et dont le crime n'étoit pas énorme; le juge l'envoyoit quérir sans scandale par un huissier pour l'interroger, et après le renvoyoit chez lui. Mais cela ne se pratique plus depuis l'ordonnance de 1670. (FERRIÈRE.) — Dans le *Roman bourgeois*, Nicodème, ayant fait à Lucrèce une promesse de mariage qu'il veut retirer, « employa quelque temps à chercher des connoissances pour faire parler à l'oncle de Lucrèce, n'osant pas y aller en personne, de peur d'un amené sans scandale, c'est-à-dire d'un interrogatoire devant un juge. » (P. 74.)

ACTE II, SCÈNE XIV.

DANDIN.

Mais je veux faire au moins la chose avec éclat.
Il faut de part et d'autre avoir un avocat.
Nous n'en avons pas un.

LÉANDRE.

Hé bien, il en faut faire.
Voilà votre portier et votre secrétaire;
Vous en ferez, je crois, d'excellents avocats :
Ils sont fort ignorants.

L'INTIMÉ.

Non pas, monsieur, non pas.
J'endormirai monsieur tout aussi bien qu'un autre.

PETIT-JEAN.

Pour moi, je ne sais rien; n'attendez rien du nôtre.

LÉANDRE.

C'est ta première cause, et l'on te la fera.

PETIT-JEAN.

Mais je ne sais pas lire.

LÉANDRE.

Hé! l'on te soufflera.[1]

---

1. Ce vers était suivi de plusieurs autres, que Racine retrancha depuis. Dans la première édition, Petit-Jean répondait ainsi à Léandre :

> Je vous entends, oui. Mais d'une première cause,
> Monsieur, à l'avocat revient-il quelque chose?
> LÉANDRE.
> Ah, fi! Garde-toi bien d'en vouloir rien toucher :
> C'est la cause d'honneur, on l'achète bien cher;
> On sème des billets par toute la famille;
> Et le petit garçon, et la petite fille,
> Oncle, tante, cousin, tout vient, jusques au chat,
> Dormir au plaidoyer de monsieur l'avocat.
> DANDIN.
> Allons nous préparer, etc.

On ne voit pas bien par quel motif Racine a sacrifié cette plaisanterie sur l'appareil qu'un avocat avait coutume de mettre à la première cause qu'il plaidait. (G.)

DANDIN.

Allons nous préparer. Çà, messieurs, point d'intrigue.
Fermons l'œil aux présents, et l'oreille à la brigue.
Vous, maître Petit-Jean, serez le demandeur;
Vous, maître l'Intimé, soyez le défendeur.[1]

1. Cet acte, à l'exception des dernières scènes, est tout entier à Racine; il abonde en traits d'une excellente verve. Les scènes de l'Intimé et de Chicaneau, et l'interrogatoire d'Isabelle, sont des chefs-d'œuvre de naïveté, de dialogue et d'énergie comique. (G.)

ACTE TROISIÈME.

SCÈNE PREMIÈRE.

LÉANDRE, CHICANEAU, LE SOUFFLEUR.

CHICANEAU.
Oui, monsieur, c'est ainsi qu'ils ont conduit l'affaire.
L'huissier m'est inconnu, comme le commissaire.
Je ne mens pas d'un mot.

LÉANDRE.
     Oui, je crois tout cela;
Mais, si vous m'en croyez, vous les laisserez là.
En vain vous prétendez les pousser l'un et l'autre,
Vous troublerez bien moins leur repos que le vôtre.
Les trois quarts de vos biens sont déjà dépensés
A faire enfler des sacs l'un sur l'autre entassés;
Et dans une poursuite à vous-même contraire...[1]

---

1. Racine a fait encore ici un retranchement considérable. On lit dans la première édition :

> Et dans une poursuite à vous-même funeste,
> Vous en voulez encore absorber tout le reste.
> Ne vaudroit-il pas mieux, sans soucis, sans chagrins,
> Et de vos revenus régalant vos voisins,
> Vivre en père jaloux du bien de sa famille,
> Pour en laisser un jour le fonds à votre fille,
> Que de nourrir un tas d'officiers affamés
> Qui moissonnent les champs que vous avez semés;
> Dont la main toujours pleine et toujours indigente
> S'engraisse impunément de vos chapons de rente?

CHICANEAU.

Vraiment vous me donnez un conseil salutaire ;
Et devant qu'il soit peu, je veux en profiter ;
Mais je vous prie au moins de bien solliciter.
Puisque monsieur Dandin va donner audience,
Je vais faire venir ma fille en diligence.
On peut l'interroger, elle est de bonne foi,
Et même elle saura mieux répondre que moi.

> Le beau plaisir d'aller, tout mourant de sommeil,
> A la porte d'un juge attendre son réveil,
> Et d'essuyer le vent qui vous souffle aux oreilles,
> Tandis que monsieur dort, et cuve vos bouteilles ;
> Ou bien, si vous entrez, de passer tout un jour
> A compter, en grondant, les carreaux de sa cour!
> Hé, monsieur! croyez-moi, quittez cette misère.
> CHICANEAU.
> Vraiment, vous me donnez, etc.

Ce morceau est remarquable en ce qu'il est tout entier dans le style du haut comique, et parfaitement dans ce genre, qui n'est pas celui de la pièce. C'est sans doute une des raisons qui ont engagé l'auteur à supprimer cet excellent couplet. Non-seulement il ne convient pas à Léandre de parler si mal de l'état de juge, qui est celui de son père, mais il a tort de parler raison à *ce fou qui réduit tout au pied de la chicane* (comme il le dit lui-même un moment après), et dont il veut dans ce moment même mettre la folie à profit. Enfin le fond de ce couplet formait une disparate trop forte avec la scène bouffonne qui va suivre; et, pour faire passer les petits chiens, il ne fallait pas écrire de ce ton. Mais il suffit d'un couplet de cette force pour faire sentir aux connaisseurs que Racine aurait pu lutter contre Molière dans la haute comédie. (L.)

Les vers supprimés, quelque élégants qu'ils soient, ne me semblent pourtant pas de nature à égaler dès ce moment Racine à Molière dans la haute comédie. C'est un bon lieu commun contre l'amour de la chicane; mais il y a encore loin de là aux vérités générales de Molière, qui s'appuient toujours sur une observation forte et profonde de la nature humaine. Ses caractères, même ceux qu'il livre au ridicule, Orgon dans le *Tartuffe*, Harpagon dans l'*Avare*, Alceste lui-même dans le *Misanthrope*, sont nés et vivent de cette observation générale et persévérante ; ils représentent l'homme de tous les temps et de tous les pays. Chicaneau n'est que le portrait d'un vice ou d'un travers particulier. Il n'est donc pas un personnage de la haute comédie et ne peut pas servir à nous faire dès ce moment reconnaître dans Racine un rival de Molière.

ACTE III, SCÈNE I.

LÉANDRE.

Allez et revenez, l'on vous fera justice.

LE SOUFFLEUR.

Quel homme!

SCÈNE II.

LÉANDRE, LE SOUFFLEUR.

LÉANDRE.

Je me sers d'un étrange artifice ;
Mais mon père est un homme à se désespérer ;
Et d'une cause en l'air il le faut bien leurrer.
D'ailleurs j'ai mon dessein, et je veux qu'il condamne
Ce fou qui réduit tout au pied de la chicane.
Mais voici tous nos gens qui marchent sur nos pas.

SCÈNE III.

DANDIN, LÉANDRE, L'INTIMÉ, et PETIT-JEAN,
en robe; LE SOUFFLEUR.

DANDIN.

Çà, qu'êtes-vous ici?

LÉANDRE.

Ce sont les avocats.

DANDIN, au souffleur.

Vous?

LE SOUFFLEUR.

Je viens secourir leur mémoire troublée.

DANDIN.

Je vous entends. Et vous?

LÉANDRE.

Moi? Je suis l'assemblée.

DANDIN.

Commencez donc.

LE SOUFFLEUR.

Messieurs...

PETIT-JEAN.

Oh! prenez-le plus bas :
Si vous soufflez si haut, l'on ne m'entendra pas.
Messieurs...

DANDIN.

Couvrez-vous.

PETIT-JEAN.

Oh! mes...

DANDIN.

Couvrez-vous, vous dis-je.

PETIT-JEAN.

Oh! monsieur! je sais bien à quoi l'honneur m'oblige.

DANDIN.

Ne te couvre donc pas.

PETIT-JEAN, se couvrant.

(Au souffleur.)

Messieurs... Vous, doucement;
Ce que je sais le mieux, c'est mon commencement.
Messieurs, quand je regarde avec exactitude
L'inconstance du monde et sa vicissitude;
Lorsque je vois, parmi tant d'hommes différents,
Pas une étoile fixe, et tant d'astres errants;
Quand je vois les Césars, quand je vois leur fortune;
Quand je vois le soleil, et quand je vois la lune;

(Babyloniens.)

Quand je vois les États des Babiboniens

(Persans.)   (Macédoniens.)

Transférés des Serpents aux Nacédoniens;

ACTE III, SCÈNE III.

(Romains.) (despotique.)
Quand je vois les Lorrains, de l'état dépotique,
(démocratique.)
Passer au démocrite, et puis au monarchique;
Quand je vois le Japon...

L'INTIMÉ.

Quand aura-t-il tout vu?

PETIT-JEAN.

Oh! pourquoi celui-là m'a-t-il interrompu?
Je ne dirai plus rien.

DANDIN.

Avocat incommode,
Que ne lui laissez-vous finir sa période?
Je suois sang et eau, pour voir si du Japon
Il viendroit à bon port au fait de son chapon,
Et vous l'interrompez par un discours frivole.
Parlez donc, avocat.

PETIT-JEAN.

J'ai perdu la parole.

LÉANDRE.

Achève, Petit-Jean : c'est fort bien débuté.
Mais que font là tes bras pendants à ton côté?
Te voilà sur tes pieds droit comme une statue.
Dégourdis-toi. Courage! allons, qu'on s'évertue!

PETIT-JEAN, remuant les bras.

Quand... je vois... Quand... je vois...[1]

---

1.   De corps, de bras, de tête, il plaide, il gesticule;
    Il s'échauffe, il s'agite...
    Se lève et s'accroupit, puis remonte et descend.
    (FURETIÈRE, satire IV, *le Déjeuner d'un
    procureur.* 1655.)

J'ai souvent entendu dire que, dans le dialogue du souffleur et de Petit-Jean, il y avait plus de bouffonnerie que de vraisemblance. Un jour, aux

LÉANDRE.

Dis donc ce que tu vois.

PETIT-JEAN.

Oh dame! on ne court pas deux lièvres à la fois.

LE SOUFFLEUR.

On lit...

PETIT-JEAN.

On lit...

LE SOUFFLEUR.

Dans la...

PETIT-JEAN.

Dans la...

LE SOUFFLEUR.

Métamorphose...

PETIT-JEAN.

Comment?

LE SOUFFLEUR.

Que la métem...

PETIT-JEAN.

Que la métem...

LE SOUFFLEUR.

Psycose...

PETIT-JEAN.

Psycose...

LE SOUFFLEUR.

Hé! le cheval!

PETIT-JEAN.

Et le cheval...

examens du baccalauréat, un professeur interrogeait un candidat sur l'histoire grecque et lui parlait de Socrate, tâchant de tirer de lui quelques réponses sur le philosophe; l'élève répondait peu ou point. Comment est mort Socrate? demanda le professeur. — De la ciguë, dit un souffleur; de lassitude, reprend le candidat.

C'est la scène de Petit-Jean en Sorbonne.

ACTE III, SCÈNE III.

LE SOUFFLEUR.

Encor!

PETIT-JEAN.

Encor...

LE SOUFFLEUR.

Le chien!

PETIT-JEAN.

Le chien...

LE SOUFFLEUR.

Le butor!

PETIT-JEAN.

Le butor...

LE SOUFFLEUR.

Peste de l'avocat!

PETIT-JEAN.

Ah! peste de toi-même!
Voyez cet autre avec sa face de carême!
Va-t'en au diable.

DANDIN.

Et vous, venez au fait. Un mot
Du fait.¹

PETIT-JEAN.

Hé! faut-il tant tourner autour du pot?
Ils me font dire aussi des mots longs d'une toise,
De grands mots qui tiendroient d'ici jusqu'à Pontoise.
Pour moi, je ne sais point tant faire de façon

---

1. Allusion à une anecdote du temps de Racine. Un avocat, plaidant pour un homme sur le compte duquel on vouloit mettre un enfant, se perdoit dans des détails absolument étrangers à sa cause, ne sachant trop que dire sur une pareille question. Le juge lui crioit sans cesse : Au fait! au fait! Enfin l'avocat, poussé à bout, interrompit brusquement ses digressions, et dit avec une grande volubilité : *Le fait est un enfant de fait; celui qu'on dit l'avoir fait nie le fait. Voilà le fait.* (L. B.)

Pour dire qu'un mâtin vient de prendre un chapon.
Tant y a qu'il n'est rien que votre chien ne prenne;
Qu'il a mangé là-bas un bon chapon du Maine;
Que la première fois que je l'y trouverai,
Son procès est tout fait, et je l'assommerai.

LÉANDRE.

Belle conclusion, et digne de l'exorde!

PETIT-JEAN.

On l'entend bien toujours. Qui voudra mordre y morde.

DANDIN.

Appelez les témoins.

LÉANDRE.

C'est bien dit, s'il le peut :
Les témoins sont fort chers, et n'en a pas qui veut.

PETIT-JEAN.

Nous en avons pourtant, et qui sont sans reproche.

DANDIN.

Faites-les donc venir.

PETIT-JEAN.

Je les ai dans ma poche.
Tenez : voilà la tête et les pieds du chapon :
Voyez-les, et jugez.

L'INTIMÉ.

Je les récuse.

DANDIN.

Bon!
Pourquoi les récuser?

L'INTIMÉ.

Monsieur, ils sont du Maine.

DANDIN.

Il est vrai que du Mans il en vient par douzaine.

ACTE III, SCÈNE III.

L'INTIMÉ.

Messieurs...

DANDIN.

Serez-vous long, avocat? dites-moi.[1]

L'INTIMÉ.

Je ne réponds de rien.

DANDIN.

Il est de bonne foi.

L'INTIMÉ, d'un ton finissant en fausset.

Messieurs, tout ce qui peut étonner un coupable,[2]
Tout ce que les mortels ont de plus redoutable,
Semble s'être assemblé contre nous par hasar,
Je veux dire la brigue et l'éloquence. Car,
D'un côté, le crédit du défunt m'épouvante;
Et de l'autre côté, l'éloquence éclatante
De maître Petit-Jean m'éblouit.

DANDIN.

Avocat,

---

1. On assure que le premier président du parlement de Paris fit un jour la même question à un avocat nommé Montauban. L'avocat répondit affirmativement, et le président le loua de sa bonne foi. (L. B.)

2. Cet exorde est celui de l'oraison de Cicéron *pro Quintio*. Patru, en plaidant pour un pâtissier contre un boulanger, s'était servi du même exorde. Cette éloquence avait été autrefois fort à la mode. Bellièvre demandant à la reine Élisabeth la grâce de Marie Stuart, dans un long discours que rapporte M. de Thou, I, 86, non content de raconter plusieurs traits de l'histoire ancienne, cite des passages d'Homère, de Platon et de Callimaque. Du temps de notre poëte, nos avocats avaient encore coutume de remonter au déluge, de raconter des faits inutiles à leur cause, de remplir leurs discours de longs passages des anciens, et, pour faire voir leur érudition, de rapporter beaucoup de citations : c'est pour cela qu'on voit ici des passages d'Ovide et de Lucain, et qu'on entend citer non-seulement le *Digeste*, mais Aristote, Pausanias, etc., etc. Ce qu'il y a de singulier, c'est que personne ne vit le ridicule de cette manière de plaider. La finesse des plaisanteries de Racine ne fut pas sentie. Le parterre ne rit point de ce qu'il appelait des termes de chicane, et la pièce tomba aux premières représentations. (A. M.)

De votre ton vous-même adoucissez l'éclat.

L'INTIMÉ.

(D'un ton ordinaire.)   (Du beau ton.)
Oui-da, j'en ai plusieurs... Mais quelque défiance
Que nous doive donner la susdite éloquence,
Et le susdit crédit; ce néanmoins, messieurs,
L'ancre de vos bontés nous rassure. D'ailleurs
Devant le grand Dandin l'innocence est hardie;
Oui, devant ce Caton de Basse-Normandie,
Ce soleil d'équité qui n'est jamais terni :
Victrix causa diis placuit, sed victa Catoni. [1]

DANDIN.

Vraiment, il plaide bien.

L'INTIMÉ.

        Sans craindre aucune chose,
Je prends donc la parole, et je viens à ma cause.
Aristote, *primò, peri Politicon,* [2]
Dit fort bien...

DANDIN.

    Avocat, il s'agit d'un chapon,
Et non point d'Aristote et de sa Politique.

L'INTIMÉ.

Oui; mais l'autorité du Péripatétique
Prouveroit que le bien et le mal...

DANDIN.

        Je prétens
Qu'Aristote n'a point d'autorité céans.
Au fait.

---

1. « Les dieux sont pour les vainqueurs, mais Caton est pour les vaincus. » (LUCAIN.)

2. Les huit livres désignés par le philosophe ou par ses éditeurs sous le nom de Πολιτικά.

L'INTIMÉ.

Pausanias, en ses Corinthiaques...[1]

DANDIN.

Au fait.

L'INTIMÉ.

Rebuffe...[2]

DANDIN.

Au fait, vous dis-je.

L'INTIMÉ.

Le grand Jacques...[3]

DANDIN.

Au fait, au fait, au fait.

L'INTIMÉ.

Harmeno Pul, *in Prompt*...[4]

DANDIN.

Oh! je te vais juger.

1. Pausanias, né en Cappadoce vers l'an 170 avant Jésus-Christ, célèbre voyageur, écrivit à Rome, dans sa vieillesse, d'après les anciens ouvrages, les monuments et les traditions des prêtres, une *Description de la Grèce*, divisée en dix livres, que l'on désigne ordinairement sous le nom des contrées qui s'y trouvent décrites, à savoir l'Attique, la Corinthie, d'où les *Corinthiaques;* la Laconie, la Messénie, l'Élide, l'Achaïe, l'Arcadie, la Béotie et la Tauride.

2. Rebuffe, jurisconsulte du xvie siècle, né en Languedoc.

3. Jacobus Magnus, *Jacques le Grand*, religieux augustin, né à Toulouse vers le milieu du xive siècle, et mort au commencement du xve, prédicateur distingué, qui, sous Charles VI, osa s'élever contre les désordres de la reine Isabeau de Bavière. Comme Stobée, comme Jean Géorgidès, il composa un recueil de pensées morales extraites de divers ouvrages, auquel il donna le nom de *Sophologium*, et qu'il traduisit lui-même en langue vulgaire sous ce titre : *l'Archiloge Sophie;* cet ouvrage est resté manuscrit. Sa réputation, fort grande aux xve et xvie siècles, n'avait pas tout à fait péri au xviie.

4. Constantin Harmenopule est un jurisconsulte byzantin du xive siècle; il occupa des emplois importants sous les empereurs Jean et Mathieu Cantacuzène et Jean Paléologue. Le nom de l'ouvrage dont Racine ne donne que la moitié a pour titre en latin : *Promptuarium juris;* c'est un Manuel de droit, divisé en six livres.

LES PLAIDEURS.

L'INTIMÉ.

Oh! vous êtes si prompt!

(Vite.)

Voici le fait. Un chien vient dans une cuisine;
Il y trouve un chapon, lequel a bonne mine.
Or, celui pour lequel je parle est affamé,
Celui contre lequel je parle *autem* plumé;
Et celui pour lequel je suis prend en cachette
Celui contre lequel je parle. L'on décrète :
On le prend. Avocat pour et contre appelé;
Jour pris. Je dois parler, je parle, j'ai parlé.

DANDIN.

Ta, ta, ta, ta. Voilà bien instruire une affaire!
Il dit fort posément ce dont on n'a que faire,
Et court le grand galop quand il est à son fait.

L'INTIMÉ.

Mais le premier, monsieur, c'est le beau.

DANDIN.

C'est le laid.

A-t-on jamais plaidé d'une telle méthode?
Mais qu'en dit l'assemblée?

LÉANDRE.

Il est fort à la mode.

L'INTIMÉ, d'un ton véhément.

Qu'arrive-t-il, messieurs? On vient. Comment vient-on?[1]

1. Il n'y a pas ici un vers qui ne soit un trait de critique, et pas un trait qui ne soit aussi juste que piquant. On peut assurer que la censure de tous les abus de la rhétorique du palais est épuisée dans une scène. La prétention des exordes, qu'on fait remonter au *Déluge;* l'étalage de l'érudition déplacée, la manie des citations accumulées hors de propos, le charlatanisme des autorités et des lois alléguées au hasard, l'affectation d'agrandir les petites choses, et de s'échauffer à froid; la recherche puérile de tous les détails qu'on veut également faire valoir et de toutes les circonstances qu'on veut également aggraver; et surtout et partout l'incroyable

On poursuit ma partie. On force une maison.
Quelle maison? maison de notre propre juge!
On brise le cellier qui nous sert de refuge!
De vol, de brigandage, on nous déclare auteurs!
On nous traîne, on nous livre à nos accusateurs,
A maître Petit-Jean, messieurs. Je vous atteste :
Qui ne sait que la loi *Si quis canis*, Digeste
De vi, paragrapho, messieurs, *Caponibus*,[1]
Est manifestement contraire à cet abus?
Et quand il seroit vrai que Citron, ma partie,
Auroit mangé, messieurs, le tout, ou bien partie
Dudit chapon : qu'on mette en compensation
Ce que nous avons fait avant cette action.
Quand ma partie a-t-elle été réprimandée?
Par qui votre maison a-t-elle été gardée?
Quand avons-nous manqué d'aboyer au larron?

profusion de mots inutiles et dénués de sens; tout s'y trouve. Mais ce qui peut-être est au-dessus de tout le reste, ce sont les six vers employés par l'Intimé, pour dire seulement qu'il veut abréger : cette seule phrase est le modèle de l'art d'allonger. Il ne veut pas même *prendre haleine*, sans séparer ces deux mots qu'on n'a jamais séparés. Le poëte, par un trait de génie, l'arrête sur la fin du vers au mot *prendre*, et le rejette à l'autre vers sur le mot *haleine*, où il se repose tout à son aise; et parce qu'on lui *défend de s'étendre*, il va reprendre *ab ovo* toute sa cause, déjà si longuement plaidée; mais comment et en quels termes?

> Je vais, sans rien omettre et sans prévariquer,
> Compendieusement énoncer, expliquer,
> Exposer à vos yeux l'idée universelle
> De ma cause, et des faits renfermés en icelle.

Jamais un avocat de *sept heures* (comme on les appelait) ne s'est contenté d'un seul mot pour une seule idée : *il énonce, il expose, il explique, etc.*, *compendieusement!* Où l'auteur a-t-il été chercher ce mot de six syllabes qui tient tout un demi-vers, et qui signifie *en abrégé?* C'est une bonne fortune, et il y en a une foule d'autres, et aucune ne paraît avoir été cherchée. (L.)

1. Racine a voulu se moquer de ceux qui citent à tort et à travers de faux textes dont ils ont besoin. (A. M.)

Témoin trois procureurs, dont icelui Citron[1]
A déchiré la robe. On en verra les pièces.
Pour nous justifier, voulez-vous d'autres pièces?

PETIT-JEAN.

Maître Adam...

L'INTIMÉ.

Laissez-nous.

PETIT-JEAN.

L'Intimé...

L'INTIMÉ.

Laissez-nous.

PETIT-JEAN.

S'enroue.

L'INTIMÉ.

Hé, laissez-nous! Euh! Euh!

DANDIN.

Reposez-vous,
Et concluez.

L'INTIMÉ, d'un ton pesant.

Puis donc, qu'on nous, permet, de prendre,
Haleine, et que l'on nous défend, de nous, étendre,

---

1. OEuvres de Tabarin : *Fantaisies et dialogue*, ch. XLVII, p. 228 :
Si un meunier, un tailleur, un sergent et un procureur étoient dans un sac, qui en sortiroit le premier?

LE MAITTRE.

Je dis que celui qui seroit le plus près de l'embouchure du sac sortiroit le premier.

TABARIN.

Je vois bien qu'il faut que je vous enseigne ce secret, mon maittre, à la charge que vous payerez pinte.

LE MAITTRE.

Il n'y a chose qu'un homme vertueux ne doive pratiquer pour apprendre quelque science.

TABARIN.

Le premier qui sortiroit du sac, si un sergent, un meunier, un tailleur et un procureur étoient dedans, c'est un larron, mon maittre.

ACTE III, SCÈNE III.

Je vais, sans rien omettre, et sans prévariquer,
Compendieusement énoncer, expliquer,
Exposer à vos yeux, l'idée universelle
De ma cause, et des faits, renfermés, en icelle.[1]

DANDIN.

Il auroit plus tôt fait de dire tout vingt fois
Que de l'abréger une. Homme, ou qui que tu sois,
Diable, conclus; ou bien que le ciel te confonde!

L'INTIMÉ.

Je finis.

DANDIN.

Ah!

L'INTIMÉ.

Avant la naissance du monde...

DANDIN, bâillant.

Avocat, ah! passons au déluge.

L'INTIMÉ.

Avant donc
La naissance du monde, et sa création,
Le monde, l'univers, tout, la nature entière
Étoit ensevelie au fond de la matière.
Les éléments, le feu, l'air, et la terre, et l'eau,
Enfoncés, entassés, ne faisoient qu'un monceau,
Une confusion, une masse sans forme,
Un désordre, un chaos, une cohue énorme :
UNUS ERAT TOTO NATURÆ VULTUS IN ORBE,

---

1. Nous avons rétabli la ponctuation de ces six vers (indiqués plus haut par La Harpe) telle qu'elle est dans l'édition de 1697, la dernière donnée par Racine. Cette ponctuation indique assez la manière dont ces six vers doivent être prononcés. (A. M.) — J'avoue que la ponctuation ainsi détaillée me parait plutôt une sorte de notation : le sens indique suffisamment la manière de dire ces six vers. Les virgules prodiguées me semblent inutiles.

QUEM GRÆCI DIXERE CHAOS, RUDIS INDIGESTAQUE MOLES.[1]

(Dandin endormi se laisse tomber.)

LÉANDRE.

Quelle chute! mon père!

PETIT-JEAN.

Ay, monsieur! Comme il dort!

LÉANDRE.

Mon père, éveillez-vous.

PETIT-JEAN.

Monsieur, êtes-vous mort?

LÉANDRE.

Mon père!

DANDIN.

Hé bien, hé bien? Quoi? Qu'est-ce? Ah, ah! quel homme!
Certes, je n'ai jamais dormi d'un si bon somme.

LÉANDRE.

Mon père, il faut juger.

DANDIN.

Aux galères.[2]

LÉANDRE.

Un chien

Aux galères!

---

1. « L'univers n'offroit qu'un aspect informe, masse grossière et confuse, à laquelle les Grecs donnèrent le nom de chaos. » (*Métamorphoses* d'Ovide, liv. Ier, v. 6, 7.) — Le mot *Græci* n'est pas dans Ovide, et ce vers a un pied de trop. Peut-être Racine a-t-il voulu se moquer des avocats qui citaient à tout propos, et citaient souvent mal. (A. M.)

2. Un juge avoit dormi pendant toute une audience : on lui demanda son avis ; il répondit en se frottant les yeux : *Je suis de l'avis de M***;* et ce monsieur n'y étoit pas. Un autre étoit assoupi pendant qu'on exposoit la cause d'un homme qui avoit commis un délit dans un pré : *A quoi condamnez-vous,* lui dit-on, *le coupable? — A être pendu*, s'écria-t-il en s'éveillant. — *Comment!* lui dit-on, *il s'agit d'un pré. — Qu'on le fauche.* Dans la comédie des *Guêpes*, le juge veut pareillement envoyer le chien Labès

LES PLAIDEURS

ACTE III, SCÈNE III.

DANDIN.

Ma foi! je n'y conçois plus rien;*
De monde, de chaos, j'ai la tête troublée.
Hé! concluez.

L'INTIMÉ, lui présentant de petits chiens.

Venez, famille désolée;
Venez, pauvres enfants qu'on veut rendre orphelins;
Venez faire parler vos esprits enfantins.**
Oui, messieurs, vous voyez ici notre misère :
Nous sommes orphelins; rendez-nous notre père,
Notre père, par qui nous fûmes engendrés,
Notre père, qui nous...

DANDIN.

Tirez, tirez, tirez.

L'INTIMÉ.

Notre père, messieurs...

DANDIN.

Tirez donc. Quels vacarmes!
Ils ont pissé partout.

L'INTIMÉ.

Monsieur, voyez nos larmes.***

DANDIN.

Ouf! Je me sens déjà pris de compassion.
Ce que c'est qu'à propos toucher la passion!
Je suis bien empêché. La vérité me presse;
Le crime est avéré; lui-même il le confesse.

---

aux corbeaux. C'étoient des poulies auxquelles on suspendoit les esclaves coupables, les mains attachées derrière le dos, pour leur donner les étrivières. (L. B.)

  * VAR.   *Je n'y connois plus rien.*
  ** VAR.   *Venez faire parler vos soupirs enfantins.*
  *** VAR.   *Monsieur, ce sont leurs larmes.*

Mais s'il est condamné, l'embarras est égal :
Voilà bien des enfants réduits à l'hôpital.
Mais je suis occupé, je ne veux voir personne.

SCÈNE IV.

DANDIN, LÉANDRE, CHICANEAU, ISABELLE, PETIT-JEAN, L'INTIMÉ.

CHICANEAU.

Monsieur...

DANDIN, à Petit-Jean et à l'Intimé.

Oui, pour vous seuls l'audience se donne.

(A Chicaneau.)

Adieu. Mais, s'il vous plaît, quel est cet enfant-là?

CHICANEAU.

C'est ma fille, monsieur.

DANDIN.

Hé! tôt, rappelez-la.

ISABELLE.

Vous êtes occupé.

DANDIN.

Moi! je n'ai point d'affaire.

(A Chicaneau.)

Que ne me disiez-vous que vous étiez son père?[1]

---

1. Racine rentre ici dans la bonne comédie et dans la peinture des mœurs. Ce juge qui n'a plus d'affaires en voyant un joli minois, et tout prêt à favoriser le père pour faire sa cour à la fille, est bien dans la nature. (G.) — « Pour celui-ci, lui dit-il, c'est un homme qui passe pour galant; il est fort civil au sexe, et vous êtes assurée d'une favorable audience, si vous l'allez voir avec quelque jeune personne qui soit bien faite. — Fort bien, reprit-elle, je connois une demoiselle suivante qu'on avoit prise dernièrement pour quêter à notre paroisse, à cause de sa beauté. Je la prierai de m'y accompagner. (*Roman bourgeois*, p. 205.)

ACTE III, SCÈNE IV.

CHICANEAU.

Monsieur...

DANDIN.

Elle sait mieux votre affaire que vous.

(A Isabelle.)

Dites... Qu'elle est jolie, et qu'elle a les yeux doux!
Ce n'est pas tout, ma fille, il faut de la sagesse.
Je suis tout réjoui de voir cette jeunesse.
Savez-vous que j'étois un compère autrefois?
On a parlé de nous.

ISABELLE.

Ah! monsieur, je vous crois.

DANDIN.

Dis-nous : à qui veux-tu faire perdre la cause?

ISABELLE.

A personne.

DANDIN.

Pour toi je ferai toute chose.
Parle donc.

ISABELLE.

Je vous ai trop d'obligation.

DANDIN.

N'avez-vous jamais vu donner la question?[1]

---

1. Thomas Diafoirus, dans le *Malade imaginaire*, fait une proposition de même espèce à Angélique, en l'invitant à assister à une dissection. (Acte II, scène VI.)

Que ne me disiez-vous que vous étiez son père?

est un trait charmant : celui de la question est sanglant, et l'on ne peut nier que la cruelle indifférence des juges n'y ait trop souvent donné lieu. Les mauvaises lois font les mauvaises mœurs. (L.)—Dans le *Roman bourgeois*, le juge Bellastre, amoureux de Collantine, « lui faisoit donner place commode dans les lieux publics pour voir les pendus et les roués qu'il faisoit exécuter. » Page 249.

ISABELLE.
Non, et ne le verrai, que je crois, de ma vie.
DANDIN.
Venez, je vous en veux faire passer l'envie.
ISABELLE.
Hé! monsieur, peut-on voir souffrir des malheureux?
DANDIN.
Bon! Cela fait toujours passer une heure ou deux.
CHICANEAU.
Monsieur, je viens ici pour vous dire...
LÉANDRE.
Mon père,
Je vous vais en deux mots dire toute l'affaire :
C'est pour un mariage. Et vous saurez d'abord
Qu'il ne tient plus qu'à vous, et que tout est d'accord.
La fille le veut bien; son amant le respire;[1]
Ce que la fille veut, le père le désire.
C'est à vous de juger.
DANDIN, se rasseyant.
Mariez au plus tôt :
Dès demain, si l'on veut; aujourd'hui, s'il le faut.
LÉANDRE.
Mademoiselle, allons, voilà votre beau-père :
Saluez-le.
CHICANEAU.
Comment?

---

1. On dit figurément *respirer la guerre, la vengeance, les plaisirs*, etc., pour *désirer ardemment;* et alors *respirer* prend le régime direct, comme désirer, mais seulement dans les choses qui sont l'objet d'une passion habituelle. Quand il s'agit d'un fait, d'un événement, comme ici le mariage, *respirer* ne s'emploie qu'avec la négative et le régime indirect. *Elle ne respire qu'après* le mariage, le retour, la convalescence de son fils. C'est, je crois, le seul terme impropre qu'il y ait dans toute cette pièce. (L.)

####### DANDIN.
Quel est donc ce mystère?
####### LÉANDRE.
Ce que vous avez dit se fait de point en point.
####### DANDIN.
Puisque je l'ai jugé, je n'en reviendrai point.
####### CHICANEAU.
Mais on ne donne pas une fille sans elle.
####### LÉANDRE.
Sans doute: et j'en croirai la charmante Isabelle.
####### CHICANEAU.
Es-tu muette? Allons, c'est à toi de parler.
Parle.

####### ISABELLE.
Je n'ose pas, mon père, en appeler.[1]
####### CHICANEAU.
Mais, j'en appelle, moi.
####### LÉANDRE, lui montrant un papier.
Voyez cette écriture.
Vous n'appellerez pas de votre signature?
####### CHICANEAU.
Plaît-il?
####### DANDIN.
C'est un contrat en fort bonne façon.
####### CHICANEAU.
Je vois qu'on m'a surpris, mais j'en aurai raison :
De plus de vingt procès ceci sera la source.
On a la fille; soit : on n'aura pas la bourse.

---

1. Ce mot est bien dans le style de la chose et dans la nature du sujet. Le dénoûment est plaisant, et produirait plus d'effet si l'amour de Léandre avait plus d'intérêt. On ne pouvait pas terminer d'une manière plus agréable et plus ingénieuse un acte consacré presque tout entier à la farce la plus extravagante. (G.)

LÉANDRE.

Hé, monsieur ! qui vous dit qu'on vous demande rien ?
Laissez-nous votre fille, et gardez votre bien.

CHICANEAU.

Ah !

LÉANDRE.

Mon père, êtes-vous content de l'audience ?

DANDIN.

Oui-da. Que les procès viennent en abondance,
Et je passe avec vous le reste de mes jours.
Mais que les avocats soient désormais plus courts.
Et notre criminel ?

LÉANDRE.

Ne parlons que de joie :
Grâce ! grâce ! mon père.

DANDIN.

Hé bien, qu'on le renvoie ;
C'est en votre faveur, ma bru, ce que j'en fais.
Allons nous délasser à voir d'autres procès.

FIN DES PLAIDEURS.

EXAMEN CRITIQUE

DES PLAIDEURS

Racine dit dans sa préface que, lorsqu'il lut les *Guêpes* d'Aristophane, il ne songeait guère qu'il en dût faire les *Plaideurs*. Il était tenté cependant de faire part au public de quelques-unes des plaisanteries d'Aristophane, quoiqu'elles fussent poussées jusqu'à la bouffonnerie. Mais il les destinait à la Comédie italienne. Les acteurs italiens étaient les bouffons attitrés du théâtre; ils pouvaient tout faire et tout dire, sans qu'on se plaignît qu'ils tombassent dans la farce. Les Italiens ayant cessé pendant quelque temps leurs représentations, Racine fut pressé par ses amis de donner à la Comédie française son imitation d'Aristophane. Il résista comme résistent les auteurs; enfin, encouragé, aidé même par ses amis, il acheva sa pièce. Voilà l'origine des *Plaideurs,* telle que Racine la raconte. Nous aurons donc dans notre examen : 1° à comparer brièvement Aristophane et Racine, la comédie grecque et la comédie française; à voir comment le poëte français a approprié à notre goût, à nos mœurs, à notre société, les plaisanteries du poëte grec; 2° à chercher quels sont nos vieux auteurs français du xvie siècle dont Racine s'est inspiré dans cette pièce qui, en apparence, est d'origine grecque; 3° enfin nous indiquerons quelques comédies contre la manie de la chicane et de la judicature suscitées par le succès des *Plaideurs,* et l'infériorité de ces ouvrages contemporains nous fera mieux sentir le mérite singulier de Racine.

Denys de Syracuse ayant demandé à Platon de lui envoyer l'ouvrage qui pourrait le mieux lui faire connaître le gouvernement de la démocratie athénienne, Platon lui envoya les comédies d'Aristophane. Il avait raison ; mais cela montre que les comédies d'Aristophane n'étaient rien moins que ce qu'on entendait par la comédie au temps de Racine, rien moins que ce que nous entendons encore de nos jours par ce mot. Ces comédies ne sont point des comédies de caractère ou d'intrigue ; ce sont des scènes de la vie politique des Athéniens ; ce sont des tableaux expressifs et vivants de la démocratie athénienne et de sa manière de gouverner, ou plutôt d'être gouvernée.

C'est une règle de tous les gouvernements modernes d'interdire la discussion de leur principe. Ainsi, comme le suffrage universel est le principe de notre gouvernement actuel (1869), il est défendu aux publicistes de discuter le suffrage universel. Aristophane avait plus de liberté ; il discutait fort à son aise la souveraineté du peuple, ou plutôt il la raillait impitoyablement. Le peuple est attaqué très-directement dans les *Chevaliers* sous son nom de Δῆμος et dans les *Guêpes* sous le nom de Philocléon ; dans les *Chevaliers* comme souverain politique et dans les *Guêpes* comme souverain judiciaire. Essayons de donner une idée de cette caricature bouffonne et satirique qu'Aristophane fait du peuple comme souverain politique et comme souverain judiciaire.

Je ne veux dire qu'un mot de la satire du souverain politique, telle qu'elle est dans la comédie des *Chevaliers.* Je ne prendrai non plus dans les *Guêpes* que ce qui pourra servir à nous faire mieux comprendre la satire du souverain judiciaire.

Dans les *Chevaliers,* Démos ou le peuple a dans sa maison

deux bons esclaves, Nicias et Démosthène,[1] qui le servent honnêtement; mais depuis quelque temps le bonhomme a pris à son service un Paphlagonien,[2] un nouvel esclave qui le flatte et le cajole, si bien qu'il est devenu le maître de la maison. Il s'agit de détromper Démos, et de faire chasser le nouveau venu. Nicias et Démosthène, qui savent quels engouements a souvent le bonhomme, et qu'il aime les nouveaux serviteurs, se gardent bien de rien faire pour recouvrer la faveur de Démos; ils lui cherchent un nouveau favori, et proposent le gouvernement au charcutier Agoracrite. A démagogue, démagogue et demi; voilà la bonne tactique.

Agoracrite, à qui on propose le gouvernement d'Athènes, commence par refuser; il a du bon sens, et quoiqu'on lui vante le bonheur dont il va jouir quand il sera le chef de la glorieuse Athènes, il ne veut pas accepter un pouvoir qu'il ne saura pas exercer.

AGORACRITE.

« Je ne me crois pas digne de ce haut rang.

DÉMOSTHÈNE.

« Quoi donc! d'où vient que tu ne t'en crois pas digne? On dirait que tu as quelque bon sentiment; serais-tu issu d'une honnête famille?

AGORACRITE.

« J'en atteste les Dieux, j'appartiens à la canaille.

DÉMOSTHÈNE.

« Mortel fortuné! les heureuses qualités que tu possèdes pour les affaires publiques!

AGORACRITE.

« Mais, mon cher, je n'ai pas reçu la moindre éducation, si ce n'est que je sais lire, et encore assez mal.

DÉMOSTHÈNE.

« Ceci pourrait te faire tort, de savoir lire, même assez mal. »

1. Ce sont deux généraux athéniens pendant la guerre de Péloponèse.
2. C'est le démagogue Cléon.

Ici vient s'ajouter un nouveau trait au tableau qu'Aristophane fait non-seulement de la démocratie athénienne, mais de la démocratie de tous les temps. Le peuple a brisé son idole ; Cléon est disgracié. Agoracrite a la faveur du souverain ; l'assentiment public lui arrive aussitôt par la bouche du chœur. Le chœur représente la foule qui suit la fortune.

> *Sequitur fortunam ut semper, et odit*
> *Damnatos.* [1]

« O bienfaiteur des humains, dit le chœur à Agoracrite, je te félicite de ton éloquence ; continue ainsi, et tu deviendras le premier des Grecs ; mais ne lâche pas ton adversaire, puisqu'il t'a donné prise sur lui. Tu n'auras pas de peine à le vaincre, avec de tels poumons. » Voilà bien l'adhésion de la foule avec tous ses sentiments divers, et le mélange de raillerie qu'y mêle le chœur ne fait que mieux l'exprimer.

Cependant Cléon ne renonce pas encore tout à fait à la lutte ; il apporte au bonhomme peuple je ne sais combien de présents plus ou moins grotesques. Agoracrite fait de même ; le bonhomme reçoit tout. Il y a surtout un lièvre que Cléon montre à Démos et qui fait grand effet. Cléon va reprendre l'avantage, quand le charcutier, par un tour d'escamotage, dérobe le lièvre à son rival, et l'offre lui-même au peuple.

CLÉON.

« Mais j'ai eu de la peine pour attraper le lièvre.

LE CHARCUTIER.

« Et moi pour le rôtir.

PEUPLE, à Cléon.

« Va-t'en ! Je ne sais gré qu'à celui qui me l'a servi. »

Ce dernier mot est sublime, tant il exprime bien l'égoïsme gourmand et l'insouciance immorale de la démocratie athénienne, qui ne tient pas plus aux honnêtes gens qu'aux coquins,

---

1. Juvénal.

au bien qu'au mal, et qui ne s'inquiète que d'être servie par le succès.

Voilà comme Aristophane raillait librement dans le peuple le souverain politique; il n'était pas moins à son aise avec le souverain judiciaire qui était aussi le peuple, et le peuple tout entier, non pas un corps de juges plus ou moins héréditaires, comme la magistrature de nos anciens parlements, ni un corps de juges salariés, comme notre magistrature actuelle. Dans l'ancienne France la justice émanait, disait-on, de la royauté, parce que la justice était un attribut de la souveraineté. Le peuple à Athènes était souverain; donc il était juge. Les juges étaient tous les ans tirés au sort dans les tribus. Il fallait seulement qu'ils eussent trente ans. Ce tirage au sort donnait six mille juges répartis en différents tribunaux. On voit que ces tribunaux étaient, pour ainsi dire, des assemblées publiques où le peuple rendait des arrêts, comme dans l'agora il rendait des décrets. Cette organisation faisait des jurys plutôt que des tribunaux, et, de plus, les jurés étaient salariés. Ils avaient eu d'abord une obole par jour. Cléon, pour gagner le peuple, fit décider que les juges ou jurés auraient trois oboles par jour. De là la passion des Athéniens pour juger. Ils vivaient de leurs trois oboles et de la vente de leurs suffrages, ayant de plus le plaisir de passer leurs journées à entendre plaider le pour et le contre, puis à délibérer et à discuter eux-mêmes.

Wachsmuth, dans ses *Antiquités grecques*,[1] remarque avec beaucoup de raison que de même que le caprice des assemblées populaires a empêché la démocratie athénienne d'avoir un droit public qui fût stable, de même le jury salarié et vénal a empêché la démocratie athénienne d'avoir un droit civil et pénal et surtout une jurisprudence établie. Tout était précaire, changeant, et le souverain judiciaire, n'ayant aucune règle ni aucune responsabilité, se passait toutes ses fantaisies dans

---

1. *Hellenische Alterthums Kunde*, t. Ier, IIe part., p. 156-157.

ses sentences, comme le souverain politique se passait aussi les siennes dans les décrets de l'agora.

Dans les *Guêpes* d'Aristophane, le souverain judiciaire sans équité, sans responsabilité, sans indépendance, livré à ses passions et à l'éloquence corruptrice des délateurs, est représenté par le personnage de Philocléon. Philocléon a la manie de juger toujours et sans cesse, ce qui était la passion des Athéniens; c'est par là que Philocléon est l'aïeul de Perrin Dandin. Mais Dandin n'est qu'un juge sans aucun pouvoir politique, un juge de petite robe et qui n'a pas même les prétentions politiques d'un conseiller au parlement de Paris, tandis que Philocléon est en même temps un véritable souverain, qui, dans l'agora, comme citoyen, fait la loi, et qui, dans les tribunaux, l'applique comme juge. Il y a là tout un côté politique de la comédie d'Aristophane qu'il faut mettre un instant en lumière, afin que nous comprenions mieux les ressemblances et les différences entre Dandin et Philocléon.

Au commencement des *Guêpes*, Philocléon est captif dans sa maison, sous la garde de deux esclaves, Sosie et Xanthias, comme l'est Dandin sous la garde de Petitjean et de l'Intimé. Son fils, voyant que la manie de juger portait atteinte à la santé de son père, a pris le parti de l'enfermer dans sa maison, afin qu'il prenne du repos et mange à des heures régulières. Le chœur, composé de juges habillés en guêpes, vient chercher Philocléon pour aller juger. Philocléon dit qu'il ne peut pas sortir; la porte est fermée.

LE CHOEUR.

« Qui donc te retient ainsi et te ferme les portes? Parle : nous sommes tes amis. »

PHILOCLÉON.

« C'est mon fils; n'élevez pas la voix. Il dort sur le devant de la maison. Parlez plus bas. »

Le chœur demande à Philocléon pourquoi son fils l'enferme ainsi.

PHILOCLÉON.

« O mes amis, il ne veut pas me laisser juger, ni prononcer une condamnation. Il veut me faire faire bonne chère, et moi je ne le veux pas. »

Le chœur alors, avec l'instinct soupçonneux propre aux démocraties, dit à Philocléon qu'il y a là sans doute quelque intrigue du parti aristocratique. On veut punir Philocléon d'avoir dit la vérité sur la flotte; et Philocléon, ravi d'avoir cette importance, croit, en effet, que « son fils n'aurait pas eu cette audace, s'il ne tramait quelque conspiration. » Que nous voilà loin des idées et des sentiments de Dandin! Dans Philocléon le citoyen, le souverain politique est sans cesse à côté du juge; et ce souverain politique, toujours soupçonneux, se croit en butte aux conspirations. Entre Bdélycléon, fils de Philocléon, et le chœur, il n'est question que de liberté et de tyrannie. Bdélycléon, qui veut retenir son père à la maison, est « un usurpateur qui foule aux pieds les lois de la République. »

BDÉLYCLÉON.

« Ne serait-il pas possible de conférer ensemble et de nous entendre sans nous battre et sans crier?

LE CHOEUR.

« Conférer avec toi, ennemi du peuple, partisan de la monarchie et ami de Brasidas,[1] toi qui portes des franges de laine et qui laisses croître ta barbe! »

Fatigué de ces cris, Bdélycléon menace le chœur de le battre, s'il ne part pas. Le chœur répond héroïquement qu'il ne partira pas tant « qu'il lui restera un souffle de vie, et qu'il voit bien que Bdélycléon aspire à la tyrannie. »

BDÉLYCLÉON.

« Tout est pour vous tyrannie et conspiration. Que les griefs soient sérieux ou frivoles, peu importe. Pendant cinquante ans ce mot n'avait pas frappé mes oreilles. Aujourd'hui il est plus commun que le poisson salé; il retentit dans tous les coins du

---

1. Général lacédémonien.

marché. Que l'un achète des orphes et dédaigne les membrades,[1] le marchand de membrades crie aussitôt : La cuisine de cet homme-là sent furieusement la tyrannie. Qu'un autre demande des poireaux pour assaisonner des anchois, la marchande de légumes le regarde de travers et lui dit : Tu demandes des poireaux ; est-ce que tu vises à la tyrannie ? Penses-tu qu'Athènes doive te fournir des assaisonnements ? »

Charmante et profonde moquerie de la démocratie, mais qui ne ressemble en rien au tableau des ridicules de la judicature française au xviie siècle.

La différence entre le juge athénien et le juge français éclate surtout dans le récit du bonheur et des jouissances que Philocléon et Dandin font de la profession de juge. Dandin vante fort son métier de juge :

> Regarde dans ma chambre et dans ma garde-robe
> Les portraits des Dandins, tous ont porté la robe,
> Et c'est le bon parti. Compare prix pour prix
> Les étrennes d'un juge à celles d'un marquis ;
> Attends que nous soyons à la fin de décembre.
> Qu'est-ce qu'un gentilhomme ? Un pilier d'antichambre, etc.
>   (Acte 1er, scène iv.)

Les traits du tableau que fait Dandin sont tous pris dans la vie privée. Écoutons maintenant Philocléon : « ...... Notre pouvoir ne le cède à aucune royauté. Quel être est plus heureux, plus fortuné qu'un juge ? Quelle vie est plus délicieuse que la sienne ? A peine je sors du lit, des hommes hauts de quatre coudées m'escortent au tribunal : dès que je parais, je me sens doucement pressé par une main qui a dérobé les deniers de l'État : le coupable tombe à mes pieds en disant d'une voix lamentable : Aie pitié de moi, mon père, je t'en conjure par les larcins que tu as pu faire toi-même dans l'exercice des charges publiques ou dans l'approvisionnement des troupes. »

1. Deux espèces de poissons.

Enfin arrive le mot décisif, le mot qui résume et couronne le bonheur du juge. «Voilà la vie du juge, dit Philocléon, et tout cela sans avoir de compte à rendre, privilége qui n'appartient à aucune autre magistrature.» Comment dissuader un pareil homme d'aimer son métier? Comment en faire un adversaire des démagogues qui ont fait décréter les trois oboles qui sont l'honoraire du juge? Ici revient la piquante et profonde maxime d'Aristophane : A démagogue, démagogue et demi; il faut combattre la démagogie par la démagogie. Il faut prouver à Philocléon, c'est-à-dire au peuple athénien, que ces trois oboles sont un salaire dérisoire, que les juges pourraient et devraient avoir beaucoup plus, que les revenus d'Athènes montent à deux mille talents, que sur cette somme les six mille juges d'Athènes ne reçoivent que 150 talents entre eux tous.

A ces arguments tout politiques de Bdélycléon pour faire renoncer son père à la manie de juger, comparez les discours de Léandre à Dandin son père; quelle différence de temps, de mœurs, d'institutions !

LÉANDRE, à Dandin.
Non, mon père, il vaut mieux que vous ne sortiez pas;
Dormez chez vous; chez vous faites tous vos repas.
Souffrez que la raison enfin vous persuade,
Et pour votre santé...
DANDIN.
Je veux être malade.
LÉANDRE.
Vous ne l'êtes que trop. Donnez-vous du repos,
Vous n'avez tantôt plus que la peau sur les os.
(Acte Ier, scène IV.)

Dans les *Plaideurs* nous ne sortons pas du cercle de la vie privée; dans les *Guêpes*, nous sommes en pleine république, et la folie qu'il s'agit de guérir, celle de Philocléon, ou du peuple athénien, est de croire aux démagogues. Oter aux *Guêpes* la partie politique, c'est véritablement leur ôter leur sujet; aussi faut-il admirer que Racine, ne prenant des

Guêpes que la moindre partie, en ait tiré les *Plaideurs*. Mais il faut alors rechercher quelles ressources il a su trouver dans les abus et dans les ridicules de la judicature de son temps et du temps passé, quelles traditions de censure et de raillerie contre la manie de juger et plaider il a rencontrées dans la littérature du xvıe siècle; et comment, s'interdisant naturellement de toucher à tout ce qui fait le fonds et le sens de la comédie d'Aristophane, il s'est heureusement servi de ces vieilles traditions pour donner aux *Plaideurs* une allure toute française, suppléant habilement au sel attique par le sel gaulois; de telle sorte que, si nous ne savions pas par la préface de Racine lui-même qu'il a voulu imiter les *Guêpes,* rien dans la pièce ne nous avertirait des emprunts qu'il a faits à l'antiquité grecque. Les *Plaideurs* semblent procéder de Rabelais, de Henri Estienne, des censeurs et des moqueurs du xvıe siècle, plutôt que d'Aristophane; et nous retrouvons dans cette comédie de Racine, plus encore peut-être que dans ses tragédies, sa manière vraiment originale d'imiter et de traduire l'antiquité.

Et d'abord, pour prendre le vrai fonds comique des *Plaideurs,* est-ce donc un plaisir si grand de plaider et surtout de juger? Pour le plaisir de juger, n'interrogeons plus Philocléon; il nous a déjà répondu en citoyen d'Athènes et nous a décrit les jouissances de la vie politique ou judiciaire, puisque c'était le même genre de vie à peu près. Interrogeons l'empereur Claude, qui aimait fort à juger, qui jugeait sans cesse, même les jours de fête, et qui, le jour du mariage même d'une de ses filles, jugea comme à son ordinaire : tantôt sévère jusqu'à la dureté, tantôt indulgent jusqu'à la faiblesse, tantôt avisé et pénétrant, tantôt étourdi et presque fou et idiot. Une femme, un jour, ne voulait point reconnaître un jeune homme qui prétendait être son fils. Il y avait des témoignages pour et contre; il l'obligea à avouer sa maternité en lui ordonnant d'épouser le jeune homme. C'est presque la contre-partie du jugement de Salomon. Un étranger se prétendait citoyen romain; quand il se présenta pour plaider, la question s'agita de savoir s'il devait plaider en toge ou en manteau. Claude, pour ne rien préjuger, lui faisait prendre la toge quand il plaidait sa qualité de citoyen, et le manteau quand l'adversaire plaidait contre lui la qualité d'étranger. Ne nous y trompons pas : ce qui faisait que Claude aimait à juger, c'est que, comme Philocléon, il prononçait souverainement, sans avoir à rendre compte. Dandin est moins puissant; il n'est pas juge souverain; mais, en dépit des appels, il fait acte de pouvoir quand il prononce ses arrêts, et c'est ce qui plaît à la nature humaine.

D'où vient que le goût de plaider est aussi vif, pour le moins, que le goût de juger? L'entêtement de sa propre opinion, le charme d'avoir raison, sont évidemment le fond des deux plaisirs. Mais si tout le monde ne peut pas juger, excepté à Athènes, tout le monde peut plaider; c'est un plaisir à la portée de chacun de nous, si nous avons quelque argent en poche et si nous tenons moins à le garder qu'à quereller notre voisin. L'homme aime la lutte, et il aime le gain. Or il y a les deux choses dans les procès, qui sont une bataille et une loterie où chacun croit avoir le bon numéro dans sa poche. C'est cette manie de plaider qui enrichit les gens de justice. Quoi de plus juste, dit Henri Estienne dans son *Apologie d'Hérodote*?[1] « Car si *volenti et consentienti non fit injuria* et si *nolentem qui servat, idem facit occidenti*,[2] quel mal font les chicaneurs[3] d'ouvrir leurs bourses à ceux qui ont envie de les remplir, à la charge de leur donner le passe-temps de voir mille et mille galanteries et gentillesses

---

1. On sait que l'*Apologie d'Hérodote* est une satire faite par Henri Estienne contre les choses et les hommes de son temps. Sous prétexte de défendre la véracité d'Hérodote qui avait raconté, disait-on, des traits de superstition, de cruauté et de rapacité invraisemblables, il raconte toutes les horreurs et toutes les folies de son temps, montrant qu'Hérodote n'en a pas dit plus.

2. Il n'y a ni lésion ni tort envers qui consent et acquiesce. — C'est tuer les gens que de les sauver malgré eux.

3. Les hommes de chicane, les hommes de loi.

chicaniques? Or, déjà du temps du roi Louis onzième, il se trouva un évêque[1] si amoureux de ce déduit[2], que ce roi le voulant dépestrer d'une infinité de procès, il le supplia fort affectueusement de lui en laisser au moins vingt-cinq ou trente pour ses menus plaisirs. Mais cette humeur est aujourd'hui encore beaucoup plus commune et même a pris tel accroissement, qu'il se trouve des personnes qui non-seulement y prennent quelque plaisir, mais du tout n'ont autre plaisir en ce monde, tellement que vivre sans plaider ne leur seroit que demie vie.[3] »

Nous voici arrivés tout droit aux plaideurs de Racine. L'évêque du roi Louis XI, qui demandait à garder au moins vingt-cinq ou trente procès pour ses menus plaisirs, est évidemment un des grands-oncles de la comtesse de Pimbesche qui n'avait plus que cinq ou six petits procès,

> L'un contre son mari, l'autre contre son père
> Et contre ses enfants ;

mais à qui on a interdit de plaider, et qui s'écrie, prenant presque la phrase d'Henri Estienne[3] :

> Mais vivre sans plaider, est-ce contentement?[4]

Il est curieux de voir combien Racine et les amis qui l'ont encouragé et aidé même, dit-il, à composer les *Plaideurs*, connaissaient la littérature du XVIe siècle, et dans cette littérature

---

1. Miles d'Illiers, évêque de Chartres.
2. Plaisir.
3. *Apologie d'Hérodote*, ch. XVII, éd. 1735, par Le Duchat, p. 361-362.
4. Marot, dans son *Enfer* (Ier vol., p. 147), explique comment la folie des plaideurs fait la fortune des officiers judiciaires :

> Si l'on vivoit en paix comme est mestier (comme il le faut),
> Rien ne vaudroit de ce lieu le mestier,
> Parce qu'il est de soi si anormal,
> Qu'il faut exprès qu'il commence par mal,
> Et que quelqu'un à quelqu'autre méffasse
> Avant que nul jamais profit en fasse.

particulièrement tout ce qui touchait à la censure et à la raillerie des abus et des ridicules judiciaires. Le lecteur a déjà rencontré au bas des pages des *Plaideurs* plusieurs traits piquants empruntés à Rabelais, à Marot, à Henri Estienne; mais quand on lit avec quelque attention Rabelais, par exemple, après les *Plaideurs,* on est frappé des ressemblances qui éclatent çà et là, et on s'aperçoit que Racine et ses amis s'inspiraient sans cesse de Rabelais, sans presque le vouloir, comme d'un auteur très-familier et très-admiré.

Indiquons rapidement quelques-uns des emprunts que les *Plaideurs* font à Rabelais; et d'abord ce nom de Dandin qui est pour nous le nom proverbial du magistrat ridicule, Rabelais l'avait fort accrédité et répandu avant Racine. Mais il faut remarquer que le Dandin de Rabelais n'est point un juge ridicule et maniaque. Dans Rabelais le juge ridicule est *Bridoye,* dont le nom, légèrement changé en *Bridoison,* est arrivé jusqu'aux juges que Beaumarchais a voulu ridiculiser. Bridoye juge les procès aux dés et, selon Pantagruel, n'en juge pas plus mal, puisque Pantagruel le défend devant la cour du parlement et dit que, si on veut le déposer de son office, il prie les conseillers qu'on lui en fasse présent. « Je trouverai par mes États assez de lieux pour l'employer et m'en servir;... et il me semble, ajoute-t-il, qu'il y a dans ces jugements du sort je ne sais quoi de Dieu qui a fait que toutes les précédentes sentences de Bridoye qui sont venues en appel en votre vénérable et souveraine cour ont été trouvées bonnes et confirmées. » Les dés ont donc aussi bien jugé que lois et magistrats ; ce qui n'étonne pas Pantagruel : « car Dieu, comme vous savez, veut souvent faire apparoître sa gloire en l'hébétation des sages, en la dépression des puissants, et en l'érection des simples et des humbles.[1] »

Dandin, dont Rabelais fait grand éloge, ne rend pas ses arrêts selon les dés ; il a une autre méthode, et d'abord il a un

---

1. *Pantagruel,* liv. III, ch. XLIII, éd. de Dalibon, t. V, p. 197-198.

grand mérite aux yeux de Rabelais : il n'est ni juge ni magistrat. « Il est bon laboureur, bien chantant au lutrin ;... et tous les débats, procès et différends étoient vidés par son devis comme par juge souverain, quoique juge ne fût, mais homme de bien... Aussi il n'étoit tué pourceau dans tout le voisinage dont il n'eût des boudins, et étoit presque tous les jours de banquet, de festin, de noces, de commérage,[1] de relevailles, et en la taverne, pour faire quelque appointement... Car jamais n'appointoit les parties qu'il ne les fît boire ensemble par symbole de réconciliation, d'accord parfait et de nouvelle joie.[2] »

D'où venait à ce précurseur et à ce modèle de nos juges de paix ce nom de Dandin immortalisé par Rabelais et par Racine? Les commentaires n'ont pas manqué à ce grand nom. Dandin n'avait ni tribunal ni siége de magistrat, ne l'étant pas ; mais « il prenoit sa séance sur le premier tronc d'arbre renversé, ou sur la première pierre qu'il trouvoit, auquel cas, comme les jambes lui pendoient souvent, il leur donnoit le branle comme un homme simple qu'il étoit, et faute de savoir se donner une contenance plus grave. C'est là proprement ce qui s'appelle se dandiner, par une métaphore prise du branle des cloches qui font din-don-don-din. » Cette explication, que donne Duchat, me paraît fort compliquée. Le *Dictionnaire de l'Académie*[3] explique dandin par niais, sot, et dandiner par balancer machinalement le corps, n'avoir point de contenance. La question est toujours de savoir d'où vient dandin et dandiner.

Selon Rabelais, Dandin, quelle que fût sa contenance quand il jugeait les procès, était un habile homme pour les terminer. Il faut l'entendre, dans son dialogue avec son fils Ténot Dandin, raconter comment il s'y prenait et lui expli-

1. Baptême.
2. *Pantagruel*, t. V, p. 172-175.
3. Édit. 1835.

quer comment, ne faisant pas comme lui, il ne réussissait pas non plus comme lui. Le fils du Dandin de Racine, le jeune Léandre, occupé de son amour et de son plaisir, ne veut pas suivre la profession de son père et porter la robe, comme ont fait tous les Dandins. Ténot Dandin, dans Rabelais, veut être, comme son père, appointeur ou conciliateur de procès. Ce métier lui semble bon et doux; mais il veut, comme tous les fils, suivre une autre méthode que celle de son père. Aussi, au lieu d'appointer et de concilier les procès, il les aigrissait davantage. « Advint qu'il s'en plaignit à son père et rapportoit les causes de sa mésaventure à la perversité des hommes de son temps, disant à son père que si au temps jadis le monde eût été aussi pervers, plaidoyard et inappointable,[1] jamais son père n'eût acquis l'honneur et titre d'appointeur irréfragable, comme il avoit. » Le père répondit au fils : « Tu n'appointes jamais les différends; pourquoi? Tu les prends dès le commencement, étant encore verts et crus. Je les appointe tous; pourquoi? Je les prends sur leur fin bien mûrs et digérés. Ne sais-tu pas le proverbe : Heureux le médecin qui est appelé sur le déclin de la maladie!... Mes plaidoyeurs semblablement sont au déclin du procès, la bourse vuide, ne poursuivant, ne sollicitant plus. Manque seulement quelqu'un qui soit comme médiateur et qui le premier parle d'appointement... Là, Dandin, je me trouve à propos; c'est mon heur;[2] c'est mon gain; c'est ma bonne fortune;... et je te dis, Dandin, que par cette méthode je pourrois mettre paix ou trêve pour le moins entre le grand roi[3] et les Vénitiens... Irai-je plus loin? Dieu m'aidant, entre le Turc et le Sophi, entre les Tartares et les Moscovites. Entends bien : je les prendrois sur l'instant que les uns et les autres seroient las de guerroyer, qu'ils auroient vuidé leurs coffres, épuisé les

---

1. Inconciliable.
2. Bonheur.
3. Le roi de France, Louis XII.

bourses de leurs sujets, vendu leurs domaines, hypothéqué leurs terres, consumé leurs vivres et munitions... »

Les procès en effet ont, si nous en croyons le Bridoye de Rabelais, leur temps de formation et de développement : « Un procès, dit-il,[1] à sa naissance première, comme ours naissant, n'a pieds, ni mains, peau, poil, ni teste. Ce n'est qu'une pièce de chair rude et informe... Ainsi vois-je, comme vous autres messieurs, naître les procès à leurs commencements, informes et sans membres. Ils n'ont qu'une pièce ou deux; c'est pour lors une laide bête. Mais lorsqu'ils sont bien entassés, enchâssés et ensachés, on les peut vraiment dire membrus et formés.[2] »

Je n'ai pas pu résister au plaisir de m'arrêter un instant sur les deux personnages principaux de la comédie faite par Rabelais contre les abus de la justice et des tribunaux, Bridoye et Dandin, l'un qui tire ses jugements au sort et qui n'en juge que mieux, au dire de Pantagruel; l'autre, un simple laboureur, qui n'est magistrat d'aucune sorte dans un pays où les magistrats abondent et qui concilie les procès en les laissant mûrir; comédie aussi bouffonne assurément que les *Plaideurs* de Racine et plus grave, puisqu'elle ne va à rien moins qu'à substituer le sort à la raison dans les arrêts et le simple bon sens à la science dans les magistrats. Les *Plaideurs* de Racine sont une raillerie charmante qui ne conclut pas; le juge Bridoye et l'appointeur Dandin de Rabelais sont une bouffonnerie qui vise hardiment à la réforme de la justice. Là, comme ailleurs,

---

1. *Pantagruel*, liv. III, ch. XLII, t. V, p. 184.
2. La phrase de Rabelais me rappelle les vers d'un auteur comique très-spirituel et trop oublié, Dufresny, dans sa comédie de la *Réconciliation normande*. Nérine peignant un des personnages de la pièce, M. de Procinville, dit :

> Qu'il achetoit sous main de petits procillons,
> Qu'il savoit élever, nourrir de procédures;
> Il les empâtoit bien, et de ces nourritures
> Il en tiroit de bons et gros procès du Mans.
> (DUFRESNY, *la Réconciliation normande*, acte IV, scène III.)

Rabelais se fait bouffon et grotesque pour cacher le novateur.

Si, après avoir vu ce qu'a de sérieux la comédie ou plutôt la réforme que propose Rabelais des abus et des vices de l'ordre judiciaire de son temps, quelque lecteur croyait que Racine ne s'est point inspiré du grand railleur du xvie siècle, puisqu'il n'a introduit dans ses *Plaideurs* ni le Bridoye, ni le Dandin non plus, tel qu'il est dans Rabelais, c'est-à-dire une sorte d'Ariste paysan, je répondrais que Racine n'a rien pris des traits de censure de Rabelais, parce que la littérature en 1668 ne visait point aux réformes politiques ou sociales et avait, comme la société, abjuré tout esprit frondeur, de telle sorte que Racine prenant pour ses inspirateurs deux auteurs d'un sens très-politique sous leur masque grotesque, Aristophane et Rabelais, s'écartait avec soin de ce sens politique et renfermait prudemment ses railleries dans le cercle de la vie privée. Mais autant il reste étranger aux enseignements sérieux de ses deux patrons, autant il s'approprie librement les moqueries et les gaietés de Rabelais qui n'ont rien de compromettant; et cela, il le fait à chaque instant, tant Rabelais revient aisément en mémoire à Racine et à ses amis.

Ce sergent qui s'apprête de si bonne grâce à recevoir des coups de bâton et qui, une fois reçus,

> Ne les céderoit pas, monsieur, pour mille écus,

nous sommes disposés à le trouver plus plaisant que vraisemblable. Qui donc, de nos jours, donne des coups de bâton aux sergents ou aux huissiers? Ces sergents bâtonnés et qui s'en font un profit viennent de Rabelais. « Qu'un gentilhomme, dit Rabelais, s'impatientant à la lecture d'un exploit qui le somme de payer sa dette, donne la bastonnade à l'huissier; cela fait, voilà Chicanous riche pour quatre mois, comme si coups de bâton fussent ses naïfves[1] moissons.[2] »

1. Vraies.
2. *Pantagruel*, liv. IV, ch. xii, t. VI, p. 94.

Le faux sergent de Racine, l'Intimé, dit que son père, qui était sergent aussi,

> ... Auroit arrêté le carrosse d'un prince ;
> Il vous l'eût pris lui-même, et si dans la province
> Il se donnoit en tout vingt coups de nerf de bœuf,
> Mon père pour sa part en emboursoit dix-neuf.
> (Acte Ier, scène v.)

Dans Rabelais un jeune sergent se plaint qu'un vieux sergent, qu'on appelle Rouge-Museau, leur « ôtoit toutes pratiques et que si dans tout le territoire n'étoient que trente coups de bâton à gagner, il en emboursoit vingt-huit et demi. [1] »

J'ai vu des critiques de notre temps qui croyaient que ces coups de nerf de bœuf, qu'emboursait si bien le père de l'Intimé, étaient les coups de fouet auxquels la justice condamnait certains délinquants ; c'est une erreur. La lecture de Rabelais indique clairement quelle était de son temps encore la lutte engagée entre la féodalité et la justice. La justice, la magistrature et au dernier rang les sergents ou les huissiers représentaient le pouvoir central, la royauté, l'État, qui voulaient faire prévaloir la loi sur la volonté arbitraire des seigneurs féodaux. La féodalité était sur son déclin ; mais elle se défendait par la force, et se donnait avant de mourir la joie de bâtonner les sergents, ne pouvant déjà plus résister à la magistrature. Les sergents se faisaient payer devant la magistrature les coups de bâton qu'ils recevaient au service de la loi, et s'en faisaient un de leurs principaux profits. Les gentilshommes battant les sergents, c'était l'individu qui rossait l'État. L'État, depuis ce temps, a bien pris sa revanche. [2]

---

1. *Pantagruel*, liv. IV, ch. xvi, t. VI, p. 139.
2. Je trouve dans les Mémoires de Fléchier sur les *grands jours*, tenus en Auvergne en 1665 et 1666, que cette lutte entre la féodalité et les huissiers ou sergents durait encore au milieu du xviie siècle. Voyez cette histoire racontée par Fléchier :

« Le 28 novembre 1665, l'affaire de M. Du Palais (un des plus puissants

DES PLAIDEURS.   343

Les témoins dont il est question dans le débat entre Petit-Jean et l'Intimé viennent aussi de Rabelais, comme les sergents :

DANDIN.
Appelez les témoins !

gentilshommes de l'Auvergne) fut décidée, qui fut la première contumace qu'on ait jugée dans la cour des grands jours. L'arrêt en fut sévère, parce que l'action avoit été fort criminelle. M. le comte Du Palais, ayant acheté Feurs, qui est un bourg fort considérable dans le Forez, et prétendant faire valoir les droits de seigneur avec un peu trop d'autorité, M. de Magnien, qui est un homme de qualité, qui avait des terres dans l'étendue de sa paroisse, eut quelque intérêt à démêler avec lui, qui ne sembloit pas fort important dans le fond, mais qui le devint dans les suites. Les premières plaintes se firent de part et d'autre dans l'ordre de la justice, et il sembla que le procès devoit se terminer dans les formes ordinaires. Mais comme il se glisse ordinairement un certain esprit d'animosité et d'aigreur entre ceux qui plaident, et que la haine ou la vengeance achèvent souvent ce que la justice a commencé, cette affaire changea de face et devint une affaire d'honneur, après avoir été de pur intérêt. Cela fit qu'il y eut entre ces deux gentilshommes une inimitié déclarée, ensuite de laquelle on accusa M. Du Palais d'avoir voulu faire assassiner M. de Magnien et de lui avoir fait dresser des embûches. Soit que ce fût pour cet assassinat ou pour quelque autre raison de justice, ce dernier, sur les plaintes qu'il avoit faites de son ennemi, obtint un décret contre lui et lui envoya cinq huissiers à sa maison du Palais pour lui faire quelque sommation ou pour lui signifier quelque ordre qui ne lui étoit pas fort agréable. L'on dit qu'il en avoit été averti, qu'il avoit mandé quelques-uns de ses amis et qu'il avoit assemblé chez lui tous les braves de son voisinage. Les huissiers ne manquèrent pas de venir exécuter leur commission dans toutes les formes, à la porte du château, et de témoigner à ces messieurs qu'ils étoient sujets aux lois et ordonnances des juges comme les autres. Cette hardiesse ne leur plut pas; ils délibérèrent s'ils devoient s'en venger sur-le-champ, ou s'il falloit différer quelque temps leur ressentiment pour l'assouvir avec plus de violence et avec plus de sûreté. Quelque chaleur qui les emportât, ils furent capables d'un peu de modération et se contentèrent pour lors de leur donner la chasse et de les menacer. Il n'étoit pas malaisé d'épouvanter ces sortes de gens, qui se retirèrent au premier village pour y passer la nuit; mais personne ne voulut les recevoir, parce qu'ils étoient ennemis de MM. Du Palais, qu'ils aimoient ou qu'ils redoutoient. Ils ne furent pas mieux reçus dans les autres endroits pour les mêmes considérations, et quelque tard qu'il fût, ils furent obligés d'aller loger à six lieues de là, où, après s'être retirés, ils reposoient fort profondément, lorsque deux troupes de gens à cheval arrivèrent du Palais, entrèrent avec violence dans l'hôtellerie, passèrent dans une chambre où trois de ces huissiers étoient

LÉANDRE.

C'est bien dit, s'il se peut;
Les témoins sont fort chers, et n'en a pas qui veut.

PETIT-JEAN.

Nous en avons pourtant, et qui sont sans reproche.

DANDIN.

Faites-les donc venir.

PETIT-JEAN.

Je les ai dans ma poche.
Tenez; voilà la tête et les pieds du chapon.
Voyez-les et jugez.

L'INTIMÉ.

Je les récuse.

DANDIN.

Bon!
Pourquoi les récuser?

L'INTIMÉ.

Monsieur, ils sont du Maine.

couchés, et tirant plus de vingt coups de pistolet, en tuèrent deux et cassèrent l'épaule au troisième, qu'ils obligèrent de se traîner encore tout sanglant jusqu'à la chambre de ses compagnons, lesquels se voyant dans la dernière extrémité, se jetèrent à leurs pieds, implorèrent toute leur pitié et n'attendoient plus que la mort. Quelques-uns, échauffés dans le premier meurtre, furent d'avis qu'il falloit achever. Mais quelqu'un plus modéré, si l'on peut dire qu'il y eût de la modération en ce rencontre, opina à la vie. Ainsi on les laissa vivre, mais on leur fit souffrir des peines extrêmes : on les mena jusqu'au Palais tout nuds, dans la plus grande rigueur de la saison; on leur donna mille coups de fouet durant le chemin, et on les renvoya presque aussi morts que leurs compagnons, avec défense de regarder derrière eux sous peine de la vie... La partie de ces messieurs ne manqua point de faire les poursuites qu'il falloit faire. Le procès fut instruit et prêt à juger; mais, soit qu'ils fussent las de plaider ou qu'ils ne voulussent pas être la cause de la mort de plusieurs personnes de qualité, ils remirent leurs intérêts à M. de Villeroy, qui les accommoda et les mit hors de tout intérêt civil. Mais les grands jours étant survenus, et M. Legrand, conseiller au parlement de Paris, étant venu dans la province, et ayant donné le procès entièrement instruit, il fut jugé sans que les parties intéressées en eussent eu le moindre soupçon. Par arrêt, MM. Du Palais père et fils furent condamnés à avoir la tête coupée, et quelques juges même furent d'avis qu'ils fussent roués vifs; leurs biens furent confisqués; l'amende fut de 40,000 livres : on procéda à la démolition du château du Palais... Ainsi la justice se vengeoit elle-même et faisoit craindre ses arrêts à ceux qui avoient autrefois si mal reçu ses ordres. »

(Mémoires de Fléchier sur les *grands jours de 1665*, édit. de Gonod, 1844, p. 152-155.)

DANDIN.
Il est vrai que du Mans il en vient par douzaine.

Ces témoins qui viennent du Mans par douzaines sont dans Rabelais. « Je vis un grand nombre de Percherons et Manceaux, bons étudiants, jeunes assez; et demandant en quelle faculté ils appliquoient leur étude, entendîmes qu'en ce pays, dès leur jeunesse, ils apprenoient à être témoins, et dans cet art profitoient si bien, que partant du lieu et retournés en leur province, vivoient honnêtement du métier de témoigneries, rendant leur témoignage de toutes choses à ceux qui plus leur donnoient par journée.[1] »

Henri Estienne, dans son *Apologie d'Hérodote*, venant à l'appui de Rabelais, raconte qu'un juge, interrogeant un témoin, lui demandait de quel métier il était, et que celui-ci répondit qu'il était du métier de témoin.[2] Ne nous étonnons donc pas que le Chicaneau de Racine ait son témoin attitré. Il a de quoi l'employer.

..... Il viendra me demander peut-être
Un grand homme sec, là, qui me sert de témoin,
Et qui jure pour moi lorsque j'en ai besoin.[3]
(Acte Ier, scène vi.)

Dans la scène du jugement, dans les *Plaideurs*, les souvenirs de Rabelais reviennent aussi sans cesse. Il y a dans Rabelais un grand procès que juge Pantagruel, et qui n'est

---

1. *Pantagruel*, liv. V, ch. xxxi, t. VIII, p. 17".
2. Chapitre xvii.
3. Cette profession des faux témoins florissait encore en 1659. Bois-Robert, dans une épître qu'il adresse au chancelier Séguier pour solliciter une abolition (des lettres d'abolition) pour ses neveux qui avaient tué un *brave*, dit que cette affaire le ruine :

Je me ruine en sergents, en voyages,
En gros verbaux de cent cinquante pages,
Et ce qui rend tous plaideurs ébahis,
Je me ruine en témoins du païs;
Ils sont si chers depuis ces derniers troubles,
Que les testons y font moins que les doubles.
(Épîtres en vers de M. Bois-Robert, 1659.)

rien moins, selon les commentateurs, que la parodie du procès jugé sous François Ier entre sa mère Louise de Savoie et le connétable de Bourbon. J'y veux signaler seulement quelques ressemblances presque involontaires et qui montrent d'autant mieux combien Rabelais était familier à Racine et à ses amis.

On sait comment l'Intimé interrompt Petit-Jean et comment Dandin reprend l'Intimé de son impatience :

> Avocat incommode,
> Que ne lui laissiez-vous finir sa période ?
> Je suois sang et eau pour voir si, du Japon,
> Il viendroit à bon port au fait de son chapon ;
> Et vous l'interrompez par un discours frivole.

Nous retrouvons le même incident dans le procès rabelaisien. Un des avocats, le seigneur de Humevesne, interrompt aussi son confrère : « Dont lui dit Pantagruel : Et ventre saint Antoine, t'appartient-il de parler sans commandement ? Je sue ici de ahan[1] pour entendre votre différend, et tu me viens encore tabuster![2] » Dans les plaidoyers des deux avocats et dans l'arrêt que prononce Pantagruel, même luxe de citations de lois que dans le plaidoyer de l'Intimé, citations entassées les unes sur les autres, sans application à la cause et sans à-propos, galimatias pédantesque et véritable coq-à-l'âne de jurisconsulte, inventé par Rabelais pour railler l'abus de la science au palais, comme il raille ailleurs l'abus de la rhétorique, et que Racine a imité dans le plaidoyer de ses avocats, évitant seulement de pousser la parodie jusqu'au galimatias inintelligible, les spectateurs au théâtre ne pouvant pas rire longtemps de ce qu'ils ne comprennent pas.

Ayant lu ces recherches sur Rabelais et les *Plaideurs*, dans une séance trimestrielle de l'Institut, un de mes savants et

---

1. *Suer d'ahan*, faire quelque chose de pénible, en haletant, du mot latin *anhelare*.
2. Tarabuster. *Pantagruel*, liv. II, ch. xi.

ingénieux confrères, M. Egger, m'a indiqué un devancier des *Plaideurs* que je ne connaissais pas, Pierre Leloyer, qui, au xvi⁰ siècle, fit une amusante imitation des *Oiseaux* d'Aristophanes, sous le titre de *Nephelo-cocugie*. Dans cette pièce il y a un Chicanoux qui vient de Rabelais et qui fait lui-même son portrait, de manière à nous faire croire qu'il est un des ancêtres directs de Chicaneau ou de l'Intimé, si nous ne savions que Rabelais est le père commun de toute cette famille. Voyons quelques traits de cette peinture :

GÉNIN.

De quel métier exerces-tu la vie?

CHICANOUX.

Je vays suivant l'art de chicanerie.

GÉNIN.

Comment cela?

CHICANOUX.

De libelles, d'exploictz,
Et d'escriptoire armé en tous endroictz
Et deux recorts menant pour ma deffense,
Autant le bon que le mauvais j'offense;
Sans mettre esgard et différence entr'eulx,
Tant bien je suis de gaigner desireux.
Mon frère même et mon père plus proche
Et mes parents sentent ma vive accroche,
Et mes amys certains et familiers
Sont estimés de moi comme etrangers.
En peu de temps par chicanes je pille
Voire le bien d'une riche famille;
Procez, desbatz je moyenne et je fais
Que sur le croc ils pendent pour jamais.
Si Dieu au ciel a la puissance telle
Qu'il donne à l'âme une essence immortelle,
J'ay le pouvoir dessus tous les mortelz
De rendre aussi les procès immortelz.
Sac dessus sac, et forme dessus forme,
L'evident droict en obscur y transforme
Et par deffaulx et par forclusions,
Adjournements et intymations,
Je subvertis du bon droict la substance,
Ou je l'altère et le tiens en balance.

. . . .

GÉNIN.

Pourquoy veux-tu nostre plumage avoir
Estant orné d'un si brave pouvoir?
. . . .

CHICANOUX.

Tu entendras pourquoy je cherche tant
D'aller ainsi vos plumages portant :
Quand je m'en vay pour adjourner un homme
Rude, fascheux, ou bien un gentilhomme,
Allant chez lui pour gaigner le teston
Il va pleuvant mille coups de baston
Dessus ma teste, et souvent son espée
Dedans mon sang est fièrement trempée,
Et à grandz coups il ne s'espargne pas
D'estafiler mes jarrets et mes bras.
. . . .
Or je voudrois avoir le dos ailé
A ceste fin que m'en estant allé
Faire un exploict dedans le domicile
D'une personne à courrousser facile,
Et que l'ayant adjourné promptement,
Tenant en main tout prest l'adjournement,
J'eusse aussi tost mon aile toute preste
Pour m'en voler et fuïr la tempeste.
. . . .

Il est curieux de voir cet auteur comique inconnu du xvie siècle, Pierre Leloyer, précéder Racine dans cet art d'imiter à la fois Aristophane et Rabelais qui est le mérite caractéristique des *Plaideurs*.

Nous avons déjà dit comment Racine, en imitant Aristophane, a laissé de côté toute la partie politique des *Guêpes*, et s'est borné aux scènes de la vie privée. Il est curieux d'examiner maintenant avec quelque détail ces scènes de la vie privée transportées d'Athènes à Paris.

Comme le Léandre des *Plaideurs*, Bdélycléon veut détourner son père d'aller juger; cette manie le perd et le consume; il le supplie de rester tranquille chez lui : « Au nom des dieux, mon père, cède à mes instances.

PHILOCLÉON.

« Que veux-tu de moi? Demande-moi tout, hors une seule chose.

BDÉLYCLÉON.

« Laquelle? dis.

PHILOCLÉON.

« Que je cesse de juger. Avant que j'y consente, Pluton aura porté ma sentence.

BDÉLYCLÉON.

« Eh bien, si tu aimes tant à rendre la justice, tu n'as pas besoin pour cela de sortir de chez toi. Reste ici, et juge tes serviteurs.

PHILOCLÉON.

« Et sur quoi? Tu badines.

BDÉLYCLÉON.

« Tu feras tout comme au tribunal. Si ta servante ouvre la porte à ton insu, tu décréteras contre elle une simple amende, ainsi que tu fais au tribunal. Tout se passera dans l'ordre convenable...

PHILOCLÉON.

« Tu me décides; mais tu ne me dis pas qui me payera mes honoraires?

BDÉLYCLÉON.

« Moi!

PHILOCLÉON.

« Bon! je suis bien aise d'être payé à part et non avec les autres. »

A ce moment, comme dans les *Plaideurs,* accourt un des esclaves de Philocléon, Xanthias, qui poursuit le chien de la maison.

XANTHIAS.

« Peste soit de l'animal! Peut-on garder un pareil chien?

BDÉLYCLÉON.

« Qu'y a-t-il donc?

XANTHIAS.

« Est-ce que tout à l'heure, Labès, notre chien, ne vient

pas d'entrer dans la cuisine et de manger un fromage de Sicile?[1]

BDÉLYCLÉON.

« Bon! voilà le premier délit à déférer devant mon père. Toi, porte l'accusation.

XANTHIAS.

« Non pas moi; mais un autre chien sera l'accusateur, si l'on permet d'informer.

BDÉLYCLÉON.

« Eh bien, amène-les tous deux.

XANTHIAS.

« C'est ce que je vais faire. »

Et pour que le jugement domestique soit en tout conforme aux jugements athéniens, le chœur entonne l'hymne à Phébus.

« O Phébus! ô Apollon Pythien! fais que cette affaire, instruite par ce juge devant sa porte, ait pour nous tous un heureux succès, et délivre-nous de l'erreur! Io Pean!

BDÉLYCLÉON.

« O Dieu! notre maître, ô toi qui présides à l'entrée de ma demeure,[2] reçois ces nouveaux sacrifices que nous t'offrons pour la première fois en faveur de mon père. Adoucis son humeur âpre et austère, répands sur son cœur quelques gouttes de miel, afin que désormais il soit clément pour les hommes, favorable à l'accusé plus qu'à l'accusateur, enfin sensible aux prières de ceux qui l'implorent. Ote à son caractère tout fiel et toute aigreur.[3] »

Ici Racine s'est, comme on voit, tout à fait rapproché d'Aristophane, retranchant seulement toutes les allusions que

---

1. Lachès, général désigné sous le nom du chien Labès, avait commandé la flotte envoyée en Sicile. Aristophane fait entendre que Lachès s'était laissé corrompre par l'ennemi.
2. On plaçait des statues d'Apollon ou de quelque autre dieu sous le vestibule des maisons.
3. Littéralement : les pointes de l'ortie.

le poëte grec fait à la vie publique de la démocratie athénienne et aux événements de la guerre du Péloponèse, se renfermant avec soin dans le cercle de la vie privée française et dans les habitudes de la judicature de province. Mais le fils qui ne veut plus que son père aille juger dès l'aurore et risquer sa santé; qui, pour contenter la manie de Dandin, lui propose de juger ses domestiques; le chien qui enlève un morceau dans la cuisine et dont on fait un accusé qu'on juge solennellement, tout cela est d'Aristophane. Il n'est pas jusqu'à la solennelle invocation du chœur et de Bdélycléon à Apollon pour inaugurer avec pompe la séance, dont Racine ne semble s'être souvenu dans l'allocution de Dandin, à l'ouverture de l'audience :

> Çà, messieurs, point d'intrigue ;
> Fermez l'œil aux présents et l'oreille à la brigue.

Dans les deux poëtes, les formes sont d'autant plus solennelles que le fond est plus burlesque.

Il y a bien encore quelques traits d'Aristophane dans la scène du jugement; mais les plaidoyers des deux avocats, cette leçon de goût donnée dans la comédie et digne de Quintilien, tout cela est de Racine. Notons cependant les traits imités d'Aristophane et rapprochons-les de l'imitation des *Plaideurs*.

BDÉLYCLÉON.

« Voici Labès, l'accusé.

PHILOCLÉON.

« Oh! le scélérat! il a bien la mine d'un voleur. Il se flatte de me tromper en serrant les dents. »

Philocléon, vrai juge populaire, se laisse aller dès le commencement à exprimer ses sentiments; il ne songe guère à la dignité du juge ni à celle de la justice. Dandin, juge unique, est plus réservé et plus majestueux. Il malmène les avocats qui manquent de goût et qui font de l'éloquence à contre-temps; mais il se sent pris de compassion, et craint, s'il condamne le père, de réduire les enfants à l'hôpital. Philocléon a l'insensibilité de la foule soupçonneuse, aux yeux de qui tout accusé est coupable : « Seras-tu donc toujours si sévère et si intraitable envers les accusés ? lui dit Bdélycléon. Pourquoi cet acharnement?

PHILOCLÉON, à l'accusé.

« Monte à la tribune, défends-toi. D'où vient ce silence? Parle.

SOSIE.

« Sans doute, il n'a rien à dire.

BDÉLYCLÉON.

« Tu te trompes; mais il lui arrive ce qui arriva autrefois à Thucydide accusé.[1] La surprise lui ferma tout à coup la bouche. Retire-toi; je prendrai ta défense. C'est une tâche difficile, magistrats, de faire l'apologie d'un chien en butte aux imputations les plus odieuses; je parlerai néanmoins. Ce chien est brave et il chasse les loups.

PHILOCLÉON.

« C'est un voleur et un conspirateur.

BDÉLYCLÉON.

« Ne le pense pas. Il n'y a pas au monde de meilleur chien; il serait capable de garder un grand troupeau de moutons.

PHILOCLÉON.

« Qu'importe, s'il mange le fromage ?

BDÉLYCLÉON.

« Oui, mais il se bat pour ta défense; il garde ta maison... Juge compatissant, ayez pitié de l'infortune. Ce pauvre Labès ne vit que de têtes de poissons et d'arêtes...

PHILOCLÉON.

« Ouf! Je me sens pris de compassion. Qu'est-ce qui m'arrive-là? Me voilà tout ému.

BDÉLYCLÉON.

« Ah! mon père, je vous en conjure, ayez pitié de lui; ne le

---

1. Un autre Thucydide que l'historien. Il était l'adversaire de Périclès. Accusé de trahison, il demeura muet et fut banni par l'ostracisme.

sacrifiez point. Où sont les enfants? Venez, famille désolée :
faites entendre vos cris, vos prières, vos larmes. [1] »

On voit que Racine n'a pas reculé devant les traits les plus
burlesques du génie d'Aristophane. Il y a seulement entre les
deux poëtes une différence qui tient à la différence des pays
et des temps et qu'il est bon d'indiquer. Dans Aristophane, la
satire politique est ce qui relève le burlesque; dans Racine,
c'est la satire littéraire. Le plaidoyer des deux avocats est,
encore un coup, une leçon de bon goût et de bon sens donnée
en plein théâtre; et ne croyons pas que les défauts que Racine
raillait si gaiement fussent des défauts exagérés à dessein et
poussés jusqu'à la caricature. C'étaient les défauts du temps,
c'étaient ceux de la profession, ou, pour dire franchement ce
que je pense, ce sont les défauts en tout temps des mauvais
avocats et des mauvais écrivains. Les traits les plus piquants
de Racine rencontrent dans tous les temps leur application,
et chaque siècle fournit assez de ridicules pour justifier les
railleries du poëte. Je me souviens que dans une histoire de
Napoléon Ier, faite pendant les premières années du règne de
Napoléon III, l'auteur commençait par raconter la naissance
de l'île de Corse, avant de raconter la naissance de son héros,

---

1. Et quand il seroit vrai que Citron, ma partie,
Auroit mangé le tout, messieurs, ou bien partie
Dudit chapon, qu'on mette en compensation
Ce que nous avons fait avant cette action!
Quand ma partie a-t-elle été réprimandée?
Par qui notre maison a-t-elle été gardée?
Quand avons-nous manqué d'aboyer au larron?
Témoin trois procureurs dont icelui Citron
A déchiré la robe. On en verra les pièces.
.... Venez, famille désolée,
Venez, pauvres enfants, qu'on veut rendre orphelins,
Venez faire parler vos esprits enfantins.
Oui, messieurs, vous voyez ici notre misère.
Nous sommes orphelins, rendez-nous notre père!
(*Les Plaideurs,* acte III, scène III.)

et, voulant sans doute égaler le tapage de l'île naissante au tapage que devait faire l'homme qui allait naître, il faisait sortir la Corse de l'éruption d'un volcan sous-marin. Avocat, ah! passons au déluge, disais-je, en lisant cet étrange début, ou plutôt

>   Je suois sang et eau pour voir si du Japon
>   Il viendroit à bon port au fait de son chapon.

Le dénoûment des *Plaideurs* est fort simple et conforme aux habitudes de la comédie moderne. Léandre épouse la fille de Chicaneau, Isabelle, qu'il aime et dont il est aimé; Dandin ne renonce pas à sa manie de juger, même chez lui; oui-da, dit-il,

>   . . . . . Que les procès viennent en abondance,
>   Et je passe avec vous le reste de mes jours.
>   Mais que les avocats soient désormais plus courts.
>   Et notre criminel?
>   LÉANDRE.
>   Ne parlons que de joie.
>   Grâce, grâce, mon père!
>   DANDIN.
>   Eh bien, qu'on le renvoie.
>   C'est en votre faveur, ma bru, ce que j'en fais.
>   Allons nous délasser à voir d'autres procès.

Je sais gré à Racine de n'avoir point corrigé et changé son héros au Ve acte, comme font en général les poëtes comiques. Aristophane ne s'est point contenté de corriger le sien de sa manie de judicature; il l'a changé entièrement. D'un vieillard avare et sobre, dur et grondeur, il fait tout à coup un vieillard libertin et prodigue, gourmand et plaisant. Pourquoi cette métamorphose complète? Aristophane ayant dans son personnage de Philocléon raillé vivement les vices de la démocratie besoigneuse, soupçonneuse et hargneuse, a-t-il voulu se réconcilier quelque peu avec elle, en raillant à son tour, dans la dernière partie de sa pièce, les vices de l'aristocratie libertine et prodigue, dédaigneuse et insolente? Tel est en effet le personnage de Philocléon, quand il reparait à la fin, après la parabase du poëte. La parabase dans l'ancienne comédie grecque est ce qui découvre le mieux le caractère tout particulier de cette comédie. Supposez en effet que, dans une de nos comédies modernes, le poëte, oubliant un instant l'action et les personnages de sa pièce, s'avance sur la scène et fasse aux spectateurs un discours politique, moral, ou littéraire, ou roulant sur ces trois sujets à la fois, qui pourrait supporter cette singulière intervention du poëte ou du citoyen? car, à lire les diverses parabases d'Aristophane, on est souvent tenté de croire que le poëte n'a fait des comédies que pour se donner, comme citoyen, le droit de faire des parabases, c'est-à-dire de haranguer librement le peuple. Je sais bien que chez nous il arrive parfois au poëte comique d'exprimer ses opinions et de s'entretenir plus ou moins librement avec le public. Mais il ne le fait que par voie d'allusion et jamais en son nom. Dans le *Mariage de Figaro*, le grand monologue de Figaro est presque une parabase. Mais, d'abord, c'est Figaro qui parle, et, de plus, nous touchions presque à la Révolution. La vie publique se faisait déjà une grande part dans la société.

Dans la parabase des *Guêpes*, Aristophane attaque ses rivaux, justifie sa conduite et ses comédies, défend ses sentiments politiques et se représente comme une sorte de censeur public, remplissant dans la république des fonctions graves et nécessaires, mettant à les remplir un zèle et un courage dont il faut le remercier. Racine, dans ses *Plaideurs*, n'était point tenté de prendre le rôle politique qu'avait naturellement Aristophane. On sait que notre poëte, ayant plus tard, sur la prière de Mme de Maintenon, fait un mémoire sur les malheurs de la France et sur les causes de ces malheurs, Louis XIV, à qui ce mémoire fut présenté, s'étonna fort de cette *parabase,* et dit d'un ton fâché qu'il ne comprenait pas « que Racine, parce qu'il étoit un grand poëte, voulût aussi être un homme d'État. » L'erreur de Louis XIV était de croire que la qualité de poëte exclut nécessairement les qualités de l'homme d'État, comme l'erreur de nos jours a été de croire qu'elle les suppose nécessairement.

Je dois maintenant dire quelques mots de l'effet que produisit la comédie des *Plaideurs,* quand elle fut jouée pour la première fois à Paris; j'indiquerai aussi quelques-unes des imitations qui en furent faites.

La pièce réussit mal à Paris. Paris était une ville parlementaire. Le parlement y résidait, et tous les officiers judiciaires qui dépendaient du parlement y avaient une grande importance. Ils faisaient une bonne partie de la société parisienne. On trouva que cette perpétuelle raillerie de la judicature avait mauvaise grâce. La pièce tomba donc aux deux premières représentations qui furent données à Paris. « Un mois après, les comédiens étant à la cour, et ne sachant quelle petite pièce donner à la suite d'une tragédie, risquèrent les *Plaideurs.* Le feu roi (Louis XIV), qui étoit très-sérieux, en fut frappé, y fit même de grands éclats de rire, et toute la cour, qui juge ordinairement mieux que la ville, n'eut pas besoin de complaisance pour l'imiter. Les comédiens, partis de Saint-Germain dans trois carrosses, à onze heures du soir, allèrent porter cette bonne nouvelle à Racine qui logeoit à l'hôtel des Ursins. Trois carrosses après minuit et dans un lieu où jamais il ne s'en étoit tant vu ensemble réveillèrent tout le voisinage. On se mit aux fenêtres; et comme on vit que les carrosses étoient à la porte de Racine et qu'il s'agissoit des *Plaideurs,* les bourgeois se persuadèrent qu'on venoit l'enlever pour avoir mal parlé des juges. Tout Paris le crut à la Conciergerie le lendemain. Et ce qui donna lieu à une version si ridicule, c'est qu'effectivement un vieux conseiller des requêtes avoit fait grand bruit au palais contre cette comédie.[1] »

L'approbation du roi et de la cour assura le succès des *Plaideurs.* Le rire du roi était souverain, comme toute sa per-

---

[1]. Lettre de M. de Valincourt à M. l'abbé d'Olivet, *Histoire de l'Académie françoise,* t. II, p. 352, éd. 1743.

sonoe; et ce rire aussi bien n'avait rien d'irréfléchi. Quand Louis XIV riait des marquis, il faisait échec à la noblesse; quand il riait de Dandin, il faisait échec aux magistrats et aux souvenirs de la Fronde. Une fois introduits sur la scène par le génie de Racine et par l'acquiescement politique du roi, les Robins, avocats et magistrats, officiers judiciaires et gens de loi, n'en sortirent plus, et Bridoison dans Beaumarchais a continué la tradition du Dandin de Racine.

Nous trouvons dans le Théâtre-Français après les *Plaideurs* plusieurs pièces qui se sentent évidemment de l'imitation de la comédie de Racine et qui témoignent du succès qu'elle avait eu et qu'elle conservait.

Dès 1670, c'est-à-dire deux ans après les *Plaideurs*, Rosimont, comédien de la troupe du Marais et qui a joué, après Molière, le rôle du malade imaginaire, fait une petite pièce intitulée *l'Avocat sans étude*,[1] dans laquelle un savetier déguisé en avocat emploie à tort et à travers le grimoire du palais. Carille, le faux avocat, est tout à fait de l'école de Petit-Jean et de l'Intimé. Mais il n'a pas affaire à un vieux juge avisé comme est Dandin, et qui a pendant sa longue vie de palais entendu plaider je ne sais combien d'avocats. Dandin est difficile à tromper, et ses éloges, quand il dit à l'Intimé :

> Vraiment, il plaide bien,[2]

ses éloges ont du prix. Carille, au contraire, a affaire à un

---

1. Je trouve dans le XIe volume du *Théâtre-Français* un détail curieux sur Rosimont. Poëte comique et comédien, faisant et jouant sur le théâtre des scènes licencieuses, il composait en même temps des livres religieux, et entre autres un recueil de vies des saints, qu'il publiait sous le nom de Dumesnil. Comme il mourut d'apoplexie et qu'il était comédien, l'Église, qui ignorait ses livres religieux, lui refusa la sépulture chrétienne.

2. Il est vrai que l'Intimé l'a beaucoup loué.

> Devant le grand Dandin l'innocence est hardie;
> Oui, devant ce Caton de basse Normandie,
> Ce soleil d'équité qui n'est jamais terni,
> *Victrix causa diis placuit, sed victa Catoni.*
> (Acte III, scène III.)

vieux bourgeois ignorant, grand admirateur, on ne sait pourquoi, de la profession d'avocat, et qui ne veut donner sa fille qu'à un avocat. Ces gens-là, dit-il en parlant des avocats,

> Ces gens-là vendent bien leur encre et leur papier;
> On ne peut s'en passer, et leurs belles paroles,
> Soit à bien, soit à mal, produisent des pistoles.
> Cela vaut mieux cent fois que tous ces damoiseaux
> Qui n'ont point d'autres soins que de faire les beaux,
> Qui par leurs vanités ménagent mal leur bourse
> Et se trouvent enfin sans aucune ressource.
> Pour moi je n'en veux point, et quand un avocat
> Pour tout bien aujourd'hui n'auroit que son état,
> C'est un point résolu, je lui donne ma fille.
> (*L'Avocat sans étude*, scène III.)

Carille n'a pas de peine à passer pour avocat auprès d'Alcidor; il mêle à ses premiers compliments d'introduction quelques grands mots qui n'ont ni queue ni tête, et qui éblouissent son interlocuteur.

> ALCIDOR.
> ..... Laissons là les compliments, de grâce;
> Monsieur, votre discours franchement m'embarrasse,
> Et tous ces grands mots-là sont trop savants pour moi.
> CARILLE.
> Tout chacun n'entend pas le haut style, ma foi !
> Mais avant qu'expliquer jusqu'où va ma science,
> Apprenez qui je suis et quelle est ma naissance.
> Je suis un avocat à quarante carats,
> Issu de père en fils de deux cents avocats,
> En ligne paternelle ainsi que maternelle.
> Vous pouvez bien juger par mon extraction
> Quel homme je dois être en ma profession.
> Car si, comme l'on dit, le bon chien tient de race,
> Il n'est point d'avocat qu'en tout je ne surpasse.
> (Scène IX.)

Tant qu'il s'entretient avec Alcidor, Carille passe pour avocat, malgré les balourdises qu'il mêle à ses grands mots; mais quand il rencontre Clitandre, beau-frère d'Alcidor, qui est à la fois avocat et homme du monde, la fraude de Carille est vite découverte. Du reste, il n'avait pris son rôle que pour décider Alcidor à donner sa fille à Ergaste, jeune gentilhomme dont elle est aimée et qu'elle aime. Alcidor, qui adorait tous les avocats, maintenant les déteste tous, pour en avoir vu un qui est un sot et qui même n'est qu'un faux avocat ; il devient épris des gentilshommes et jure bien que personne ne l'attrapera plus.

En 1671, Molière lui-même, abandonnant les marquis qu'il se reprochait peut-être d'avoir trop tués, prend à partie un Robin de province dans la *Comtesse d'Escarbagnas*. M. Thibaudier, qui est un magistrat à la fois bel esprit et galant, et qui dans sa vieillesse sera peut-être comme le Dandin de Racine :

> Savez-vous que j'étois un compère autrefois?
> On a parlé de nous,
>
> (*Les Plaideurs*, acte III, scène iv.)

M. Thibaudier est, si je ne me trompe, le premier et le seul Robin que Molière ait mis sur le théâtre; et on peut croire, sans faire tort au grand poëte comique, que le succès des *Plaideurs* et l'approbation du roi l'encouragèrent à introduire ce nouveau personnage.

Un poëte et un comédien contemporain de Molière, et qui se croyait son rival, Montfleury, dans la pièce intitulée *Trigaudin ou Martin Braillard,* en 1674, me semble avoir imité de plus près les *Plaideurs,* non pas pour l'intrigue et l'action, ni pour les caractères, mais pour certains traits du plaidoyer de l'Intimé. Le sujet de *Trigaudin* tourne presque au mélodrame, sinon à la tragédie. Un mari, ayant épousé sa femme en secret, veut la remarier à un vieillard riche qu'elle empoisonnera et dont elle héritera. La femme refuse d'entrer dans l'affreux complot de Trigaudin, et, inventant une ruse pour échapper au crime, elle se fait présenter par un prétendu frère un nouveau fiancé qui vient réclamer sa main. Ce fiancé est Martin Braillard, valet déguisé en avocat; et comme Trigaudin prétend qu'il n'a jamais entendu parler de Martin Braillard, le prétendu frère, qui est lui-même un valet déguisé, s'écrie en homme qui connaît l'*Avocat sans étude* de Rosimont :

> Vous ne connoissez point maître Martin Braillard,
> Fils de Thibault Braillard, ce torrent d'éloquence,
> Dont la voix faisoit peur aux gens, à l'audience,
> Dont les doctes aïeux connus de toutes parts
> Donnèrent au barreau tant d'illustres braillards!
>
> (*Trigaudin*, acte Ier, scène IV.)

Ce beau prospectus ne séduit pourtant pas Trigaudin, qui n'aime pas les avocats :

> A vous dire le vrai, ce choix ne me plaît pas,
> Cousin; et la plupart de tous ces avocats
> Sont des gens, entre nous, dont toujours l'alliance
> Laisse quelque scrupule aux gens de conscience;
> Des causeurs qui sans cesse, outre la liberté
> Qu'ils prennent de tout dire avec impunité,
> Font commerce au barreau, comme en une boutique,
> Du pétulant babil dont chacun d'eux trafique.
>
> (*Ibid.*, acte IV, scène VII.)

Bientôt arrive maître Martin Braillard, et c'est dans le discours qu'il fait pour revendiquer la main de sa fiancée que je retrouve surtout l'imitation du plaidoyer de l'Intimé. Il en a l'argumentation pédantesque, les citations latines sans à-propos, les divisions sans raison et sans justesse; il n'y manque que la verve et la gaieté comique, c'est-à-dire l'idée d'appliquer l'éloquence à la défense d'un chien accusé d'avoir volé un chapon. Maître Braillard, au contraire, revendique sa femme. Le sérieux du sujet nuit à l'effet de la plaisanterie; mais Montfleury n'y regardait pas de si près. Le plaidoyer de l'Intimé avait fait rire par l'emploi du grimoire de la basoche. Maître Braillard, usant du même jargon, devait, selon Montfleury, faire rire aussi. Il prenait les formes pour le fond et la plaisanterie banale pour la raillerie neuve et piquante.

> Pour prendre (dit-il) mon discours où j'en suis demeuré,
> Je fais voir clairement qu'on doit, sauf révérence,

Adjuger votre main à mon impatience,
Et par provision établir mon repos,
Et ce par deux moyens que j'explique en deux mots :
Le premier est l'avis de monsieur votre frère
Ci-présent qui, bien loin d'être à mes vœux contraire,
S'oblige à garantir l'espoir qu'il m'a permis.
Il peut s'inscrire en faux contre ce que je dis,
Si j'impose. La loi naturelle et civile
Rendroit sans son aveu votre choix inutile.
La disposition de la loi *nuptiæ*
Décide sur ce fait *paragrapho neque;*
En cela son suffrage est nécessaire au vôtre.
Ce moyen est assez prouvé : je passe à l'autre.
L'espoir dont votre amour a su flatter le mien,
Madame, en quatre mots, fait mon second moyen.
On ne sauroit nier, quoi qu'ait produit le frère,
Que votre aveu pour moi n'ait été volontaire,
Et je ne puis douter des suites qu'il aura,
Sur ce que *volenti non fit injuria.*
(Trigaudin, acte IV, scène VIII.)

Je ne cite pas les vers de Montfleury et de Rosimont comme des vers dignes d'être tirés de l'oubli ; je les cite seulement comme des témoignages de la popularité qu'avaient les *Plaideurs,* au temps même de leur nouveauté. Ils étaient très-accrédités puisqu'ils étaient très-imités, et l'échec de la première représentation avait été réparé, et au delà, par le succès persévérant de la pièce. C'est au même titre et comme dernier témoignage de cette popularité que je cite quelques vers des *Plaintes du Palais ou la Chicane des plaideurs,* comédie ou satire publiée en 1679 par un avocat au parlement, Denys, qui se défend d'avoir fait une comédie pour le théâtre, « quoique, dit-il, il en sache bien les règles et que sa pièce ait été représentée devant plusieurs personnes du premier mérite et devant un des plus grands princes du monde, qui ont avancé hautement qu'ils n'avoient jamais passé deux heures de temps plus agréablement.[1] »

Je ne sais pas si Denys connaissait aussi bien qu'il le dit les règles de la comédie ; mais il connaissait assurément les

---

1. Préface des *Plaintes du Palais,* 1679.

Plaideurs, qu'il a plusieurs fois imités dans sa comédie ou *satire.* Comme cette pièce a pour but de montrer le malheur des gens qui ont des procès, la pièce tourne plus souvent à la plainte qu'à la gaieté. Ainsi Mme Tristancœur a bien autant de procès peut-être que la comtesse de Pimbesche, mais elle n'en a pas l'infatigable ardeur. Elle arrive dans l'étude de son procureur épuisée et dolente.

> Et tôt, un siége, enfants; je n'en puis plus; je crève.
> Ha! ha! quand mes procès me donneront-ils trêve?

Se laissant tomber sur un siége que lui donne le premier clerc d'Argentcourt :

> Le malheureux métier que de plaider ! Eh quoi !
> Il auroit mieux valu tout perdre encor, ma foi,
> Que de sacrifier tous les jours à l'envie,
> Avec mon peu de bien, mon repos et ma vie.
> (*Les Plaintes du Palais,* acte Ier, scène II.)

Ailleurs nous retrouvons le sergent du vieux temps, besoigneux et avide, comparé cette fois au procureur.

> ..... Son procureur, de même qu'un sergent,
> Rendroit l'âme plutôt qu'il ne rendroit l'argent.
> (*Ibid.,* acte Ier, scène III.)

Je ne veux point finir cet examen des *Plaideurs* sans m'excuser et sans me justifier de l'avoir fait si long. Il m'a semblé que le ton leste et dégagé avec lequel Racine parlait de sa comédie dans sa préface, quand il la traite de pièce destinée d'abord au théâtre de la foire, était une injustice envers lui-même ou un parti pris contre la comédie en général. Je me suis attaché à cette pièce maltraitée par son auteur et je l'ai trouvée plus importante qu'on ne le disait. J'ai vu en même temps que les abus de la judicature, fort attaqués au XVIe siècle par Marot, par Rabelais et par Henri Estienne, étaient aussi en 1668 l'objet de toutes sortes de plaintes et de critiques ; que la société dans laquelle vivait Racine et qui touchait à celle de la cour raillait volontiers les travers et les ridicules des juges et des plaideurs, sans que ni la cour ni même la magistrature supérieure songeassent à prendre fait et cause contre ces railleries ; que les *Plaideurs* furent faits en commun, pour ainsi dire, dans cette société, au cabaret peut-être ou dans un des repas chez Furetière, où fut faite aussi la parodie du *Cid* intitulée *Chapelain décoiffé*,[1] chacun disant son mot et l'ouvrage se trouvant fait sans avoir, pour ainsi dire, d'auteurs. Ce qui prouve encore mieux que Racine, qui a bien été l'écrivain des *Plaideurs*, s'il n'en a pas été le seul inspirateur, n'y a fait qu'exprimer les plaisanteries et les griefs de son temps, c'est qu'à lire Boileau, ses satires et ses épîtres, nous retrouvons les mêmes attaques contre les abus et les travers du palais. Dans sa huitième satire, opposant les animaux aux hommes et donnant l'avantage aux premiers, il nous dit

> Qu'on ne connoît chez eux ni placets ni requêtes,
> Ni haut ni bas conseil, ni chambre des requêtes,

et se plaint, comme Roland Desmarets,[2] que l'introduction du droit romain a multiplié les procès. C'est le droit romain qui a

> ..... De lois embrouillé le Digeste,
> Cherché pour l'obscurcir des gloses, des docteurs,

---

1. Boileau dit à Brossette : « A l'égard du *Chapelain décoiffé*, c'est une pièce où je vous confesse que Racine et moi avons eu quelque part; mais nous n'y avons jamais travaillé qu'à table, le verre à la main. Il n'a pas été proprement fait *currente calamo*, mais *currente lagena*, et nous n'en avons jamais écrit un seul mot. Il n'étoit point comme celui que vous m'avez envoyé, qui a été vraisemblablement composé après coup par des gens qui avoient retenu quelques-unes de nos pensées, mais qui y ont mêlé des bassesses insupportables. Je n'y ai reconnu de moi que le trait :

> Mille et mille papiers dont ta table est couverte
> Semblent porter écrit le destin de ma perte,

et celui-ci :

> En cet affront, Laserre est le tondeur,
> Et le tondu, père de la Pucelle.

« Celui qui avoit le plus de part à cette pièce, c'étoit Furetière, et c'est de lui la tirade :

> O perruque ma mie,
> N'as-tu donc tant vécu que pour cette infamie... »

(*Lettres de Boileau à Brossette*, 10 novembre 1701.)

2. Voir la notice préliminaire des *Plaideurs*.

> Accablé l'équité sous des monceaux d'auteurs,
> Et, pour comble de maux, apporté dans la France
> Des harangueurs du temps l'ennuyeuse éloquence.

Notons que la huitième satire est de 1667, un an avant les *Plaideurs*, et qu'elle se moque, comme Racine, du jargon de la procédure, de l'abus des citations du droit romain et de la longueur des avocats. Ailleurs, dans sa satire des femmes, il parle de la plaideuse, qui, comme la comtesse de Pimbesche, soutient un procès contre son mari.

> Des arbitres, des lois, pourront nous accorder.
> Des arbitres!... Tu crois l'empêcher de plaider!
> Sur ton chagrin déjà contente d'elle-même,
> Ce n'est point tous ses droits, c'est le procès qu'elle aime;
> Pour elle un bout d'arpent qu'il faudra disputer
> Vaut mieux qu'un fief entier acquis sans contester.
> Avec elle il n'est pas de droit qui s'éclaircisse,
> Point de procès si vieux qui ne se rajeunisse;
> Et sur l'art de former un nouvel embarras,
> Devant elle Rolet mettroit pavillon bas.[1]

Personne n'a plus célébré que Boileau la réforme de la procédure introduite par l'ordonnance de 1667.

> Déjà de tous côtés la chicane aux abois
> S'enfuit au seul aspect de tes nouvelles lois.
> Oh, que ta main par là va sauver de pupilles!
> Que de savants plaideurs désormais inutiles![2]

La diminution des frais de justice et l'abréviation des procédures étaient les deux principaux objets de l'ordonnance de 1667; et quand Boileau voit que, malgré cela, la chicane est encore puissante, voyez de quels traits dans le *Lutrin* il dépeint ce monstre odieux dont

> Les griffes, vainement par Pussort accourcies,
> Se rallongent déjà toujours d'encre noircies.[3]
>   (*Lutrin*, chant V, v. 56-57.)

---

1. Rolet, procureur très-décrié.
2. Épître au roi, 1668.
3. « M. Pussort dit que la fin que l'on s'est principalement proposée, en

Boileau, né pour ainsi dire dans la robe, n'avait sans doute pas besoin de s'inspirer des *Plaideurs* pour railler les abus de la judicature et de la chicane. Ce que je veux seulement montrer, c'est que les deux poëtes ont puisé au même fonds de sentiments et d'idées, que ces sentiments et ces idées étaient vraiment ceux du public, témoin l'ordonnance de 1667 et surtout le procès-verbal des conférences tenues pour la rédiger. M. Pussort, qui est le principal rédacteur de l'ordonnance et qui la défend contre les objections éloquentes du premier président de Lamoignon, M. Pussort ne cesse de répéter que « la simplification de la procédure convient entièrement à l'esprit du roi, dont l'intention étoit d'abréger les procès qui ruinoient ses sujets par leurs longueurs.[1] » Il y a tels vers de Boileau et des *Plaideurs* qui semblent la traduction des conférences de 1667 entre les membres du parlement et ceux du grand conseil ou conseil d'État. Ainsi, dans le *Lutrin*, quand la Discorde sous les traits de Sidrac vient ranimer le courage de Brontin, de Boirude et du perruquier l'Amour, Sidrac, vantant son courage d'autrefois pour faire honte à la timidité de ses amis, leur dit :

> Que feriez-vous, hélas! si quelque exploit nouveau
> Chaque jour, comme moi, vous traînoit au barreau;
> S'il falloit, sans amis, briguant une audience,
> D'un magistrat glacé soutenir la présence,
> Ou, d'un nouveau procès hardi solliciteur,
> Aborder sans argent un clerc de rapporteur?
>
> (*Lutrin*, chant IIe.)

Écoutons maintenant M. Pussort dans les conférences de 1667 : « Il faudroit passer par les mains des clercs des

---

dressant les articles pour la réformation de la justice, est l'abréviation des procédures et la diminution des frais; que c'est l'esprit universel de tous les articles, qu'on pouvoit reconnoître dans le premier qu'on examinoit. » — Procès-verbal des conférences pour la composition de l'ordonnance civile de 1667. Lille, 1697, in-4, p. 6.

1. Procès-verbal des conférences, p. 24.

rapporteurs ; ce sont ces gens-là qui causent les plus grands déréglements de la justice; ils exigent des parties de plus grands droits que ceux qui appartiennent à leurs maîtres; ces abus ont besoin d'une grande réformation.[1] »

Autre rapprochement entre les vers de Boileau et les paroles de M. Pussort dans les conférences de 1667 :

Crois-moi,

dit Boileau dans sa deuxième épître,

Dût Auzanet[2] t'assurer du succès,
Abbé, n'entreprends point même un juste procès.
N'imite point ces fous dont la sotte avarice
Va de ses revenus engraisser la justice;
Qui, toujours assignant et toujours assignés,
Souvent demeurent gueux de vingt procès gagnés.

Voilà comme parlait Boileau en 1669, un an après les *Plaideurs*, et, dès 1667, Pussort disait contre le premier président de Lamoignon, défenseur naturel de la procédure du parlement, « qu'en certain cas l'avantage seroit plus grand

[1]. La tradition des plaintes contre les clercs des rapporteurs se continue de Racine, de Boileau et du conseiller d'État Pussort, jusqu'au xviiie siècle et jusqu'à Beaumarchais. « On tomberoit dans une contradiction puérile, dit Beaumarchais dans son premier mémoire, en attaquant un plaideur en corruption pour avoir été forcé d'acheter de la femme de son juge des audiences à prix d'or, lorsqu'il est reçu, reconnu, avoué qu'on doit en offrir à tous les secrétaires des rapporteurs, dont le revenu seroit trop borné sans la générosité des clients. En vain me direz-vous que le travail des secrétaires est au moins un prétexte aux largesses des plaideurs; et voilà précisément d'où naît l'abus. Les deux contendants n'étant pas plus exempts de payer l'un que l'autre ce travail au secrétaire, il n'en est que plus exposé à subordonner la besogne au prix qu'il en reçoit. Alors il faut convenir que les dix, vingt-cinq, quarante ou cinquante louis qu'on lui feroit accepter deviendroient un genre de corruption bien plus dangereux autour d'un rapporteur que celui d'intéresser sa femme. Il frapperoit également sur l'homme et sur la chose, sur le juge et sur son travail. Car enfin la femme peut tout au plus lui recommander l'affaire; mais celui qui en fait l'extrait est souvent le maître de la lui présenter à son gré, de faire valoir ou d'atténuer les moyens, selon qu'il veut favoriser ou nuire. » (*Mémoires de Beaumarchais*, édit. Garnier, 1859, p. 44 et 45.)

[2]. Fameux avocat au parlement de Paris.

d'acquiescer à une sentence qui ne seroit pas tout à fait juste que de plaider plusieurs années et de gagner un procès après s'être épuisé de toutes façons.[1] »

Ces rapprochements montrent, si je ne me trompe, comment, à cette époque, la comédie et la satire, l'opinion publique et le pouvoir royal, Racine, Boileau et le conseiller d'État Pussort, s'accordaient pour censurer et pour réformer les abus de la procédure et de la judicature. Ils m'excusent d'avoir donné aux *Plaideurs* plus d'importance que Racine lui-même ne semble leur en donner.

---

1. Procès-verbal des conférences, p. 149.

FIN DE L'EXAMEN CRITIQUE DES PLAIDEURS.

VIE DE RACINE

DEUXIÈME PARTIE

1664 — 1677

VIE DE RACINE

DEUXIÈME PARTIE

1664 — 1677

En 1664 et en 1665, après la *Thébaïde* et l'*Alexandre*, Racine était déjà un poëte accueilli à la cour; il y avait des amis fort accrédités, le duc de Saint-Aignan et le duc de Chevreuse, devenu le gendre de Colbert. Dans la littérature de l'ancienne cour, il avait des protecteurs d'abord, des envieux bientôt de ses succès; dans celle qui allait devenir la littérature du règne de Louis XIV, il avait pour amis Molière, La Fontaine et Boileau. De ces amis, il n'y avait que Molière qui fût déjà célèbre en 1664; les autres étaient, à ce moment, en train de le devenir; ils n'en avaient que plus de disposition à être amis les uns des autres, ayant tous quatre le même goût, le même penchant pour les lettres, et des talents différents, ce qui était entre eux une nouvelle cause d'amitié. C'est cette vie entre jeunes poëtes, mêlée d'études, d'entretiens, de succès littéraires, mêlée aussi de plaisirs, que je veux maintenant raconter, c'est-à-dire la seconde partie de la vie de Racine, la plus littéraire à la fois et la plus mondaine, de 1664 à 1677, des *Frères ennemis* à *Phèdre*.

Je me servirai encore beaucoup, dans cette seconde partie,

des *Mémoires* de Louis Racine sur son père; je m'en écarterai pourtant quelquefois, et voici pourquoi : Louis Racine, qui n'avait pas encore sept ans à la mort de son père,[1] avait recueilli les souvenirs et la tradition de sa famille; mais c'était la tradition de Racine, tel qu'il était dans les vingt dernières années de sa vie, après son mariage, ayant rompu, dès 1677, avec le théâtre et s'étant rattaché par un repentir ardent et passionné aux sentiments et aux pratiques de la vie chrétienne. Louis Racine a, par piété filiale, voulu faire de son père une sorte de saint pendant toute sa vie; il fallait n'en faire qu'un saint Augustin et lui laisser les fautes de sa jeunesse, ne fût-ce que pour mieux faire estimer le repentir de son âge mûr.

Les trois amis de Racine, Molière, La Fontaine et Boileau, se sont rencontrés et se sont succédé dans son amitié avec des degrés inégaux d'attachement et d'influence.

Au commencement, Molière et La Fontaine sont les principaux : Molière, par ses succès, par l'importance qu'il a auprès du roi et par l'appui qu'il donne à Racine; La Fontaine, à cause de son ancienneté (il a dix-huit ans de plus que Racine[2]) et de leurs liens de parenté.[3] La Fontaine n'était point un ami austère, et c'est par là surtout qu'il plaisait à l'élève émancipé de Port-Royal. Des trois amis de Racine, Boileau, en 1664, c'est-à-dire au début de notre récit, était peut-être le moins influent et le moins aimé; ce fut lui qui prit peu à peu le dessus et qui le garda. Il devint l'ami le plus cher et le plus fidèle de Racine, celui qui eut le plus d'autorité sur l'esprit et sur le caractère du grand poëte.

Voyons la part que les trois amis de Racine ont prise tour à tour aux premières années de sa vie littéraire et mondaine, et commençons par Molière.

1. Louis Racine, né le 2 novembre 1692; Jean Racine, mort le 21 avril 1699.
2. La Fontaine, né en 1621; Racine, 1639.
3. La femme de La Fontaine était de la Ferté-Milon.

VI.

RACINE ET MOLIÈRE.

J'ai déjà montré, à propos des *Frères ennemis*,[1] comment Molière était, entre La Fontaine, Boileau et Racine, l'auteur le plus accrédité à la cour. C'était à la fois pour eux un patron et un ami. Tout nous montre cette prépondérance naturelle de Molière à ce moment parmi ses jeunes amis; il fait jouer sur son théâtre les *Frères ennemis,* et Racine lui est reconnaissant et soumis jusqu'à la représentation de l'*Alexandre*. Boileau prend volontiers aussi Molière pour son maître en poésie. Voyez la seconde satire faite en 1664 :

> Rare et fameux esprit, dont la fertile veine
> Ignore en écrivant le travail et la peine,
> Pour qui tient Apollon tous ses trésors ouverts,
> Et qui sais à quel coin se marquent les bons vers,
> Dans les combats d'esprit savant maître d'escrime,
> Enseigne-moi, Molière, où tu trouves la rime.
> On diroit, quand tu veux, qu'elle te vient chercher ;
> Jamais au bout du vers on ne te voit broncher,
> Et, sans qu'un long détour t'arrête ou t'embarrasse,
> A peine as-tu parlé qu'elle-même s'y place.

La Fontaine en 1661 rendait hommage au génie de Molière, et attendait de lui l'avénement en France de la bonne comédie. C'était à propos de la fête de Vaux,[2] où Molière avait fait jouer les *Fâcheux*. « Dès que la toile fut levée, dit La Fontaine dans la relation de cette fête de Vaux, adressée par lui à son ami Maucroix, Molière parut seul en habit de ville ; s'adressant au roi d'un air triste et surpris, il fit des excuses sur ce qu'il manquoit de temps et d'acteurs pour donner à Sa Majesté le divertissement qu'elle sembloit attendre. Mais dès qu'il eut

---

1. *Vie de Racine,* 1re partie, 1er volume, p. 232.
2. 17 août 1661.

cessé de parler, un rocher qui se trouvoit sur le théâtre fut tout à coup transformé en une vaste coquille ; vingt gerbes d'eau s'élancèrent dans les airs. La coquille s'ouvrit et il en sortit une jeune et jolie naïade ; c'étoit la Béjart, que Molière épousa depuis pour son malheur. La nymphe, s'avançant sur le théâtre, prononça le prologue de la comédie des *Fâcheux* composé par Pelisson. Après avoir récité ce prologue, elle commanda aux divinités qui lui étoient soumises de s'animer, et les termes et les statues qui ornoient le théâtre furent transformés en faunes et en bacchantes, qui dansèrent un ballet accompagné de chants et de musique. Après le ballet on joua la comédie, dont le sujet est un homme qui, sur le point d'aller à une assignation amoureuse, est arrêté par toutes sortes de gens.

> C'est un ouvrage de Molière.
> Cet écrivain, par sa manière,
> Charme à présent toute la cour.
> . . . .
> J'en suis ravi ; car c'est mon homme.
> Te souvient-il bien qu'autrefois
> Nous avons conclu, d'une voix,
> Qu'il alloit ramener en France
> Le bon goût et l'air de Térence?
> . . . . . Jamais il ne fit si bon
> Se trouver à la comédie ;
> Car ne pense pas qu'on y rie
> De maint trait jadis admiré
> Et bon *in illo tempore*.
> Nous avons changé de méthode ;
> Jodelet n'est plus à la mode,
> Et maintenant il ne faut pas
> Quitter la nature d'un pas. »

Voilà, dès 1661, l'hommage que La Fontaine rendait à Molière ; et, dans cet hommage, il y a le trait de la nouvelle école, c'est-à-dire l'idée que la comédie doit être empruntée à la nature, idée dont Boileau fera plus tard une des règles de son *Art poétique* :

> Que la nature donc soit votre étude unique,
> Auteurs qui prétendez aux honneurs du comique.

> Quiconque voit bien l'homme, et, d'un esprit profond,
> De tant de cœurs cachés a pénétré le fond,
> Qui sait bien ce que c'est qu'un prodigue, un avare,
> Un honnête homme, un fat, un jaloux, un bizarre,
> Sur une scène heureuse il peut les étaler
> Et les faire, à nos yeux, vivre, agir et parler.
>
> (Chant IIIe.)

Ainsi tout réunissait Molière, La Fontaine, Racine et Boileau : les mêmes goûts et les mêmes doctrines littéraires, le même dédain de leurs devanciers, la même ardeur à se faire une gloire nouvelle ; et comme Molière était dans ce groupe des grands hommes de l'avenir le premier qui eût réussi, c'était lui qui était tout naturellement le chef de la nouvelle école. Cette prépondérance éclate sans effort et sans prétention de la part de Molière ; il décide et juge absolument parmi ses jeunes amis. Un jour, un des frères de Boileau, Puymorin, qui avait beaucoup d'esprit, « qui fut, dit Louis Racine, contrôleur des menus plaisirs, et que les affaires et les plaisirs détournèrent de toute étude, s'avisa devant Chapelain de parler mal de la *Pucelle*. « C'est bien à vous à en « juger, lui dit Chapelain, vous qui ne savez pas lire. » Puymorin lui répondit : « Je ne sais que trop lire depuis que vous faites « imprimer, » et il fut si content de sa réponse qu'il voulut la mettre en vers. Mais, comme il ne put en venir à bout, il eut recours à son frère et à mon père, qui tournèrent ainsi cette réponse en épigramme :

> Froid, sec, dur, rude auteur, digne objet de satire,
> De ne savoir pas lire oses-tu me blâmer ?
> Hélas ! pour mes péchés, je n'ai su que trop lire,
> Depuis que tu fais imprimer.

« Mon père représenta que le premier hémistiche du second vers rimant avec le vers précédent et avec l'avant-dernier vers, il valoit mieux dire : *De mon peu de lecture*. Molière décida qu'il falloit conserver la première leçon : elle est, dit-il, la plus naturelle, et il faut sacrifier toute régularité à la justesse de l'expression : c'est l'art même qui doit nous apprendre à nous affranchir des règles de l'art.[1] »

Il faut ajouter aux quatre amis Chapelle, qui avait beaucoup d'esprit et beaucoup de gaieté, mais qui préféra à tout les plaisirs du monde et même de la table. « Jamais, dit le voyageur et philosophe Bernier, qui avait vécu avec lui, jamais la nature ne fit une imagination plus vive, un esprit plus pénétrant, plus fin, plus délicat, plus enjoué, plus agréable. Les Muses et les Grâces ne l'abandonnèrent jamais; elles le suivoient chez les Crenet et les Boucingaut,[2] où elles savoient attirer tout l'esprit de Paris. Les faux plaisants n'avoient garde de s'y trouver; à l'ombre seule, il connoissoit le fat et le tournoit en ridicule. »

Je me défie un peu de ce grand éloge; je sais que dans tous les siècles on est volontiers indulgent pour les hommes d'esprit de médiocre conduite qui, vivant avec les hommes de lettres, sans prétention littéraire pour eux-mêmes, se contentent de s'amuser et d'amuser les autres. On prête volontiers beaucoup à ces surnuméraires de la littérature. Je dois cependant reconnaître que Chapelle, à prendre le *Voyage de Chapelle et de Bachaumont*, avait en effet beaucoup d'esprit et de bon esprit; il méritait donc d'avoir une place à part parmi ses amis. N'étant leur concurrent en rien, il était plus aisément leur juge ou leur critique.

1. *Mémoires* de Louis Racine.
2. C'étaient des cabarets; mais la bonne compagnie allait alors au cabaret, comme elle a été plus tard aux cafés. Je me souviens que dans ma jeunesse les gens du monde, quand ils allaient dîner chez le restaurateur, aimaient à dire qu'ils allaient au cabaret. C'était de leur part un archaïsme qui avait bonne façon. Au temps de Racine, de La Fontaine, de Boileau, de Chapelle et de Molière, c'était vraiment au cabaret qu'ils allaient; seulement c'étaient des cabarets de bon ton et où sans doute aussi le vin était bon, quoique Boileau, dans sa satire du *Festin ridicule*, parle

D'un auvernat fumeux qui, mêlé de lignage,[*]
Se vendoit chez Crenet pour vin de l'Hermitage.

[*] L'auvernat et le lignage sont des vins médiocres du cru d'Orléans.

Des quatre amis, Racine et Boileau étaient ce que j'appellerais volontiers les plus hommes de lettres, c'est-à-dire ceux qui à la vocation pour la littérature ajoutaient le plus l'étude et le travail. La Fontaine, aussi épris des lettres que pouvaient l'être Racine et Boileau, y travaillait avec une sorte de liberté ou de fantaisie. Incapable de toute profession régulière et suivie, comment se serait-il fait une profession de la littérature, c'est-à-dire du genre de travail qui veut être le plus libre ? Cela, joint à ses distractions et au désordre de ses affaires, lui faisait auprès de ses amis une infériorité que réparaient les dons heureux de son génie. C'était Molière qui, avec sa prépondérance dans ce groupe d'amis, intervenait en faveur de La Fontaine et rétablissait l'équilibre. « Un jour qu'il soupait avec Racine, Boileau, La Fontaine et Descoteaux, fameux joueur de flûte, La Fontaine était encore plus qu'à son ordinaire plongé dans ses distractions. Racine et Boileau, pour le tirer de sa léthargie, se mirent à le railler si vivement qu'à la fin Molière trouva que c'était passer les bornes. Au sortir de table, il poussa Descoteaux dans l'embrasure d'une fenêtre, et, lui parlant d'abondance de cœur, il lui dit : « Nos « beaux esprits ont beau se trémousser, ils n'effaceront pas le « bonhomme. [1] »

Nous retrouvons partout les traces de cette prépondérance incontestée de Molière. Chapelle lui-même, le railleur et le libertin par excellence, qui chansonnait Boileau [2] et qui,

---

1. WALKENAER, *Histoire de La Fontaine*, p. 77.
2. Couplet de Chapelle, après la chanson à boire faite par Boileau à Baville, chez le président de Lamoignon :

> Qu'avecque plaisir du haut style
> Je te vois descendre au quatrain !
> Bon Dieu ! que j'épargnai de bile
> Et d'injures au genre humain,
> Quand, renversant ta cruche à l'huile,
> Je te mis le verre à la main !

(*Voyage de Chapelle et Bachaumont*, éd. Tenant de Latour, 1854, p. 188.)

lorsque Racine lui demandait son avis sur *Bérénice*, le désespérait par son distique :

> Marion pleure, Marion crie,
> Marion veut qu'on la marie,

Chapelle cède à l'ascendant de Molière, et s'abstient de plaisanter un maître respecté, quoique ce maître ait été son condisciple sous le philosophe Gassendi; quoique ce maître lui confie les embarras et les soucis de sa direction théâtrale, compliquée par ses faiblesses de cœur :[1]

« J'ai fait les vers que je vous envoie, écrit Chapelle à Molière, pour répondre à cet endroit de votre lettre où vous particularisez le déplaisir que vous donnent les partialités de vos trois grandes actrices,[2] pour la distribution de vos

---

1. Chapelle écrit de la campagne où il est pendant un beau printemps, succédant à un affreux hiver; il plaint Molière d'être enfermé à Paris, et ce moqueur insouciant trouve, pour peindre l'épanouissement printanier de la nature, quelques vers plus gracieux et plus inspirés qu'il n'appartient au xviie siècle, et à un mondain comme Chapelle, écrivant au directeur d'une troupe comique : « Les arbres, dit-il, ne sont point encore en feuilles malgré la chaleur, et il faut encore se contenter du vert qui tapisse la terre, et qui, pour vous le dire un peu plus noblement,

> Jeune et foible, rampe par bas
> Dans le fond des prés et n'a pas
> Encor la vigueur et la force
> De pénétrer la tendre écorce
> Du saule qui lui tend les bras.
> La branche amoureuse et fleurie,
> . . . .
> Toute en séve et larmes, l'en prie,
> Et, jalouse de la prairie,
> Dans cinq ou six jours se promet
> De l'attirer à son sommet.

Vous montrerez ces beaux vers à Mlle Menou seulement; aussi bien sont-ils la figure d'elle et de vous. »
Quelle est cette mademoiselle Menou? M. Moland, dans son excellente *Vie de Molière*, croit que ce nom de Menou est un sobriquet qui désigne Armande Béjart, et il croit aussi que la lettre de Chapelle est de 1663, c'est-à-dire de l'année même du mariage de Molière avec Armande Béjart.
2. Madeleine Béjart, Mlle de Brie, Mlle Duparc.

rôles. Il faut être à Paris pour en résoudre ensemble, et, tâchant de faire réussir l'application de vos rôles à leur caractère, remédier à ce démêlé qui vous donne tant de peine. En vérité, grand homme, vous avez besoin de toute votre tête en conduisant les leurs, et je vous compare à Jupiter pendant la guerre de Troie. La comparaison n'est pas odieuse, et la fantaisie me prit de la suivre quand elle me vint. Qu'il vous souvienne donc de l'embarras où ce maître des dieux se trouva pendant cette guerre... pour réduire les trois déesses à ses volontés. » Chapelle décrit en vers moqueurs cet embarras du maître des dieux; puis il conclut :

> Voilà l'histoire : que t'en semble?
> Crois-tu pas qu'un homme avisé
> Voit par là qu'il n'est pas aisé
> D'accorder trois femmes ensemble?
> Fais-en donc ton profit; surtout
> Tiens-toi neutre et, tout plein d'Homère,
> Dis-toi bien qu'en vain l'homme espère
> Pouvoir jamais venir à bout
> De ce qu'un grand dieu n'a su faire. [1]

Cette lettre est sur le ton plaisant, mais non sur le ton moqueur, et quand Chapelle appelle Molière grand homme, il le dit en souriant, mais non en raillant.

Cette autorité et cette prépondérance de Molière expliquent le mot célèbre de Boileau à Louis XIV. Après le succès des *Femmes savantes*, le roi demandait un jour à Boileau quel était, à son avis, le plus grand auteur de son règne : « Sire, c'est Molière, répondit Boileau sans hésiter. — Je ne l'aurois pas cru, répondit le roi ; mais vous vous y connoissez mieux que moi. » Ce mot, qui fait honneur à Boileau, montre aussi que, même aux yeux du roi, le comédien et le directeur des plaisirs de la cour cachaient un peu le grand homme. Molière, auprès de Louis XIV, avait plus de crédit et de faveur que de gloire.

---

1. *Voyage de Chapelle et Bachaumont*, édit. Tenant de Latour, p. 201.

Le mérite de Boileau était de remettre Molière à sa place parmi les auteurs.[1]

Racine fut le premier et le seul dont l'amour-propre irritable échappa à cet ascendant légitime de Molière. La Fontaine, Boileau et Chapelle continuèrent à y rester soumis. Je dois dire, il est vrai, pour expliquer la conduite de Racine, qu'étant poëte dramatique, il avait avec Molière ces rapports d'auteur à directeur de théâtre, qui deviennent aisément difficiles; mais, comme Molière avait rendu à Racine le service de faire jouer sa pièce des *Frères ennemis,* quand il était encore inconnu, celui-ci aurait dû se souvenir plus longtemps et mieux de ce qu'il lui devait. Ajoutons cependant, pour être tout à fait juste, que Molière, outre son goût pour l'auteur, avait aussi son intérêt en faisant jouer par sa troupe, en 1664, la pièce de Racine. *Les Frères ennemis* avaient dû d'abord être joués à l'hôtel de Bourgogne.[2] Les comédiens de l'hôtel de Bourgogne hésitaient ou tardaient à jouer la pièce du

---

1. *Mémoires* de Brossette sur Boileau-Despréaux, d'après les fragments originaux conservés à la Bibliothèque impériale. — « M. Despréaux estime infiniment Molière. Il m'a dit qu'il le préféroit à Corneille et à Racine. Sans les fautes qui sont dans ses pièces contre la pureté de la langue, sans les négligences de sa versification, et sans l'irrégularité de ses dénoûments,

Molière de son art eût emporté le prix. »

— Je trouve jusque dans les auteurs de la vieille cour des témoignages curieux de cet ascendant de Molière. Il fut parmi les écrivains qui datent du vrai règne de Louis XIV, c'est-à-dire de 1660, le premier dont le succès fut avoué. Voyez ces vers de Montreuil :

Ridicules censeurs, dont la jalouse envie
S'efforce d'abaisser les ouvrages d'autrui,
Vous dont l'esprit grossier ne fait rien qui n'ennuie,
   Voulez-vous savoir aujourd'hui
   La belle et l'unique manière
De faire du dépit à l'illustre Molière?
   Faites-nous rire comme lui.

Montreuil ici reconnaît encore plutôt le succès que le génie. C'est par là que son témoignage est vraiment du temps. (Œuvres de Montreuil, 1679; — Montreuil, né en 1620, mort en 1692.)

2. Lettre de Racine à l'abbé Levasseur, décembre 1663.

jeune auteur; Molière, plus hardi, prit la pièce et la fit jouer. C'est encore la troupe de Molière qui joua l'*Alexandre*, le 4 décembre 1665. Mais à ce moment, ce n'était plus seulement un service rendu à l'auteur. Racine était déjà connu et accrédité; il avait lu sa pièce dans quelques salons; on en parlait, et dans sa gazette rimée, intitulée *la Muse de la Cour*, Subligny disait que,

> Si bientôt le grand Alexandre,
> Ouvrage, dit-on, sans égal,
> Ne se joue au Palais-Royal,
> Je crains, par trop se faire attendre,
> Que ce héros s'en trouve mal.

Il y avait donc une grande attente de la pièce, ce qui était un danger, parce qu'il fallait que la pièce répondît à cette attente; mais c'était aussi un grand aiguillon pour la curiosité et par conséquent un profit pour le théâtre. Les premières représentations avaient déjà le privilége d'attirer beaucoup le monde qui venait voir et se faire voir, la salle n'excitant pas moins d'attention que la scène.

Le jour de la première représentation d'*Alexandre*, l'assemblée était fort belle. Comme la troupe de Molière était la troupe de Monsieur, frère du roi, ce prince et sa femme, Henriette d'Angleterre, le grand Condé et son fils, le duc d'Enghien, Anne de Gonzague assistaient à cette représentation. « Le vendredi, Leurs Altesses Royales, dit Subligny dans sa gazette rimée de la cour,

> Virent dans leur Palais-Royal
> Représenter enfin l'ouvrage sans égal
> D'une des plumes sans égales.
> . . . .
> Alexandre a parlé devant nos conquérants.
> Un des foudres de notre prince,
> L'intrépide Condé, qui lui doit faire un jour
> De cent pays une seule province,
> Dont il verra grossir sa cour,
> Dans cette valeur ancienne
> A vu le crayon de la sienne.

D'Enghien y remarqua des exemples pour lui.
Cent jeunes guerriers d'aujourd'hui
Y prirent de nobles idées...
. . . .
Cent beautés purent voir cette pièce divine,
Et, si mes yeux ne se trompèrent pas,
J'y vis une âme et délicate et fine
Sous les majestueux appas
De la princesse Palatine.[1]

Je ne sais pas si, pour les cent jeunes guerriers qui assistèrent à cette première représentation, il y avait dans la pièce de quoi prendre de nobles idées de guerre et de gloire ; ils pouvaient plutôt y prendre de la bouche même du grand Alexandre des leçons de galanterie, dont les cent beautés qui étaient venues voir cette pièce divine ne devaient pas diminuer l'effet. N'oublions pas d'ailleurs que, depuis la traduction de Quinte-Curce par Vaugelas,[2] Alexandre était fort à la mode dans le monde littéraire et à la cour.[3]

Une fois en train de faire de la tragédie de Racine une école de vertu héroïque, Subligny fait de l'auteur lui-même un héros :

Tous les acteurs faisoient un jeu
Que toute la cour idolâtre;.

---

1. « Le génie de la princesse Palatine, dit Bossuet dans son oraison funèbre, se trouva également propre aux divertissements et aux affaires. »

2. La première édition du Quinte-Curce de Vaugelas est de 1653 ; la troisième édition de 1659.

3. L'idée que prête Subligny à ses jeunes guerriers de venir prendre des exemples dans l'*Alexandre* est employée d'une manière plaisante dans une petite pièce de vers qui fait partie des *Valentins*, recueil de questions d'amour publié en 1669 :

Il est vrai que je suis ravie
Lorsque je lis l'histoire de la vie
D'Alexandre le Grand,
Que Vaugelas écrit élégamment.
Nous pouvons bien mieux apprendre
Que vous, dans ces beaux écrits ;
Vous ne pouvez, messieurs, imiter Alexandre,
Et nous pouvons imiter Thalestris.*

* *Les Valentins*, questions d'amour. Paris, Barbin, 1669, p. 61.

> Jamais tragédie au théâtre
> Ne pourra faire un plus beau feu.
> Il faut que son auteur soit homme de courage;
> On le voyoit dépeint dans chaque personnage;
> Ses sentiments y sont hardis;
> Et surtout l'on y fut surpris
> De voir le roi Porus, à qui tout autre cède,
> Y pousser la fierté de l'air d'un Nicomède.[1]

Nous serions tenté de nous étonner de voir Subligny prêter à Racine les sentiments de ses personnages et en faire un héros à la suite d'Alexandre et de Porus, si cette manie n'avait été une de celles de notre siècle, avec cette différence considérable que de notre temps c'étaient surtout les auteurs qui se piquaient de se confondre avec les héros de leurs poëmes ou de leurs romans. Lord Byron est celui qui a poussé le plus loin cette manie étrange. Il a voulu transformer une vie capricieuse et décousue en vie criminelle ou héroïque. Quelques badauds s'y sont laissé prendre. Il reste pour la postérité un grand poëte et un homme généreux, qui a fait de sa mort une belle action, en s'allant dévouer à Missolonghi pour la cause des Grecs.

Pendant que, selon Subligny, les acteurs de la troupe de Molière jouaient l'*Alexandre* de façon à rendre *la cour idolâtre de leur jeu,* Racine la trouvait mal jouée, et, sans en prévenir Molière, il faisait jouer l'*Alexandre* par la troupe de l'hôtel de Bourgogne. La représentation de l'hôtel de Bourgogne, le 18 décembre 1665, apprit seule aux comédiens du Palais-Royal que Racine leur retirait sa pièce. Le procédé était brusque et blessant; de nos jours, il s'en suivrait un procès. Comme il n'y avait alors ni lois ni contrats qui réglassent les rapports des auteurs avec les directeurs de théâtre, ce fut une rupture d'amitié entre Racine et Molière. La troupe du Palais-Royal joua encore deux fois la pièce d'*Alexandre,* sans doute pour constater son droit de possession primi-

---

1. *Nicomède,* 1652.

tive; puis la pièce ne fut plus représentée qu'à l'hôtel de Bourgogne, où elle était bien jouée.

Nous ne nous sommes arrêté un instant sur cette histoire de la tragédie d'*Alexandre*, transportée brusquement et sournoisement d'un théâtre à l'autre, que pour y surprendre quelques traits du caractère de Racine : un amour-propre très-irritable; l'intérêt de sa réputation préféré à tout, aux règles de l'amitié et à la pratique des bons procédés; une habileté peu scrupuleuse à profiter, pour le succès de sa pièce, de la rivalité du théâtre de Molière et de l'hôtel de Bourgogne : la faisant d'abord jouer au théâtre du Palais-Royal, avec lequel il est lié, puis à l'hôtel de Bourgogne vers lequel l'attirent de meilleurs acteurs plus aimés du public et d'anciens rapports[1] toujours entretenus avec cet art du monde qui était naturel chez Racine. On voit que nous notons sans aucune indulgence les torts de Racine envers Molière dans la rupture qui survint entre les deux grands hommes. Cependant, quand on y regarde de près, l'infériorité de la troupe de Molière dans la tragédie fut évidemment ce qui décida Racine à changer de théâtre. Une curieuse anecdote du *Furetieriana* montre que c'était là l'opinion du temps :

« Les grands seigneurs ont quelquefois chez eux des gens à titre de bel esprit... M. de *** faisoit cette fonction près d'un prince. Ce prince, un jour de grande fête, fut entendre le sermon d'un prédicateur que M. de *** n'aimoit point, et qui d'ailleurs prêchoit médiocrement. Au retour du sermon, le prince obligea M. de *** de dire son sentiment sur la prédication. Il n'en vouloit ou n'en pouvoit pas dire de mal, de peur de déplaire à son maître qui considéroit le prédicateur. Il se défendit donc de dire son sentiment, en disant qu'il avoit été fort distrait au sermon par les exclamations que faisoit de

---

1. Lettre de Racine à l'abbé Levasseur, en juin 1661, où il parle des conseils qu'il demandait sur un sujet de pièce à Mlle de Beauchâteau, une des actrices de l'hôtel de Bourgogne. (Voir, 1er volume de cette édition, *Vie de Racine*, p. 210-211.)

temps en temps un jeune ecclésiastique appuyé contre un
pilier. Cet homme, ajouta-t-il, faisoit des postures en désespéré en s'écriant : « O monsieur Racine! ô monsieur Racine! »
Et, en proférant ces paroles, il frappoit du pied et levoit les
yeux au ciel. — Pourquoi faisoit-il cela? dit le prince. — C'est,
répondit M. de ***, ce que je lui ai demandé lorsque le sermon
a été fini. — Quoi, monsieur, m'a dit cet ecclésiastique, vous
ne savez pas ce qui arriva à M. Racine au sujet de sa pièce
d'*Alexandre,* qui est un ouvrage achevé? Ses amis l'avoient
tous assuré de la bonté de sa pièce; ils avoient raison. Lui,
sur cette confiance, la met dans les mains de la troupe de
Molière. Qu'arriva-t-il? cette pièce si belle tomba à la première représentation. M. Racine, au désespoir d'un si mauvais
succès, s'en prend à ses amis qui lui en avoient donné une si
bonne opinion. A cela les amis répondent : Votre pièce est
excellente; mais vous la donnez à jouer à une troupe qui ne
sait jouer que le comique... Donnez-la à l'hôtel de Bourgogne,
vous verrez le succès qu'elle aura. — Ce conseil fut suivi, et
cette pièce lui donna une grande réputation. — Voilà, continua
cet homme, ce qui m'est arrivé : j'avois composé ce sermon
que vous venez d'entendre. C'est, au dire des connoisseurs,
une pièce achevée; cependant je l'ai donnée à déclamer à ce
bourreau; voyez quel effet cela produit dans sa bouche. Il
affoiblit les endroits qui doivent être poussés et déclame
comme un forcené ceux qui sont tendres. Mais je ferai comme
M. Racine; je lui ôterai mon sermon et je le ferai prêcher par
quelqu'un qui s'en acquittera mieux que lui.[1] » Je crois que
l'aventure du sermon a été inventée pour expliquer l'aventure
de la tragédie, et pour faire ce qu'on appelait autrefois dans le
monde un bon conte; mais je crois aussi à la tragédie atten-
due comme un grand succès, portée au théâtre de Molière

---

1. Brossette prétend que, lorsque Racine eut fait sa tragédie d'*A-
lexandre*, l'abbé de Bernay, chez qui il demeurait, souhaitait qu'elle fût
représentée par les comédiens de l'hôtel de Bourgogne, et M. Racine voulait que ce fût par la troupe de Molière. Despréaux intervint et décida par

par un choix trop confiant de Racine et sur l'avis de quelques-uns de ses amis, amis aussi de Molière. La tragédie ne tomba pas; mais elle eut un médiocre succès qui désespéra Racine. Les amis, désavouant leurs premiers avis, rejetèrent la faute sur les acteurs; enfin les comédiens de l'hôtel de Bourgogne, enchantés du soufflet que Racine donnait à leurs rivaux, firent de leur mieux pour faire bien accueillir la pièce et y réussirent. J'ajoute, pour en finir avec cet épisode de la vie de Racine, que les deux troupes, celle de l'hôtel de Bourgogne et celle du Palais-Royal, personnifiaient en quelque sorte les deux écoles qui se partageaient la littérature. L'ancienne école, Corneille à sa tête, dominait à l'hôtel de Bourgogne; c'était la littérature de Richelieu et de la Régence. La nouvelle école, Molière en tête, avec Boileau, La Fontaine et Racine, dominait au théâtre du Palais-Royal, et c'est pour cela que Racine l'avait choisi pour son *Alexandre*. Le mauvais succès de la représentation lui fit penser qu'il valait mieux chercher sa propre gloire que celle de son école littéraire; et n'ayant aucune vocation pour le dévouement, il changea de parti ou de théâtre. Seulement l'hôtel de Bourgogne, qui, en prenant Racine, croyait faire une conquête, se trouva conquis. Racine, en changeant d'acteurs, ne changea ni de goût ni de doctrine. Il resta fidèle à son génie, et ce fut le vieux théâtre qui appartint à la tragédie nouvelle.

De la troupe de Molière, Racine, en passant à l'hôtel de Bourgogne, ne regrettait qu'une actrice qui avait, disait-il, fort bien joué le rôle d'Axiane. Il est vrai qu'elle était fort belle et que Racine l'aimait. C'était Mlle Duparc. Il la décida à passer aussi à l'hôtel de Bourgogne. Nouvelle cause de froideur entre Racine et Molière qui, après s'être vu enlever la

une plaisanterie, disant qu'il n'y avait plus de bons acteurs à l'hôtel de Bourgogne; qu'à la vérité il y avait encore le plus habile moucheur de chandelles qui fût au monde, et que cela pouvait bien contribuer au succès d'une pièce. Cette plaisanterie vainquit l'abbé de Bernay, et la pièce fut donnée à la troupe de Molière. (*Mémoires de Brossette sur Boileau*.)

tragédie que jouait sa troupe, se voyait aussi enlever une de
ses meilleures actrices. Il n'y avait pas là seulement des rivalités d'acteurs et des querelles d'auteurs, il y avait, ne l'oublions pas, deux entreprises opposées qui se disputaient la faveur et l'argent du public. A l'hôtel de Bourgogne, Mlle Duparc
créa le rôle d'Andromaque en 1667 ; mais elle ne jouit pas
longtemps des succès de Racine et des siens ; elle mourut le
11 décembre suivant, et, dans ses lettres en vers, Robinet,
racontant les funérailles de la belle actrice, dit que

> Les adorateurs de ses charmes
> Ne l'accompagnoient pas sans larmes,
> . . . .

et, parmi eux,

> Les poëtes du théâtre,
> Dont l'un, le plus intéressé,
> Étoit à demi trépassé.

Boileau racontait de même, en 1703, la liaison de Racine
avec Mlle Duparc : « Racine étoit amoureux de la Duparc, qui
étoit grande, bien faite, et qui n'étoit pas bonne actrice. Il fit
Andromaque pour elle ; il lui apprit ce rôle ; il la faisoit répéter
comme une écolière. Il la fit sortir de la troupe de Molière
et la mit dans celle de l'hôtel de Bourgogne... La Duparc
mourut quelque temps après en couches. Elle étoit veuve.[1] »

Brouillés ensemble, Racine et Molière se réconcilièrent-ils,
et, s'ils ne se réconcilièrent pas, furent-ils au moins justes
l'un envers l'autre ? La légende n'a pas pu supporter la brouille
des deux grands hommes, et elle les a réconciliés plus ou
moins dans des anecdotes douteuses. Après *Andromaque* au
moins, la réconciliation n'avait pas encore eu lieu ; car Molière
fit jouer pendant longtemps sur son théâtre la *Folle Querelle*
de Subligny, qui était une parodie d'*Andromaque*. Après les
Plaideurs, comme c'était une comédie, et que Racine semblait
empiéter sur son domaine, Molière se piqua d'être juste.
M. de Valincourt raconte dans sa lettre à M. l'abbé d'Olivet,

---

1. *Mémoires de Brossette sur Boileau.*

qui l'avait consulté sur la vie de Racine, que « Molière, étant à la seconde représentation des *Plaideurs,* qui ne fut pas mieux accueillie que la première, ne se laissa pas entraîner au jugement de la ville et dit en sortant que ceux qui se moquoient de cette pièce méritoient qu'on se moquât d'eux ; » et M. de Valincourt, pour rehausser l'impartialité de Molière, ajoute qu'il était alors brouillé avec Racine. Cependant, si nous en croyons Querat, l'auteur de la *Promenade de Saint-Cloud,*[1] le même Molière, comme on lui parlait un jour de *Tartuffe* et qu'on lui disait qu'il aurait mieux fait d'inventer quelque nullité dans la donation faite à Tartuffe, et de dénouer sa pièce de cette façon : « Oui, répondit-il, j'y avois songé ; mais ce dénoûment étoit un procès et les Plaideurs ne valent rien. » Laquelle croire des deux anecdotes ? Je les crois volontiers toutes deux ; l'homme, et surtout l'homme de lettres, n'est ni toujours juste ni toujours injuste ; il a ses heures d'équité et ses heures de malveillance. Racine de son côté ne se faisait pas scrupule d'être malveillant pour Molière. Peu de temps avant les *Plaideurs,* l'*Avare* avait été joué et avait peu réussi. Boileau, malgré le peu de succès de cette comédie, était fort assidu aux représentations. « Je vous vis dernièrement, lui dit Racine, à la pièce de Molière, et vous riiez tout seul sur le théâtre. — Je vous estime trop, lui répondit Boileau, pour croire que vous n'avez pas ri, du moins intérieurement. »

VII.

RACINE ET LA FONTAINE.

La Fontaine est le plus ancien ami de Racine. Plus âgé que lui et lié avec lui d'amitié et de parenté, il lui communi-

---

[1]. *La Promenade de Saint-Cloud, entretien sur la littérature de ce temps,* 1675.

quait ses poésies, dont la grâce et la malice naïves charmaient le jeune poëte. L'élève de Port-Royal arrivait dans le monde avec toutes sortes de tentations de poésie et de plaisir. Quel meilleur précepteur à suivre? quel guide plus encourageant? Il faut se souvenir que La Fontaine, quand Racine quittait Port-Royal en 1658, avait déjà trente-sept ans et avait fait plusieurs pièces de vers fort goûtées par la jeune cour. La muse de La Fontaine était fort bien traitée par Fouquet. Il avait fait pour lui, en 1654, le *Songe de Vaux*. Il était un de ses pensionnaires; il vivait, avec une bonhomie épicurienne, dans le luxe et la mollesse de Vaux. Cette vie de plaisir, d'oisiveté, de beaux esprits, de belles dames qui n'avaient rien d'austère, toute cette société qui fuyait l'ennui et ne cherchait pas le scrupule, plaisait à La Fontaine et ne déplaisait point par ses dehors à son jeune disciple. Ne soyons donc pas étonnés du ton léger dont Racine écrit à La Fontaine, dans ses lettres d'Uzès. Il parle à son précepteur la langue qu'il a apprise de lui. Sa première lettre, quoique racontant son voyage de Paris à Uzès et un peu déjà son séjour, ne manque pas de décrire à La Fontaine la beauté des dames méridionales. « Je ne me saurois empêcher de vous dire un mot des beautés de cette province; on m'en avoit dit beaucoup de bien à Paris; mais, sans mentir, on ne m'avoit encore rien dit au prix de ce qui en est, et pour le nombre et pour l'excellence. Il n'y a pas une villageoise, pas une savetière qui ne disputât de beauté avec les Fouilloux[1] et les Menneville. Si le pays de soi avoit un peu de

---

1. Bénigne de Meaux de Fouilloux, qui fut marquise d'Alluye, Élisabeth de Menneville, de la maison de Roncherolles, filles d'honneur de la reine. Ces deux noms figurent dans le fameux cantique qui fit mettre Bussy-Rabutin à la Bastille, en 1665. (Note de La Harpe.) Je trouve dans les *Vaudevilles de cour*, publiés par Sercy en 1665, un couplet sur Mlle de Menneville :

> Vous qu'on peut dire plus de mille
> Pauvres amants,
> Qui souffrez les derniers tourments,
> Qui pour un regard de Menneville,
> Feriez des enchantements,
> Je confesse

délicatesse et que les rochers y fussent un peu moins fréquents, on le prendroit pour un vrai pays de Cythère. Toutes les femmes y sont éclatantes, et s'y ajustent d'une façon qui leur est la plus naturelle du monde ; et pour ce qui est de leur personne,

> Color verus, corpus solidum et succi plenum. [1]

Mais, comme c'est la première chose dont on m'a dit de me donner de garde, je ne veux pas en parler davantage ; aussi bien ce seroit profaner une maison de bénéficier, comme celle où je suis, que d'y faire de longs discours sur cette matière.

> Que vous avez grande raison ;
> Mais pour moi qui n'aime pas autrement
> La presse,
> J'aime prudemment Suzon.
> (*Vaudevilles de cour* dédiés à Son Altesse Royale Mademoiselle. Paris, 1665, p. 88.)

Saint-Simon fait cette notice sur Mlle de Fouilloux, depuis la marquise d'Alluye, qui mourut en 1720 : « Elle avoit été fille d'honneur de Madame, première femme de Monsieur. Elle épousa en 1667, n'étant plus jeune, mais belle, le marquis d'Alluye... Amie intime de la comtesse de Soissons et des duchesses de Bouillon et de Mazarin, elle passa sa vie dans les intrigues de galanterie, et, quand son âge l'en exclut pour elle-même, dans celles d'autrui. Le marquis d'Effiat protégea la marquise d'Alluye dans la cour de Monsieur, avec qui elle fut fort bien et avec Madame toute sa vie. C'étoit une femme qui n'étoit point méchante, qui n'avoit d'intrigues que de galanterie, mais qui les aimoit tant, que, jusqu'à sa mort, elle étoit le rendez-vous et la confidente des galanteries de Paris, dont, tous les matins, les intéressés lui rendoient compte. Elle aimoit le monde et le jeu passionnément, avoit peu de bien, et le réservoit pour son jeu. Le matin, tout en discourant avec les galants qui lui contoient les nouvelles de la ville ou les leurs, elle envoyoit chercher une tranche de pâté, ou de jambon, quelquefois un peu de salé ou des petits pâtés, et les mangeoit. Le soir elle alloit souper et jouer où elle pouvoit, rentroit à quatre heures du matin, et a vécu de la sorte, grasse et fraîche, sans nulle infirmité, jusqu'à plus de quatre-vingts ans qu'elle mourut d'une assez courte maladie, après une aussi longue vie, sans soucis, sans contrainte, et uniquement de plaisir. D'estime, elle ne s'en étoit jamais mise en peine, sinon d'être sûre et secrète au dernier point ; avec cela tout le monde l'aimoit ; mais il n'alloit guère de femmes chez elle. La singularité de cette vie m'a fait étendre sur elle. [*] »

1. « Un coloris vrai, un corps ferme, la fleur de l'embonpoint et de la santé. » (Terent., *Eunuch.*, act. II, sc. III.) (G.)

[*] Saint-Simon, t. XVIII, p. 192.

Domus mea, domus orationis. [1] C'est pourquoi vous devez vous attendre que je ne vous en parlerai plus du tout. On m'a dit : Soyez aveugle. Si je ne le puis être tout à fait, il faut du moins que je sois muet ; car, voyez-vous, il faut être régulier avec les réguliers, comme j'ai été loup avec vous et avec les autres loups vos compères. *Adiousias.* »

La seconde lettre à La Fontaine, sans être plus grave, est plus littéraire que la première et plus mêlée de vers. C'est une correspondance qui n'est pas faite seulement pour celui auquel elle s'adresse, mais qui doit être répandue ente amis et dont on tire des copies. Racine lui-même, parlant à l'abbé Levasseur de cette lettre littéraire qu'il écrit à La Fontaine, dit « qu'il l'a envoyée décachetée à son cousin Vitart. S'il en fait retirer copie, ayez soin, je vous prie, ajoute-t-il à l'abbé, que la lettre ne soit point souillonnée et qu'on ne la retienne pas longtemps. [2] » « Votre lettre, écrit Racine à La Fontaine, [3] m'a fait un grand bien, et je passerois assez doucement mon temps si j'en recevois souvent de pareilles. Je ne sache rien qui me puisse mieux consoler de mon éloignement de Paris ; je m'imagine même être au milieu du Parnasse, tant vous me décrivez agréablement tout ce qui s'y passe de plus mémorable ; mais je m'en trouve fort éloigné ; et c'est se moquer de moi que de me porter, comme vous faites, à y retourner. Je n'y ai pas fait assez de voyages pour en retenir le chemin ; et ne m'en souvenant plus, qui pourroit m'y remettre en ce pays-ci ? J'aurois beau invoquer les Muses, elles sont trop loin pour m'entendre ; elles sont toujours occupées auprès de vous autres messieurs de Paris : il arrive rarement qu'elles viennent dans les provinces ; on dit même qu'elles ont fait serment de n'y plus revenir depuis l'insolence de Pyrene. Vous vous souvenez de cette histoire :

---

1. « Ma maison est une maison de prière. » (G.)
2. 14 juillet 1662.
3. Uzès, 6 juillet 1662.

C'étoit un fameux homicide ;
Il avoit conquis la Phocide,
Et faisoit des courses, dit-on,
Jusques aux pieds de l'Hélicon.

Un jour les neuf savantes sœurs,
Assez près de cette montagne,
S'amusant à cueillir des fleurs,
Se promenoient dans la campagne.

Tout d'un coup le ciel se couvrit,
Un épais nuage s'ouvrit,
Il plut à grands flots, et l'orage
Les mit en mauvais équipage.

Le barbare assez près de là
Avoit établi sa demeure ;
Il les vit, et les appela.

Vous savez la suite, vous savez que ce malheureux Pyrene voulut faire violence aux Muses, et que, pour les en garantir, les dieux leur donnèrent des ailes, et elles revolèrent aussitôt vers le Parnasse.

Lorsqu'elles furent de retour,
Considérant le mauvais tour
Que leur avoit joué cet infidèle prince,
Elles firent serment que jamais en province
Elles ne feroient leur séjour.

En effet, se trouvant des ailes sur le dos,
Elles jugèrent à propos
De s'en aller, à la même heure,
Où Pallas faisoit sa demeure.

Elles y restèrent longtemps ;
Mais lorsque les Romains devinrent éclatants,
Et qu'ils eurent conquis Athènes,
Les Muses se firent romaines.

Enfin, par ordre du Destin,
Quand Rome alloit en décadence,
Les Muses au pays latin
Ne firent plus leur résidence.

Paris, le siége des Amours,
Devint aussi celui des filles de Mémoire ;

> Et l'on a grand sujet de croire
> Qu'elles y resteront toujours.

Quand je parle de Paris, j'y comprends les beaux pays d'alentour; car elles en sortent de temps en temps pour prendre l'air de la campagne.

> Tantôt Fontainebleau les voit
> Le long de ses belles cascades;
> Tantôt Vincennes les reçoit
> Au milieu de ses palissades.

> Elles vont souvent sur les eaux
> Ou de la Marne ou de la Seine;
> Elles étoient toujours à Vaux,[1]
> Et ne l'ont pas quitté sans peine.

Ne croyez pas pour cela que les provinces manquent de poëtes; elles en ont en abondance : mais que ces Muses sont différentes des autres! Il est vrai qu'elles leur sont égales en nombre, et se vantent d'être presque aussi anciennes; au moins sont-elles depuis longtemps en possession des provinces. Vous êtes en peine de savoir qui elles sont. Souvenez-vous des neuf filles de Piérus : leur histoire est connue au Parnasse, d'autant que les Muses prirent leurs noms après les avoir vaincues, comme les Romains prenoient les noms des pays qu'ils avoient conquis. Les filles de Piérus furent changées en pies.

> Ces oiseaux, plus importuns
> Mille fois que les chouettes,
> Sont cause que les poëtes
> Sont devenus si communs.

> Vous savez que toutes pies
> Dérobent fort volontiers :
> Celles-ci, comme harpies,
> Pillent les livres entiers.

---

1. Vaux-le-Vicomte, bien plus connu par les vers de La Fontaine que par toutes les magnificences de Fouquet. Racine passe ici en revue les lieux que La Fontaine fréquentoit le plus habituellement.   (Anon.)

On dit même qu'à Paris
Ces fausses Muses font rage,
Et que force beaux esprits
Se font à leur badinage.

Lorsqu'elles sont attrapées,
Les ailes leur sont coupées,
Et leurs larcins confisqués;
Et pour finir cette histoire,
Tels oiseaux sont relégués
Delà les rives de Loire.

C'est où Furetière relègue leur général Galimatias, et il est bien juste qu'elles lui tiennent compagnie. Mais je ne songe pas que vous me condamnerez peut-être à y demeurer comme elles. En effet, j'ai bien peur que ceci n'approche fort de leur style, et que vous n'y reconnoissiez plutôt le caquet importun des pies que l'agréable facilité des Muses. Renvoyez-moi cette bagatelle des *Bains de Vénus,* et me mandez ce qu'en pense votre académie de Château-Thierry, surtout Mlle de La Fontaine.[1] Je ne lui demande aucune grâce pour mes vers; qu'elle les traite rigoureusement, mais qu'elle me fasse au moins la grâce d'agréer mes respects. »

Quand on lit les deux lettres de Racine à La Fontaine et qu'on voit la familiarité qui y règne, il y a plusieurs questions qu'il est impossible de ne pas se faire. Y a-t-il eu, comme pour Molière, quelques circonstances qui aient refroidi l'amitié entre La Fontaine et Racine? La liaison ne se rompt pas, comme avec Molière, mais elle se relâche. Les deux amis s'écrivent de temps en temps;[2] mais ils n'ont plus le même

---

[1]. Marie Héricart, fille du lieutenant du bailliage de La Ferté-Milon. Elle avoit du goût pour les vers, et son mari lui adressa, l'année suivante, le *Voyage de Paris en Limousin.* (Anon.)

[2]. Il y a une lettre de La Fontaine à Racine du 6 juin 1686, c'est-à-dire vingt-quatre ans après celle que je viens de citer; elle se rapporte à des temps tout différents. Elle témoigne seulement que l'amitié entre La Fontaine et Racine, quoique très-relâchée, n'était point entièrement effacée. L'habitude survivait au sentiment. C'est la fin de beaucoup de choses humaines.

genre de vie. Ils étaient liés par les lettres et par le plaisir. La Fontaine, quoiqu'il vieillisse, reste fidèle à sa vie de plaisir; Racine quitte ce genre de vie en même temps qu'il quitte le théâtre. Ils continuaient tous deux à cultiver les lettres, mais ils ne les cultivaient pas de la même manière ni pour les mêmes admirateurs, quoiqu'ils eussent tous deux leurs admirateurs à la cour. La littérature de La Fontaine, vive, naturelle, vraiment ingénue, comme le remarquait si bien Fénelon, qui, dans La Fontaine, pardonnait un peu de désordre à beaucoup de grâce,[1] cette littérature plaisait à la partie de la cour qui aimait le plaisir de l'esprit mêlé aux autres plaisirs. La littérature de Racine, plus régulière, d'une grâce plus ornée, à la fois endrée décente, plaisait au roi par des qualités presque privées de défauts. De là deux littératures qui se côtoyaient sans se toucher et qui s'admiraient sans s'imiter; de là aussi deux carrières différentes : l'une, celle de La Fontaine, qui ne fut jamais assez régulière, assez ordonnée pour mériter ce nom; l'autre, celle de Racine et de Boileau, qui, chaque jour plus correcte et mieux arrangée, finit par devenir une fonction, un titre, et changea un poëte tragique et un poëte satirique en deux historiens officiels. Il est vrai que ceux-ci eurent l'esprit, à mesure qu'ils voulaient remplir l'emploi d'historien d'un roi vivant, de comprendre que cet emploi était impossible, et ils s'en dispensèrent à force de s'y préparer.[2]

Cette diversité d'esprit et de vie explique la séparation insensible de Racine et de La Fontaine, sans rupture, et par l'effet seul de la différence des habitudes. Les amitiés que créent les plaisirs de la jeunesse, et même celles que créent les lettres, ont besoin, pour être à l'épreuve de la vie et du temps, de s'appuyer sur l'accord, je ne dis pas sur la ressemblance,

---

1. Voir, dans *La Fontaine et les Fabulistes*, la citation que je fais du thème donné par Fénelon au duc de Bourgogne, après la mort de La Fontaine. (Tome Ier, p. 37.)

2. Voir les fragments et les notes historiques de Racine.

des caractères, des goûts et des carrières. Passé la jeunesse, la vie des lettres, même heureuse, est grave; elle dégoûte peu à peu du plaisir ou elle le fait trouver dans le devoir. Les lettres créent d'inévitables rivalités qui, lors même qu'elles sont tempérées par la différence des genres et l'égalité des succès, comme entre Racine et La Fontaine, sont involontairement entretenues par la différence et l'intolérance des admirateurs. Ces rivalités n'aboutissent pas à des ruptures, mais à des éloignements. C'est de cette manière que Racine et La Fontaine se sont éloignés l'un de l'autre sans le savoir et sans le vouloir, se retrouvant avec plaisir, ne se recherchant pas, et distraits de ce qu'ils avaient de sentiments communs par la diversité de leurs habitudes.

Au moment où nous commençons notre récit, c'est-à-dire en 1665, ces causes d'éloignement sans refroidissement n'ont pas encore produit leur effet entre Racine et Boileau, d'une part, et La Fontaine, d'autre part. Molière seul s'est séparé de Racine, les autres sont restés amis. Boileau, par exemple, défend le conte de *Joconde* de La Fontaine contre la rivalité du même conte fait par Bouillon, poëte très-médiocre du temps. Il ne craint pas de préférer La Fontaine à l'Arioste, et il le loue vivement comme « un homme formé au goût de Térence et de Virgile, qui ne se laisse pas emporter aux extravagances italiennes et ne s'écarte pas de la route du bon sens. Tout ce qu'il dit est simple et naturel, et ce que j'estime surtout en lui, c'est une certaine naïveté de langage que peu de gens connoissent et qui fait pourtant tout l'agrément du discours; c'est cette naïveté inimitable qui a été tant estimée dans les écrits d'Horace et de Térence... C'est le *molle* et le *facetum* qu'Horace a attribués à Virgile et qu'Apollon ne donne qu'à ses favoris. En voulez-vous des exemples?

> Marié depuis peu, content, je n'en sais rien.
> Sa femme avoit de la jeunesse,
> De la beauté, de la délicatesse;
> Il ne tenoit qu'à lui qu'il ne s'en trouvât bien.

S'il eût dit simplement que Joconde vivoit content avec sa femme, son discours auroit été assez froid ; mais par ce doute où il s'embarrasse lui-même et qui ne veut pourtant dire que la même chose, il *enjoue*[1] sa narration et occupe agréablement le lecteur.[2] »

Voilà, certes, de grands éloges et qui dénotent bien l'école des quatre grands amis; car, avec des talents très-différents, Molière, La Fontaine, Boileau et Racine avaient le même goût et la même doctrine littéraires.

Faut-il croire que les deux poëtes, qui s'aimaient et qui s'admiraient alors de si bon cœur, Boileau et La Fontaine, se soient plus tard désunis, comme le faisaient déjà Molière et Racine? M. Walkenaer, dans sa *Vie de La Fontaine,* va jusqu'à ne point douter que Boileau n'ait eu en vue La Fontaine dans ces vers de l'*Art poétique :*

> Que votre âme et vos mœurs, peintes dans vos ouvrages,
> N'offrent jamais de vous que de nobles images.
> Je ne puis estimer ces dangereux auteurs
> Qui, de l'honneur en vers infâmes déserteurs,
> Trahissant la vertu sur un papier coupable,
> Aux yeux de leurs lecteurs rendent le vice aimable.

Ces vers de l'*Art poétique* sont de 1674, et ils ont peut-être, selon M. Walkenaer, influé sur l'interdiction des nouveaux contes de La Fontaine, publiés en 1675 et défendus par une sentence du lieutenant de police La Reynie, comme un livre « dont la lecture ne peut avoir d'autre effet que celui de corrompre les bonnes mœurs et d'inspirer le libertinage. » On prétend que La Fontaine, de son côté, a répondu à ces vers de l'*Art poétique* par une épigramme contre Boileau.[3]

---

1. *Enjouer* n'est plus employé comme verbe actif. Il n'en est resté que le participe ou l'adjectif *enjoué.*

2. *Dissertation sur la Joconde,* Boileau, t. III, p. 16 et 17, édit. Berriat-Saint-Prix.

3. Cette épigramme, qui, selon M. Walkenaer, n'est pas de La Fontaine, fait partie, je ne sais pourquoi, de ses œuvres complètes dans l'édi-

Toute cette histoire de la rupture entre Boileau et La Fontaine est à mes yeux une mauvaise légende. Les trois amis, La Fontaine d'une part, Racine et Boileau de l'autre, se sont déshabitués de se voir, ayant des habitudes de vie chaque jour plus différentes. Il n'y a point eu de rupture. Quant aux vers de l'*Art poétique,* dirigés, selon M. Walkenaer, contre les contes de La Fontaine et qui en ont amené l'interdiction par le lieutenant de police La Reynie, ç'aurait été une dénonciation, odieuse de la part un ancien ami, étrange de la part de l'apologiste du conte de *Joconde.* On se récrie contre le silence que Boileau, dans son *Art poétique,* a gardé sur la fable, et on explique ce silence par la brouille des deux amis. J'ai montré, dans mon ouvrage sur *La Fontaine et les Fabulistes,* que, si Boileau n'a point parlé de la fable et de La Fontaine, c'est que l'apologue, avant La Fontaine, n'était point encore compté parmi les genres de la poésie française. C'est La Fontaine qui a donné à la fable ses droits de cité dans notre poésie.[1]

tion publiée par M. Walkenaer. Je ne sais pas davantage pourquoi on la dit faite contre Boileau :

Contre un pédant de collége.

Il est trois points dans l'homme de collége:
Présomption, injures, mauvais sens.
De se louer il a le privilége;
Il ne connoît arguments plus puissants.
Si l'on le fâche, il vomit des injures;
Il ne connoît plus brillantes figures.
Veut-il louer un roi, l'honneur des rois,
Il ne le prend que pour sujet de thème.
J'avois promis trois points, en voilà trois.
On y peut joindre encore un quatrième;
Qu'il aille voir la cour tant qu'il voudra,
Jamais la cour ne le décrassera.

A quoi reconnaître le portrait de Boileau dans cette épigramme fort médiocre, et qui ne mérite pas non plus qu'on y reconnaisse le talent de La Fontaine? Il s'agit d'un pédant de collége qui va à la cour. Boileau allait à la cour; mais il n'était pas un pédant de collége et, de plus, il avait à la cour beaucoup de faveur et de crédit.

1. La Fontaine raconte lui-même, dans la préface de ses *Fables,* que Patru, qu'il avait consulté sur son projet de mettre en vers les fables

Je n'hésite donc pas à révoquer en doute la rupture entre Boileau et La Fontaine. On a pris les froideurs et les oublis qu'amène la pratique de la vie pour des désunions volontaires et réfléchies. En 1665 du reste, ces froideurs et ces oublis étaient encore loin du cœur et de la pensée de nos trois grands poëtes, La Fontaine, Racine et Boileau. La dissertation de Boileau sur *Joconde* montre combien Boileau aimait le talent de La Fontaine; le prologue et les digressions de la *Psyché* montrent combien La Fontaine aimait et goûtait l'esprit de ses deux amis. Ce prologue et ces digressions sont un tableau curieux et intéressant des réunions et des entretiens des quatre amis. Si la *Psyché* fut publiée en 1669, l'année des *Plaideurs*, elle fut composée plus tôt et peut-être même en 1664, avant la rupture entre Molière et Racine; car, dans le prologue de la *Psyché*, La Fontaine nous représente les quatre amis réunis à Versailles pour entendre la lecture de son roman, et il parle des fêtes qui y furent données en 1664 comme de fêtes toutes récentes.[1]

d'Ésope et des autres fabulistes, l'avait désapprouvé. « Il a cru, dit La Fontaine, que le principal ornement des fables est de n'en avoir aucun; que d'ailleurs la contrainte de la poésie, jointe à la sévérité de notre langue, m'embarrasseroit en beaucoup d'endroits et banniroit de la plupart de ces récits la brièveté, qu'on peut fort bien appeler l'âme du conte, puisque sans elle il faut nécessairement qu'il languisse... Cela ne m'a point détourné de mon entreprise; au contraire, je me suis flatté de l'espérance que, si je ne courois dans cette carrière avec succès, on me donneroit au moins la gloire de l'avoir ouverte. » Il y avait en France, avant La Fontaine, des recueils de fables mises en vers; il y avait, au moyen âge, celles de Marie de France; il y avait, au XVIe siècle, celles de Guéroult, etc. Mais La Fontaine et ses amis connaissaient peu ces vieux recueils. Ils croyaient que, comme les contes et les nouvelles, les fables aussi devaient être en prose, et La Fontaine pensait faire également une nouveauté en mettant en vers les contes de Boccace et les fables d'Ésope. Au moment de la publication de l'*Art poétique,* en 1674, la nouveauté n'était pas encore consacrée par l'usage. De là le silence de Boileau sur la fable et sur La Fontaine. Voir l'ouvrage *La Fontaine et les Fabulistes,* 2 vol., 1867, t. II, p. 187.

1. « Les quatre amis allèrent voir ensuite le salon et la galerie, qui sont demeurés debout après la fête qui a été tant vantée. » (*Psyché*, livre Ier, à la fin.) — Ces fêtes commencèrent le 7 mai 1664.

Psyché est à la fois un récit romanesque et un dialogue littéraire entre quatre amis, qui sont Polyphile, Acanthe, Ariste et Gelaste.

Polyphile, c'est-à-dire celui qui aime toutes choses, est La Fontaine, qui dit de lui-même à la fin de son roman :

> J'aime le jeu, l'amour, les livres, la musique,
> La ville et la campagne, enfin tout; il n'est rien
>   Qui ne me soit souverain bien,
> Jusqu'au sombre plaisir d'un cœur mélancolique.
>   (*Psyché,* livre II, à la fin.)

Acanthe est Racine. « Il ne manqua pas, selon sa coutume, dit La Fontaine, de proposer une promenade en quelque lieu hors de la ville, qui fût éloigné, et où peu de gens entrassent : on ne les viendroit point interrompre; ils écouteroient cette lecture avec moins de bruit et plus de plaisir. Il aimoit extrêmement les jardins, les fleurs, les ombrages. Polyphile lui ressembloit en cela ; mais on peut dire que celui-ci aimoit toutes choses. Ces passions qui leur remplissoient le cœur d'une certaine tendresse se répandoient jusqu'en leurs écrits et en formoient le principal caractère : ils penchoient tous deux vers le lyrique, avec cette différence qu'Acanthe avoit quelque chose de plus touchant, Polyphile de plus fleuri.[1] Des deux autres amis, que j'appellerai Ariste et Gelaste, le premier étoit sérieux, sans être incommode, l'autre étoit fort gai. » Ariste est Boileau et Gelaste est Molière.

Curieuses et piquantes confidences de deux grands hommes sur le génie l'un de l'autre ! et dans ces confidences que d'observations fines et profondes simplement exprimées! Acanthe et Polyphile, ou Racine et La Fontaine, sont tous les deux très-sensibles aux charmes de la nature et des arts; et cette sensibilité, que Polyphile appelle *leurs passions,* donne à leurs écrits une *certaine tendresse* qui les porte au *lyrique.*

Le *lyrique* a été un des génies et un des goûts de notre

---

1. *Psyché*, livre 1er.

xixe siècle. Les grands poëtes de notre temps ont aimé à mettre dans la poésie beaucoup de leur âme, beaucoup de leurs sentiments et de leurs pensées. Cette disposition est aussi très-visible dans La Fontaine, qui aime à parler de lui dans ses fables, dans ses contes, dans tous ses écrits, mais qui en parle toujours d'une manière aimable et piquante, sans affectation, sans vanité blessante, sans modestie hypocrite, sans s'ériger en héros de roman; cherchant surtout à plaire et non à étonner ou à dominer. C'est par là que son *lyrique*, c'est-à-dire son moi, est aimable, ou *fleuri* comme il le dit. Quant à Racine, qui a mieux indiqué que Polyphile ou La Fontaine la *tendresse* qui respire dans ses écrits? et s'il appelle aussi cette tendresse un penchant au *lyrique*, c'est que le propre de la tendresse est vraiment d'épancher ses sentiments et de se laisser aller aux mouvements de son cœur, même en faisant parler les héros du théâtre. C'est par là que le *lyrique* d'Acanthe est *touchant*. Quelle plus juste définition du génie de Racine et du plaisir que nous font ses peintures de l'amour! Nous y retrouvons notre cœur ou le sien, qui ne nous plaît que parce que c'est le nôtre représenté en beau, plus vif, plus ardent, plus sensible que n'est le nôtre tous les jours et dans les tracas de la vie quotidienne; mais aussi vif, aussi ardent, aussi sensible qu'il est à certains jours, ou à certaines heures, à quelques-uns de ces jours ou de ces heures qui donnent à la vie son charme et son prix. Par son *lyrique*, comme parle Polyphile, la tendresse de Racine nous est à la fois supérieure et analogue. C'est par là qu'elle nous touche et nous ravit. Le mérite de Polyphile est d'avoir pénétré le secret du génie d'Acanthe, d'avoir vu combien il était voisin du sien, de ne l'y avoir point absorbé et de lui avoir fait sa part.

Ne nous étonnons point, au reste, de cette perspicacité. Le but de la réunion des quatre amis était ce que j'appellerais la réflexion en commun, ou la causerie littéraire. « Quatre amis, dont la connoissance avoit commencé par le Parnasse, lièrent une espèce de société, que j'appellerois académie si leur nombre eût été plus grand et qu'ils eussent autant regardé les Muses que le plaisir. La première chose qu'ils firent, ce fut de bannir d'entre eux les conversations réglées et tout ce qui sent sa conférence académique. Quand ils se trouvoient ensemble et qu'ils avoient bien parlé de leurs divertissements, si le hasard les faisoit tomber sur quelque point de science ou de belles-lettres, ils profitoient de l'occasion : c'étoit toutefois sans s'arrêter trop longtemps à une même matière, voltigeant de propos en autre, comme des abeilles qui rencontreroient en leur chemin diverses sortes de fleurs. L'envie, la malignité ni la cabale n'avoient de voix parmi eux. Ils adoroient les ouvrages des anciens, ne refusoient point à ceux des modernes les louanges qui leur sont dues, parloient des leurs avec modestie, et se donnoient des avis sincères lorsque quelqu'un d'eux tomboit dans la maladie du siècle et faisoit un livre, ce qui arrivoit rarement.[1] »

La *Psyché* nous offre un exemple de ces causeries discursives où s'exerçait l'esprit des quatre amis. On sait qu'Acanthe avait proposé d'aller entendre à la campagne, en quelque beau lieu, le roman de Polyphile. « Ariste dit qu'il y avoit de nouveaux embellissements à Versailles : il falloit les aller voir, et partir matin, afin d'avoir le plaisir de se promener après qu'ils auroient entendu les *Aventures de Psyché*.[2] »

Une des questions que traitent les quatre amis, à travers les aventures de Psyché et les descriptions de Versailles, est de savoir quel est le sentiment que les poëtes doivent le plus chercher à inspirer à leurs lecteurs, la gaieté ou la pitié, le rire ou les pleurs. Acanthe est pour la pitié ; Gelaste est pour la gaieté ; c'est Polyphile qui, par un genre de compassion singulier pour un auteur, a amené la discussion. Dès que Psyché est malheureuse, il ne veut plus continuer son histoire, craignant d'attrister son auditoire. « Vous verrez souffrir une belle,

---

1. *Psyché*, livre Ier.
2. *Ibid.*

et vous en pleurerez, pour peu que j'y contribue. — Eh bien, repartit Acanthe, nous pleurerons. Voilà un grand mal pour nous! les héros de l'antiquité pleuroient bien. Que cela ne vous empêche pas de continuer : la compassion a aussi ses charmes, qui ne sont pas moindres que ceux du rire ; je tiens même qu'ils sont plus grands et je crois qu'Ariste est de mon avis. Soyez si tendre et si émouvant que vous voudrez, nous ne vous en écouterons tous deux que plus volontiers. » Gelaste, qui est Molière, défend le rire ou la comédie, comme Acanthe, qui est Racine, loue la tragédie ; Polyphile, qui est La Fontaine et le narrateur des aventures de Psyché, est embarrassé entre le rire et les larmes, la comédie et la tragédie. *La tendresse de cœur* qu'il s'est reconnue le fait pencher vers la pitié ; mais d'un autre côté, *son lyrique plus fleuri* que celui d'Acanthe, c'est-à-dire plus varié, fait qu'il aime dans ses récits à mêler la gaieté à la pitié et le rire aux larmes. Quant à Ariste, qui est Boileau, il est tout à fait du parti de la pitié ; et c'est ainsi qu'Ariste et Acanthe, c'est-à-dire Boileau et Racine, font, même dans le roman, bande à part contre Gelaste et Polyphile, c'est-à-dire contre Molière et La Fontaine, et que le roman se rapproche naturellement de l'histoire.

Ces rapprochements involontaires entre le roman et l'histoire sont curieux à suivre. Il ne faut ni les forcer, ni les négliger, même quand ils sont contraires à l'ordre des dates. Ainsi Gelaste, dans cette controverse amicale entre la tragédie et la comédie, se moque assez gaiement d'*Andromaque* et de Racine. *Andromaque* est de 1667, et en 1667 la rupture était faite entre Racine et Molière. La moquerie n'a donc pas pu avoir lieu pendant la lecture de la *Psyché* qui est de 1664. Mais si la date n'est pas juste, le sentiment est vrai, et Molière depuis sa rupture avec Racine a pu, entre amis et peut-être même avec La Fontaine qui l'aura écouté, se moquer volontiers d'*Andromaque* et de Racine. Il a pu dire : « Vous allez au théâtre pour vous réjouir et vous y trouvez un homme qui pleure auprès d'un autre homme (Oreste et Pylade), et cet autre auprès d'un autre (Pyrrhus et Phénix), et tous ensemble avec la comédienne qui représente Andromaque, et la comédienne avec le poëte (Mlle Duparc, ou Mlle de Champmeslé avec Racine) : c'est une chaîne de gens qui pleurent.[1] »

Ce n'est pas Acanthe qui répond aux railleries de Gelaste; c'est Ariste qui est l'arbitre et le juge du débat : encore un trait de vérité qui perce à travers le roman. Ariste est Boileau et se prononce pour Racine, comme il a fait toute sa vie. « Osez-vous, dit Ariste à Gelaste, mettre en comparaison le plaisir du rire avec la pitié; la pitié qui est un ravissement, une extase? et comment ne le seroit-elle pas, si les larmes que nous versons pour nos propres maux sont, au sentiment d'Homère, non pas tout à fait au mien, si les larmes, dis-je, sont une espèce de volupté? car en cet endroit où il fait pleurer Achille et Priam, l'un du souvenir de Patrocle, l'autre de la mort du dernier de ses enfants, il dit qu'ils se rassasient de ce plaisir; il les fait jouir de pleurer, comme si c'étoit quelque chose de délicieux. »

Gelaste, qui ne connaît pas moins bien qu'Ariste son Homère, lui répond par la fin même de la citation faite par Ariste : « Lorsque Achille s'est rassasié de ce beau plaisir de verser des

---

1. *Psyché*, livre Ier. — Nous avons placé la lecture en 1664, la publication est de 1669. La Fontaine a repris et retouché l'ouvrage de 1664 à 1669.

Dans la *Critique de l'École des femmes*, Molière attaquait aussi la tragédie. C'était en 1663, avant les tragédies de Racine et avant la rupture. Molière raillait alors la tragédie de Corneille. « Je trouve, dit Dorante, qui défend la comédie en général et l'*École des femmes* en particulier, qu'il est bien plus aisé de se guinder sur de grands sentiments, de braver en vers la fortune, d'accuser les destins et de dire des injures aux dieux, que d'entrer comme il faut dans le ridicule des hommes et de rendre agréablement sur le théâtre les défauts de tout le monde. » (*Critique de l'École des femmes*, scène VII.) Le Gelaste de *Psyché* raille la tragédie larmoyante et l'*Andromaque* en particulier, comme Molière raillait la tragédie héroïque. Est-ce rivalité naturelle d'auteur comique contre les auteurs tragiques? Est-ce une plaisanterie contre *Andromaque* et contre Racine que La Fontaine avait prise dans la conversation de Molière ou qu'il lui prêtait? Entre grands hommes et entre amis tout est possible, en fait de malices sans méchanceté.

larmes, il dit à Priam : Vieillard, tu es misérable, telle est la condition des mortels, ils passent leur vie dans les pleurs. Les dieux seuls sont exempts de mal et vivent là-haut, à leur aise, sans rien souffrir. Que répondrez-vous à cela? — Je répondrai, dit Ariste, que les mortels sont mortels, quand ils pleurent de leurs douleurs; mais, quand ils pleurent des douleurs d'autrui, ce sont proprement des dieux.[1] »

Quelle belle réponse, vraiment pleine de l'esprit du christianisme et qu'on s'étonne un peu de trouver dans La Fontaine, un de nos poëtes les moins chrétiens, malgré ses paraphrases des psaumes![2] Mais il trouvait dans *la tendresse de son cœur* une haute et touchante idée de la pitié qui, pour les maux de l'humanité, le faisait naturellement chrétien.

Ariste ajoute encore quelques raisons pour louer la pitié comme le meilleur et le plus agréable en même temps des mouvements du cœur humain; il finit la discussion en remarquant qu'ils se sont réunis pour entendre une lecture de Polyphile, et que c'est Polyphile cependant qui les écoute avec beaucoup de silence et d'attention.

Le second livre du roman se passe à raconter les épreuves et le triomphe de Psyché. Il n'y a plus de débats littéraires, quoiqu'il y ait encore deux traits qui remettent Racine en scène. Quand Psyché et l'Amour se revoient pour la première fois : « Considérons, dit Polyphile, ce que c'est que d'aimer : le couple d'amants le mieux d'accord et le plus passionné qu'il y eut au monde employoit l'occasion à verser des pleurs et à pousser des soupirs. Amants heureux, il n'y a que

---

1. *Psyché*, livre Ier.
2. Paraphrase du psaume xvii, *Recueil de poésies chrétiennes et diverses*, t. Ier, p. 413. Cette paraphrase est très-faible. Voici cependant quelques beaux vers :

> Les cieux s'abaissent sous tes pieds;
> Les vents, les chérubins te portent sur leurs ailes;
> Et le nuage épais qui couvre ta grandeur
> Veut rendre supportable à nos foibles prunelles
> De ton trône enflammé l'éclatante splendeur.

vous qui connoissiez le plaisir! A cette exclamation, Polyphile tout transporté laissa tomber l'écrit qu'il tenoit; et Acanthe, se souvenant de quelque chose, fit un soupir. Gelaste leur dit avec un sourire moqueur : Courage, messieurs les amants! voilà qui est bien, et vous faites votre devoir. Oh! les gens heureux et trois fois heureux que vous êtes! Moi, misérable, je ne saurois soupirer après le plaisir de verser des pleurs. — Puis, ramassant le papier de Polyphile : Tenez, lui dit-il, voilà votre écrit; achevez *Psyché* et remettez-vous. [1] »

Ici, comme nous le voyons, Polyphile n'hésite plus entre le rire et les larmes; c'est aux larmes qu'il donne la préférence, mais aux larmes qui viennent d'amour et de joie. Acanthe, de son côté, reste fidèle à ses penchants de tendresse; il se souvient et soupire. De quoi ou de qui se souvient-il? De Mlle Duparc ou de Mlle de Champmeslé ou des deux? Ariste, toujours préoccupé de sa discussion avec Gelaste, ne manque pas de dire à la fin de la lecture que « ce qui a donné le plus de plaisir aux auditeurs de Polyphile, ce sont les endroits où il a tâché d'exciter en eux la compassion. » Mais Acanthe, interrompant Ariste, tout en l'approuvant, prie ses amis de considérer ce gris de lin, cette couleur d'aurore, cet orange et surtout ce pourpre qui environnent le roi des astres. En effet, il y avait très-longtemps que le soir ne s'était trouvé si beau; le soleil avait pris son char le plus éclatant et ses habits les plus magnifiques.

> Il sembloit qu'il se fût paré
> Pour plaire aux filles de Nérée;
> Dans un nuage bigarré,
> Il se coucha cette soirée.
> L'air étoit peint de cent couleurs;
> Jamais parterre plein de fleurs
> N'eut tant de sortes de nuances.
> Aucune vapeur ne gâtoit,
> Par ses malignes influences,
> Le plaisir qu'Acanthe goûtoit.

1. *Psyché*, livre II.

« On lui donna le loisir de considérer les dernières beautés du jour; puis, la lune étant dans son plein, nos voyageurs et le cocher qui les conduisoit la voulurent bien pour leur guide.[1] »

On voit quelle place Racine, sous le nom d'Acanthe, tient dans *Psyché* par la conformité de son génie *lyrique* avec celui de La Fontaine, par son penchant pour tout ce qui est touchant, par ses souvenirs de tendresse, fussent-ils même un peu variés, par son goût pour la grandeur et la beauté de la nature.

VIII.

RACINE ET SES AMIS A LA VILLE ET AU THÉATRE.

Je devrais, après avoir montré Racine avec Molière et avec La Fontaine, le montrer aussi avec Boileau, afin de le suivre dans ses rapports avec chacun des trois grands poëtes, ses amis. Mais Boileau et Racine ont été, dès 1664 et 1665, si étroitement attachés l'un à l'autre, leurs goûts et leurs habitudes littéraires ont si bien mêlé leurs vies l'une à l'autre, qu'il est impossible de faire à Boileau une place à part dans la vie de Racine, comme je l'ai fait pour Molière et pour La Fontaine. On peut séparer dès le commencement d'un récit ceux qui se sépareront plus tard dans la vie. On ne peut pas séparer ceux, au contraire, qui s'uniront chaque jour davantage à mesure qu'ils vivront; tels sont Boileau et Racine. Je montrerai donc Boileau à côté de Racine, dans chaque période de leur vie, sans chercher à faire entre eux une division impossible. Les différences sont dans le génie des deux poëtes; elles ne sont point dans leur carrière.

Quand j'ai pris dans la *Psyché* de La Fontaine le tableau de la réunion des quatre amis, je ne me suis pas dissimulé que

1. *Psyché*, livre II.

je prenais ce tableau dans un roman. Il faut, à côté de la fiction, voir la réalité. Elle est moins belle que la fiction, mais elle est plus vivante. Je prendrai tour à tour les deux côtés de ce tableau : d'abord les réunions littéraires, telles qu'elles étaient et telles qu'elles se faisaient souvent au cabaret entre hommes de lettres et hommes du monde; en second lieu, l'amour que Racine eut pour sa meilleure et sa principale actrice, Mlle de Champmeslé, amour dont il eut le bon esprit d'exclure la jalousie.

J'ai eu la curiosité de savoir quels étaient, de 1664 à 1678, les cabarets les plus célèbres de Paris, ceux où se réunissaient les beaux esprits du temps, dont Racine et ses amis faisaient partie. Je ne citerai que ceux qui se rattachent par quelque souvenir aux recherches que nous faisons en ce moment sur la vie de Racine, de 1664 à 1678.

A ce titre, je ne puis oublier le cabaret du *Mouton blanc*, sur la place du cimetière Saint-Jean. C'est là, dit-on, que se firent ou s'ébauchèrent les *Plaideurs*. Il est difficile de désigner aux Parisiens d'aujourd'hui la place du *Mouton blanc* et du cimetière ou marché Saint-Jean. Dès le commencement du xviie siècle, le cimetière avait été changé en marché. De nos jours tout a été détruit et transformé par les nouvelles rues, les nouvelles maisons et surtout par les nouveaux noms. Étant vieux Parisien, je puis encore me reconnaître à travers toutes ces transformations. Avant la rue de Rivoli, avant le nouvel hôtel de ville et les deux casernes qui le flanquent par derrière, on passait par l'arcade Saint-Jean ouverte sous les bâtiments de la ville, et on entrait dans la rue Saint-Antoine. A droite était et est encore l'église Saint-Gervais; à gauche, une place appelée la place Baudoyer, et qui, agrandie et régularisée, a pourtant gardé son nom. En traversant cette place, on arrivait au marché Saint-Jean, dont il reste une rue avec le nom; c'est dans ce marché, près d'une ancienne église Saint-Jean, supprimée depuis la révolution de 89, qu'était le *Mouton blanc*.

Passons à la *Pomme de pin*,[1] autre cabaret célèbre du temps, situé rue de la Licorne, dans la Cité, une de ces petites rues étroites et mal habitées dont nos romanciers d'il y a trente ans avaient essayé de renouveler la réputation :

> La pomme de pin qui vaut mieux,

dit Saint-Amand,

> Que celle d'or dont fut troublée
> Toute la divine assemblée.

La *Pomme de pin* fit la fortune d'un de ses premiers maîtres qui s'appelait Desbordes Grouyn. Son fils, « qui avoit été garçon cabaretier, dit Gui Patin, est aujourd'hui grand partisan et même un des gabelles. Il fait bâtir une maison de campagne à trois lieues d'ici. » Ce Grouyn, dont le fils était devenu un gros financier, céda son fonds à un autre cabaretier illustré par Boileau, Crenet,[2] qui sans doute aussi fit fortune et souche de financier.

Le cabaret de la *Croix de Lorraine* a droit d'être mentionné à son tour, car Chapelle l'a chanté, et c'est là que s'est faite la parodie de *Chapelain décoiffé*, dont Boileau avouait avoir fait quelques vers, « *currente lagena*, sans avoir, disait-il, jamais voulu en écrire un seul. » Où était le vieux cabaret dont l'enseigne, la *Croix de Lorraine*, rappelait, dit-on, les souvenirs de la Ligue? Il y a doute sur ce point. Ce qui est sûr, c'est qu'il n'était point au Marais, puisque Chapelle dit :

> C'était à la *Croix de Lorraine*,
> Lieu propre à se rompre le cou,

---

1. Jeunes fous, emportés par les vapeurs du vin,
   Qui sortent d'un repas de la *Pomme de pin*.
   (*Le Parisien...*, comédie de Champmeslé, le mari de la Champmeslé, acte 1er, sc. ix. — *Théâtre de Champmeslé*, t. Ier, p. 151.)

2. Un laquais effronté m'apporte un rouge bord
   D'un auvernat fumeux qui, mêlé de lignage,
   Se vendoit chez Crenet pour vin de l'Hermitage.
   (IIIe satire.)

> Tant la montée en est vilaine,
> Surtout quand, entre chien et loup,
> On en sort chantant mirdondaine. ¹

Et plus loin :

> Dutac, d'entre nous le plus sage,
> Ravi de voir les beaux esprits
> Quitter Marais et marécage
> Pour venir dans son voisinage
> Boire à l'autre bout de Paris. ²

La *Croix de Lorraine* n'est donc pas au Marais; elle est à l'autre bout de Paris. J'avais d'abord été tenté de croire, trompé par le vers de Chapelle, que la *Croix de Lorraine* était sur une des collines ou des buttes de Paris, et je cherchais laquelle; mais je me suis convaincu que dans la langue ordinaire du xviiᵉ siècle une *montée* signifiait aussi un escalier, et que Chapelle se plaignait seulement du mauvais escalier de son cabaret.

Parmi les cabarets où Racine venait retrouver ses amis, je ne dois point enfin oublier l'auberge de M. Poignant. M. Poignant était un officier ; il était de Château-Thierry et ami de La Fontaine, qui voulut se battre avec lui, parce qu'on lui avait

---

1. Lettre à M. le marquis de Jonzac, édit. de Chapelle par M. Tenant de la Tour, p. 207.
2. *Ibid.*, p. 209. En quelque lieu que fût située la *Croix de Lorraine*, ce n'était pas le seul cabaret que fréquentât Chapelle et qu'il cite dans ses vers. Oui, dit-il au marquis d'Effiat qui voulait le retirer de sa vie déréglée et l'emmener dans son château,

> Oui, si jamais bien désivré,*
> Et parfaitement délivré
> De la *Croix blanche* et de la *Sphère*,**
> Je suis, cet hiver, retiré
> Dans votre beau château, j'espère,
> Pour lors enfin vous pouvoir faire
> Peu de chose, mais à mon gré,
> Et qui soit digne de vous plaire...
>
> (*Ibid.*, p. 241. Œuvres de Chapelle, édit. de
> M. Tenant de la Tour.)

* Désenivré.
** Deux cabarets.

dit qu'il était l'amant de sa femme. Poignant, dans ses voyages à Paris, recevait à son auberge Racine et ses amis. Homme d'épée et ayant des amis qui étaient officiers, il les faisait boire avec ses amis poëtes et avec Racine, qui devait plus tard les retrouver à la cour et à l'armée, quand il suivit le roi comme historiographe.[1]

Un ambassadeur vénitien du XVIe siècle, voulant faire connaître au sénat de Venise non-seulement les affaires de la France, mais ses mœurs familières, n'a pas dédaigné de raconter « que les François ne dépensent pour nulle autre chose aussi volontiers que pour manger et pour faire ce qu'ils appellent bonne chère. C'est pourquoi les bouchers, les marchands de viande, les rôtisseurs, les revendeurs, les pâtissiers, les cabaretiers, les taverniers s'y trouvent en telle quantité que c'est une vraie confusion : il n'est rue tant soit peu remarquable qui n'en ait sa part... Les rôtisseurs et les pâtissiers, en moins d'une heure, vous arrangent un dîner, un souper pour dix, pour vingt, pour cent personnes... Les étrangers y accourent en foule, non-seulement les provinciaux qui viennent pour leur plaisir ou pour voir la cour, mais encore des Allemands, Flamands, Septentrionaux, Écossois, Anglois, Italiens, Espagnols, Portugais et autres. C'est un pêle-mêle et une confusion, non moins par la diversité que par le nombre. De là, tant d'hôtelleries et d'auberges, de chambres à louer et de tavernes.[2] »

Je ne suis pas étonné que Jérôme Lippomano, ambassadeur d'un peuple commerçant, ait voulu lui faire connaître les goûts et les penchants d'un peuple consommateur. Je ne crois pas ce-

---

1. Lettre de Racine à Boileau, 24 mai 1687 : « M. de Vauban m'a aussi abouché avec M. d'Espagne, gouverneur de Thionville, qui se signala tant à Saint-Gothard (la bataille de Saint-Gothard contre les Turcs, 1664), et qui m'a fait souvenir qu'il avoit souvent bu avec moi à l'auberge de M. Poignant. »

2. JÉRÔME LIPPOMANO, *Relations des ambassadeurs vénitiens*, t. II, p. 603, 605, 607.

pendant que la gourmandise soit le péché capital qui abonde le plus en France. Le plaisir de la bonne chère n'est pas seulement pour nous le plaisir de la table, c'est aussi celui de la société. Nous ne choisissons pas seulement nos mets, quoique nous mettions du goût, de l'art, de la vanité à les bien choisir; nous voulons aussi choisir nos convives et nos compagnons, de telle sorte que dans notre goût de la bonne chère il y a aussi le goût de la conversation et le goût d'un certain luxe ou d'une certaine élégance. Ailleurs, les dîners sont bien cuits, bien assaisonnés, bien servis; il faut de plus, chez nous, qu'ils soient bien *causés*. C'est un mot et une qualité qu'il faut garder. On se tromperait donc beaucoup si l'on croyait que les réunions des beaux esprits du temps ne se faisaient que pour le plaisir de boire et de manger; on mangeait et on buvait, mais on causait et on parlait autant au moins qu'on buvait. C'est là que se faisaient les bons mots, les vaudevilles, les chansons à boire; les plus graves en faisaient, témoin Boileau, qui n'a pas oublié dans le recueil de ses poésies deux chansons à boire qu'il avait faites, l'une à dix-sept ans, au sortir de son cours de philosophie,[1] l'autre à Baville, chez le premier président de Lamoignon, où était le père Bourdaloue.[2]

1.   *1er Couplet de la chanson faite à dix-sept ans.*

    Philosophes rêveurs qui pensez tout savoir,
    Ennemis de Bacchus, rentrez dans le devoir.
      Vos esprits s'en font trop accroire.
    Allez, vieux fous, allez apprendre à boire.
      On est savant quand on boit bien,
      Qui ne sait boire ne sait rien.

2.   Que Baville me semble aimable,
    Quand des magistrats le plus grand
    Permet que Bacchus, à sa table,
    Soit notre premier président.
    . . . .
    Si Bourdaloue, un peu sévère,
    Nous dit : Craignez la volupté;
    Escobar, lui dit-on, mon père,
    Nous la permet pour la santé.

Chose singulière : dans le groupe de nos beaux esprits, c'est Boileau qui paraît avoir, à ce moment de notre histoire, le plus d'entrain et de gaieté. Il avait au faubourg Saint-Germain, rue du Vieux-Colombier, un appartement où il donnait à souper à ses amis deux ou trois fois la semaine. C'est là qu'ils se communiquaient leurs ouvrages et se moquaient de leurs contemporains; c'est là, dit-on, qu'était toujours ouverte sur la table la *Pucelle* de Chapelain, et celui qui avait manqué aux statuts de la réunion, celui qui se servait d'un mot précieux ou suranné, celui qui ne prenait pas de bonne humeur les critiques qu'on faisait de ses ouvrages, était condamné, en punition de sa faute, à lire un plus ou moins grand nombre de vers du poëme. On reconnaît à ce châtiment grotesque la perpétuelle moquerie dont Boileau, Racine, La Fontaine et les hommes de leur école usèrent contre Chapelain. Chapelain était par sa renommée, avant la publication de la *Pucelle*, et par son crédit à la cour, dont il avait fait un usage utile aux auteurs et utile à Racine lui-même, Chapelain était le roi des beaux esprits. C'est cette royauté que Racine et Boileau s'attachèrent à détruire. Ils y réussirent, aidés surtout par les vers de Chapelain, qu'il était plus facile d'admirer de confiance que de lire avec plaisir. Il ne faut pas croire, en effet, que Racine et Boileau fussent les seuls critiques de la *Pucelle*. Dans la société même qui aimait Chapelain plutôt encore comme homme que comme poëte, un poëte mondain, Saint-Pavin, exprimait avec une liberté discrète ce qu'on pensait, en général, de la *Pucelle* dans le sonnet suivant :

> Je vous dirai sincèrement
> Mon sentiment de la Pucelle.
> L'art et la grâce naturelle
> S'y rencontrent également.
>
> Elle s'explique fortement,
> Ne dit jamais de bagatelle,
> Et sa conduite paroît telle,
> Qu'on peut la louer hautement.

Elle est superbe et bien parée;
Sa beauté sera de durée;
Son éclat peut nous éblouir.

Mais enfin, bien qu'elle soit belle,
L'on ira rarement chez elle,
Quand on voudra se réjouir.[1]

Boileau, à ce moment, n'est pas seulement l'amphitryon de ses amis, outre qu'il est aussi leur aristarque littéraire; il semble, à prendre ses ouvrages, qu'il est très-mêlé à tout ce monde de buveurs, de gourmands, d'hommes d'esprit et d'hommes de lettres qui faisaient la réputation et la fortune des grands cabarets du temps. Il sait aussi bien que les meilleurs gourmets les noms des gros marchands de vin, des bons cuisiniers et des bons pâtissiers; il sait aussi quelles sont les habitudes et les mœurs des hommes qui se piquent d'avoir le goût et le talent de la table. Demandez-lui ses conseils; ils ne s'appliquent pas seulement à l'art poétique. Pour bien dîner, il faut prendre son vin chez Boucingo.[2] Mais, même pris chez Boucingo, il faut goûter le vin et reconnaître s'il n'est pas mélangé. Boileau ne s'y trompe pas.

. . . .
A peine (dit-il) ai-je senti cette liqueur traîtresse,
Que de ces vins mêlés j'ai reconnu l'adresse.
(IIIe satire.)

Les poëtes du temps se piquent de se connaître en bons

---

1. Saint-Pavin, mort en 1670. *Recueil des poëtes* de Barbin, 1692, t. IV, p. 378.

2.   . . . . . J'ai quatorze bouteilles
D'un vin vieux... Boucingo n'en a point de pareilles.
(BOILEAU, IIIe satire.)

Boucingo, comme traiteur à la mode, est aussi chanté par Chapelle dans le couplet suivant :

. . . . . Boucingo
Dès son âge le plus tendre
Posséda la sauce à Robert,
Avant même qu'il pût apprendre
Ni son *Ave* ni son *Pater*.
(CHAPELLE, p. 131, édit. Tenant de la Tour.)

vins. Boursault fait une épigramme contre trois célèbres traiteurs de son temps qui, non contents d'enfler la carte à payer, mélangeaient affreusement leurs vins.

> Forel, Rousseau, Lamy, nous sommes convaincus
> Que chez vous on nous vole,
> Et que pour deux écus
> On compte une pistole.
> Nous vous pardonnons cet abus;
> Mais renoncez à l'injuste maxime
> De mélanger le vin dans nos repas;
> C'est assez de commettre un crime :
> Volez, mais n'empoisonnez pas.
> (*Lettres de Boursault*, t. II, p. 167.)

La satire du Festin ridicule, dans Boileau, est un témoignage de l'estime que les beaux esprits faisaient de la bonne chère. Car ce que le poëte reproche à son hôte, c'est qu'il a la prétention de s'entendre en bonne chère et qu'il n'y comprend rien. Que de fautes, en effet, contre le bon goût et le bon ton!

> Point de glace, bon Dieu, dans le fort de l'été!
> Au mois de juin!...

Chapelle, dans un dîner fait à la *Croix de Lorraine*, n'a-t-il pas montré quelle était l'importance de la glace? Il décrit tous ses convives :

> Après lui, l'abbé du Broussin,
> En chemise, montrant son sein,
> Remplissoit dignement sa place,
> Et prenoit soin d'un seau de glace
> Qui rafraîchissoit notre vin.
> (CHAPELLE, édit. de la Tour, p. 208.)

L'abbé du Broussin était un des membres les plus fameux de l'ordre des Coteaux, cet ordre dont Boileau parle dans sa troisième satire, et qui, selon une note de sa main, « fut établi au Marais chez MM. du Broussin et autres friands ainsi surnommés pour la connoissance dont ils se piquoient de quels coteaux étoient les meilleurs vins de Champagne.[1] » L'ordre des Coteaux,

---

1. *Correspondance de Boileau et de Brossette*, supplément, p 477.

d'abord très-restreint, s'étendit avec le temps, et La Bruyère, dans son chapitre des Grands, dit que pour tout mérite les grands « se contentent d'être gourmets des *Coteaux*. [1] » Nous pourrions, à l'aide des souvenirs qu'ont laissés dans les mémoires du temps les principaux gourmets des Coteaux, gens de cour, gens de lettres, gens de finance, nous pourrions faire en quelque sorte l'histoire de la bonne chère au XVIIe siècle, montrer la part que les beaux esprits prenaient aux plaisirs de la table et le genre de vie que menaient Racine et ses amis en traversant cette société moitié de la cour et moitié de la ville, moitié mondaine et moitié littéraire. Dans cette société de plaisirs, il y avait, pour ainsi dire, deux courants différents : l'un de ceux qui mettaient surtout la bonne chère à bien boire et bien manger, n'excluant point l'esprit et la poésie, mais les prenant comme un accessoire et rien de plus; l'autre de ceux qui, sans exclure la bonne chère et ses recherches de bon goût, faisaient cependant de la causerie littéraire la vraie cause de leur réunion.

Signalons en passant ces deux courants si voisins et si différents, et notons en parlant du premier les écueils que Racine et ses amis ont côtoyés et évités. Dans le premier, je mets, parmi les hommes de cour, le comte d'Olonne, Sablé, Bois-Dauphin, [2] le comte d'Harcourt. [3] A côté d'eux sont Faret

---

1. *La Bruyère*, édit. de M. Gustave Servois, t. Ier, p. 346.
2. *Les Historiettes* de Tallemant des Réaux, t. III, p. 171, article de Bois-Robert : « Bois-Robert fit une satire contre d'Olonne, Sablé, Bois-Dauphin et Saint-Évremond que l'on appeloit *les Coteaux*. Cela vient de ce qu'un M. du Mans (l'évêque du Mans, Lavardin), qui tient table, se plaignoit fort de la délicatesse de ces trois messieurs, et disoit qu'en France il n'y avoit pas quatre coteaux dont ils approuvassent le vin. Le nom de *coteaux* leur demeura, et même on nomme ainsi ceux qui sont trop délicats et qui se piquent de raffiner en bonne chère. »
3. Tallemant dit, t. VI, p. 157, que le comte d'Harcourt avait fait en sa jeunesse une espèce de vie de goinfre : « Il avoit fait une confrérie de monosyllabes, c'est ainsi qu'ils l'appeloient, où chacun avoit une épithète : lui s'appeloit *le rond*, il est gros et court; Faret, *le vieux*; Saint-Amand se nommoit *le gros*. »

et Saint-Amand, que je prendrais volontiers pour représentants des beaux esprits qui, sans oublier les lettres, se sont cependant laissés aller à faire de la bonne chère le principal de leur vie.

Faret, dans son *Traité de l'honnête homme,* [1] se plaint de la mauvaise renommée que lui a faite la consonnance de son nom avec cabaret. « Je ne suis guère d'humeur, dit-il (p. 103), à me débiter pour autre que je ne suis. Aussi n'ai-je garde de vouloir me faire passer pour une personne qui soit réglée en sa vie. Et certes le tracas et le désordre dans lequel roulent tous ceux qui sont engagés à la suite de la cour ne leur permet pas d'exercer ces belles vertus, qui requièrent ce doux et paisible état de vie après lequel je soupire de si bon cœur. Néanmoins, je puis dire avec vérité, et de cette vérité peuvent être témoins tous ceux de qui je suis particulièrement connu, que jamais je n'ai exposé ma raison au hasard d'être surprise d'aucun excès. Que si l'amour des honnêtes gens et de leur conversation m'a fait passer avec ceux que j'ai connus une partie de ma vie dans d'honnêtes réjouissances et parmi des plaisirs innocents, j'ai sujet de louer mon bonheur d'avoir ainsi vécu, plutôt que d'avoir regret de m'être trouvé dans ces compagnies. Cependant, je ne sais comment il s'est rencontré que mon nom, par malheur, rime si heureusement à *cabaret,* que les bons et les mauvais poëtes, mes amis et les inconnus, confusément et avec même liberté, se sont servis de cette rime qu'ils trouvoient si commode, et l'ont rendue si publique que la plupart de ceux qui ne me connoissent pas bien s'imaginent que je suis quelque bouchon de taverne ou quelque goinfre qui ne désenivre jamais. De même, en une des meilleures assemblées de France, où l'on donnoit à chacun une épithète qui exprimoit quelque défaut ou quelque vertu de celui à qui il étoit imposé, j'eus celui [2] de *vieux,* parce qu'à ma mine je paroissois avoir dix ans

---

1. *L'Honnête homme, ou l'art de plaire à la cour,* par le sieur Faret, de l'Académie françoise. Paris, 1681. — Le permis d'imprimer est de 1678.
2. Épithète était encore masculin.

de plus que je n'avois en effet. Depuis ce temps-là, mes amis et plusieurs personnes de qualité se sont tellement accoutumés à m'appeler ainsi, qu'il est arrivé plus d'une fois que l'on a eu de la peine à me faire passer pour moi-même à d'aucuns qui ne m'avoient jamais vu, parce que je n'avois pas une grande barbe blanche ni aucune marque de vieillard.[1] »

Je ne connais pas de page de mémoires qui raconte mieux que cette citation la vie des hommes de lettres qui se sont trop livrés aux plaisirs de la table. Faret n'est ni un goinfre ni un bouchon de taverne; c'est un homme de bonne compagnie qui n'a eu que le tort de « rouler dans le désordre de la cour » et qui aurait mieux aimé « un plus paisible état de vie; » mais il était d'une assemblée ou confrérie; il aimait « les honnêtes réjouissances » qui accompagnent « la conversation des honnêtes gens; » il avait enfin un nom qui rimait fort commodément à cabaret, dans le temps où les cabarets étaient encore le rendez-vous de la bonne compagnie. De là la réputation qui lui a été faite par les poëtes et qu'a fort aggravée dans la postérité le déclin même des cabarets.

Parmi les poëtes qui ont le plus nui à Faret en l'affublant à tout propos de la consonnance de cabaret, il faut compter son ami Saint-Amand. Quand Faret songeait à cette vie paisible dont il avait le regret, et qu'il voulait emmener Saint-Amand avec lui dans la Bresse qui était son pays : « Qui te porte à ce beau projet? » lui disait celui-ci,

> Parle, cher ami, je t'en prie,
> Si tu ne veux que je m'écrie :
> On fait à savoir que Faret
> Ne rime plus à cabaret.

J'ai parlé d'un second et meilleur courant composé des hommes de cour et des hommes de lettres qui, aux plaisirs de la bonne chère dont ils se piquaient de connaître les raffinements, mêlaient surtout les plaisirs de la causerie et les

---

1. *L'Honnête homme, ou l'art de plaire à la cour*, par Faret, p. 103, 104, 105.

jouissances de l'esprit. Les trois représentants que je veux prendre de cette élite des gourmets sont pour les gens de lettres Saint-Évremond et Boileau, que je rapproche, malgré la différence de leur réputation en tout le reste, à cause de leur ressemblance imprévue sur ce point; et pour les gens de cour le duc de Vivonne, qui, ayant été dans sa jeunesse le compagnon de Racine et de Boileau au cabaret, resta leur ami à la cour.

L'exil de Saint-Évremond l'a empêché de prendre part en France aux réunions des raffinés de la bonne chère et du bel esprit; mais il est, quoique absent, le docteur de l'école. Seulement Saint-Évremond n'est ni du temps ni du monde de Racine et de Boileau. Il est plus ancien, il est de la Régence. Il n'était pas du parti de la Fronde, mais son esprit était trop frondeur pour s'accommoder de l'obéissance poussée jusqu'à l'enthousiasme que la France était en train d'avoir pour Louis XIV, et, comme il craignait d'être mis à la Bastille pour avoir raillé le traité des Pyrénées,[1] il aima mieux renoncer à sa patrie qu'à la liberté, et resta toute sa vie exilé pour rester indépendant.

A Paris, la causerie du cabaret était libre sur presque tous les points; mais il y en avait de réservés :

> Les rois, les princes, les ministres,
> Les monarques ont les mains longues,

disait, dans son poëme de *Paris ridicule,* Claude Petit, qui fut, dit-on, brûlé à Paris, en place de Grève, en 1668, comme auteur de vers impies;[2]

> Ils vous attrapent sans courir
> Et n'aiment point à discourir
> Avec un peseur de diphthongues.

---

1. Il reprochait à Mazarin d'avoir abandonné par ce traité les Pays-Bas qu'il aurait pu avoir. Il croyait que cette conquête valait mieux que le mariage de l'infante.
2. Cette histoire de Claude Petit, brûlé en 1668, est douteuse. On peut

Boileau lui-même, au commencement de la septième satire, a soin de restreindre prudemment les limites de la satire. C'est un méchant métier, dit-il,

> Que celui de médire.
> A l'auteur qui l'embrasse il est toujours fatal :
> Le mal qu'on dit d'autrui ne produit que du mal.
> Maint poëte, aveuglé d'une telle manie,
> En courant à l'honneur trouve l'ignominie,
> Et tel mot, pour avoir réjoui le lecteur,
> A coûté bien souvent des larmes à l'auteur.

Quant à Saint-Évremond, il croyait que le bon goût des auteurs était la seule limite qu'il fallût imposer à la liberté de la conversation et de la littérature, limite excellente, il est vrai, avec des esprits comme Saint-Évremond. Il n'y a, en effet, dans Saint-Évremond rien du tribun, rien du sectaire ; c'est un mondain, et il ne veut pas d'autres libertés que celles de la bonne compagnie ; mais il veut toutes celles-là.

> J'ai vu le temps de la bonne régence,

dit-il dans des stances adressées à Ninon de Lenclos.

> . . . .
> Une politique indulgente
> De notre nature innocente
> Favorisoit tous les désirs ;
> Tout goût paroissoit légitime ;
> La douce erreur ne s'appeloit point crime ;
> Les vices délicats se nommoient des plaisirs.
> Meubles, habits, repas, danses, musique
> Un air facile avec la propreté ;
> Rien de contraint ; pas trop de liberté...
> L'art de flatter en parlant librement,
> L'art de railler toujours obligeamment,

cependant trouver une allusion à cette triste aventure dans les vers de l'*Art poétique,* chant IIe, sur la satire :

> Toutefois n'allez pas, goguenard dangereux,
> Faire Dieu le sujet d'un badinage affreux.
> A la fin tous ces jeux que l'athéïsme élève
> Conduisent tristement le plaisant à la Grève.

Il y a aussi un Louis Petit, qui publia en 1686 des *Discours satiriques et moraux, ou satires générales,* dédiées à M. de Montausier.

> En ce temps seul étoient choses connues,
> Auparavant nullement entendues;
> Et l'on pourroit aujourd'hui sûrement
> Les mettre au rang des sciences perdues.
>
> (Saint-Évremond, t. III, p. 294 et 295.)

En parlant ainsi Saint-Évremond avait l'idée d'une politique, d'une morale, d'une société, d'une conversation à l'usage seulement des gens d'esprit. Il semble bien aussi avoir l'idée d'une bonne chère à leur usage, quand, ayant appris que le comte d'Olonne avait été exilé de la cour, dans sa terre de Montmirel, pour quelques libres propos contre le roi, il lui écrit comment il faut vivre dans l'exil pour l'adoucir et surtout quelle chère il y faut faire. « S'il y a d'honnêtes gens au lieu où vous êtes, leur conversation pourra vous consoler des commerces que vous avez perdus; et si vous n'y en trouvez pas, les livres et la bonne chère vous peuvent être d'un grand secours et d'une assez douce consolation. Je vous parle en maître qui peut donner des leçons; non pas que je présume beaucoup de la force de mon esprit; mais je pense avoir quelque droit à prendre de l'autorité sur les nouveaux disgraciés, par une longue expérience des méchantes affaires et des malheurs[1]... Accommodez, autant qu'il vous sera possible, votre goût à votre santé; c'est un grand secret de pouvoir concilier l'agréable et le nécessaire en deux choses qui ont été presque toujours opposées. Pour ce grand secret, néanmoins, il ne faut qu'être sobre et délicat. Et que ne doit-on pas faire pour apprendre à manger délicieusement aux heures du repas, ce qui tient l'esprit et le corps dans une bonne disposition pour toutes les autres? On peut être sobre sans être délicat, mais on ne peut jamais être délicat sans être sobre. Heureux qui a les deux qualités ensemble, il ne sépare point son régime d'avec son plaisir! — N'épargnez aucune dépense pour avoir des vins de Champagne, fussiez-vous à deux cents lieues de Paris. Ceux de Bourgogne ont perdu leur crédit

---

[1]. Saint-Évremond, t. III, p. 285.

avec les gens de bon goût, et à peine conservent-ils un reste de vieille réputation chez les marchands. Il n'y a point de province qui fournisse d'excellents vins pour toutes les saisons que la Champagne. Elle nous fournit le vin d'Ay, d'Avenet, d'Auvilé, jusqu'au printemps; Tessy, Sillery, Versenay, pour le reste de l'année.

. . . .

« Ayez peu de curiosité pour les viandes rares et beaucoup de choix pour celles qu'on peut avoir commodément. Un potage de santé bien naturel, qui ne sera ni trop peu fait, ni trop consommé, se doit préférer pour un ordinaire à tous les autres, tant par la justesse de son goût que par l'utilité de son usage[1]... Que tous mélanges et compositions de cuisine, appelés ragoûts ou hors-d'œuvre, passent auprès de vous pour des espèces de poisons. Si vous n'en mangez qu'un peu, ils ne vous feront qu'un peu de mal; si vous en mangez beaucoup, il n'est pas possible que leur poivre, leur vinaigre et leurs oignons ne ruinent à la fin votre goût et n'altèrent bientôt votre santé.[2] »

---

[1]. Boileau est, pour le potage, de l'école de Saint-Évremond. Il n'aime pas les soupes accommodées et assaisonnées.

> Que vous semble, a-t-il dit, du goût de cette soupe?
> Sentez-vous le citron dont on a mis le jus
> Avec des jaunes d'œuf mêlés dans du verjus?
> (Satire IIIe.)

[2]. SAINT-ÉVREMOND, t. III, p. 288, 289, 290, 292.

Ici encore Boileau est de l'école de Saint-Évremond. Il réprouve les sauces et les ragoûts. Son hôte ridicule en fait grand cas :

> Ma foi, vive Mignot et tout ce qu'il apprête!
> Les cheveux cependant me dressoient à la tête :
> Car Mignot, c'est tout dire, et dans le monde entier
> Jamais empoisonneur ne sut mieux son métier...

Et plus loin, l'hôte ridicule continuant toujours l'éloge de son repas :

> Ma foi, tout est passable, il le faut confesser,
> Et Mignot, aujourd'hui, s'est voulu surpasser.
> Quand on parle de sauce, il faut qu'on y raffine;
> Pour moi, j'aime surtout que le poivre y domine.
> (Satire IIIe.)

Rien ne manque à ce traité de la bonne chère, pas même ce qu'il faut de morale pour avoir un bon estomac. Seulement cette bonne chère n'a ni gaieté ni entrain, et c'est par là qu'elle s'éloigne des cabarets de Chapelle, de Racine et de Boileau. Saint-Évremond fait trop un art et une doctrine de ce qui doit rester un plaisir.

Parmi les gens de cour, le duc de Vivonne a bien plus que Saint-Évremond la verve et l'entrain des réunions du cabaret ; il a en outre l'esprit le plus vif et les reparties les plus piquantes. « C'étoit l'homme, dit Saint-Simon, le plus naturellement plaisant et avec le plus d'esprit et de sel, et le plus continuellement, dont j'ai ouï faire au feu roi cent contes meilleurs les uns que les autres, qu'il se plaisoit à raconter.[1] » Et ce n'était pas seulement avec le roi et pour faire sa cour que Vivonne avait cette gaieté et ce don de plaisanterie piquante ; il l'avait avec Racine et Boileau, avec les poëtes qui étaient les amis et les commensaux de sa jeunesse. Boileau, lui écrivant en 1676, après la prise de Messine et sa victoire navale sur Ruyter, lui parle des soupers qu'il venait autrefois faire chez lui ; il lui en parle en homme qui ne doute pas un instant que le grand seigneur et l'homme d'esprit, devenu un héros, ne vienne encore volontiers souper chez lui,[2] et qu'il ne soit toujours disposé à parler entre amis de Chapelain et de Quinault, les anciennes victimes de ces réunions littéraires dont nous recherchons les souvenirs.[3]

Ainsi entre Boileau et le duc de Vivonne, c'est plus qu'une confrérie de table ou de littérature : c'est une véritable amitié,

---

1. Saint-Simon, t. VII, p. 55.
2. « Êtes-vous encore le même grand seigneur qui venoit souper chez un misérable poëte, et y porteriez-vous sans honte vos nouveaux lauriers au second et au troisième étage? » (*Lettres de Boileau*, — lettre 5ᵉ au duc de Vivonne, p. 18.)
3. « Tout passionné que je suis pour votre gloire, je chéris encore plus votre personne et j'aimerois encore mieux vous entendre parler ici de Chapelain et de Quinault que d'entendre la renommée parler si avantageusement de vous. » (*Ibid.*, p. 18.)

et le poëte n'a pas tort de dire dans sa huitième épître, parlant de sa vie,

> Que plus d'un grand l'aima jusques à la tendresse.

J'ai déjà remarqué que Boileau, qui de loin nous paraît le plus sévère des grands poëtes du temps, est, quand on y regarde de près, le plus joyeux compagnon de nos quatre hommes de génie, Molière, La Fontaine, Racine et lui. Dès sa jeunesse, il reçoit ses amis chez lui, rue du Vieux-Colombier, et leur donne à souper avec les gens de cour les plus relevés, témoin le duc de Vivonne. Dans ces réunions, il excelle à mimer et à parodier les auteurs et les acteurs à la mode; il se connaît en bonne chère, distingue et estime les bons vins, et veut en vrai gourmet parisien manger des petits pois au moi de mai.[1] C'est encore Boileau qui, au temps de son âge mûr, accrédité et bien venu à la cour, prend aisément son rang, sans orgueil et sans fausse modestie, reçoit chez lui à Auteuil les grands seigneurs, et ceux-là surtout qu'il recevait rue du Vieux-Colombier. Ses lettres sont pleines des témoignages de cette vie honorable et aimable, digne et aisée, qu'il avait su se faire et qu'il avait fait accepter par tout le monde. Quand, en 1699, M. de Pontchartrain est

---

1. Si on le reprend, dit-il, à assister une seconde fois à un festin ridicule, il consent

> Qu'à Paris le gibier manque tous les hivers
> Et qu'à peine au mois d'août on mange des pois verts.
> (Satire IIIe.)

Mme de Maintenon écrit au cardinal de Noailles, archevêque de Paris, le 18 mai 1696 : « Il y a huit jours que je succombe à la tristesse de n'entendre rien dire de raisonnable. Le chapitre des pois dure toujours; l'impatience d'en manger, le plaisir d'en avoir mangé et la joie d'en manger encore, sont les trois points que nos princes traitent depuis quatre jours. Il y a des dames qui, après avoir soupé avec le roi, et bien soupé, trouvent des pois chez elles pour manger avant de se coucher, au risque d'une indigestion. C'est une mode, une fureur, et l'une suit l'autre. Vous avez d'étranges brebis, monseigneur! » (*Lettres de Mme de Maintenon*, édit. Auger, lettre 8e, t. II, p. 164.)

nommé chancelier, Boileau, lié avec son fils, le félicite « de
ce nouveau titre de grandeur qui entre dans sa maison »
et lui demande, en plaisantant, s'il le verra encore venir
faire à Auteuil, « chez lui, de ces repas *sine aulæis et ostro*,[1]
que Mécénas faisoit avec le bon Horace;[2] » et comme on avait
parlé de ces repas d'Auteuil, et qu'on en faisait bruit, pour
prêter un ridicule au poëte, Boileau rappelle gaiement que
le premier de ces fameux repas « lui coûta huit livres dix
sols.[3] » Ailleurs, félicitant M. le comte de Revel, qui était
un de Broglie, de la gloire qu'il s'était acquise en reprenant
Crémone : « Avant donc, dit-il, que vous ayez le bâton de ma-
réchal et que nous soyons réduits par une indispensable bien-
séance à vous appeler *Monseigneur,* trouvez bon, monsieur,
que je vous parle encore aujourd'hui sur ce ton familier,
auquel vous m'aviez autrefois accoutumé chez la fameuse
Champmeslé. Vous étiez alors assez épris d'elle et je doute que
vous en fussiez rigoureusement traité.[4] » Ainsi à l'idée du Boileau grondeur et sévère que la postérité s'est faite à tort, il
faut, selon moi, substituer l'idée d'un Boileau aimant le monde
et aimé du monde, avenant et bien venu, aussi disposé à Auteuil que dans la rue du Vieux-Colombier à recevoir les beaux
esprits et les hommes de cour, ses amis; gardant jusque
dans sa vieillesse la joyeuseté de la bourgeoisie parisienne
et du *Lutrin.* Ajoutons, comme un dernier trait de bon sens,
de bonne humeur et de bon cœur, que, d'une part, il soigne et
règle sa vie de vieillard plutôt que de s'en plaindre, et que,

1. Sans tapis et sans pourpre.
2. « Mais, monseigneur, le nouveau titre de grandeur qui entre dans
votre maison vous laissera-t-il le même que vous avez toujours été?
Puis-je espérer de trouver dans le fils d'un chancelier le même ami tendre
et officieux que je trouvois dans le fils d'un contrôleur général des finances?
Et Auteuil oseroit-il se flatter de vous voir encore chez moi faire de ces
repas *sine aulæis et ostro,* que Mécénas faisoit avec le bon Horace? » (*Lettres
de Boileau à diverses personnes,* édit. Berryat-Saint-Prix, t. IV, p. 82.)
3. *Ibid.*, p. 105.
4. *Ibid.*, p. 103.

d'autre part, il regrette affectueusement les amis que la mort lui a enlevés. Voyez pour le premier de ces deux traits cette lettre de 1703 à M. Leverrier, chez lequel il n'avait pas voulu rester à souper :

« N'êtes-vous plus fâché, monsieur, du peu de complaisance que j'eus hier pour vous? Non, sans doute, vous ne l'êtes plus et je suis persuadé qu'à l'heure qu'il est vous goûtez toutes mes raisons. Supposé pourtant que votre colère dure encore, je m'offre d'aller aujourd'hui chez vous à midi et demi vous prouver, le verre à la main, par plus d'un argument en forme, qu'un homme comme moi n'est point obligé de préférer son plaisir à sa santé, ni de demeurer à souper, même avec la meilleure compagnie du monde, quand il sent que cela le pourroit incommoder et quand il a pour s'en excuser soixante-six raisons, aussi bonnes et aussi valables que celles que la vieillesse avec ses doigts pesants m'a jetées sur la tête.[1] »

Voyez pour le second trait cette lettre écrite en 1695 à M. Maucroix, l'ami de La Fontaine :

« Il me semble, monsieur, que voilà une longue lettre. Mais quoi? le loisir que je me suis trouvé aujourd'hui à Auteuil m'a comme transporté à Reims, où je me suis imaginé que je vous entretenois dans votre jardin et que je vous revoyois encore, comme autrefois, avec tous ces chers amis que nous avons perdus et qui ont disparu *velut somnium surgentis*.[2] »

Enfin, pour achever de justifier le portrait que nous faisons de Boileau, disons que ses ennemis ne s'étaient point trompés sur ces traits de bonne humeur et de joyeuseté mêlés à son caractère, et qu'ils les avaient exagérés jusqu'à en faire des vices odieux. Cotin, dans sa *Satire des satires*, publiée en 1666, accusait Boileau d'aimer les cabarets et d'y prêcher l'immoralité.[3]

---

1. *Lettres de Boileau*, t. IV, p. 111.
2. *Ibid.*, p. 71.
3.   Lieux d'honneur, cabarets dont il est amphibie,
    Réglez sur ce pied-là le cours de votre vie,

IX.

RACINE ET LA CHAMPMESLÉ.

En parlant des réunions que Racine et ses amis avaient au cabaret, je devais naturellement parler de beaucoup de choses et de beaucoup d'hommes, et peindre un coin de la société du temps. En parlant maintenant de l'amour de Racine pour Mlle de Champmeslé, il semble que je dois peindre seulement le grand poëte et la grande actrice épris l'un de l'autre. C'est un peu de cette manière que l'imagination de la postérité a voulu voir cette partie de la vie de Racine. Je suis fâché de dire que c'est là un pur roman. Les amours de Racine et de la Champmeslé n'ont rien de sentimental, et le récit qu'il faut en faire doit, pour être vrai, être mobile et varié.

La Champmeslé était une grande actrice qui a ravi tous ses contemporains ; mais ce n'était pas une héroïne de roman. Elle jouait les grandes passions, mais elle ne les ressentait qu'au théâtre et dans la mesure qu'il faut pour émouvoir les spectateurs. Hors du théâtre, c'était une femme aimable, point sentimentale et point héroïque. Louis Racine, qui n'a jamais pu pardonner à la Champmeslé d'avoir été aimée de son père, quoiqu'en même temps il révoque en doute ces amours, Louis Racine prétend que la Champmeslé manquait d'esprit. Il en ferait volontiers une belle sotte. C'est tout le contraire. Selon les contemporains, « elle n'étoit point jolie, quoique ses traits fussent agréables. Sa peau étoit brune, ses yeux petits et ronds; mais sa taille étoit bien prise, sa démarche et ses gestes gracieux et nobles, et le son de sa voix naturellement harmo-

> Et Priape et Bacchus, dont vous faites vos dieux,
> S'ils venoient vous prêcher, n'y prêcheroient pas mieux.

(Voir l'*Essai sur Boileau*, par M. Berryat-Saint-Prix, édit. de Boileau, t. Ier, p. 65.)

nieux. » M*me* de Sévigné dit « qu'elle étoit laide de près, et elle ne s'étonne pas que son fils, » qui en devint plus tard amoureux, « ait été suffoqué par sa présence ; mais quand elle dit des vers, elle est adorable.[1] »

Enfin, elle avait l'esprit de plaire. Je sais bien que, selon Marivaux, « personne n'a plus d'esprit que les jolies femmes, quand elles en ont un peu Les hommes ne savent plus alors la valeur de ce qu'elles disent ; en les écoutant parler, ils les regardent, et ce qu'elles disent profite de ce qu'ils voient.[2] » Personne n'a mieux exprimé que La Fontaine, dans les deux lettres qui nous restent de lui à la Champmeslé, le genre de charme et d'amabilité de la grande actrice, et il n'est pas à croire qu'il l'eût trouvée aimable à ce point, si elle n'eût été qu'une belle sotte. A en croire les vers de La Fontaine, dans le prologue de *Belphégor*, il n'avait point été l'amant de M*lle* de Champmeslé ; il aurait bien voulu l'être :

> De mes Philis vous seriez la première ;
> Vous auriez eu mon âme tout entière,
> Si de mes vœux j'eusse plus présumé ;
> Mais en aimant, qui ne veut être aimé ?
> Par des transports n'espérant pas vous plaire,
> Je me suis dit seulement votre ami,
> De ceux qui sont amants plus d'à demi,
> Et plût au sort que j'eusse pu mieux faire.
> (LA FONTAINE, *Belphégor*, livre V des *Contes*.)

Grâce à cette impartialité malgré lui, le témoignage de La Fontaine sur l'amabilité de la Champmeslé a d'autant plus d'autorité. Ses lettres en expriment le charme d'une façon naïve et gracieuse : « Je suis à Chaury,[3] mademoiselle. Jugez si je dois penser à vous, moi qui ne vous oublierois pas au milieu de la plus brillante cour. M. Racine avoit promis de

---

1. Lettre du 15 janvier 1672.
2. *Marianne*, 1re partie.
3. Abréviation du nom de Château-Thierry, encore en usage aujourd'hui dans cette ville. (Note de M. Walkenaer, édit. de La Fontaine, 1835.)

m'écrire; pourquoi ne l'a-t-il pas fait? Il auroit sans doute parlé de vous, n'aimant rien tant que votre charmante personne; ç'auroit été le plus grand soulagement à la peine que j'éprouve à ne plus vous voir. S'il savoit que j'ai suivi en partie les conseils qu'il m'a donnés, sans cesser pourtant d'être fidèle à la paresse et au sommeil, il auroit peut-être par reconnoissance mandé de vos nouvelles et des siennes : mais véritablement je l'excuse; aussi bien les agréments de votre société remplissent tellement les cœurs que toutes les autres impressions s'affoiblissent. — Que vous aviez raison, mademoiselle, de dire qu'ennui galoperoit avec moi, devant que j'aie perdu de vue les clochers du grand village![1] C'est chose si vraie que je suis présentement d'une mélancolie qui ne pourra, je le sens, se dissiper qu'à mon retour à Paris.

> A guérir un atrabilaire,
> Oui, Champmeslé saura mieux faire
> Que de Fagon[2] tout le talent;
> Pour moi, j'ose affirmer d'avance
> Qu'un seul instant de sa présence
> Peut me guérir incontinent.

« Bois, champs, ruisseaux et nymphes des prés ne me touchent plus guère depuis que vous avez enchaîné le bonheur près de vous; aussi compté-je partir bientôt. Toutefois je m'occupe si peu de mes affaires que je ne sais quand elles finiront. C'est chose de dégoût que compte, vente, arrérages; parler votre langage est mieux mon fait; mais n'allez pas imaginer que je prétende parler si bien que vous, c'est chose impossible et que je ne tenterai de ma vie. — Voulez-vous engager M. Racine à m'écrire? vous ferez œuvre pie, j'en réponds. J'espère qu'il me parlera de vos triomphes; en quoi je suis d'autant plus persuadé que la matière ne lui manquera pas. Je me flatte qu'il m'écrira aussi que vous pensez à moi, assurant que ce

---

1. Les clochers de Paris.
2. Fagon, médecin de la cour.

sera la nouvelle la plus agréable à apprendre et que jamais vous ne trouverez de serviteur plus fidèle ni plus dévoué que

« De La Fontaine. [1] »

La Fontaine n'est pas seulement l'ami de la Champmeslé; il en est, pour ainsi dire, l'historien. Dans cette première lettre, en 1676, il n'est question que de Racine; dans la seconde, en 1678, Racine n'est plus cité; il n'est question que de La Fare, peu constant ami de Mme de la Sablière, peu constante elle-même, et de M. de Clermont-Tonnerre, qui a détrôné Racine du cœur de la Champmeslé. Celui-ci, dédaignant ou dédaigné, a pris le parti de se marier et de renoncer aux amours de théâtre. La Fontaine, sans s'étonner ni s'affliger de ces changements de goûts ou de caprices amoureux de la part de la Champmeslé, reste son ami fidèle, espérant peut-être toujours quelque occasion qui lui permettrait d'être plus qu'un ami, se contentant de louer celle qu'il trouve aimable et de louer aussi les nouveaux maîtres du logis qu'il ne déserte pas. « Comme vous êtes la meilleure amie du monde, aussi bien que la plus agréable, dit-il dans cette seconde lettre, et que vous prenez beaucoup de part à ce qui regarde vos amis, il est à propos de vous mander ce que font ceux qui ne vous ont pas suivie... La chaleur et votre absence nous jettent tous en d'insupportables langueurs. Quant à vous, mademoiselle, je n'ai pas besoin que l'on me mande ce que vous faites : je le vois d'ici. Vous plaisez depuis le matin jusqu'au soir et accumulez cœurs sur cœurs. Tout sera bientôt au roi de France[2] et à Mlle de Champmeslé. Mais que font vos courtisans? Car pour ceux du roi, je ne m'en mets pas autrement en peine. Charmez-vous l'ennui, le malheur au jeu, toutes les autres disgrâces de M. de La Fare? Et M. de Tonnerre? Rapporte-t-il toujours au logis quelque petit gain? Il ne sauroit plus en

---

1. *Lettres diverses*, lettre 17e. *OEuvres complètes de La Fontaine*, édit. Walkenaer.
2. Campagne de 1678, victoires de Loui XIV.

faire de grands après l'acquisition de vos bonnes grâces. Tout le reste n'est qu'un surcroît de peu d'importance, et quiconque vous a gagnée ne se doit que médiocrement réjouir de toutes les autres fortunes. Mandez-moi s'il n'a point entièrement oublié le plus fidèle de ses serviteurs et si vous croyez qu'à mon retour il continuera de m'honorer de ses niches et de ses brocards. [1] » Cette lettre a une nuance de louange convenue et presque de cérémonie qui fait sentir que l'actrice a pour amant un homme de cour au lieu d'un poëte. Je suis tenté aussi de reprocher à La Fontaine sa facilité à se prêter *aux brocards et aux niches* de M. de Clermont-Tonnerre ; et, à voir le ton différent des deux lettres, je soupçonne que Mlle de Champmeslé a cru grandir en passant du poëte au grand seigneur.

Avec sa facilité de vie et d'humeur, La Fontaine n'était pas seulement l'ami de Mlle de Champmeslé et de ses amants ; il était aussi l'ami de son mari, et il a composé plusieurs pièces avec Champmeslé, entre autres, dit-on, *le Florentin* et *Je vous prends sans verd,* peut-être *la Coupe enchantée.* J'ai eu la curiosité de lire le théâtre de Champmeslé [2] pour voir s'il méritait la coopération de La Fontaine. Après l'avoir lu, je suis forcé d'attribuer encore la collaboration de La Fontaine à l'humeur accommodante de celui-ci et à l'amitié qu'il avait pour Mlle de Champmeslé. Plus on pénètre dans cet intérieur de comédiens, de comédiennes, de gens de lettres et de gens de cour, plus on s'aperçoit qu'il y a là de grands poëtes, de belles et d'aimables actrices, des grands seigneurs brillants et impertinents, mais que rien ne s'élève au-dessus des sentiments que comportent les mœurs de la coulisse.

Les détails que nous donne Mme de Sévigné sur ce genre de monde confirment l'idée que nous avons.

---

1. *Lettres diverses*, lettre 18e, 1678, *OEuvres complètes de La Fontaine*, édit. Walkenaer.
2. 2 vol. in-12, chez J. Robau, 1735. La meilleure pièce de Champmeslé, et qui est de lui seul, est *la Rue Saint-Denis*, tableau assez gai et assez curieux des mœurs bourgeoises du temps.

Mme de Sévigné connaissait le monde de la Champmeslé par son fils, qui fut un de ses amants, peut-être avant Racine, peut-être en même temps, et qui faisait sur ce point à sa mère beaucoup de confidences qu'elle recevait très-complaisamment et qu'elle répétait très-gaiement à sa fille. Je ne veux point raconter ici l'histoire de l'amour du jeune baron de Sévigné pour la célèbre actrice, mêlé à un autre amour qu'il a aussi pour Ninon, ni dire comment la mère le pousse vers la comédienne pour le détourner de Ninon. Il y a là une tactique de mère habile et indulgente qui est fort piquante, mais qui n'est pas de mon sujet. Je me borne à citer ce qui concerne Racine et la Champmeslé.

Dès 1671, le baron de Sévigné s'éprend de la Champmeslé et réussit auprès d'elle, comme homme de cour, comme ami de Ninon, qui était depuis longtemps l'héroïne du monde spirituel et galant, comme homme d'esprit et enfin comme un aimable dépensier. Mais, dès 1670 déjà, la Champmeslé avait joué le rôle de Bérénice dans la pièce de Racine, et Mme de Sévigné dit que Racine tomba amoureux de la Champmeslé aussitôt qu'il lui vit jouer un des rôles de ses tragédies. Je crois donc que Racine et le jeune baron de Sévigné furent contemporains d'amour auprès de la Champmeslé et n'en furent pas moins amis, chacun ayant son mérite et son jour de faveur auprès de la grande actrice. C'est de cette manière seulement que je puis comprendre le mélange continuel que fait Mme de Sévigné, dans ses lettres, des aventures de son fils près de la Champmeslé avec les noms de Racine et de Boileau, comme étant ses compagnons de plaisir et ses jouteurs d'esprit dans ce monde de théâtre. « Votre frère est à Saint-Germain, écrit Mme de Sévigné à sa fille, le 18 mars 1671 ; il est entre Ninon et une comédienne, et Despréaux sur le tout. Nous lui faisons une vie enragée. [1] » Cette vie enragée qu'on faisait au baron de Sévigné, c'étaient les efforts de

---

1. *Lettres de Mme de Sévigné*, édit. Monmerqué, t. Ier, p. 295.

Mme de Sévigné et de ses amis pour opposer Mlle de Champmeslé à Ninon. Désespérant de vaincre Ninon par la vertu absolue, Mme de Sévigné recourait à la vertu relative, et elle préférait les dangers de la comédienne à ceux de Ninon, qui était, pour ainsi dire, le mauvais génie de Mme de Sévigné. « Votre frère, écrivait-elle dès le commencement à sa fille,[1] entre sous les lois de Ninon. Je doute qu'elles lui soient bonnes ; il y a des esprits à qui elles ne valent rien. Elle avoit gâté son père. » Et plus loin : « Qu'elle est dangereuse cette Ninon ! Si vous saviez comme elle dogmatise sur la religion, cela vous feroit horreur... Elle trouve que votre frère a la simplicité de la colombe ; il ressemble à sa mère : c'est Mme de Grignan qui a tout le sel de la maison et qui n'est pas si sotte que d'être dans cette docilité. Quelqu'un pensa prendre votre parti, et voulut lui ôter l'estime qu'elle a pour vous, elle le fit taire et dit qu'elle en savoit plus que lui. Quelle corruption ! Quoi ! parce qu'elle vous trouve belle et spirituelle, elle veut joindre à cela cette autre bonne qualité, sans laquelle, selon ses maximes, on ne peut être parfaite ! Je suis vivement touchée du mal qu'elle fait à mon fils sur ce chapitre. Ne lui en mandez rien ; nous faisons nos efforts, Mme de Lafayette et moi, pour le dépêtrer d'un engagement si dangereux. Il a de plus une petite comédienne et tous les Despréaux et les Racine, et paye les soupers. Enfin, c'est une vraie diablerie.[2] » Ainsi, dans la pensée de Mme de Sévigné, toujours la Champmeslé opposée à Ninon ; et avec la Champmeslé, Racine et Despréaux ; car c'est le même monde. Le baron de Sévigné paye les soupers ; mais Racine, si nous en croyons Boileau, les payait souvent aussi.[3]

---

1. Lettre du 13 mars 1671, t. Ier, p. 288.
2. Lettre du 1er avril 1671, t. Ier, p. 313.
3. Boileau, en 1687, devenu avec Racine historiographe du roi et presque homme de cour, était à Bourbon-l'Archambault où il prenait les eaux. Racine lui écrivait l'embarras des acteurs de la Comédie-Française, qui, forcés de quitter la rue Guénégaud, où ils avaient leur salle, ne pouvaient

Cette licence de mœurs, que Mme de Sévigné qualifiait de diablerie, ne l'effrayait pas autrement et elle la racontait à sa fille, laquelle ne s'en scandalisait pas non plus, curieux témoignage des mœurs et surtout de la conversation du temps. Ce qui excusait sans doute cette licence à ses yeux, c'est que pour son fils elle faisait diversion à la société de Ninon, et une diversion efficace, parce qu'elle n'était pas tout à fait un contraste. Mme de Sévigné est partout, dans sa correspondance, favorable à la Champmeslé, elle aime beaucoup son talent, et de plus, selon la singulière et constante habitude des plus honnêtes femmes, elle ne sait pas mauvais gré à la Champmeslé d'avoir été pendant quelque temps la maîtresse de son fils. « *Ma belle-fille,* dit-elle gaiement dans sa lettre du 15 janvier 1672, racontant à sa fille une représentation de *Bajazet, ma belle-fille* m'a paru la plus miraculeusement bonne comédienne que j'aie jamais vue : elle surpasse la Desœillets de cent mille piques, et moi qu'on croit assez bonne pour le

pas trouver où se loger, les curés de chaque paroisse s'opposant à leur établissement. Boileau, un peu ingrat envers ses anciens compagnons de plaisirs, se moque de leur mauvaise aventure. « De quelque pitoyable* manière, dit-il, que vous m'ayez conté la disgrâce des comédiens, je n'ai pu me dispenser d'en rire. Mais dites-moi, monsieur, supposé qu'ils aillent habiter entre la Villette et la Porte-Saint-Martin, croyez-vous qu'ils boivent du vin du cru ? Ce ne serait pas une mauvaise pénitence à proposer à M. de Champmeslé pour tant de bouteilles de vin de Champagne qu'il a bues, vous savez aux dépens de qui. » Voilà un souvenir des soupers auxquels prenait part le fils de Mme de Sévigné et qu'il payait à tour de rôle avec Racine. (*Correspondance de Boileau avec Racine,* Œuvres de Boileau, édit. Berryat-Saint-Prix, t. IV, lettre 48e, p. 183.)

Il nous reste aussi une épigramme de Boileau, autre souvenir très-peu sentimental de ces temps de la Champmeslé et qui en montre la licence :

De six amants contents et non jaloux... **

1. La Desœillets, très-bonne actrice avant la Champmeslé. — Chaque génération a sa grande actrice : c'est un besoin de chaque temps. Seulement, parmi ces grandes actrices nécessaires aux penchants d'admiration

* Pitoyable, qui excite la pitié.
** Voir les Œuvres de Boileau.

théâtre,[1] je ne suis pas digne d'allumer les chandelles, quand elle paroît.[2] »

Ailleurs encore, parlant d'une représentation d'*Ariane* dans une lettre du 1er avril 1672 : « La Champmeslé est quelque chose de si extraordinaire, qu'en votre vie, vous n'avez rien vu de pareil. C'est la comédienne que l'on cherche et non la comédie. J'ai vu *Ariane* pour la seule actrice. Cette comédie est fade ;[3] les comédiens sont maudits ; mais quand la Champmeslé arrive, on entend un murmure ; tout le monde est ravi, et l'on pleure de son désespoir.[4] »

Quelle que soit l'admiration de Mme de Sévigné pour la Champmeslé, elle ne va pas cependant, comme le dit M. Walkenaer,[5] jusqu'à admirer « la chaleureuse et naturelle éloquence des lettres que la grande actrice écrivait à son fils, » par la bonne raison que la Champmeslé n'a jamais écrit ces lettres, dont Mme de Sévigné, non plus, n'a jamais parlé. Une petite amphibologie grammaticale dans une phrase de Mme de Sévigné et une lecture inattentive ou trop favorable à l'actrice ont causé l'erreur. Voici l'histoire : elle fait honneur au bon caractère de la Champmeslé, aux sentiments justes et élevés de Mme de Sévigné; elle ne fait tort qu'à la faiblesse du jeune baron de Sévigné et aux dépits rancuneux de Ninon.

Ninon voulait détacher Sévigné de la Champmeslé et elle avait voulu qu'il lui redemandât les lettres qu'il lui avait écrites ; la Champmeslé les avait rendues. Ninon, dit Mme de Sévigné, « voulut l'autre jour lui faire donner les lettres de la

---

du public, il y en a qui valent beaucoup mieux les unes que les autres. La Champmeslé était de l'élite.

1. Mme de Sévigné avait joué la comédie, à Fresnes, chez M. de Pomponne.
2. Édit. Monmerqué, t. II, p. 295.
3. Voir tome Ier de cette édition, sur l'*Ariane*, l'introduction, p. 68.
4. Édit. Monmerqué, t. II, p. 377.
5. *Mémoires touchant la vie et les écrits de Mme de Sévigné*, t. IV, ch. IV, p. 116.

comédienne (première amphibologie), il les lui donna ; elle en a été jalouse ; elle vouloit les donner à un amant de la princesse, afin de lui faire donner quelques petits coups de baudrier. Il me le vint dire. Je lui dis que c'étoit une infamie que de couper ainsi la gorge à cette petite créature pour l'avoir aimé ; qu'elle n'avoit point sacrifié ses lettres, comme on vouloit le lui faire croire pour l'animer ; qu'elle les lui avoit rendues ; que c'étoit une trahison basse et indigne d'un homme de qualité et que même dans les choses malhonnêtes il y avoit de l'honnêteté. Il entra dans mes raisons, il courut chez Ninon, et, moitié par adresse et moitié par force, il retira les lettres de cette pauvre diablesse (deuxième amphibologie). Je les ai fait brûler.[1] »

A lire ce récit, on peut se tromper : *les lettres de la comédienne, les lettres de cette pauvre diablesse,* on peut croire que ce sont les lettres écrites par la Champmeslé et non pas les lettres que lui avait écrites le baron de Sévigné. Mais quand on lit ce que Mme de Sévigné écrivait le 17 avril 1671, c'est-à-dire cinq jours avant son récit, on s'étonne de l'erreur de M. Walkenaer. « Mon fils me montra des lettres qu'il a retirées de cette comédienne. (Ce sont bien les lettres du baron de Sévigné redemandées par lui à la comédienne.) Je n'en ai jamais vu de si chaudes et de si passionnées. (Voilà « la chaleureuse et naturelle éloquence » admirée par Mme de Sévigné. C'est celle de son fils.) Il pleuroit ; il mouroit ; il croit tout cela quand il écrit, et s'en moque un moment après. Je vous dis qu'il vaut son pesant d'or.[2] »

Regrettons, si nous voulons, les lettres du baron de Sévigné à la Champmeslé ; ce sont celles-là seulement que Mme de Sévigné a fait brûler. Mais cessons de prendre la Champmeslé pour une amante passionnée et éloquente ; elle l'était dans ses rôles ; elle ne l'était que là.

---

1. Lettre du 22 avril 1671, édit. Monmerqué, t. II, p. 26.
2. *Ibid.*, t. II, p. 23.

Si, laissant de côté l'héroïne de roman, qui n'existe pas dans la Champmeslé, nous revenons simplement à la grande actrice, nous pouvons croire que par là la Champmeslé tient une place importante et sérieuse dans la vie de Racine. Le reste n'a été qu'un épisode dont la postérité a voulu faire un roman. Jamais Racine ne l'a pris de cette façon. Les souvenirs qu'il avait gardés de la Champmeslé faisaient partie de ses souvenirs de théâtre, et, comme il avait répudié ceux-là très-sincèrement, il n'était pas resté plus sensible aux autres. De là sa froideur étonnante quand, dans la dernière année de sa vie, il apprend la maladie et le danger de la Champmeslé. Cette froideur nous choque, parce que, nous souvenant de leur jeunesse, nous songeons à ce qu'ont été l'un pour l'autre la Champmeslé et Racine, plutôt qu'à ce qu'ils sont devenus l'un pour l'autre par le cours des ans et le changement des sentiments. Que voulez-vous? de 1677, c'est-à-dire du temps de *Phèdre,* la dernière tragédie profane de Racine et sa dernière occupation de théâtre, jusqu'à 1698, la dernière année de la vie de la Champmeslé, il y avait vingt et un ans d'écoulés; et pendant ces vingt et un ans, que de changements! Racine avait quitté le théâtre; il s'était marié; il était devenu dévot; il avait des enfants dont l'aîné avait vingt ans, et c'est à lui qu'annonçant que la Champmeslé était à la mort, il s'exprimait de la manière suivante : « M. de Rost m'a fait l'honneur de venir me voir..., il m'apprit que la Champmeslé étoit à l'extrémité, de quoi il paroît très-affligé ; mais ce qui est le plus affligeant, c'est de quoi il ne se soucie guère apparemment, je veux dire l'obstination avec laquelle cette pauvre malheureuse refuse de renoncer à la comédie, ayant déclaré, à ce qu'on m'a dit, qu'elle trouvoit très-glorieux pour elle de mourir comédienne. Il faut espérer que, quand elle verra la mort de plus près, elle changera de langage, comme font d'ordinaire la plupart de ces gens qui font tant les fiers quand ils se portent bien. Ce fut Mme de Caylus qui m'apprit hier cette particularité dont elle étoit effrayée et qu'elle a sue, comme je crois, de M. le curé de Saint-Sulpice.[1] »

N'oublions pas, encore un coup, que la lettre est d'un père à son fils de vingt ans; que les confidences ou les confessions n'y sont pas de mise par conséquent; que les sentiments de piété dominent dans cette lettre, comme ils dominaient alors dans l'âme de Racine : cela n'empêche pas pourtant que je voudrais trouver dans la lettre un peu plus de charité chrétienne ou un peu plus de sympathie humaine.

Racine avait tort de s'effrayer si pieusement du danger de la Champmeslé. Elle n'était pas plus un esprit fort qu'elle n'avait été une héroïne de roman. Comme la vie lui avait été douce et agréable, elle craignait beaucoup la mort. « On eut grand'peine, dit l'*Histoire du théâtre françois*, à la résoudre à ce funeste passage. Le curé de Saint-Sulpice se rendit chez elle à Auteuil, et, après avoir reçu sa renonciation au théâtre, il la confessa : le curé d'Auteuil lui administra les sacrements et elle mourut avec une parfaite résignation le 15 mai 1698. Le lendemain son corps fut porté à Paris et enterré à Saint-Sulpice, sa paroisse.[2] » Si la Champmeslé avait résisté, comme le dit Racine, c'était à la mort plutôt qu'à la religion et par peur plus que par fierté.[3]

---

1. Lettre 35ᵉ à son fils, 16 mai 1698. Racine meurt le 22 avril 1699.
2. *Histoire du théâtre françois*, par les frères Parfait, t. XIV, p. 520.
3. L'*Histoire du théâtre françois* fait mourir la Champmeslé le 15 mai 1698, et la lettre de Racine à son fils est du 16 mai, de telle sorte que Racine, en écrivant le 16, ne savait même pas que son ancienne actrice était morte le 15. Racine fut plus tard mieux informé des détails de la mort de la Champmeslé. Il dit, dans une lettre à son fils du 24 juillet 1698 : « Je dois réparation à la mémoire de la Champmeslé, qui mourut avec d'assez bons sentiments, après avoir renoncé à la comédie; très-repentante de sa vie passée, mais surtout fort affligée de mourir; du moins M. Despréaux me l'a dit ainsi, l'ayant appris du curé d'Auteuil, qui l'assista à la mort; car elle est morte à Auteuil, dans la maison d'un maître à danser, où elle étoit venue prendre l'air. * » La froideur continue. Seulement le chrétien rend justice à l'assez bonne mort qu'a faite la Champmeslé. Je ne sais pourquoi je m'imagine que dans la conversation entre Boileau et Racine

* Lettres de Racine à son fils, lettre 41ᵉ.

Les mœurs du théâtre s'accordaient alors plus aisément que nous ne le supposons avec les pratiques religieuses. J'en trouve un exemple curieux dans le récit de la mort de Champmeslé lui-même, le mari de la grande actrice. « La nuit du vendredi au samedi 19 août 1701, Champmeslé rêva qu'il voyoit sa mère avec sa femme et que cette dernière lui faisoit signe avec le doigt de la venir trouver. Frappé de ce songe, il en fit le récit à ses amis, qui n'oublièrent rien pour lui calmer l'esprit. Le lendemain il joua dans *Iphigénie* le rôle d'Ulysse, et pendant qu'on représentoit la petite pièce, il se promenoit dans le foyer en chantant :

Adieu, paniers, vendanges sont faites!

et répéta tant de fois ce refrain qu'on lui en fit la guerre. Le lundi matin Champmeslé alla aux Cordeliers[1] et donna une pièce de trente sols au sacristain, en le priant de faire dire une messe de *requiem* pour sa mère et une autre pour sa femme; le sacristain voulant lui rendre dix sols, Champmeslé ajouta : « La troisième sera pour moi et je vais l'entendre. » Au sortir de la messe, Champmeslé prit le chemin de la comédie, et comme tous les acteurs n'étoient point encore arrivés pour l'assemblée, il fut s'asseoir sur un banc à la porte de *l'Alliance,* cabaret qui étoit alors à la porte de l'hôtel des comédiens, et que tenoit Forel,[2] où il causa avec Sallé, Roselis, Beaubourg, Desmares et quelques autres de ses camarades qu'il avoit priés à dîner, dans le dessein d'accommoder Sallé avec le jeune Baron qui s'étoient brouillés au sujet de quelques rôles : car cet acteur aimoit à voir régner l'union dans la compagnie. Il répéta plusieurs fois : « Sallé, nous dînerons aujourd'hui ensemble; »

---

sur cette mort, Boileau, qui n'avait pas été l'amant, mais l'admirateur seulement de la grande actrice, a été meilleur homme et plus ému que Racine.

1. Le cloître et l'église des Cordeliers étaient où est aujourd'hui la clinique de l'École de médecine.

2. Voir plus haut les vers de Boursault sur Forel.

ensuite il prit sa tête entre ses deux mains et tomba tout étendu le visage contre le pavé. On courut promptement chercher le sieur Guichon, chirurgien, qui demeuroit à deux portes du café de Procope ; mais ce fut inutilement, et il dit à Desmares : « *Il n'y a plus personne.* [1] »

On prétend que c'est Racine qui avait enseigné la déclamation tragique à la Champmeslé. Si Racine, selon la tradition, est tombé amoureux d'elle la première fois qu'il lui vit jouer un des rôles de ses tragédies, elle avait déjà son talent naturel. En y ajoutant ses conseils et ses leçons, Racine en a fait un art, et il est curieux de savoir quel était ce genre de déclamation. Il y entrait une sorte de chant. « Quand la Champmeslé dit des vers, écrit Mme de Sévigné à sa fille, elle est adorable. [2] » On croyait donc en ce temps qu'il ne fallait pas dire les vers comme la prose, sous prétexte d'être plus naturel. « Le récit des comédiens dans le tragique est une espèce de chant, et vous m'avouerez bien que la Champmeslé ne nous plairoit pas tant, si elle avoit une voix moins agréable ; mais elle sait la conduire avec beaucoup d'art et elle y donne à propos des inflexions si naturelles, qu'il semble qu'elle ait véritablement dans le cœur une passion qui n'est que dans sa bouche. Je me souviens que l'on m'a dit autrefois, en parlant de Mlle de Champmeslé, qu'il n'étoit pas nécessaire de lui dire avec M. Despréaux, quand elle représentoit de certains rôles tendres :

> Il faut, dans la douleur, que vous vous abaissiez ;
> Pour me tirer des pleurs, il faut que vous pleuriez,

parce qu'elle s'en acquittoit si bien, qu'on étoit forcé de verser des larmes, quelque force d'esprit qu'on eût, et quelque violence qu'on se fît sur soi-même. C'étoit, disoit-on, un plaisir de voir les femmes soupirer et s'essuyer les yeux, et

---

1. *Histoire du théâtre françois*, t. XIV, p. 525-526.
2. Voir plus haut, p. 428.

les hommes s'en moquer, pendant qu'eux-mêmes faisoient tous leurs efforts pour ne point pleurer.[1] »

Nous trouvons dans les conversations de Boileau avec Brossette quelques détails sur la déclamation de la Champmeslé. Brossette commence par dire que, selon Boileau, la Champmeslé était une actrice fort médiocre avant que Racine lui eût appris à déclamer. J'ai déjà expliqué pourquoi je ne crois pas à cette anecdote, que j'ai entendu raconter de presque toutes les grandes actrices, de Mlle Mars dans la comédie, de Mlle Duchesnois dans la tragédie. Comme c'est le propre des grands acteurs de se perfectionner à mesure qu'ils exercent leur art, on trouve aisément, en comparant leurs commencements avec leur milieu, une différence qui fait tort à leur jeunesse, qu'on traite de médiocre. Jamais ni dans l'art du théâtre ni dans la littérature quelqu'un de vraiment médiocre n'est devenu bon, et jamais non plus un acteur vraiment bon n'a été médiocre, même dans sa jeunesse. Seulement il n'avait pas alors tout le talent qu'il a eu plus tard. Les leçons de Racine ont ajouté au talent de la Champmeslé; elles ne l'ont pas créé.

Autre récit de Brossette sur Boileau et sur la Champmeslé. « Nous avons dîné à Auteuil, M. Despréaux, M. de Frangeville et moi. — Après le dîner, nous avons été prendre le café sous un berceau dans le jardin. — Pendant ce temps-là M. Despréaux nous a parlé de la manière de déclamer, et il a déclamé lui-même quelques endroits, avec toute la force possible. Il a commencé par les endroits du *Mithridate* de Racine. C'est Monime qui parle à Mithridate.

Nous nous aimions... Seigneur, vous changez de visage.

Il a jeté une telle véhémence dans ces derniers mots, que j'en ai été ému. Aussi faut-il convenir que M. Despréaux est un des meilleurs récitateurs qu'on ait jamais vus. Il nous a dit que

1. *Histoire du théâtre françois*, t. XIV, p. 522.

c'étoit ainsi que M. Racine, qui récitoit aussi merveilleusement, le faisoit dire à la Champmeslé. [1] »

Brossette continue en racontant que Boileau a encore récité avec la même force des vers de Sophocle, traduits par lui-même dans le *Traité du sublime* de Longin, et un passage du *Misanthrope*. « Il a dit en même temps que le théâtre demandoit de ces grands traits outrés, aussi bien dans la voix, dans la déclamation que dans le geste. [2] »

Ces grands traits outrés s'accordent-ils avec cette espèce de chant qui, selon la tradition, faisait le fond de la déclamation de la Champmeslé? J'en conclurai seulement que la grande actrice de Racine n'avait rien de monotone et qu'elle variait ses inflexions selon les sentiments qu'elle avait à exprimer, mettant de la force quand la scène le demandait, mais revenant toujours à cette déclamation harmonieuse qui fait sentir la différence entre la prose et les vers, et qui est propre à la tragédie.

J'ai essayé de représenter Racine dans sa jeunesse, et j'ai cherché les traits de cette histoire dans les détails qui nous restent de la vie des hommes de lettres, des hommes du monde et des hommes de théâtre de ce temps, c'est-à-dire de 1660 à 1680, choisissant naturellement ceux avec lesquels Racine a eu le plus de rapports. Mais je m'aperçois, en relisant cette histoire de la jeunesse de Racine, qu'il y a un trait qui manque au tableau, et le trait qui caractérise le plus Racine. Vivant dans une société de gens de plaisir, il est en même temps un homme de travail et d'étude. Il est léger dans ses mœurs; il est sérieux et grave dans la manière de composer ses ouvrages. Il y met, outre son génie et son esprit, tout ce qu'il a d'ardeur pour l'étude et d'amour pour la gloire. C'est enfin avec Boileau et grâce aux conseils de Boileau un véritable homme de lettres. C'est ce caractère de poëte à la fois inspiré et laborieux qu'il est temps de peindre, afin que le portrait

---

1. *Correspondance entre Boileau et Brossette*, 1858. Appendice, p. 521.
2. *Ibid.*, p. 522.

de Racine soit complet et fidèle. A lire les mémoires de Louis Racine sur son père, on est tenté de croire que ce père a toujours été un saint. Je ne voudrais pas avoir trop pris le contre-pied et qu'on pût croire que Racine a toujours été un mondain frivole et dissipé, un libertin de bonne compagnie, qui a fait *Andromaque* et *Britannicus* en buvant avec Chapelle au *Mouton blanc,* ou *Bérénice* et *Roxane* en aimant la Champmeslé. Le monde et le plaisir ont pu servir de distraction à ses travaux, mais jamais d'inspiration.

X.

DE LA VIE LITTÉRAIRE DE RACINE.

Le progrès qui se fait dans les œuvres profanes de Racine depuis les *Frères ennemis,* 1664, jusqu'à *Phèdre,* 1677, montre assez la place que l'étude et le travail tenaient dans sa vie, au temps même de ses plaisirs du monde et du théâtre. Il semble donc que, voulant peindre sa vie littéraire pendant ces treize ans, je devrais faire l'histoire de la composition et de la représentation de chacune de ses tragédies, de leurs succès, des critiques qu'elles essuyèrent, des défenseurs qu'elles eurent; mais, comme ces détails touchent à l'examen même des œuvres de Racine, je les renvoie naturellement aux notices qui précèdent ou aux examens qui suivent chaque pièce; je ne veux m'occuper ici que de la personne de l'auteur, le séparant un instant de ses ouvrages, tout en notant la renommée qu'ils lui donnent. Racine grandit à chacune de ses tragédies, et on peut mesurer cette croissance de son génie et de sa gloire par le nombre croissant de ses partisans, par la critique plus respectueuse de ses adversaires, par la manière même dont Boileau parle de lui, soit dans ses épîtres, soit dans ses *Réflexions sur Longin.* Ce sont ces divers traits qui composent la personne littéraire de Racine parmi ses contemporains, et que je veux indiquer rapidement.[1]

Dans une épître à Alcandre, que Pradon a jointe à ses *Remarques sur les ouvrages de Boileau*,[2] et que je crois de Pradon lui-même, je trouve ces vers :

> Si Boileau de Racine embrasse l'intérêt,
> A défendre Boileau Racine est toujours prêt;
> Ces rimeurs de concert l'un l'autre se chatouillent,
> Et de leur fade encens tour à tour se barbouillent.[3]

Nous n'avions pas besoin de ces vers pour savoir l'amitié de Racine et de Boileau; mais ils nous signalent leur alliance littéraire, qui n'est pas seulement, quoi qu'en dise Pradon, la ligue de deux amours-propres; c'est une véritable union de goûts et de jugements. Dans cette association, Boileau a la principale influence; il est le maître et le précepteur, Racine est le disciple; c'est Boileau qui apprend à Racine à faire difficilement des vers; il a pour maxime « que notre langue veut être extrêmement travaillée. Il réprouve les poëtes faciles, qui ne sont souvent que les poëtes négligés.[4] » Racine, pénétré des leçons de Boileau, travaille beaucoup ses ouvrages. Aussi quelle vive et sincère admiration Boileau a pour lui! Comme il le compare hardiment à Corneille, n'hésitant pas à rompre en visière avec les partisans exclusifs du vieux poëte qui faisaient un parti puissant et autorisé. « Non-seulement on

---

1. Les deux lettres de Racine, pour défendre le théâtre contre Nicole, sont de cette époque de sa vie; elles montrent quelle était son irritabilité littéraire, et nulle part ce qu'on appelle le caractère d'auteur ou de poëte n'est plus visible. C'est ici que je devrais en parler. Mais j'aime mieux renvoyer ces deux lettres et les anecdotes qui s'y rattachent à l'*Histoire de Port-Royal* de Racine. Il y aura là un tableau complet des rapports de Racine avec MM. de Port-Royal, après ses études, de ses torts envers eux et de son repentir sincère et passionné.
2. *Nouvelles remarques sur tous les ouvrages du sieur Despréaux*, par Pradon. La Haye, 1685.
3. *Ibid.*, p. 114.
4. *Lettre à M. de Maucroix*, p. 94. OEuvres de Boileau, t. II, édit. stéréotype, 1800.

ne trouve point mauvais, dit-il, qu'on lui compare aujourd'hui Racine, mais il se trouve même quantité de gens qui le lui préfèrent. La postérité jugera qui vaut le mieux des deux; car je suis persuadé que les écrits de l'un et de l'autre passeront aux siècles suivants.[1] » Voilà comment, en 1694, et pendant la dispute sur les anciens et les modernes, Boileau parlait du génie et de la gloire de son ami. A ce moment, il est vrai, Racine avait toute sa renommée, et personne, même parmi ses anciens adversaires, n'osait plus la contester. Mais en 1677, après *Iphigénie* et pendant *Phèdre*, quand Racine était encore attaqué avec acharnement, Boileau, dans sa VIIe épître, le vengeait hautement de ses détracteurs :

> Et qui, voyant un jour la douleur vertueuse
> De Phèdre, malgré soi perfide, incestueuse,
> D'un si noble travail justement étonné,
> Ne bénira d'abord le siècle fortuné
> Qui, rendu plus fameux par tes illustres veilles,
> Vit naître sous ta main ces pompeuses merveilles!

Cette épître est la véritable expression du personnage littéraire de Racine devant ses contemporains : il était fort attaqué par la critique et fort sensible à ses attaques, mais il était aussi fort admiré par ses amis et fort justement admiré; car le jugement que ses amis portaient de lui est devenu le jugement même de la postérité. Ce caractère de justesse et de vérité dans l'éloge fait le mérite de l'épître de Boileau et nous répond de la fidélité du portrait qu'elle fait de Racine. De nos jours, l'éloge s'enfle et se gonfle comme un ballon dès les premiers mots, pour atteindre à la hauteur de l'amour-propre du poëte. Boileau, dans son épître, suit pour l'éloge de son ami les préceptes de l'*Art poétique* :

> Que le début soit simple et n'ait rien d'affecté.[2]

---

1. *Réflexions critiques sur quelques passages du rhéteur Longin*, 7e réflexion, p. 169, OEuvres de Boileau, t. II, édit. stéréotype, 1800.
2. *Art poétique*, chant IIIe.

Voyez ce commencement, où le genre de talent de Racine est si bien défini et où n'est pas même oublié le secours que l'acteur prête au poëte :

> Que tu sais bien, Racine, à l'aide d'un acteur,
> Émouvoir, étonner, ravir un spectateur!
> Jamais Iphigénie,[1] en Aulide immolée,
> N'a coûté tant de pleurs à la Grèce assemblée
> Que, dans l'heureux spectacle à nos yeux étalé,
> En a fait sous son nom verser la Champmeslé.

Voilà le souvenir de la Champmeslé joint aux louanges de Racine ; mais ce souvenir est réduit aux succès de l'actrice et le roman qu'a fait plus tard la postérité entre Racine et la Champmeslé n'y est pour rien. Les contemporains et Boileau surtout savaient trop qu'il n'y avait rien de sentimental dans le goût que Racine et la Champmeslé eurent pendant quelques années l'un pour l'autre. Le talent de l'actrice, utile au poëte, comme le dit Boileau, en faisait le fond ; le reste était l'accessoire.

Dans les *Lettres* de Boursault, un homme du monde, écrivant à une dame avec laquelle il devait jouer les scènes de *Bajazet* et d'*Atalide,* dit que,

> Pour être une actrice touchante
> Et rendre l'auditeur ému, tendre, agité,
> Il faut que le rôle d'amante
> Soit si tendrement récité,
> Que l'action qu'on représente
> Paroisse être la vérité.[2]

Il va même jusqu'à dire que « tout ce qu'on voit de grandes actrices exprimer si bien les passions qu'elles représentent ne s'en acquitteroient pas avec tant de succès, si elles n'avoient véritablement de la tendresse.[3] » Cela est bon à mettre dans

---

1. L'*Iphigénie* de Racine fut représentée en 1674, imprimée en 1675.
2. *Nouvelles lettres de M. Boursault,* accompagnées de fables, de contes, d'épigrammes, de remarques, de bons mots et d'autres particularités aussi agréables qu'utiles. 3 vol., 2ᵉ édit., Paris, 1699, t. Iᵉʳ, p. 14.
3. *Ibid.,* p. 13.

des lettres de galanterie entre personnes du monde. Là le talent du théâtre n'est ordinairement que l'accessoire, et l'amour, selon les règles de la belle galanterie, est le principal. Au théâtre, il s'agit d'autre chose ; il s'agit pour l'auteur et pour l'acteur de réussir auprès du public, de bien représenter les passions, et non pas, comme dit Boursault, « de les avoir véritablement. » Auteurs et acteurs n'y suffiraient pas.

Un des adversaires de Racine et des victimes de Boileau, Pradon,[1] exprime bien comment les contemporains entendaient le talent des acteurs et le secours qu'y trouvaient les auteurs, sans songer aux petits romans de coulisse. Pradon même affecte de croire qu'en parlant de « l'aide » que le poëte trouvait dans les acteurs, Boileau avoue en partie que Racine devait le succès de ses pièces au talent de ses acteurs. « M. Despréaux a bien raison et rend bien justice aux ouvrages de son ami. Il est vrai que M. Racine a fait des pièces de théâtre d'une grande beauté ; toute la France en demeure d'accord ; mais M. Despréaux a mis aussi fort judicieusement en cet endroit : *à l'aide d'un acteur.* Le théâtre a cela de particulier qu'un excellent acteur ou une excellente actrice fait souvent le prix d'une pièce qui, dénuée après de leur secours, ne paroît pas à la lecture ce qu'elle avoit paru dans la représentation, par l'action touchante d'une personne bien faite qui nous intéresse pour elle, un son de voix admirable qui va nous réveiller dans le cœur les passions les plus endormies et qui sait enfin

   Émouvoir, étonner, ravir le spectateur.

Je dirai donc seulement en passant, avec M. Despréaux et avec toute la France, que les ouvrages de M. Racine ont un très-grand mérite ; mais qu'avec tout leur mérite particulier, ils ne doivent pas peu à l'habileté des acteurs qui les ont animés sur le théâtre ; mais par malheur il arrive ensuite que

   Certains acteurs qu'on idolâtre,
   Qui seuls font réussir l'ouvrage tout entier,

1. *Nouvelles remarques sur tous les ouvrages du sieur Despréaux.*

En le soutenant au théâtre,
Ne se retrouvent plus, hélas! sur le papier.[1] »

Ces remarques et ces vers ne sont que des traits de malice impuissante; Pradon y a mêlé plus loin un peu de calomnie. Ç'a été de tout temps la tactique des mauvais poëtes de dénoncer comme un crime d'État la critique ou la moquerie de leurs vers.[2] Fidèle à cette règle, Pradon ne manque pas de faire un crime à Racine des louanges que lui donne Boileau et qui sont, dit-il, injurieuses au roi. Qu'est-ce, en effet, sinon faire injure au roi, que de dire qu'on *bénira le siècle fortuné* qui a vu naître *Phèdre?* « Que dira-t-il donc pour le roi dont il faut bénir le siècle fortuné? Il me semble que cette louange est digne seulement d'un grand roi et n'est pas faite pour un poëte, au sujet d'une simple pièce de théâtre.[3] »

Les éloges que Boileau donnait à Racine n'irritaient pas le roi, malgré le charitable avertissement de Pradon; mais ils irritaient le peuple des auteurs et l'Académie elle-même qui représentait plutôt l'esprit de l'ancienne littérature que l'esprit de la nouvelle, la littérature de Richelieu, de Corneille et de la Fronde, plutôt que la littérature de Molière, de Boileau, de

1. *Nouvelles remarques sur tous les ouvrages du sieur Despréaux*, p. 76.
2. Desmarets disait de Boileau :

> Tu crois qu'à ta fureur tout le monde est soumis,
> Tu crois que dans tes vers tout te sera permis;
> Tu veux qu'insolemment ta verve s'autorise
> Pour offenser la cour, le parlement, l'Église,
> La vertu, la raison, sans respect et sans choix,
> Les lieux saints, les prélats, les finances, les lois.

(Édit. de Boileau par Berryat-Saint-Prix, t. Ier, p. LXIV.)

Bizarre accumulation de crimes d'État contre *les prélats, les finances, les lois*, tout cela pour quelques vers critiqués ou raillés! Pradon, dans ses *Remarques*, p. 107, dit que « tout le monde demeure d'accord que, si M. Despréaux avoit composé son *Lutrin* du temps de la naissance de l'hérésie en France, tout le parti des huguenots et des autres hérétiques lui auroit fort applaudi. » Notez, pour sentir le venin de cette réflexion, que les *Remarques* de Pradon sont de 1685, c'est-à-dire de l'année de la révocation de l'édit de Nantes.

3. *Nouvelles remarques*, etc., p. 72-73.

Racine, de La Fontaine, de Louis XIV, la littérature enfin de
1660 à 1690. Il ne faut pas, soit en littérature, soit même en
politique, demander à l'Académie le mérite des promptes con-
versions. Elle appartient ordinairement aux idées et aux opinions de la génération qui l'a nommée et qui a trente ans de
plus que la génération du jour; mais, comme les générations,
sans se renouveler peut-être aussi vite que les opinions, se
renouvellent avec la rapidité de la vie humaine, les nouvelles
opinions arrivent bientôt dans l'Académie. Racine y fut reçu
le 12 janvier 1673, après *Bérénice* et *Bajazet*; Boileau et La
Fontaine n'y furent reçus qu'en 1684, c'est-à-dire onze ans
après Racine.

A quoi tient ce retard qui était une injustice? A des causes
que je dois indiquer rapidement. Je laisse de côté La Fontaine,
que l'Académie eût volontiers admis même avant Boileau,
mais à qui ses *Contes* faisaient tort auprès de Louis XIV,
devenant chaque jour plus pieux et plus sévère; je m'attache
à Boileau, à l'apologiste de Racine. Chose singulière : les
louanges que Boileau donnait à Racine irritaient plus contre
Boileau que contre Racine lui-même, parce que Boileau assai-
sonnait toujours de la satire de ses adversaires l'éloge de son
ami. On eût aisément pardonné au louangeur, on ne pardonnait
pas au satirique. Ce qui rendait Boileau impitoyable, c'est
qu'il n'avait pas seulement Racine à défendre de la critique ;
il avait surtout le bon sens et le bon goût à défendre contre
la sottise et contre la vanité. De là ses luttes sans cesse renouvelées; de là le dédain qu'il faisait des poëtes vulgaires et de
leurs partisans.

> Mais pour un tas grossier de frivoles esprits,

dit-il, en finissant son épître à Racine,

> Admirateurs zélés de toute œuvre insipide,
> Que non loin de la place où Brioché[1] préside,

---

1. Fameux joueur de marionnettes.

Sans chercher dans les vers ni cadence ni son,
Il s'en aille admirer le savoir de Pradon !

Parmi ces admirateurs des œuvres insipides, il y avait des hommes du monde ; parmi ces poëtes, qui n'avaient ni cadence ni son, il y avait peut-être même des académiciens, et tous faisaient un parti qui repoussait Boileau de l'Académie. Boileau lui-même, quand enfin il y fut reçu en 1684 par l'influence et presque par l'autorité du roi, plus que par la bienveillance de l'Académie, Boileau n'hésita pas à attribuer le choix que l'Académie faisait de lui au choix que le roi en avait fait pour écrire son histoire. « La bonté qu'a eue le plus grand prince du monde, en voulant bien que je m'employasse avec un de vos plus illustres écrivains à ramasser en un corps le nombre infini de ses actions immortelles, cette permission, dis-je, qu'il m'a donnée m'a tenu lieu auprès de vous de toutes les qualités qui me manquent. Elle vous a entièrement déterminés en ma faveur.[1] »

Il était impossible d'expliquer plus poliment comment, le satirique s'étant fermé lui-même la porte de l'Académie par ses satires contre plusieurs académiciens, c'était l'historiographe du roi qui se l'était ouverte.

Racine avait toutes les opinions littéraires de Boileau ; mais il ne s'était pas attiré toutes ses haines. Il le savait et il en profitait. A Dieu ne plaise que je veuille dire que l'habileté et l'adresse de Racine dans le monde l'aient fait arriver onze ans plus tôt que Boileau à l'Académie. Il y avait seulement entre les deux amis cette différence qui explique beaucoup de choses : Racine n'avait pas pour ennemis tous les ennemis de Boileau, tandis que Boileau avait pour ennemis, outre les siens, tous les ennemis de Racine. Dans la querelle des anciens et des modernes, Boileau était le chef du parti des anciens et un chef ardent et inflexible ; Racine était un partisan sincère et très-éclairé des anciens, mais il n'avait pas de

---

1. *Remerciement à l'Académie françoise.*

passions de parti : ses passions étaient pour lui-même et contre ses rivaux personnels. Il avait et gardait des amis dans le camp des modernes. Boileau mettait toute sa personne dans la cause qu'il soutenait ; il n'admettait ni biais ni ménagements dans la défense de la vérité, il la préférait à tout. Racine, poëte irascible et railleur amer, avait soin de ne se brouiller qu'avec ses adversaires propres ; il était volontiers aimable pour le reste du monde. Les épigrammes de Boileau sont, comme les traits de ses satires, dirigées contre les mauvais poëtes de tout genre, poëtes épiques ou lyriques, faiseurs d'élégies, de sonnets ou de madrigaux, et surtout contre les détracteurs des anciens ; les épigrammes de Racine sont toutes contre des poëtes dramatiques, contre Leclerc, auteur d'une *Iphigénie,* contre le *Germanicus* de Pradon, contre la *Judith* de Boyer, contre le *Sésostris* de Longepierre, contre Fontenelle, parce qu'il a fait l'*Aspar,* mauvaise tragédie, et non point parce qu'il est un des plus habiles défenseurs des modernes. Dans cette querelle même des anciens et des modernes, Racine reste l'ami de Perrault, le plus grand adversaire des anciens, et quand enfin Boileau et Perrault se réconcilient, c'est par l'entremise de Racine.[1]

J'ai hâte de dire, afin qu'on ne se méprenne pas sur le caractère que j'attribue à Racine, qu'il n'y a pas dans sa conduite le moindre signe de blâmable habileté. L'abbé d'Olivet, dans sa notice sur Gilles Boileau, le frère du grand Boileau, dit qu'il est bon de faire observer à ceux qui écrivent des satires personnelles, que « c'est un métier où l'on gagne peu d'amis.[2] » Gilles Boileau était un satirique comme son frère Despréaux, mais un satirique dont les coups n'ont point porté

---

1. Boileau, lettre à Arnauld. « Ce sont les paroles que M. Racine et M. l'abbé Tallemant ont portées à M. Perrault de ma part. » (Œuvres de Boileau, t. II, p. 83, édit. stéréotypée, 1800.)

2. *Histoire de l'Académie françoise,* par Pellisson et d'Olivet, édit. de M. Livet, 1858, 2 vol., p. 106, 2ᵉ vol.

dans la postérité. ¹ Despréaux avait donc peu d'amis, mais beaucoup d'admirateurs et de partisans. Cette circonstance explique deux choses : d'une part la tardive admission de Boileau à l'Académie. Il faut pour entrer à l'Académie des succès qui ne nous fassent point d'ennemis. Raillez, si vous voulez, le corps de l'Académie; l'Académie vous nommera malgré cela ou à cause de cela; mais ne raillez pas les personnes. Les succès et le crédit de Boileau ailleurs qu'à l'Académie expliquent la seconde chose, je veux parler de ce ton de régent et de précepteur que Boileau a pris avec son siècle et que son siècle a accepté, sauf ceux dont la censure défrayait la leçon. Boileau se croyait très-sincèrement le maître et le recteur de la littérature de son temps. Il était trop sage et trop chrétien pour se croire le supérieur de tous ceux qu'il instruisait et qu'il corrigeait ; mais c'est de lui que le siècle tenait en grande partie son bon goût et son bon sens. Boileau ne se regardait certes pas comme supérieur à Racine, à voir les éloges qu'il lui donne :

> Toi donc qui, t'élevant sur la scène tragique,
> Suis les pas de Sophocle, et, seul de tant d'esprits,
> De Corneille vieilli sais consoler Paris.

1. Nous devons faire remarquer qu'au xvii⁰ siècle le nom de Boileau fut réservé exclusivement à Gilles Boileau, et que son frère Nicolas, le grand satirique, était toujours appelé du nom de Despréaux.

Gilles Boileau se targuait fort de son talent d'auteur satirique, et aimait à passer pour redoutable.

Quoi donc !

écrit-il dans une de ses lettres en vers :

> Quoi donc ! n'appréhendez-vous rien
> D'un esprit fait comme le mien ?
> Moi, que mille auteurs d'importance
> Cherchent à belle révérence,
> Et dont le plus terrible émoi
> Est d'être mal avecque moi;
> Moi d'ailleurs dont l'humeur critique,
> Aux plus huppés feroit la nique,
> Et qui dès mes plus jeunes ans
> Appris l'art de railler les gens ?
> (*Histoire de l'Académie françoise*, t. II, p. 106.)

Mais si Boileau ne se regarde pas comme supérieur à Racine, il se croit son maître, et Racine le prend volontiers sur ce pied-là. Non-seulement il sent que, s'il n'avait pas eu Boileau, il serait peut-être tombé dans le bel esprit, dont il était encore si près dans les *Frères ennemis* et dans *Alexandre*, mais il sent qu'il doit à Boileau plus que l'amour du bon goût; il lui doit une certaine droiture de sens moral que Boileau avait plus que personne à côté et au-dessus de la justesse du sens littéraire. Quand Racine, piqué de la censure que Nicole fait du théâtre, écrit une première lettre contre Port-Royal et qu'il va en écrire une seconde dont il apporte le brouillon à Boileau, celui-ci lui dit que « la lettre est fort spirituelle, mais que cela n'empêche pas qu'il ait tort d'écrire contre les plus honnêtes gens du monde, » et Racine, averti par cette parole, supprime la lettre. Si Racine a réconcilié Boileau avec Perrault, Boileau, avant cela, avait fait une réconciliation plus touchante et plus utile à l'âme de Racine, celle de Racine avec le grand Arnauld. Le récit de cette réconciliation, que nous trouvons dans les mémoires de Louis Racine sur la vie de son père, est curieux et intéressant :

« Un des premiers soins de mon père après son mariage fut de se réconcilier avec MM. de Port-Royal; il ne lui fut pas difficile de faire sa paix avec M. Nicole, qui ne savoit ce que c'étoit que la guerre et qui le reçut à bras ouverts lorsqu'il le vint voir, accompagné de M. l'abbé Dupin. Il ne lui étoit pas si aisé de se réconcilier avec M. Arnauld, qui avoit toujours sur le cœur les plaisanteries écrites sur la mère Angélique, sa sœur, plaisanteries fondées, par faute d'examen, sur des faits qui n'étoient pas exactement vrais. Boileau, chargé de la négociation, avoit toujours trouvé M. Arnauld intraitable. Un jour il s'avisa de lui porter un exemplaire de la tragédie de *Phèdre*, de la part de l'auteur. M. Arnauld demeuroit alors dans le faubourg Saint-Jacques. Boileau, en allant le voir, prend la résolution de lui prouver qu'une tragédie peut être innocente aux yeux des casuistes

les plus sévères ; et, ruminant sa thèse en chemin : « Cet
« homme, disoit-il, aura-t-il toujours raison, et ne pourrai-je
« parvenir à lui faire avoir tort? Je suis bien sûr qu'aujour-
« d'hui j'ai raison; s'il n'est pas de mon avis, il aura tort. »
Plein de cette pensée il entre chez M. Arnauld, où il trouve une
nombreuse compagnie, il lui présente la tragédie et lui lit en
même temps l'endroit de la préface où l'auteur témoigne tant
d'envie de voir la tragédie réconciliée avec les personnes de
piété. Ensuite, déclarant qu'il abandonnoit acteurs, actrices
et théâtre, sans prétendre les soutenir en aucune façon, il
élève la voix en prédicateur, pour soutenir que si la tragédie étoit dangereuse, c'étoit la faute des poëtes, qui en cela
même alloient directement contre les règles de leur art ; mais
que la tragédie de *Phèdre,* conforme à ces règles, n'avoit rien
que d'utile. L'auditoire, composé de jeunes théologiens,
l'écoutoit en souriant, et regardoit tout ce qu'il avançoit
comme les paradoxes d'un poëte peu instruit de la bonne morale. Cet auditoire fut bien surpris lorsque M. Arnauld prit
ainsi la parole : « Si les choses sont comme il le dit, il a
« raison et la tragédie est innocente. » Boileau rapportoit
qu'il ne s'étoit jamais senti de sa vie si content. Il pria M. Arnauld de vouloir bien jeter les yeux sur la pièce qu'il lui laissoit, pour lui en dire son sentiment. Il revint quelques jours
après le demander, et M. Arnauld lui donna ainsi sa décision :
« Il n'y a rien à reprendre au caractère de sa Phèdre, puisque
« par ce caractère il nous donne une grande leçon, que, lors-
« qu'en punition de fautes précédentes, Dieu nous aban-
« donne à nous-mêmes et à la perversité de notre cœur, il
« n'est point d'excès où nous ne puissions nous porter, même
« en les détestant. Mais pourquoi a-t-il fait Hippolyte amou-
« reux ? » Cette critique est la seule qu'on puisse faire contre
cette tragédie ; et l'auteur, qui se l'étoit faite à lui-même, se
justifioit en disant : « Qu'auroient pensé les petits maîtres
« d'un Hippolyte ennemi de toutes les femmes ? Quelles mau-
« vaises plaisanteries n'auroient-ils pas faites ? » Boileau,

charmé d'avoir si bien conduit sa négociation, demanda à M. Arnauld la permission de lui amener l'auteur de la tragédie. Ils vinrent chez lui le lendemain ; et quoiqu'il fût encore en nombreuse compagnie, le coupable, entrant avec l'humilité et la confusion peintes sur le visage, se jeta à ses pieds ; M. Arnauld se jeta aux siens ; tous deux s'embrassèrent. M. Arnauld lui promit d'oublier le passé et d'être toujours son ami, promesse fidèlement exécutée. »

Ainsi, à côté de la direction littéraire que Boileau s'attribuait sur son siècle, sans se croire d'autre supériorité que celle de l'enseignement, il y avait une sorte de direction morale que lui déféraient naturellement ses amis et qu'il tenait de la droiture et de la solidité de son caractère ; de plus, d'une sorte de prépondérance d'âge, de jugement et même de fortune, quoique fort modeste, qu'il avait sur eux dès sa jeunesse. C'est l'honneur de Racine d'avoir accepté cette double direction de Boileau. Les témoignages qu'il rend soit au critique supérieur et presque infaillible, soit à l'homme excellent et au meilleur guide moral qu'il ait pu avoir, font honneur aux deux poëtes.

Voyez pour le poëte et le critique ce qu'il écrit en 1693 à son fils aîné, qui avait fait sur la dispute entre Perrault et Boileau une épigramme qu'il avait envoyée à son père : « M. Despréaux a un talent qui lui est particulier et qui ne doit point vous servir d'exemple, ni à vous ni à qui que ce soit. Il n'a pas seulement reçu du siècle un génie merveilleux pour la satire ; mais il a encore avec cela un jugement excellent, qui lui fait discerner ce qu'il faut louer et ce qu'il faut reprendre.[1] » Il n'admire pas moins l'homme aimable et bon que le grand critique ; il semble même lui reprocher d'être trop bon. « M. Despréaux, écrit Racine à son fils le 24 juillet 1698, est heureux comme un roi dans sa solitude ou plutôt dans son hôtellerie d'Auteuil. Je l'appelle ainsi, parce qu'il n'y

---

1. *Lettres de Racine à son fils*, lettre 7e.

a point de jour où il n'y ait quelque nouvel écot,[1] et souvent deux ou trois qui ne se connoissent pas trop les uns les autres. Il est heureux de s'accommoder ainsi de tout le monde : pour moi, j'aurois cent fois vendu la maison.[2] »

Ce dernier trait est bien de l'homme du monde, aimable pour ceux qu'il cherche, ennuyé et impatient avec ceux qui le prennent chez lui. Boileau est meilleur homme, et, pendant que Perrault le représente comme un vrai loup-garou,

>   Crasseux, maladroit et sauvage,
> Farouche dans ses mœurs, rude dans son langage,

il reçoit avec plaisir à Auteuil les amis et peut-être même les fâcheux qui veulent avoir eu l'honneur de visiter le grand satirique. Tout le monde est bien accueilli chez lui, jansénistes et jésuites.[3] Cette bonté simple et vraie lui donnait, même parmi les grands seigneurs, des amis qui lui étaient attachés autrement que par la vanité d'avoir un grand poëte pour ami, et auxquels il était lui-même attaché autrement que par l'ambition et le calcul. Quand Boileau était enfant, son père disait de lui : « Colin (Nicolas) est un bon garçon ; il ne dira jamais du mal de personne. » On a souvent cité le mot du père de Boileau pour remarquer combien il s'était trompé sur la vocation de son fils. Cependant, si nous en croyons le témoignage des contemporains, le père s'était moins

---

1. *Écot* se dit d'une compagnie de gens qui mangent ensemble dans une auberge, dans un cabaret : IL Y AVAIT TROIS *écots dans le jardin.* (*Dictionnaire de l'Académie*, édit. 1835.)

Racine prend le mot dans le sens d'hôte et de visiteur.

2. Lettre 41e.

3. « Il y a, écrit-il à Arnauld, des jésuites qui me font l'honneur de m'estimer et que j'estime et honore aussi beaucoup. Ils me viennent voir dans ma solitude d'Auteuil, et ils y séjournent même quelquefois; je les reçois du mieux que je puis ; mais la première convention que je fais avec eux, c'est qu'il me sera permis dans nos entretiens de vous louer à outrance. » (*Lettre à M. Arnauld*, juin 1694. BOILEAU, t. IV, p. 57, édition Berryat-Saint-Prix.

trompé qu'il ne semble. Boileau n'a dit du mal que du mauvais goût et de la sotte imagination; seulement ces défauts ont chez lui des noms de personnes. Hors de la littérature, il est bon et facile à vivre. « Il est tendre en prose et cruel en vers, » disait de lui Mme de Sévigné.[1] Cette réputation de bonté simple et vraie est celle de Boileau auprès de tous ceux de ses contemporains qui l'ont connu. « Il a excellé dans la satire, quoique ce fût un des meilleurs hommes du monde, » dit Saint-Simon.[2] Racine enfin, écrivant à son fils et lui apprenant sa convalescence :[3] « M. Despréaux, dit-il, ne m'a point abandonné dans les grands périls ; mais, quand l'occasion a été moins vive, il a été bien vite retrouver son cher Auteuil ; et j'ai trouvé cela très-raisonnable, n'étant pas juste qu'il perdît la belle saison autour d'un convalescent qui n'avoit pas même la voix assez forte pour l'entretenir longtemps. Du reste, il n'y a pas un meilleur ami, ni un meilleur homme au monde. » Simple comme elle l'était, sa bonté s'étendait volontiers aux enfants et surtout à ceux de Racine, qu'il aimait beaucoup à cause de leur père. « Nous allâmes l'autre jour, écrit Racine à son fils aîné,[4] prendre l'air à Auteuil et nous y dînâmes avec toute la petite famille, que M. Despréaux régala le mieux du monde; ensuite il mena Lionval[5] et Madelon dans le bois de Boulogne, badinant avec eux et leur disant qu'il vouloit les mener perdre ; il n'entendoit pas un mot de tout ce que ces pauvres enfants lui disoient.[6] » Chose singulière : tous les traits du caractère de Boileau que je viens de rappeler s'accordent exactement

---

1. « Despréaux vous ravira par ses vers; il est attendri pour le pauvre Chapelain : je lui dis qu'il est tendre en prose et cruel en vers. » (Lettre du 15 décembre 1673, édit. Monmerqué, t. III, p. 173.
2. SAINT-SIMON, t. IX, p. 124.
3. Lettre du 24 octobre 1698.
4. Lettre du 31 octobre 1698.
5. Lionval est Louis Racine.
6. Il était sourd dans sa vieillesse.

avec le portrait qu'il fait de lui-même dans sa dixième épître :

> Déposez hardiment,

dit-il en s'adressant à ses ouvrages,

> Qu'au fond cet homme horrible,
> Ce censeur qu'ils ont peint si noir et si terrible,
> Fut un esprit doux, simple, ami de l'équité,
> Qui, cherchant dans ses vers la seule vérité,
> Fit, sans être malin, ses plus grandes malices,
> Et qu'enfin sa candeur seule a fait tous ses vices.
> Dites que, harcelé par les plus vils rimeurs,
> Jamais, blessant leurs vers, il n'effleura leurs mœurs;
> Libre dans ses discours, mais pourtant toujours sage,
> Assez foible de corps, assez doux de visage,
> Ni petit ni trop grand, très-peu voluptueux,
> Ami de la vertu plutôt que vertueux. [1]

En cherchant à montrer quelle était la personne littéraire de Racine devant ses contemporains, pendant qu'il composait ses tragédies de 1664 à 1677, et surtout en montrant avec quelle docilité judicieuse il se soumettait à la direction littéraire et même aussi à la direction morale de Boileau, j'ai dû parfois, suivant l'ordre des idées plutôt que des années, emprunter quelques traits du tableau à la seconde partie de la vie de Racine, c'est-à-dire à sa vie d'homme marié et de repenti chrétien, quand il a rompu avec le théâtre et renoncé à la poésie profane. Ces deux parties sont cependant loin de se ressembler, et le personnage littéraire de Racine y est tout différent. Dans la première partie, Racine a les mœurs légères et faciles de la jeunesse, et Boileau, qui, selon son aveu, *est libre dans ses discours, quoiqu'il soit pourtant toujours sage,* ne lui impose pas une règle trop sévère. Il travaille beaucoup ses ouvrages, qu'il soumet à la censure de Boileau; mais il ne songe guère à maîtriser ses emportements de vanité ou sa colère contre ceux qui critiquent ses tragédies. Il est très-peu janséniste, précisément parce qu'il est élève de Port-Royal et

---

1. Épître X[e].

que, comme les écoliers de tous les temps, il a une vieille mauvaise humeur contre la discipline à laquelle il a été soumis ; il écrit sans scrupule contre Nicole, et s'il s'abstient de continuer la querelle, ses scrupules lui viennent de Boileau. Il raconte quelque part, dans une lettre à son fils, « qu'il a passé sa jeunesse avec une société de gens qui se disoient assez volontiers leurs vérités et qui ne s'épargnoient guère les uns les autres sur leurs défauts. J'avois assez de soin, dit-il, de me corriger de ceux que l'on trouvoit en moi, qui étoient en fort grand nombre et qui auroient pu me rendre assez difficile pour le commerce du monde. [1] »

Ainsi c'était des défauts qui nuisent dans le monde qu'il s'appliquait dans sa jeunesse à se corriger, s'occupant moins d'épurer et d'élever son âme. Peu à peu cependant les sentiments chrétiens de son éducation et de sa famille reprirent en lui le dessus, et c'est alors qu'il rompit avec le théâtre et la poésie profane. [2]

XI.

RUPTURE DE RACINE AVEC LE THÉATRE. — SON MARIAGE. — RACINE ET BOILEAU NOMMÉS HISTORIOGRAPHES DU ROI.

Est-ce le retour de Racine aux sentiments chrétiens qui l'a seulement décidé à renoncer au théâtre ? Plusieurs causes ont contribué à la révolution qui s'est faite alors dans sa vie. La plupart des biographes du grand poëte croient que le dépit qu'il

---

1. Lettre du 24 juillet 1698.
2. J'aurais pu parler, dans cette partie de la vie de Racine, de la querelle des anciens et des modernes déjà commencée, et à laquelle Racine prend part. Mais cette querelle n'eut son grand éclat qu'en 1687, quand, dans une séance de l'Académie, Charles Perrault lut son poëme intitulé *le Siècle de Louis le Grand*. Ce fut le manifeste de la guerre contre les anciens. L'intervention de Racine dans cette dispute appartient donc à la troisième partie de sa vie.

eut contre la cabale qui avait essayé de faire tomber *Phèdre* fut la cause qui éloigna Racine du théâtre. Elle fut une des causes; elle ne fut pas la seule, et l'abbé d'Olivet a raison de dire, dans son *Histoire de l'Académie*, qu'à part le dépit que Racine eut de la lutte engagée entre sa *Phèdre* et celle de Pradon, ce fut « son mariage, les remontrances de sa tante, la mère Agnès de Port-Royal, et l'honneur d'être nommé historiographe du roi, qui l'engagèrent à renoncer pour toujours au théâtre.[1] »

Essayons d'apprécier en quelques mots l'importance de ces diverses causes.

Racine écrit quelque part à son fils aîné : « Quoique les applaudissements que j'ai reçus m'aient beaucoup flatté, la moindre critique, quelque mauvaise qu'elle ait été, m'a toujours causé plus de chagrin que toutes les louanges ne m'ont fait de plaisir. » Avec cette disposition d'esprit à s'affliger de la critique, même mauvaise, Racine dut ressentir vivement l'échec que sembla d'abord éprouver sa *Phèdre*. « Car il est bien vrai, dit M. de Valincourt dans sa lettre à M. l'abbé d'Olivet, que pendant plusieurs jours Pradon triompha, mais tellement que la pièce de Racine fut sur le point de tomber et à Paris et à la cour. Je vis Racine au désespoir.[2] »

Quelle était la cabale qui s'était efforcée d'empêcher pendant quelques jours le succès de la *Phèdre* de Racine? C'était une de ces coteries littéraires de la cour et de la ville, mêlées de grands seigneurs qui prenaient dans la littérature le plaisir de la lutte et de la rivalité interdit dans la politique. « Mme la duchesse de Bouillon,[3] le duc de Nevers son

---

1. *Histoire de l'Académie françoise*, par l'abbé d'Olivet, art. de Jean Racine, édit. Livet, p. 331.
2. *Ibid.*
3. Marie-Anne Mancini, une des nièces de Mazarin, mariée en 1662 au duc de Bouillon, morte en 1714. Ce fut une des premières protectrices de La Fontaine.

frère,[1] et que ques autres personnes de distinction, unies de goût et de sentiments, avoient poussé Pradon à travailler sur le même sujet. Ces personnes n'aimoient point M. Racine, et, dans le dessein de le chagriner, elles avoient voulu se pourvoir d'une pièce qui leur servît à faire tomber la sienne, quand elle paroîtroit. Pradon, fier de quelques succès que la cabale avoit procurés à ses premières tragédies, composa sa *Phèdre* et la fit jouer sur le théâtre de la rue Mazarine, le 3 janvier 1677, deux jours après la représentation de celle de Racine à l'hôtel de Bourgogne.[2] »

Pradon avait l'orgueil des poëtes de coterie, qui prennent volontiers le sentiment de leur coterie pour le sentiment du public. Il se croyait sans hésiter l'égal ou peu s'en fallait de Racine, et il dit hardiment dans la préface de sa *Phèdre* : « Ce n'a point été un effet du hasard qui m'a fait rencontrer avec M. Racine, mais un pur effet de mon choix. » Non-seulement ç'avait été le choix de Pradon, mais ç'avait été aussi une petite affaire d'État. Racine et Boileau, accrédités comme ils l'étaient à la cour, avaient fait quelques démarches pour empêcher qu'on ne jouât la pièce de Pradon au théâtre de la rue Mazarine en même temps que celle de Racine à l'hôtel de Bourgogne. La cabale de Pradon, qui avait ses partisans à la cour, n'avait pas manqué de contrecarrer ces démarches, et le roi s'était prononcé en faveur d'une liberté qui ne le gênait pas et qui occupait le public. « Lorsqu'ils virent, dit Pradon, parlant de

---

1. Philippe de Mancini, duc de Nevers, neveu du cardinal Mazarin, né en 1641, mort en 1707. — « C'étoit, dit Saint-Simon, un Italien, très-Italien, de beaucoup d'esprit, facile, extrêmement orné, qui faisoit les plus jolis vers du monde qui ne lui coûtoient rien, et sur-le-champ, qui en a donné ainsi des pièces entières ; un homme de la meilleure compagnie du monde... Il voyoit bonne compagnie, dont il étoit recherché ; il en voyoit tout aussi de mauvaise et d'obscure avec laquelle il se plaisoit, et il étoit en tout extrêmement singulier ; c'étoit un grand homme sec, mais bien fait et dont la physionomie disoit tout ce qu'il étoit. » (SAINT-SIMON, t. V, p. 314.)

2. *Histoire du théâtre françois*, par les frères Parfait, t. XII, p. 1 et 2.

Racine et de Boileau,[1] que, par la bonté et la justice du roi, Sa Majesté avoit permis qu'on jouât ma *Phèdre* dans le temps de celle de M. Racine, qui, par un procédé sans exemple, avoit empêché l'année précédente une autre *Iphigénie* de paroître dans le temps de la sienne,[2] ces messieurs, dis-je, voyant qu'ils ne pouvoient plus apporter d'obstacle à ma *Phèdre* du côté de la cour, par des bassesses honteuses et indignes du caractère qu'ils doivent avoir, empêchèrent les meilleures actrices d'y jouer. »

Voilà les intrigues et les débats qui précédèrent la représentation des deux *Phèdres* : voyons maintenant ce que fit la cabale pour faire tomber la pièce de Racine. « Mme Deshoulières, qui étoit de la coterie de Pradon et que Pradon consultoit pour ses ouvrages, alla voir la première représentation de la tragédie de Racine. Elle revint ensuite souper avec les principaux membres de la cabale ; pendant le souper, on ne parla que de la pièce nouvelle et on n'en parla que pour l'immoler d'avance à la pièce de Pradon, qui devoit être jouée le surlendemain, et Mme Deshoulières fit alors contre la *Phèdre* de Racine le sonnet qui causa tant d'émoi dans le monde littéraire et même dans le monde de la cour :

> Dans un fauteuil doré, Phèdre, tremblante et blême,
> Fait des vers où d'abord personne n'entend rien ;
> Sa nourrice lui fait un sermon très-chrétien
> Contre l'affreux dessein d'attenter sur soi-même.
>
> Hippolyte la hait presque autant qu'elle l'aime ;
> Rien ne change son cœur ni son chaste maintien.

---

1. *Nouvelles remarques sur tous les ouvrages du sieur Despréaux*, p. 69.
2. Il s'agit sans doute de l'*Iphigénie* de Leclère, jouée le 24 mai 1675. Je ne trouve pas dans la préface de Leclère ni dans les critiques du temps la moindre trace des démarches faites par Racine pour empêcher la représentation de l'*Iphigénie* de Leclère. L'*Histoire du théâtre françois* met la première représentation de l'*Iphigénie* de Racine au mois de février 1674, aux fêtes de Versailles; il y aurait donc plus d'un an entre les deux *Iphigénies*.

> La nourrice l'accuse; elle s'en punit bien :
> Thésée a pour son fils une rigueur extrême.
>
> Une grosse Aricie, [1] au teint rouge, aux crins blonds,
> N'est là que pour montrer deux énormes tétons,
> Que, malgré sa froideur, Hippolyte idolâtre.
>
> Il meurt enfin traîné par ses coursiers ingrats ;
> Et Phèdre, après avoir pris de la mort-aux-rats,
> Vient, en se confessant, mourir sur le théâtre.

« Ce sonnet fut à peine composé, qu'on eut soin de le répandre dans Paris. Dès le lendemain l'abbé Tallemant l'aîné [2] en apporta une copie à Mme Deshoulières qui la reçut sans rien témoigner de la part qu'elle avoit au sonnet, et elle fut ensuite la première à le montrer comme le tenant de l'abbé Tallemant.

« Les amis de Racine crurent que ce sonnet étoit l'ouvrage de M. le duc de Nevers, l'un des protecteurs de Pradon ; car, pour Pradon lui-même, ils ne lui firent pas l'honneur de le soupçonner d'en être l'auteur. Dans cette pensée, ils tournèrent ainsi ce sonnet contre M. de Nevers sur les mêmes rimes :

> Dans un palais doré, Damon, jaloux et blême,
> Fait des vers où jamais personne n'entend rien.
> Il n'est ni courtisan, ni guerrier, ni chrétien,
> Et souvent pour rimer il s'enferme lui-même.
>
> La Muse, par malheur, le hait autant qu'il l'aime.
> Il a d'un franc poëte et l'air et le maintien ;

---

1. C'était Mlle Desœillets, disent la plupart des commentateurs. Les frères Parfait remarquent que, Mlle Desœillets étant morte en 1670, elle ne peut pas avoir joué *Aricie* en 1677. Il s'agit, disent-ils, de Mlle d'Ennebaut, qui était blonde et grasse, mais très-jolie.

2. François Tallemant des Réaux. On l'appelait l'aîné pour le distinguer de Paul Tallemant, son cousin, qui était aussi ecclésiastique. Ils furent tous deux de l'Académie française. (*Histoire du théâtre françois.*) — Ces deux académiciens sont aujourd'hui tout à fait inconnus. Le nom de Tallemant survit dans la littérature, grâce aux historiettes de Gédéon Tallemant des Réaux, le frère aîné de François Tallemant, l'académicien.

Il veut juger de tout et n'en juge pas bien.
Il a pour le phébus une tendresse extrême.

Une sœur vagabonde,[1] aux crins plus noirs que blonds,
Va par tout l'univers promener deux tétons
Dont, malgré son pays, Damon est idolâtre.

Il se tue à rimer pour des lecteurs ingrats;
L'Énéide à son goût est de la mort-aux-rats;
Et, selon lui, Pradon est le roi du théâtre.[2]

« On attribua à Racine et à Despréaux ce sonnet qui répondoit à la critique d'une tragédie par l'injure contre les personnes.[3] » Dans sa lettre à M. l'abbé d'Olivet, M. de Valincourt, qui, tout en se donnant pour l'ami de Racine et de Boileau, parle d'eux comme s'il avait été un grand seigneur qui les eût honorés de son amitié, M. de Valincourt dit « qu'étant l'un et l'autre gens fort susceptibles de peur, ils furent très-effrayés des menaces que M. le duc de Nevers faisoit partout contre eux, et qu'ils désavouèrent le sonnet. » Peureux ou non, ils avaient le droit de désavouer le sonnet, qui était l'œuvre de plusieurs hommes de la cour, de M. le chevalier de Nantouillet,[4] de M. le comte de Fiesque,[5] du marquis

---

1. Hortense Mancini, duchesse de Mazarin, l'héroïne de Saint-Évremond, célèbre par sa beauté et par ses aventures. Elle mourut à Chelsey, en Angleterre, près de Londres, le 2 juillet 1699, à cinquante-trois ans.

2. Le vers de l'épître de Boileau :

Et la scène françoise est en proie à Pradon,

rappelle ce vers du sonnet qui a précédé l'épître.

3. *Histoire du théâtre françois*, t. XII.

4. François du Prat, dit le chevalier de Nantouillet, avait été substitué aux nom et armes de Barbançon. Saint-Simon parle de lui, en 1695 : « Barbançon, premier maître d'hôtel de Monsieur, mourut aussi, si goûté du monde par le sel de sa chanson et l'agrément et le naturel de son esprit » (t. Ier, p. 282). Racine, dans sa préface de *Bajazet*, nomme le chevalier de Nantouillet comme un de ceux qui lui avaient rapporté les récits que M. de Cézy, ambassadeur de France en Turquie vers 1635, faisait de la mort de Bajazet.

5. Saint-Simon parle aussi du comte de Fiesque : « C'étoit, dit-il, un

VIE DE RACINE.   465

d'Effiat, de M. de Guilleragues[1] et de M. de Manicamp, amis de Racine.

Comme M. le duc de Nevers ne parlait de rien moins que de faire tuer les deux poëtes, le duc Henri-Jules, fils du grand Condé, leur dit : « Si vous n'avez pas fait le sonnet, venez à l'hôtel de Condé, où M. le prince[2] saura bien vous garantir de ces menaces, puisque vous êtes innocents ; et si vous l'avez fait, venez aussi à l'hôtel de Condé, et M. le prince vous prendra de même sous sa protection, parce que le sonnet est très-plaisant et plein d'esprit. » C'était donc s'attaquer à forte partie que de s'attaquer aux deux poëtes : le duc de Nevers répliqua par un sonnet au sonnet qu'il attribuait à Racine et à Boileau. Le sonnet du duc de Nevers est aussi outrageant contre les personnes que l'était celui des amis de Racine. C'était là le mauvais côté des mœurs littéraires du temps. On passait aisément de la critique à l'injure.

> Racine et Despréaux, l'air triste et le teint blême,
> Viennent demander grâce et ne confessent rien.
> Il faut leur pardonner, parce qu'on est chrétien ;
> Mais on sait ce qu'on doit au public, à soi-même.
>
> Damon, pour l'intérêt de cette sœur qu'il aime,
> Doit de ces scélérats châtier le maintien.
> Car il seroit blâmé de tous les gens de bien,
> S'il ne punissoit pas leur insolence extrême.

homme de fort bonne compagnie, d'esprit et orné, un fort honnête homme qui avoit été galant, avec une belle voix, qui chantoit bien et qui faisoit rarement des vers, mais aisément, jolis et d'un tour fort naturel. » — (SAINT-SIMON, t. VI, p. 391.)

1. Guilleragues, à qui Boileau a adressé sa cinquième épître :

> Esprit né pour la cour et maître en l'art de plaire,
> Guilleragues, qui sais et parler et te taire.

Il fut nommé en 1679 ambassadeur de France à Constantinople. Il y mourut en 1684.

2. Le grand Condé, mort le 11 décembre 1686.

> Ce fut une furie aux crins plus noirs que blonds
> Qui leur pressa, du pus de ses affreux tétons,
> Ce sonnet qu'en secret leur cabale idolâtre.
>
> Vous en serez punis, satiriques ingrats,
> Non pas en trahison d'un sou de mort-aux-rats,
> Mais de coups de bâton donnés en plein théâtre.

Racine et Boileau n'avaient pas seulement la protection du grand Condé contre le duc de Nevers ; ils avaient aussi leur faveur à la cour ; et cette année même ils en recevaient une marque éclatante. Le roi les chargeait d'écrire son histoire. C'était Pellisson, jusque-là, qui était l'historiographe du roi ; mais Pellisson, tout bon courtisan qu'il était, avait eu le malheur de déplaire à Mme de Montespan. Le roi avait accordé à sa maîtresse, la plus dépensière des femmes, je ne sais quel droit sur les boucheries de Paris ; les bouchers réclamèrent devant le conseil du roi, et Pellisson, chargé du rapport comme maître des requêtes, donna raison aux bouchers. Mme de Montespan trouva que quelqu'un qui donnait tort à Mme de Montespan n'avait plus les qualités convenables à l'historien de Louis XIV, et elle fit nommer historiographes Racine et Despreaux. Pellisson avait peut-être aussi auprès de Mme de Montespan un autre tort que celui d'être un rapporteur équitable : il était un peu de la vieille cour, non pas de la Fronde, mais des premiers amis du roi, d'un temps enfin antérieur à Mme de Montespan. Elle trouvait donc que son style avait vieilli, qu'il était trop périodique et trop lourd. Le style de Racine lui semblait plus vif et plus élégant : en quoi elle avait raison. Du style de Boileau en prose, personne ne savait rien ; mais on le jugeait sur ses vers. Nommés historiographes du roi par la faveur de Mme de Montespan, les deux amis devenaient inattaquables pour le duc de Nevers. Il y avait d'ailleurs un lien de famille entre Mme de Montespan et le duc de Nevers, qui avait épousé une fille de Mme de Thianges, une des sœurs de Mme de Montespan, et nous ne sommes pas étonné que le père Niceron, dans ses *Hommes illustres,* racontant la querelle de Racine et Boileau avec le duc de Nevers, dise qu'elle fut « terminée par la médiation de quelques personnes du premier rang.[1] »

Soit qu'il n'eût pas de rancune contre Racine et Boileau, soit qu'il ne voulût pas la montrer ni même la laisser soupçonner, le duc de Nevers, dans une épître adressée à M. Bourdelot, médecin de M. le duc,[2] se mit à louer avec une exagération qui pourrait être une ironie ses deux anciens adversaires, et cela en 1677, c'est-à-dire dans l'année même de la querelle des deux *Phèdres :*

> Ces illustres du temps, Racine et Despréaux,
> Sont du mont Hélicon les fermiers généraux;[3]
> Pour mettre des impôts sur l'onde d'Hippocrène,
> Phœbus leur donne à bail son liquide domaine.
> Tout passe par leurs mains; les précieux trésors
> Ne coulent que pour eux des castalides bords.
> On a vu dans leurs vers leur extrême richesse;
> Leurs plumes dégorgeoient des liqueurs du Permesse.
> A présent, de la rime abandonnant les lois,
> Ils veulent que Phœbus reprenne tous ses droits,
> Et, sortant tout à coup de l'ordre poétique,
> Ils entrent étrangers dans le monde historique.[4]

Les vers que je viens de citer sont mauvais; mais sont-ils sincères, et est-ce de bon cœur que le duc de Nevers félicite de leur nomination d'historiographes ceux qu'il traitait naguère de scélérats? Est-ce même un compliment que de dire à Racine et à Boileau qu'*ils entrent étrangers dans le monde historique?* Je n'en sais trop rien, et je laisse à la poésie du duc de Nevers son obscurité peut-être calculée.

Dans le récit que je viens de faire de la querelle des deux *Phèdres,* j'ai omis naturellement tout ce qui touche à

---

1. *Mémoires pour servir à l'histoire des hommes illustres,* t. XVIII, p. 28. Vie de Racine.

2. Le fils du prince de Condé.

3. Bizarre expression. Le duc de Nevers veut-il dire que les deux poëtes sont les mieux rentés de tous les écrivains?

4. *Recueil de pièces curieuses et nouvelles, tant en prose qu'en vers,* 1694. t. II, p. 426.

l'examen des deux tragédies ; cet examen suivra la *Phèdre* de
Racine. Ce qui nous importe aujourd'hui est de savoir si le
dépit qu'a dû causer à Racine cette rivalité avec Pradon l'a
décidé, comme on l'a dit, à ne plus travailler pour le théâtre,
et si ce dépit, que n'ont pu vaincre les consolations et les éloges
de Boileau dans sa VIIe épître, nous a fait perdre quelques-uns
des chefs-d'œuvre dramatiques que Racine pouvait encore produire. Il n'avait que trente-sept ans.

Nous ne pouvons pas douter que Racine n'ait été très-tourmenté de la querelle des deux *Phèdres,* qu'il n'en ait même
été désespéré, comme dit M. de Valincourt, qui prend aisément
son parti des chagrins de son ami. Mais d'autres sentiments se
joignirent à celui-là et des sentiments d'un ordre plus élevé.
Il souffrit de son échec, qui fut très-passager ; il souffrait encore
plus du genre de vie qu'il menait et qui inquiétait sa conscience, réveillée peu à peu du double enchantement de la
jeunesse et de la gloire. Il y a dans la préface de *Phèdre* un
passage qui se rapporte d'une manière curieuse aux sentiments
qui troublaient alors la conscience du poëte. « Il seroit à souhaiter, dit Racine, que les ouvrages de nos poëtes fussent aussi
solides et aussi pleins d'utiles instructions que ceux des poëtes
grecs : ce seroit peut-être un moyen de réconcilier la tragédie
avec quantité de personnes célèbres par leur piété et par leur
doctrine qui l'ont condamnée dans ces derniers temps, et qui
en jugeroient sans doute plus favorablement, si les auteurs
songeoient autant à instruire leurs spectateurs qu'à les divertir,
et s'ils suivoient en cela la véritable intention de la tragédie. »
Quand il écrivait ces paroles dans sa préface, Racine, rassuré
par le succès définitif de *Phèdre,* n'avait plus ni dépit ni chagrin
littéraire. Il ne prenait plus conseil de sa fierté blessée. Mais il
exprimait les nouveaux sentiments qui l'animaient. *Ces personnes célèbres par leur piété et par leur doctrine,* c'étaient ses
anciens maîtres de Port-Royal, qu'il avait attaqués autrefois et
avec lesquels il voulait se réconcilier, en les réconciliant eux-mêmes avec la tragédie corrigée et épurée. Il voulait que la

tragédie française, en se rapprochant de la pureté et de la simplicité grecques, se rapprochât du même coup de la morale chrétienne. Il prenait Sophocle et Euripide pour médiateurs entre lui et Arnauld et Nicole. Il ne renonçait donc pas à travailler encore pour le théâtre; il entrevoyait seulement une nouvelle manière d'y travailler, et il disait qu'il avait tâché d'arriver dans *Phèdre* à ce nouveau genre de tragédie. « Je n'ai point fait de tragédie, ajoutait-il, où la vertu soit plus mise au jour que dans celle-ci. Les moindres fautes y sont sévèrement punies; la seule pensée du crime y est regardée avec autant d'horreur que le crime même; les foiblesses de l'amour y passent pour de vraies foiblesses;[1] les passions n'y sont présentées aux yeux que pour montrer tout le désordre dont elles sont cause; et le vice y est peint partout avec des couleurs qui en ont fait connoître et haïr la difformité. C'est là proprement le but que tout homme qui travaille pour le public doit se proposer.[2] » Il y a dans ces paroles une nouvelle poétique de la tragédie; mais il n'y a aucun signe de divorce avec la poésie dramatique, et ce n'est pas répudier le théâtre que vouloir le réformer et l'épurer.

Ne prenons donc pas les premiers dépits de Racine dans les commencements de la querelle des deux *Phèdres* pour une solennelle renonciation aux œuvres du théâtre. Si nous consultons les contemporains de Racine, personne n'a cru qu'il eût renoncé décidément au théâtre. Lagrange-Chancel, à qui Racine, sur la recommandation de la princesse de Conti, avait donné des conseils qui l'ont laissé médiocre,[3] raconte dans la préface de ses œuvres que « Racine se faisoit quel-

---

1. Et que l'amour, souvent de remords combattu,
Paroisse une foiblesse et non une vertu.
(*Art poétique*, ch. IIIe.)

2. Préface de *Phèdre*.

3. Le récit que Lagrange-Chancel, dans la préface de ses œuvres, fait de ses rapports avec Racine est curieux et intéressant. Lagrange-Chancel, qui était du Périgord et ne se piquait pas de timidité, était un des pages de la

quefois un plaisir de l'entretenir des différents sujets qui lui avoient passé dans l'esprit. Il n'y en a presque point, soit dans la fable, soit dans l'histoire, sur lesquels il n'eût promené ses idées et trouvé des situations intéressantes, dont il avoit la bonté de me faire part.[1] » Ailleurs, Lagrange-Chancel raconte, dans la préface de son *Alceste*, « qu'il avoit souvent entendu dire à Racine que, de tous les sujets de l'antiquité, il n'y en avoit point de plus touchant que celui d'*Alceste*, et qu'il n'avoit point mis de pièce au théâtre depuis son *Andromaque* qu'il ne se proposât de la faire suivre par celle d'*Alceste*. Sa préface d'*Iphigénie* fait voir combien il étoit rempli de ce sujet. J'ai connu de ses amis particuliers qui m'ont assuré qu'il avoit exécuté son dessein et qu'il leur en avoit souvent récité des morceaux admirables, mais que,

---

princesse de Conti; il avait auprès d'elle une réputation d'enfant célèbre et de poëte; il lui présenta sa tragédie de *Jugurtha* : « Malgré tous les défauts dont elle étoit remplie, elle y trouva assez de choses dignes de son attention pour envoyer chercher le célèbre Racine et le prier avec bonté de lire cet essai d'un gentilhomme qui étoit son page, pour lui en dire son sentiment sans aucun déguisement, parce que, s'il y avoit de l'espérance que je pusse un jour marcher sur ses traces, elle seroit bien aise d'y contribuer de tout son pouvoir; mais que, si je ne devois pas exceller, elle ne vouloit pas que je perdisse mon temps inutilement et qu'elle me détourneroit d'une occupation qui ne convenoit à ma naissance qu'autant que je pouvois m'y distinguer. — Ce fut donc la réponse de M. Racine qui devoit régler mon destin. Il garda ma pièce huit jours, après lesquels il se rendit chez madame la princesse de Conti. Il lui dit qu'il avoit lu ma tragédie avec étonnement, qu'il ne doutoit point que, si je continuois comme je commençois, je ne portasse le théâtre à un point de perfection où ni Corneille ni lui ne l'avoient pu mettre; qu'à la vérité, ma tragédie étoit défectueuse en plusieurs endroits, mais que si Son Altesse agréoit que j'allasse quelquefois chez lui pour y recevoir ses avis, il la mettroit en peu de temps en état d'être jouée avec succès. Mme la princesse de Conti fut charmée de ce que M. Racine lui disoit de moi. Je ne manquois pas d'aller régulièrement chez lui tous les jours et je puis dire que les leçons qu'il me donnoit en forme d'avis m'en ont plus appris que tous les livres que j'ai lus. » (*OEuvres de Lagrange-Chancel*, 3 vol., Paris, 1742, 1er vol., préface, p. xxxi et xxxii.) — Il fallait que Lagrange-Chancel fût bien peu poëte dramatique de nature pour qu'avec de pareilles leçons il n'ait été que Lagrange-Chancel.

1. *OEuvres de Lagrange-Chancel*, t. Ier, p. xxxiii.

peu de temps avant sa mort, il eut la cruauté de priver le public d'un si bel ouvrage, et de le jeter dans le feu. La lecture d'Euripide, jointe à ce que j'avois pu recueillir des idées de M. Racine, me firent naître l'envie de traiter ce sujet. [1] »

Lagrange-Chancel avait la bonne intention, se servant des souvenirs qu'il avait gardés de Racine, de nous rendre les tragédies que le grand poëte n'avait pas eu le temps de faire, l'*Alceste* par exemple; il y avait aussi une *Iphigénie en Tauride* au sujet de laquelle « il avoit entendu dire à M. Racine qu'il avoit été longtemps à se déterminer entre *Iphigénie sacrifiée* et *Iphigénie sacrifiante*, et qu'il ne s'étoit déclaré en faveur de la première qu'après avoir connu que la seconde n'avoit point de matière pour un cinquième acte. [2] » Lagrange-Chancel, ne s'arrêtant point à l'obstacle qui avait arrêté Racine, fit avec le sujet d'*Iphigénie en Tauride* sa tragédie d'*Oreste et Pylade*, qui n'a pas non plus dédommagé la France de la tragédie que Racine n'a pas faite. [3]

Quoi qu'il en soit des efforts infructueux de Lagrange-Chancel pour remplir les vides de l'œuvre de Racine, il résulte des détails qu'il a donnés que Racine n'avait pas rompu avec la poésie dramatique, qu'il y songeait encore avec plaisir, mais avec d'autres idées, plus graves qu'autrefois, avec celles qu'il avait exprimées dans la préface de sa *Phèdre*, cherchant « à mettre la vertu en son jour, » le dévouement de l'amour conjugal dans *Alceste*, le dévouement de l'amitié dans l'*Iphigénie en Tauride*, et se préparant par la grave beauté de la tragédie

---

1. *OEuvres de Lagrange-Chancel*, t. II, p. 115-116.
2. *Ibid.*, t. Ier, p. 94.
3. Lagrange-Chancel dit cependant, dans sa préface, « que le succès de sa tragédie fut au delà de ses espérances. Mlle de Champmeslé, qui représentoit Iphigénie dans un âge où l'on n'a plus les agréments de la jeunesse, ne fit pas verser plus de larmes dans le rôle de M. Racine qu'elle en fit verser dans le mien. Le public eut le regret de la perdre dans le plus fort des représentations de cette tragédie (1698), qui fut reprise l'année suivante avec le même succès par Mlle Desmares, nièce de cette célèbre actrice et digne héritière de ses talents. » (Tome Ier, p. 95.)

grecque à la grandeur d'*Esther* et d'*Athalie*. Qu'on ne croie pas qu'en expliquant de cette manière la marche et le progrès moral du génie de Racine, je lui prête les idées de notre temps. Le siècle de Racine comprenait très-bien comment le grand poëte était passé de la gravité grecque à la pureté chrétienne. Peut-être, dit une satire intitulée *le Poëte et la Musique*, dont je ne connais pas l'auteur et qui doit avoir été composée après *Esther* (1689) et avant *Athalie* (1691), puisqu'on y parle d'*Esther* et point encore d'*Athalie*,

> Peut-être que d'Esther il (le monde) seroit moins charmé,
> Si Phèdre à l'admirer ne l'eût accoutumé ;
> Et lorsque, dans ces vers si pompeux et si tendres,
> D'Euripide autrefois tu ranimois les cendres,
> Que Sophocle avec lui devenu tout François
> Empruntoit pour parler le secours de ta voix,
> C'étoient pour notre esprit de savantes amorces ;
> Pour de plus hauts desseins tu mesurois tes forces.
> Tu prenois, en suivant ces fameux écrivains,
> Un vol pour t'élever jusqu'aux livres divins.
> Du sublime chez eux tu te formois l'idée,
> Et la Grèce t'ouvroit un chemin en Judée.[1]

Ce dernier vers exprime d'une manière heureuse le développement moral du génie de Racine, et il montre en même temps que ce développement moral n'était point aux yeux des contemporains de Racine l'effet d'un dépit passager ; c'était un retour naturel que faisait le poëte aux sentiments chrétiens de sa famille et de son éducation, sans que ce retour à la foi fût une renonciation à la poésie dramatique ; il répudiait le théâtre et la vie qu'il y menait, plutôt qu'il ne répudiait la tragédie.

Je ne sais même pas s'il avait renoncé tout à fait au théâtre. Je trouve en effet dans Boileau qu'en 1680, c'est-à-dire trois ans après la prétendue rupture de Racine avec le théâtre, « Mme de Montespan et Mme de Thianges, sa sœur, lasses des opéras de M. Quinault, proposèrent au roi d'en faire faire un

---

1. *Recueil de pièces curieuses et nouvelles, tant en prose qu'en vers*, t. IV, p. 508-509. La Haye, 1695.

par M. Racine, qui s'engagea assez légèrement à leur donner cette satisfaction.[1] Il commença en effet un opéra dont le sujet étoit la chute de Phaéton. Il en fit même quelques vers qu'il récita au roi, qui en parut content. Mais comme M. Racine n'entreprenoit cet ouvrage qu'à regret, il me témoigna résolûment qu'il ne l'achèveroit pas que je n'y travaillasse avec lui, et me déclara avant tout qu'il falloit que j'en composasse le prologue. J'eus beau lui représenter mon peu de talent pour ces sortes d'ouvrages et que je n'avois jamais fait de vers d'amourette, il persista dans sa résolution et me dit qu'il me le feroit ordonner par le roi.[2] »

Ce qui me frappe dans ce récit, c'est que Racine ne songe pas un instant à sa prétendue rupture avec le théâtre, et que Boileau, à qui ce projet d'opéra déplaît beaucoup, ne pense pas non plus à rappeler à son ami cet engagement de conscience. Ces deux amis discutent entre eux sur le genre de l'opéra, qui a toutes sortes de défauts, mais des défauts tout littéraires; quant aux défauts qui inquiètent la morale, il n'en est pas question un moment. Je sais bien qu'il s'agissait de plaire au roi, et que, dans l'opinion du siècle, tout ce qui touchait au roi était sacré. Racine, eût-il fait serment de ne plus travailler pour le théâtre, pouvait croire qu'un ordre du roi le dégageait de son serment; mais il est évident, d'après tous les témoignages contemporains, que, si Racine eut un violent chagrin de l'échec momentané de la *Phèdre,* ce chagrin ne dura pas plus que l'échec même; que ce dépit passager ne l'empêcha pas de songer encore souvent à la poésie dramatique, qu'il voulait même réconcilier avec la

---

1. Ces belles dames étaient pleines d'esprit et de caprices. De plus, comme Racine était leur homme de lettres favori, faveur bien placée, elles l'employaient à tout, tantôt à faire l'histoire du roi, et tantôt à faire un opéra à la place de Quinault. Racine, de son côté, avait trop la complaisance du courtisan et de plus il oubliait, sinon sa prétendue rupture avec le théâtre, du moins la poétique nouvelle qu'il s'était faite dans la préface de *Phèdre*. L'opéra, en effet, n'était pas le genre le plus propre à mettre la vertu dans son jour.

2. OEuvres de Boileau, prologue d'opéra, avertissement au lecteur.

morale chrétienne. Comment donc expliquer que, pendant les douze ans écoulés entre *Phèdre* et *Esther*, il n'ait fait aucune tragédie, même conforme à sa nouvelle poétique ? Je crois que le temps et le loisir lui ont manqué plus que le désir et le projet; de plus, il hésitait, il doutait. Fallait-il s'exposer de nouveau aux périls de la carrière théâtrale, à la malveillance des cabales, compromettre une gloire acquise, manquer peut-être aux bienséances de son nouvel état et risquer devant le parterre le nom de l'historiographe du roi? Voilà les réflexions que lui suggérait le souvenir de *Phèdre*. Fallait-il, en continuant ses liaisons avec le monde du théâtre, rencontrer de nouveau des tentations dont il savait le danger, désespérer ses amis chrétiens qui s'applaudissaient de son retour à la piété? Voilà les idées que lui inspirait le désir de régler sa vie, de céder aux pieuses remontrances de sa tante, supérieure de Port-Royal, à laquelle il croyait avoir des obligations infinies, dit-il dans sa lettre à Mme de Maintenon,[1] parce que c'était elle qui lui avait appris à connaître Dieu dans son enfance, et que c'était elle aussi dont Dieu s'était servi pour le retirer de l'égarement et des misères où il avait été engagé pendant quinze années. Ce sont ces idées qui l'ont aussi décidé à se marier, afin de consommer la révolution qu'il voulait faire dans sa vie.[2]

1. Lettre à Mme de Maintenon, 4 mars 1698.
2. Je parlerai plus tard de Mme Racine, quand je commenterai la correspondance de Racine. La postérité, qui aime mieux les romans que les histoires, n'a guère été favorable à Mme Racine. N'ayant pas trouvé de roman dans le commerce de Racine avec Mlle de Champmeslé, peut-être espérait-on en trouver un peu dans son mariage. Le roman n'a pas eu de place dans la vie de Racine, ni en mal ni en bien. Ce qui fait l'éloge de Mme Racine, ce sont les lettres de son mari à son fils. « Votre mère est en bonne santé, Dieu merci, quoiqu'elle ait pris bien de la peine après moi pendant ma maladie. Il n'y eut jamais de garde si vigilante et si adroite, avec cette différence que tout ce qu'elle faisoit partoit du fond du cœur et faisoit toute ma consolation. C'en est une fort grande pour moi que vous connoissiez tout le mérite d'une si bonne mère; et je suis persuadé que, quand je n'y serai plus, elle retrouvera en vous toute l'amitié et toute la reconnoissance qu'elle trouve maintenant en moi.[*] »

[*] Lettre de Racine à son fils, 24 octobre 1698.

L'incertitude des succès qui dépendent du public, le réveil de sa conscience religieuse, les exhortations de ses parents et de ses amis chrétiens, son mariage enfin, voilà les causes qui éloignèrent Racine du théâtre, sinon de la poésie dramatique. Mais je n'hésite pas à croire que les occupations et les bienséances de ses fonctions d'historiographe le décidèrent à y renoncer tout à fait. Sur ce dernier point nous avons le témoignage décisif de Lagrange-Chancel dans son épître à La Force.[1]

Racine, dit Lagrange-Chancel,

> Sitôt que du Parnasse il eut atteint la cime,
> Sans attendre des ans l'infaillible retour,
> A passé du théâtre aux emplois de la cour;
> De sa vie à son prince il dévoua les restes
> Et consacra sa lyre aux vérités célestes.[2]

Ces emplois de la cour n'étaient pas pour Racine et pour Boileau un honneur sans travail, et les deux amis ne voulaient pas qu'ils fussent une sinécure. « Il passa, dit l'abbé d'Olivet dans la *Vie de Racine*, les dix années qui suivirent sa rupture avec le théâtre dans le tumulte de la cour, sans faire autre chose que se préparer à écrire l'histoire du roi.[3] » Comme il n'est rien resté de ce que Racine et Boileau avaient écrit de l'histoire de Louis XIV,[4] on s'est habitué à croire qu'ils avaient fort peu rempli leurs fonctions, et on a repété, sur la foi de Pradon, la raillerie d'un commis des finances :

> Nous n'avons encor vu rien d'eux que leurs quittances.[5]

---

1. Poëte tragique, né en 1653, mort en 1708, a fait quatre tragédies : *Polyxène, Manlius Capitolinus, Thésée, Corésus et Callirhoé*. Son *Manlius* est resté au théâtre. Talma était admirable dans le rôle de Manlius.
2. Lagrange-Chancel, t. III, 2ᵉ partie, p. 98.
3. *Histoire de l'Académie françoise*, par l'abbé d'Olivet, édit. Livet, t. II, p. 342.
4. Tous les papiers relatifs à cette histoire étaient chez M. de Valincourt, nommé historiographe après la mort de Racine, et ils furent brûlés dans l'incendie de sa maison de Saint-Cloud.
5. *Nouvelles remarques de Pradon sur tous les ouvrages de Despréaux*.

A prendre la correspondance de Racine et de Boileau, on voit au contraire combien ils étaient occupés des travaux de leur emploi, et on s'explique aisément comment, liés par les bienséances et pris par les occupations de cet emploi, ils ont renoncé, Boileau à la satire et Racine au théâtre. Personne parmi les contemporains ne s'est étonné de cette renonciation. C'était même en quelque sorte la condition de la charge de cour conférée aux deux poëtes. « Vous savez bien, écrit Mme de Sévigné à Bussy le 13 octobre 1677, que le roi a donné deux mille écus de pension à Racine et à Despréaux, en leur commandant de tout quitter pour travailler à son histoire, dont il aura soin de leur donner des mémoires.[1] »

Boileau lui-même, dans la préface de ses éditions de 1683, 1685, 1694, dit « qu'il a joint à ses anciennes épîtres cinq épîtres nouvelles qu'il avoit composées longtemps avant que d'être engagé dans le glorieux emploi qui l'a tiré du métier de la poésie.[2] » Il s'excuse donc de publier de nouvelles poésies et il explique qu'il les a composées avant d'être historiographe, regardant le *métier de la poésie* comme inférieur à son *glorieux emploi,* et croyant qu'il a dû tout quitter pour s'appliquer aux travaux de cet emploi. Au xvIII^e siècle et de nos jours, on s'est étonné que Racine et Boileau aient cru s'élever en passant de la satire et du théâtre *aux emplois de la cour.* Nous sommes sans hésiter de l'avis de notre temps et nous plaignons le xvII^e siècle d'avoir eu un autre sentiment que nous. Mais il l'a eu. Quand le *Mercure galant* annonce en 1677 que le roi a chargé Racine et Boileau d'écrire l'histoire de son règne, il dit que le

---

1. Dans l'édition des *Lettres de Mme de Sévigné* par M. de Monmerqué, 1820, je ne trouve pas dans la lettre du 13 octobre 1677 ces mots : *de tout quitter pour travailler;* il y a seulement : *en leur commandant de travailler.* Ces mots *de tout quitter* sont dans l'édition de M. Régnier. C'est du reste le même sens.

2. Boileau, dans une lettre au baron de Walef, se sert encore de cette expression : « Si l'histoire ne m'avoit point tiré du métier de la poésie. » (Œuvres de Boileau, édit. Berryat-Saint-Prix, t. IV, p. 21.)

théâtre va faire « une grande perte, parce qu'un de nos plus illustres auteurs y renonce pour s'appliquer entièrement à l'histoire. » Voilà la rupture avec le théâtre annoncée dès la nomination : mais le *Mercure galant* corrige bien vite ses regrets par ses espérances, en disant que « celui qui va écrire l'histoire du règne est capable d'en soutenir le mérite. La matière ne peut être plus belle ni le conducteur plus éclairé, et on a tout sujet de n'en rien attendre que de merveilleux. » Dans Baillet enfin, auteur des *Jugements des savants sur les principaux ouvrages des auteurs*,[1] nous trouvons un parallèle entre Corneille et Racine qui nous semble exprimer assez exactement l'opinion du temps sur le passage de Racine du théâtre à l'histoire : « M. Racine a cessé de travailler pour le théâtre lorsqu'il étoit dans sa plus grande force et dans sa plus haute réputation, dans un temps où sa gloire pouvoit s'étendre sans s'augmenter, et où il pouvoit soutenir tant de réputation sans y pouvoir ajouter, au lieu qu'il eût été à souhaiter que M. Corneille eût abandonné plus tôt la carrière. M. Racine a eu le plaisir de voir que la France, quelque amour qu'elle ait pour son roi et quelque intérêt qu'elle prenne à sa gloire, n'a pu voir sans regrets qu'on lui enlevât ses délices pour faire passer à la postérité les merveilles de ce règne. Heureux de pouvoir jouir lui-même des regrets du public (bonheur qui n'est pas fait pour les vivants) et de devoir à l'emploi glorieux qui l'a tiré du théâtre ce premier gage d'immortalité. » Ainsi ç'a été un emploi glorieux pour Racine de quitter le théâtre pour l'histoire ; le public y a perdu plus que le poëte, qui ne pouvait plus qu'étendre sa gloire sans l'augmenter. Quant à Mme de Sévigné, qui raconte que le roi a commandé à Racine et à Despréaux de tout quitter pour travailler à l'histoire de son règne, elle n'a pas non plus l'idée de regretter les belles tragédies et les bonnes satires que le commandement de Louis XIV nous a fait perdre. Elle regrette seulement que le roi

---

1. 9 vol. in-12, Paris, 1686, t. IV, p. 406.

ait « voulu faire écrire son histoire par ces bourgeois-là. [1] » Il est vrai qu'elle écrit à Bussy, qui voulait être l'historiographe du roi, et à qui la nomination de Racine et Boileau ôtait de ce côté l'espérance toujours ardente et jamais exaucée d'être rappelé à la cour.

Résumons brièvement ce que nous pensons de la rupture de Racine avec le théâtre.

Cette rupture ne fut point l'effet du dépit que causa à Racine la querelle des deux *Phèdres*. Cette querelle seulement le fit réfléchir sur les périls de la carrière littéraire.

A ces réflexions s'ajoutèrent d'autres réflexions plus graves et plus élevées : l'ennui d'une vie irrégulière, le dégoût de plaisirs trop longtemps continués, les souvenirs de sa famille et de son éducation chrétienne.

Enfin le choix du roi, ou de Mme de Montespan, qui fit de lui et de Boileau ses historiographes, décida et consomma la rupture. Louis Racine, dans un sentiment de piété filiale très-honorable, mais un peu exagéré, dit « que son père, toujours attentif à son salut, regarda le choix du roi comme une grâce de Dieu, qui lui procuroit cette importante occupation pour le détacher entièrement de la poésie. » Je répugne à mêler la grâce de Dieu à la rancune de Mme de Montespan contre Pellisson. Il est très-vrai cependant que, dès qu'il fut nommé historiographe, Racine renonça entièrement au théâtre. Mais il ne faut pas croire que cette renonciation ait été pour Racine le commencement d'une vie de pénitence chrétienne. De poëte tragique, il devint courtisan et fut l'homme de lettres favori du roi, rédigeant même, si nous ajoutons foi aux mémoires de La Baumelle sur Mme de Maintenon, les billets de galanterie que Louis XIV adressait à Mme de Montespan ; traduisant le *Banquet* de Platon pour l'ab-

---

1. Lettre du novembre 1677 : « Ah! que je connois un homme de qualité à qui j'aurois bien plutôt fait écrire mon histoire qu'à ces bourgeois-là ! »

besse de Fontevrault, sœur de Mme de Montespan, pendant que Mme de Thianges, l'autre sœur de la favorite, lui demandait de faire un opéra à la place de Quinault. Enfin, quand parurent les *œuvres diverses d'un auteur de sept ans,* qui était le duc du Maine, fils de Louis XIV et de Mme de Montespan, et que ce livre fut offert en étrennes à la favorite, Racine fit un des madrigaux mis en tête du livre.[1] Il fit aussi, dit-on, l'épître à Mme de Montespan dans ce livre dédié à sa mère par l'auteur, trop jeune encore pour être ingrat. Beaucoup ont cru que cette épître était de Mme de Maintenon, qui en était bien capable et à qui il appartenait de la faire comme gouvernante des enfants naturels du roi. Elle aima mieux en charger Racine; et la grâce de Dieu, qui avait mis Racine à la cour pour lui faire faire son salut, lui procura aussi la bonne fortune de plaire à la future favorite, en continuant à servir la favorite présente. La seule grâce de Dieu que je trouve en tout cela, c'est que Racine, devenu un très-honnête mari, un excellent père de famille et un bon chrétien repenti, avait cette singularité, qui caractérisait beaucoup de personnes de son temps, de côtoyer la cour sans en prendre les mœurs. Il adorait le roi sans s'autoriser de ses exemples; il faisait ce que faisaient

---

1. Voici ce madrigal :

> Ne pensez pas, messieurs les beaux-esprits,
> Que je veuille, par mes écrits,
> Prendre une place au Temple de mémoire.
> Vous savez de qui je suis fils;
> Il me faut donc une autre gloire
> Et des lauriers d'un plus grand prix.

Comme tout était commun entre Boileau et Racine, Boileau fit aussi son madrigal sur les œuvres de l'auteur de sept ans.

> Quel est cet Apollon nouveau,
> Qui, presque au sortir du berceau,
> Vient régner sur notre Parnasse?
> Qu'il est brillant! qu'il a de grâce!
> Du plus grand des héros je reconnois le fils.
> Il est déjà tout plein de l'esprit de son père,
> Et le feu des yeux de sa mère
> A passé jusqu'en ses écrits.

autrefois les honnêtes gens du paganisme, qui adoraient Jupiter et Vénus sans les imiter, mettant les vices dans le ciel et gardant les vertus sur la terre.

J'ai conduit la vie de Racine jusqu'à sa rupture avec le théâtre et jusqu'à son mariage. C'est ici que commence la troisième partie de sa vie, la plus régulière, la plus pure et qui n'ôte rien à son génie, témoin *Esther* et *Athalie*. Je reprends maintenant l'étude de ses tragédies, réservant pour plus tard le récit de cette troisième partie de sa vie.

TABLE

DU TOME DEUXIÈME.

	Pages
AVERTISSEMENT.	
Notice préliminaire sur *Andromaque*.	3
ANDROMAQUE.	59
Examen critique d'*Andromaque*.	159
Notice préliminaire sur *les Plaideurs*.	223
LES PLAIDEURS.	241
Examen critique des *Plaideurs*.	325

VIE DE RACINE. — DEUXIÈME PARTIE
1664 — 1677.

VIE DE RACINE.	369
Racine et Molière.	373
Racine et La Fontaine.	388
Racine et ses amis à la ville et au théâtre.	407
Racine et la Champmeslé.	427
De la vie littéraire de Racine.	443
Rupture de Racine avec le théâtre. — Son mariage. — Racine et Boileau nommés historiographes du roi.	459

www.ingramcontent.com/pod-product-compliance
Lightning Source LLC
Chambersburg PA
CBHW050607230426
43670CB00009B/1301